한국어문회
지정지침서

한자능력
검정시험

4급 II

권하는 글

우리 겨레는 아득한 옛날부터 우리말을 쓰면서 살아 왔다. 아마 처음에는 요사이 우리가 쓰고 있는 아버지, 어머니, 위, 아래, 하나, 둘, 바위, 돌, 물, 불 같은 기초어휘가 먼저 쓰였을 것이다.

그러다가 약 2천년 전부터, 당시로는 우리 겨레보다 文化水準(문화수준)이 높았던 이웃 나라의 中國(중국)사람들과 접촉하면서 그들의 글자와 글인 漢字와 漢文을 받아들이게 되고 漢字로 이루어진 어휘도 많이 빌려 쓰게 되었다. 이리하여 우리 겨레는 우리의 고유어와 함께, 父(부)·母(모), 上(상)·下(하), 一(일)·二(이), 岩(암)·石(석)과 같은 漢字語를 쓰게 되었으며, 본래 우리말의 기초어휘에 없던 추상적인 말, 예를 들면 希望(희망), 進步(진보), 勇氣(용기), 特別(특별)과 같은 어휘와, 사회제도 및 정부 기구를 나타내는 科擧(과거), 試驗(시험), 判書(판서), 捕校(포교) 등도 함께 써 오게 되었다.

이러한 현상은 오늘날에도 마찬가지여서, 새로운 文物制度(문물제도)가 생기고 學問(학문)이 발달하면, 자연스러이 漢字로 새 단어를 만들어 쓰는 일이 많다. 治安監(치안감), 元士(원사), 修能試驗(수능시험), 面接考査(면접고사), 高速電鐵(고속전철), 宇宙探索(우주탐색), 公認仲介士(공인중개사) 등 예를 이루 다 들 수가 없다.

따라서 우리는 이미 우리말 안에 녹아들어 있는 漢字語를 정확하게 이해하여, 순수한 우리의 고유어와 함께 우리말을 더욱 올바르게 사용하기 위하여 漢字를 공부하여야 한다.

韓國語文敎育硏究會에서는 우리 국민의 漢字에 대한 이해를 촉진시키고 국어 생활의 수준을 향상시키고자 여러 한자 학습 교재를 편찬해 왔다. 또 한편으로는 韓國漢字能力檢定會에서 시행하고 있는 全國漢字能力檢定試驗에도 對備(대비)할 수 있도록 級數(급수)別로 漢字를 배정하고, 漢字마다 표준이 된 訓과 音, 그리고 長短音(장단음)을 표시하였으며, 누구나 알아야 될 類義語(유의어), 反意語(반의어), 故事成語(고사성어), 漢字의 部首(부수), 널리 쓰이고 있는 略字(약자) 등도 자세히 제시해 두고 있다.

우리의 漢字學習 目的(목적)은 어디까지나 국어 안의 한자어를 제대로 알고자 하는 데 있으나, 이러한 한자학습을 통하여 우리의 文化遺産(문화유산)인 漢文(한문) 典籍(전적)을 읽어 내고, 漢語(한어)를 배우는 데도 도움이 될 수 있을 것이라고 믿는다.

2005年 2月 15日

韓國語文敎育硏究會 會長　姜 信 沆

머리말

　國語(국어) 어휘의 70% 정도를 차지하고 있는 것이 漢字語(한자어)입니다. 30여년 간의 한글 專用(전용) 교육은 국민의 國語 能力(능력)을 低下(저하)시킴으로써 상호간 意思疏通(의사소통)을 모호하게 하고, 學習(학습) 能力(능력)을 減少(감소)시켰을 뿐만 아니라, 傳統(전통)과의 단절, 한자문화권 내에서의 孤立(고립)이라는 결과를 빚어냈습니다.

　이미 30여년 전에 이런 한글 專用 교육의 盲點(맹점)을 파악하고 漢字 교육을 통한 國語 교육 正常化(정상화)를 기치로 내세워 발족한 韓國語文敎育硏究會는 잘못된 語文(어문) 정책을 바로잡기 위한 여러 활동을 꾸준히 벌여 왔습니다. 語文 정책을 바로잡기 위한 활동의 강화 차원에서 社團法人 韓國語文會를 창립하였고, 公敎育(공교육)에서 담당하지 못하고 있는 漢字 교육을 장려하기 위하여 韓國漢字能力檢定會를 설립하였습니다.

　국민의 言語 能力, 事務(사무) 能力 低下(저하)는 필연적으로 國家(국가)와 社會(사회) 양쪽에서부터 반성을 불러 일으켰습니다. 政府(정부)는 公文書(공문서)에 漢字를 倂記(병기)하자는 결정을 내렸으며, 한편으로 經濟(경제) 단체에서는 漢字 교육의 필요성을 力說(역설)하고 있습니다. 머지않아 公敎育에서도 漢字가 混用(혼용)된 교재로 정상적인 학습을 할 날이 到來(도래)할 것을 의심치 않습니다.

　한글 전용 교육을 받고 자라난 世代(세대)가 이제는 社會의 중장년층이 된 바, 漢字를 모르는 데서 오는 불편을 후손에게 대물림하지 않기 위하여 漢字 교육에 관심을 보이고 있습니다. 이는 全國漢字能力檢定試驗에 응시하는 미취학 아동과 초등학생 지원자의 수가 꾸준히 증가하는 것에서 확인할 수 있습니다.

　韓國語文敎育硏究會는 全國漢字能力檢定試驗 교재를 이미 10여년 전에 출간하였으나 그 내용이 지나치게 간단하였기에, 학습자들이 보다 쉽게 漢字를 익히고, 全國漢字能力檢定試驗에 대비할 수 있는 級數別(급수별) 自習書(자습서)의 보급이 필요하다고 판단하여, 이 학습서를 출간하게 된 것입니다. 이 책은 각 級數別 읽기와 쓰기 配定 漢字를 구별하여, 각각의 활용 단어를 넣었으며, 그 외 字源(자원), 訓音(훈음), 讀音(독음), 長短音(장단음), 筆順(필순), 四字成語(사자성어) 등을 갖춤으로써 종합적 漢字(한자) 학습을 가능케 하였습니다.

　이 학습서가 全國漢字能力檢定試驗을 준비하는 모든 분들에게 훌륭한 길잡이가 되기를 바라 마지않습니다.

韓國語文敎育硏究會 編纂委員長　　　　　南 基 卓

한자능력검정시험이란

한자능력검정시험은 사단법인 한국어문회가 주관하고 한국한자능력검정회가 시행하는 한자 활용능력 검정시험입니다.

1992년 12월 9일 전국적으로 시행하여 현재에 이르기까지 매년 시행하고 있는 한자 자격시험으로, 2001년 5월 19일 18회시험부터 1급~4급이 국가공인이 되었고 2005년 29회 시험부터는 1급~3급Ⅱ가 국가공인(공인증서 제 2005-2호)시험으로 치러지고 있으며, 시험에 합격한 재학생은 내신반영은 물론, 2000학년도부터 3급과 2급 합격자를 대상으로 일부 대학에서는 특기자 특별전형으로 신입생을 모집함으로써 권위 있는 한자 자격시험으로 인정받고 있습니다.

한자능력검정시험은 8급에서 4급까지를 교육급수로, 3급Ⅱ에서 특급까지를 공인급수로 구분하고 있으며, 초등학교에서 1,000자, 중·고등학교에서 1,000자, 대학교에서 1,500자 정도로 전체 3,500자의 한자를 배정하였습니다.

초등학교는 학년별로, 중학교 이상은 급수별로 습득할 한자 수를 분류하였으며, 한자에 대한 훈음, 장단음, 반의어/상대어, 동의어/유의어, 동음이의어, 뜻풀이, 약자, 한자쓰기, 완성형, 부수 등에 대한 문제를 내용으로 하고 있습니다. 한자능력검정시험은 한자 학습의 필요성을 깨우치고, 개인별 한자 습득 정도에 대한 객관적인 검정자료로 활용되어 한자 학습 의욕을 증진시키고, 사회적으로 한자 활용능력을 인정받는 우수한 인재를 양성함을 목적으로 합니다.

한자를 익히고 배우려는 뜻있는 학습자들께 한자능력검정시험이 작은 기쁨과 보탬이 되길 바랍니다.

알려두기

이 책의 특징은 한자능력검정시험에 필요한 모든 정보를 제공하여 수험자로 하여금 시험에 대비하도록 하기 위하여, 읽기배정한자와 쓰기배정한자를 분류하였고, 그 글자에 해당하는 유의자, 반의자, 약자 등을 정보란에 정리하였을 뿐만 아니라, 부록부분에 이들을 모아 전체를 한 눈으로 보고 집중적으로 공부할 수 있도록 하였다. 기출문제와, 실제 한자능력검정시험의 기출문제와 같은 유형의 실전문제를 두어 시험에 대비하도록 하였다.

이 책을 이용하는데 꼭 알아두어야 할 사항들은 다음과 같다.

1 **한자의 배열**은 대표음을 가나다순으로 배열하였다. 각 한자에 해당하는 급수를 제시하여 다른 급수를 학습하는 데 도움을 주었다.

> **間** 7급Ⅱ
> 사이 간(:)

2 **글자풀이란**을 두어 한자의 구성원리를 쉽게 이해하고 오래도록 기억할 수 있도록 하였으며, 이 때의 글자풀이는 수험자가 쉽게 이해할 수 있도록 자원풀이보다는 파자(글자를 풀어 설명하는)의 방법을 사용하였다.

> 닫혀있는 문(門) 사이에서 아침 해(日)가 비추어오는 형태에서 사이, 틈(間)의 의미이다.

3 **훈과 음**은 (사단법인) 한국어문회, 한국어문교육연구회, 한국한자능력검정회가 지정한 대표 훈과 음을 따랐다.

4 훈음에는 **장단음 표시**를 하여 수험자가 쉽게 장단음을 익히도록 하였다. 오직 장음으로만 발음되는 한자는 :로, 장음과 단음이 단어에 따라 다른 것은 (:)로, 단음인 것은 표시를 하지 않았다.

> **街** 4급Ⅱ
> 거리 가(:)
> 行 | 6획

> **間** 7급Ⅱ
> 사이 간(:)
> 門 | 4획
>
> 비 間(물을 문)
> 　聞(들을 문)
> 　開(열 개)
> 동 隔(사이뜰 격)

닫혀있는 문(門) 사이에 해(日)가 비추어오는 형태에서 사이, 틈(間)의 의미이다.

읽기한자

間接(간접) 바로 통하지 않고 중간에 매개를 통하여 서로 대함
間斷(간단) 잠깐의 끊임　　　　期間(기간) 일정한 시기의 사이

쓰기한자

世間(세간) 세상　　　　　　　間食(간식) 때때로 섭취하는 군음식
行間(행간) 줄과 줄 사이　　晝間(주간) 낮 동안

5 각 한자의 부수와 획수를 밝혔으며, 이 때의 획수는 총 획에서 부수의 획수를 뺀 나머지 획으로 통일하였다.

6 배정한자 아래에는 **정보란**을 두어 그 배정한자에 해당하는 비슷한 한자(비), 유의자(동), 반대 또는 상대자(반), 약자(약)를 밝혀 시험 대비를 하는데 도움을 주도록 하였다. 3급 이상의 급수에 해당하는 한자들도 수록하여 참고가 되도록 하였다.

비 暇(틈 가, 겨를 가)
동 僞(거짓 위)
반 眞(참 진)
약 仮

7 한자능력검정시험의 **읽기** 배정한자와 **쓰기** 배정한자가 다른 점을 감안하여 이를 구별하여 수험자들이 시험 대비에 효과를 극대화 할 수 있게 했다.

집안(宀)에 각각(各) 찾아온 사람이 머문다는 것에서 불려온 사람(客)을 의미한다.

읽기한자

客員(객원) 정규 회원이 아니면서 빈객의 대우를 받으며 그 사무에 참여하는 사람
旅客船(여객선) 여객의 운반을 주요 목적으로 하며 객실 등의 시설을 갖춘 배
客舍(객사) 나그네가 묵는 집

쓰기한자

客觀(객관) 자기의식에서 벗어나 제삼자의 입장에서 사물을 보는 일
客地(객지) 자기 고장을 떠나 임시로 있는 곳
觀客(관객) 구경하는 사람　　　　　　　　　客席(객석) 손님의 자리

8 부록에는 각 급수에 해당하는 **사자성어, 유의자(동의자), 반대자(상대자), 동음이의어, 약자**를 모아 집중적으로 공부할 수 있도록 하였다. 각 유형별 한자마다 급수를 표시하여 실질적인 급수시험에 충분히 대비할 수 있도록 하였다. 유의자와 반대자는 단어형성과는 관계없이 동훈자 중심으로 구성하였다.

9 **기출문제** 6회분과, 실제 한자능력검정시험의 기출문제와 같은 유형의 **실전문제**를 2회분 두어 지금까지 학습한 내용을 점검하고 실전에 대비하게 하였다. ➡부록Ⅱ

漢字能力檢定試驗

한자능력검정시험 응시 요강

 전국한자능력검정시험 급수별 배정한자 수 및 수준

급수	읽기	쓰기	수준 및 특성
특급	5,978	3,500	국한혼용 고전을 불편 없이 읽고, 연구할 수 있는 수준 고급
특급Ⅱ	4,918	2,355	국한혼용 고전을 불편 없이 읽고, 연구할 수 있는 수준 중급
1급	3,500	2,005	국한혼용 고전을 불편 없이 읽고, 연구할 수 있는 수준 초급
2급	2,355	1,817	상용한자의 활용은 물론 인명지명용 기초한자 활용 단계
3급	1,817	1,000	고급 상용한자 활용의 중급 단계
3급Ⅱ	1,500	750	고급 상용한자 활용의 초급 단계
4급	1,000	500	중급 상용한자 활용의 고급 단계
4급Ⅱ	750	400	중급 상용한자 활용의 중급 단계
5급	500	300	중급 상용한자 활용의 초급 단계
5급Ⅱ	400	225	중급 상용한자 활용의 초급 단계
6급	300	150	기초 상용한자 활용의 고급 단계
6급Ⅱ	225	50	기초 상용한자 활용의 중급 단계
7급	150	–	기초 상용한자 활용의 초급 단계
7급Ⅱ	100	–	기초 상용한자 활용의 초급 단계
8급	50	–	한자 학습 동기 부여를 위한 급수

▶▶ 초등학생은 4급, 중·고등학생은 3급, 대학생은 1급, 전공자는 특급 취득에 목표를 두고 학습하길 권해 드립니다.

한자능력검정시험 급수별 출제유형

구분	특급	특급II	1급	2급	3급	3급II	4급	4급II	5급	5급II	6급	6급II	7급	7급II	8급
읽기 배정 한자	5,978	4,918	3,500	2,355	1,817	1,500	1,000	750	500	400	300	225	150	100	50
쓰기 배정 한자	3,500	2,355	2,005	1,817	1,000	750	500	400	300	225	150	50	0	0	0
독음	45	45	50	45	45	45	32	35	35	35	33	32	32	22	24
훈음	27	27	32	27	27	27	22	22	23	23	22	29	30	30	24
장단음	10	10	10	5	5	5	3	0	0	0	0	0	0	0	0
반의어	10	10	10	10	10	10	3	3	3	3	3	2	2	2	0
완성형	10	10	15	10	10	10	5	5	4	4	3	2	2	2	0
부수	10	10	10	5	5	5	3	3	0	0	0	0	0	0	0
동의어	10	10	10	5	5	5	3	3	3	3	2	0	0	0	0
동음이의어	10	10	10	5	5	5	3	3	3	3	2	0	0	0	0
뜻풀이	5	5	10	5	5	5	3	3	3	3	2	2	2	2	0
필순	0	0	0	0	0	0	0	0	0	3	3	3	3	2	2
약자 · 속자	3	3	3	3	3	3	3	3	3	3	0	0	0	0	0
한자 쓰기	40	40	40	30	30	30	20	20	20	20	20	10	0	0	0
한문	20	20	0	0	0	0	0	0	0	0	0	0	0	0	0

▶▶ 상위급수 한자는 모두 하위급수 한자를 포함하고 있습니다.
▶▶ 쓰기 배정 한자는 한두 급수 아래의 읽기 배정한자이거나 그 범위 내에 있습니다.
▶▶ 출제유형표는 기본지침자료로서, 출제자의 의도에 따라 차이가 있을 수 있습니다.
▶▶ 공인급수는 교육과학기술부로부터 국가공인자격 승인을 받은 1급 · 2급 · 3급 · 3급II이며, 교육급수는 한국한자능력검정회
에서 시행하는 민간자격인 4급 · 4급II · 5급 · 5급II · 6급 · 6급II · 7급 · 7급II · 8급입니다.
▶▶ 5급II · 7급II는 신설 급수로 2010년 11월 13일 시험부터 적용됩니다.
▶▶ 6급II 읽기 배정한자는 2010년 11월 13일 시험부터 300자에서 225자로 조정됩니다.

한자능력검정시험 합격기준

구분	특급	특급II	1급	2급	3급	3급II	4급	4급II	5급	5급II	6급	6급II	7급	7급II	8급
출제문항수	200	200	200	150	150	150	100	100	100	100	90	80	70	60	50
	(100)	(100)	(100)	(100)	(100)	(100)	(100)	(100)	(100)	(100)	(100)	(100)	(100)	(100)	(100)
합격문항수	160	160	160	105	105	105	70	70	70	70	63	56	49	42	35
	(80)	(80)	(80)	(70)	(70)	(70)	(70)	(70)	(70)	(70)	(70)	(70)	(70)	(70)	(70)

▶▶ ( )는 100점 만점으로 환산한 점수입니다.
▶▶ 특급 · 특급II · 1급은 출제 문항수의 80% 이상, 2급 ~ 8급은 70%이상 득점하면 합격입니다.

한자능력검정시험 합격자 우대사항

■ 본 우대사항은 변경이 있을 수 있습니다. 최신 정보는 한국한자능력검정회 홈페이지를 참고하시기 바랍니다.
■ 자격기본법 제27조에 의거 국가자격 취득자와 동등한 대우 및 혜택
■ 대학 수시모집 및 특기자 전형 지원. 대입 면접시 가산점(해당 학교 및 학과)
■ 고려대, 성균관대, 충남대 등 수많은 대학에서 대학의 정한 바에 따라 학점, 졸업인증에 반영
■ 유수 고등학교에서 정한 바에 따라 입시에 가산점 등으로 반영
■ 육군 간부 승진 고과에 반영
■ 한국교육개발원 학점은행의 학점에 반영
■ 기업체 입사 및 인사고과에 반영(해당기업에 한함)

1. 대학 수시모집 및 특기자 전형 지원

대학	학 과	자격
건양대학교	중국어, 일본어	한자능력검정시험 5급이상
경북과학대학	관광영어과,관광일어과, 관광중국어과	한자능력검정시험 4급이상
경북대학교	사학과, 한문학과	한자, 한문 특기자
경상대학교	한문학과	한자능력검정시험 2급 이상(한국어문회 주관)
경성대학교	한문학과	한자능력검정시험 3급 이상(한국어문회 주최)
고려대학교	어학특기자(한문학과)	한문 특기자
공주대학교	한문교육과	국가공인 한자급수자격시험(3급이상) 취득자
국민대학교	중어중문학과	한자능력시험(한국어문회 주관) 1급 이상
군산대학교	어학특기자	중국어 : 한어수평고사(HSK) 6급 ~ 11급인 자 또는 한자능력검정 1, 2급인 자, 한자능력급수 1, 2급인 자 ※한자능력검정의 경우 한국한자능력검정회, 대한민국한자급수검정회, 대한민국한문교육진흥회, 한국어문회 발행만 인정.
단국대학교 (서울)	한문특기자	한국어문회 주관 한자능력검정시험 3급 이상 취득한 자
대구대학교	문학 및 한자 우수자	한자능력검정시험 3급 이내 합격자

대학	학과	자격
동서대학교	어학, 한자, 문학, 영상	어학, 한자, 문학, 영상에서 3위 이상 입상자
동아대학교	한문특기자	한자능력검정시험(한국한자능력검정회 주최) 3급 이상 자격증 소지자
동의대학교	어학특기자	한자능력검정시험 1급 이상 또는 HSK 6급이상인자
명지대학교	어학특기자	검정회 및 한국어문회에서 주관하는 한자능력검정시험 2급 이상자
부산대학교	모집단위별 가산점 부여	한국어문회 시행 한자능력검정시험(1급 ~ 3급) 가산점 부여
상명대학교 (서울)	한문특기자	한자능력검정시험(3급 ~ 1급) (한국한자능력검정회 시행)
선문대학교	경시대회입상 전형	(국어〈백일장, 한문, 문학〉, 수학, 과학)
성결대학교	외국어 및 문학 특기자	한자능력검정고시 3급 이상 취득자
성균관대학교	한문 특기자	전국한자능력검정시험(한국어문회) – 2급 이상
연세대학교	문과대학	한문 특기자
영남대학교	어학 특기자	한자능력검정시험(한국한자능력검정회 시행) 2급 이상 자격증 소지자
원광대학교	한문교육과	최근 3년 이내 행정기관, 언론기관, 4년제 대학 등 본교가 인정하는 공신력있는 단체에서 주최한 전국규모의 한문경시대회 개인 입상자
중앙대학교	문과대학 국어국문학과	한자능력검정시험(한국어문회 주관) 3급 이상 합격자
충남대학교	어학특기자	전국한자능력검정시험 3급 이상
한성대학교	한문특기자	전국한자능력검정시험(사단법인 한국어문학회 주최) 1급 이상 취득자
호남대학교	공인 어학능력 인증서 소지자	한문자격시험(한자급수시험)

▶▶ 대입 전형과 관련된 세부사항은 변경될 수 있으므로 해당 학교 홈페이지, 또는 입학담당부서로 문의바랍니다.

2. 대입 면접 가산 · 학점 반영 · 졸업 인증

대학	내 용	비고
건양대학교	국문학부 면접시 가산점 부여	대학입시
성균관대학교	졸업인증 3품 중 국제품의 경우 3급이상 취득시 인증	졸업인증
경산대학교	전교생을 대상으로 3급이상 취득시 인증	졸업인증
서원대학교	국문과를 대상으로 3급이상 취득시 인증	졸업인증
제주한라대학	중국어통역과를 대상으로 3급이상 취득시 인증	졸업인증
신라대학교	인문/자연/사범/예체능계열을 대상으로 4급이상 취득시 인증	졸업인증
경원전문대학	전교생 대상, 취득시 학점반영	학점반영
덕성여자대학교	전교생 대상, 취득시 학점반영	학점반영
한세대학교	전교생 대상, 취득시 학점반영(한문 교양 필수)	학점반영

▶▶ 변경될 수 있으므로 해당학교(학과)의 안내를 참조바랍니다.

3. 기업체 입사 · 승진 · 인사고과 반영

구분	내 용	비고
육군	부사관 5급 이상 / 위관장교 4급 이상 / 영관장교 3급 이상	인사고과
조선일보	기자채용 시 3급 이상 우대	입사

▶▶ 변경될 수 있으므로 해당기관의 안내를 참조바랍니다.

 ## 한자능력검정시험 시험시간

구분	특급	특급Ⅱ	1급	2급	3급	3급Ⅱ	4급	4급Ⅱ	5급	5급Ⅱ	6급	6급Ⅱ	7급	7급Ⅱ	8급
시험시간	100분	90분	60분								50분				

▶▶ 응시 후 시험 시간동안 퇴실 가능 시간의 제한은 없습니다.
▶▶ 시험 시작 20분 전(교육급수 – 10:40 / 공인급수 – 14:40)까지 고사실에 입실하여 주시기 바랍니다.

 ## 한자능력검정시험 검정료

구분	특급	특급Ⅱ	1급	2급	3급	3급Ⅱ	4급	4급Ⅱ	5급	5급Ⅱ	6급	6급Ⅱ	7급	7급Ⅱ	8급
검정료	50,000원		30,000원								25,000원				

▶▶ 창구접수 검정료는 원서 접수일부터, 마감시까지 해당 접수처 창구에서 받습니다.

한자능력검정시험 접수방법

◉ 창구접수(모든 급수, 해당 접수처)

응시 급수 선택	검정시험 급수 배정을 참고하여, 응시자에게 알맞는 급수를 선택합니다.
원서 작성 준비물 확인	반명함판사진(3×4cm) 3매/급수증 수령주소/주민번호/이름(한자) 응시료(현금)
원서 작성·접수	정해진 양식의 원서를 작성하여 접수창구에 응시료와 함께 제출합니다.
수험표 확인	수험표를 돌려받으신 후 수험번호, 수험일시, 응시 고사장을 확인하세요.

※인터넷 접수 가능 : 접수 방법은 바뀔 수 있으므로 한국어문회 홈페이지(www.hanja.re.kr)를 참고하시기 바랍니다.

한자능력검정시험 시상기준

급수	문항 수	합격문항	우량상			우수상		
			초등이하	중등	고등	초등이하	중등	고등
특급	200	160	–	–	–	160	160	160
특급Ⅱ	200	160	–	–	–	160	160	160
1급	200	160	–	–	–	160	160	160
2급	150	105	–	105	112	105	112	120
3급	150	105	–	105	112	105	112	120
3급Ⅱ	150	105	112	120	127	120	127	135
4급	100	70	75	80	85	80	85	90
4급Ⅱ	100	70	75	80	85	80	85	90
5급	100	70	85	85	–	90	90	–
5급Ⅱ	100	70	85	85	–	90	90	–
6급	90	63	76	–	–	81	–	–
6급Ⅱ	80	56	68	–	–	72	–	–
7급	70	49	59	–	–	63	–	–
7급Ⅱ	60	42	51	–	–	54	–	–
8급	50	35	42	–	–	45	–	–

▶▶ 시상기준표의 숫자는 "문항 수" 입니다.
▶▶ 대학생과 일반인은 시상대상에 해당되지 않습니다.

燈火可親

등화가친

서늘한 가을 밤은 등불을 가까이하여
글 읽기에 좋음을 이르는 말

CONTENTS

한자의 기초

육서

한자를 만드는 여섯 가지 원리를 일컬어 육서라고 한다. 육서에는 한자를 만드는 원리를 해설하는 상형, 지사, 회의, 형성과 기존의 한자를 사용하여 문자의 원리를 해설한 전주, 가차의 방법이 있다.

▶ 상형문자(象形文字 – 그림글자)

한자를 만드는 가장 기본적인 원리로 구체적인 사물의 모양을 본뜬 글자

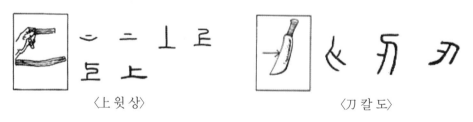

▶ 지사문자(指事文字 – 약속글자)

구체적인 모양을 나타낼 수 없는 사상이나 개념을 선이나 점으로 나타내어 글자를 만드는 원리

〈上 윗 상〉 〈刀 칼 도〉

▶ 회의문자(會意文字 – 뜻 모음 글자)

두 개 이상의 글자가 뜻으로 결합하여 새로운 글자를 만드는 원리

* 明(밝을 명) = 日(날 일) + 月(달 월)

* 林(수풀 림) = 木(나무 목) + 木(나무 목)

▶ 형성문자(形聲文字 – 합체글자)

뜻을 나타내는 부분과 음을 나타내는 부분을 결합하여 새로운 글자를 만드는 원리

* 問(물을 문) = 門(문 문) + 口(입 구)

* 記(기록할 기) = 言(말씀 언) + 己(몸 기)

▶ 전주문자(轉注文字 – 확대글자)

이미 있는 글자의 뜻을 확대, 유추하여 새로운 뜻을 나타내는 원리

惡	본 뜻	악할 악	예) 惡行(악행)
	새로운 뜻	미워할 오	예) 憎惡(증오)

▶ 가차문자(假借文字 – 빌린 글자)

글자의 본래 의미와는 상관없이 소리가 비슷한 글자를 빌려서 나타내는 원리

* 스페인(Spain) = 西班牙(서반아)   * 유럽(Europe) = 歐羅巴(구라파)

부수의 위치와 명칭

▶ 邊(변) : 글자의 왼쪽에 있는 부수

* 木 나무목변 : 校(학교 교), 植(심을 식), 樹(나무 수)
* 氵(水) 물수변 : 江(강 강), 海(바다 해), 洋(큰 바다 양)

▶ 傍(방) : 글자의 오른쪽에 있는 부수

* 阝(邑) 우부방(고을 읍 방) : 郡(고을 군), 部(떼 부)
* 刂(刀) 선칼도방(칼 도 방) : 利(이할 리), 別(다를/나눌 별)

▶ 머리 : 글자의 위에 있는 부수

* 宀 갓머리(집 면) : 室(집 실), 安(편안 안), 字(글자 자)
* ⺿(艸) 초두(艸頭) : 萬(일만 만), 草(풀 초), 藥(약 약)

▶ **발** : 글자의 아래에 있는 부수

<table>
<tr><td></td></tr>
<tr><td></td></tr>
</table>

* 心 마음 심 발　　　　　 : 感(느낄 감), 意(뜻 의), 念(생각할 념)
* 儿 어진사람인발(사람 인) : 先(먼저 선), 兄(형 형), 光(빛 광)

▶ **엄** : 글자의 위와 왼쪽을 싸고 있는 부수

* 广 엄호(집 엄)　　　 : 度(법도 도/헤아릴 탁), 序(차례 서), 廣(넓을 광)
* 尸 주검시엄(주검 시) : 局(판 국), 屋(집 옥), 展(펼 전)

▶ **책받침** : 글자의 왼쪽과 밑을 싸고 있는 부수

* 辶(辵) 갖은책받침(쉬엄쉬엄 갈 착) : 道(길 도), 過(지날 과)
* 廴　 민책받침(길게 걸을 인)　 : 建(세울 건)

▶ **몸**(에운담) : 글자를 에워싸고 있는 부수

* 囗 에운담(큰 입 구) : 國(나라 국), 圖(그림 도), 園(동산 원)
* 門 문문몸　　　　 : 間(사이 간), 開(열 개), 關(관계할 관)

▶ **諸部首**(제부수) : 한 글자가 그대로 부수인 것

* 車(수레 거/차), 身(몸 신), 立(설 립)

필순

▶ **위에서 아래로**

例) 言 말씀 언 : 　`丶 亠 亠 言 言 言 言`

▶ **왼쪽에서 오른쪽으로**

例) 川 내 천 : 　`丿 丿丨 川`

▶ **가로획을 먼저**

例) 用 쓸 용 :　　丿 刀 月 月 用

▶ **가운데를 먼저**

例) 小 작을 소 :　　亅 小 小

▶ **몸을 먼저**

例) 同 한 가지 동 :　　丨 刀 月 同 同 同

▶ **글자를 꿰뚫는 획은 나중에**

例) 中 가운데 중 :　　丨 口 口 中

　　 母 어미 모 :　　乚 囚 母 母 母

▶ **점은 맨 나중에(오른쪽 윗 부분)**

例) 代 대신할 대 :　　丿 亻 仁 代 代

▶ **삐침(丿)을 파임(丶)보다 먼저**

例) 父 아비 부 :　　丿 丷 父 父

4급II 배정한자

漢字能力檢定試驗

※급수 표기 : 42(4급II), 50(5급), 52(5급II), 60(6급), 62(6급II), 70(7급), 72(7급II), 80(8급)
※획수는 해당 한자에 노출된 부수의 획수를 제외한 나머지 획수입니다.

급수	한자	부수	획수	대표훈음	급수	한자	부수	획수	대표훈음
			ㄱ		42	檢	木	13	검사할 검:
42	假	亻(人)	09	거짓 가:	52	格	木	06	격식 격
52	價	亻(人)	13	값 가	52	見	見	00	볼 견:/뵈올 현:
50	加	力	03	더할 가	52	決	氵(水)	04	결단할 결
50	可	口	02	옳을 가:	42	潔	氵(水)	12	깨끗할 결
72	家	宀	07	집 가	52	結	糸	06	맺을 결
70	歌	欠	10	노래 가	42	缺	缶	04	이지러질 결
42	街	行	06	거리 가:	60	京	亠	06	서울 경
62	各	口	03	각각 각	42	境	土	11	지경 경
60	角	角	00	뿔 각	42	慶	心	11	경사 경:
72	間	門	04	사이 간:	52	敬	攵(攴)	09	공경 경:
60	感	心	09	느낄 감:	50	景	日	08	볕 경:
42	減	氵(水)	09	덜 감:	50	競	立	15	다툴 경:
42	監	皿	09	볼 감	42	經	糸	07	지날/글 경
42	康	广	08	편안 강	42	警	言	13	깨우칠 경:
60	**強**	弓	08	강할 강:	50	輕	車	07	가벼울 경
72	江	氵(水)	03	강 강	42	係	亻(人)	07	맬 계:
42	講	言	10	욀 강:	62	界	田	04	지경 계:
42	個	亻(人)	08	낱 개:	62	計	言	02	셀 계:
50	改	攵(攴)	03	고칠 개:	60	古	口	05	예 고:
60	開	門	04	열 개	52	告	口	04	고할 고:
52	客	宀	06	손 객	50	固	口	05	굳을 고:
50	去	厶	03	갈 거:	42	故	攵(攴)	05	연고 고:
50	擧	手	14	들 거:	50	考	耂(老)	02	생각할 고:
72	車	車	00	수레 거/차	60	苦	++(艸)	05	쓸(味覺) 고
50	件	亻(人)	04	물건 건	62	高	高	00	높을 고
50	健	亻(人)	09	굳셀 건:	50	曲	日	02	굽을 곡
50	建	廴	06	세울 건:	62	公	八	02	공평할 공

급수	한자	부수	획수	대표훈음	급수	한자	부수	획수	대표훈음
62	共	八	04	한가지 공:	50	貴	貝	05	귀할 귀:
62	功	力	03	공(勳) 공	50	規	見	04	법 규
72	工	工	00	장인 공	42	極	木	09	극진할/다할 극
72	空	穴	03	빌 공	60	根	木	06	뿌리 근
62	果	木	04	실과 과:	60	近	辶(辵)	04	가까울 근:
62	科	禾	04	과목 과	62	今	人	02	이제 금
52	課	言	08	공부할/과정 과(:)	42	禁	示	08	금할 금
52	過	辶(辵)	09	지날 과:	62	急	心	05	급할 급
42	官	宀	05	벼슬 관	60	級	糸	04	등급 급
52	觀	見	18	볼 관	50	給	糸	06	줄 급
52	關	門	11	관계할 관	42	器	口	13	그릇 기
60	光	儿	04	빛 광	52	基	土	08	터 기
52	廣	广	12	넓을 광:	52	己	己	00	몸 기
60	交	亠	04	사귈 교	50	技	扌(手)	04	재주 기
80	敎	攵(攴)	07	가르칠 교:	70	旗	方	10	기 기
80	校	木	06	학교 교:	50	期	月	08	기약할 기
50	橋	木	12	다리 교	72	氣	气	06	기운 기
80	九	乙	01	아홉 구	50	汽	氵(水)	04	물끓는김 기
52	具	八	06	갖출 구(:)	72	記	言	03	기록할 기
60	區	匚	09	구분할/지경 구	42	起	走	03	일어날 기
70	口	口	00	입 구(:)	50	吉	口	03	길할 길
42	句	口	02	글귀 구	80	金	金	00	쇠 금/성 김
50	救	攵(攴)	07	구원할 구:					
42	求	水	02	구할 구				ㄴ	
62	球	王(玉)	07	공 구	42	暖	日	09	따뜻할 난:
42	究	穴	02	연구할 구	42	難	隹	11	어려울 난(:)
52	舊	臼	12	예 구	80	南	十	07	남녘 남
80	國	囗	08	나라 국	72	男	田	02	사내 남
52	局	尸	04	판 국	72	內	入	02	안 내
80	軍	車	02	군사 군	80	女	女	00	계집 녀
60	郡	阝(邑)	07	고을 군:	80	年	干	03	해 년
42	宮	宀	07	집 궁	52	念	心	04	생각 념:
42	權	木	18	권세 권	42	努	力	05	힘쓸 노

급수	한자	부수	획수	대표훈음	급수	한자	부수	획수	대표훈음
42	怒	心	05	성낼 노:	50	都	阝(邑)	09	도읍 도
72	農	辰	06	농사 농	42	毒	毋	04	독 독
52	能	月(肉)	06	능할 능	52	獨	犭(犬)	13	홀로 독
					42	督	目	08	감독할 독
					62	讀	言	15	읽을 독/구절 두
			ㄷ		70	冬	冫	03	겨울 동(:)
60	多	夕	03	많을 다	72	動	力	09	움직일 동:
42	單	口	09	홑 단	70	同	口	03	한가지 동
52	團	囗	11	둥글 단	80	東	木	04	동녘 동
50	壇	土	13	단 단	70	洞	氵(水)	06	골 동:/밝을 통:
42	斷	斤	14	끊을 단:	62	童	立	07	아이 동(:)
42	檀	木	13	박달나무 단	42	銅	金	06	구리 동
62	短	矢	07	짧을 단(:)	42	斗	斗	00	말 두
42	端	立	09	끝 단	42	豆	豆	00	콩 두
42	達	辶(辵)	09	통달할 달	60	頭	頁	07	머리 두
42	擔	扌(手)	13	멜 담	42	得	彳	08	얻을 득
50	談	言	08	말씀 담	42	燈	火	12	등 등
72	答	竹	06	대답 답	70	登	癶	07	오를 등
62	堂	土	08	집 당	62	等	竹	06	무리 등:
52	當	田	08	마땅 당					
42	黨	黑	08	무리 당				ㄹ	
62	代	亻(人)	03	대신할 대:	42	羅	罒(网)	14	벌릴 라
80	大	大	00	큰 대(:)	62	樂	木	11	즐길 락/노래 악/좋아할 요
62	對	寸	11	대할 대:	50	落	++(艸)	09	떨어질 락
42	帶	巾	08	띠 대(:)	52	朗	月	07	밝을 랑:
60	待	彳	06	기다릴 대:	70	來	人	06	올 래(:)
42	隊	阝(阜)	09	무리 대	50	冷	冫	05	찰 랭:
52	德	彳	12	큰 덕	42	兩	入	06	두 량:
52	到	刂(刀)	06	이를 도:	52	良	艮	01	어질 량
62	圖	囗	11	그림 도	50	量	里	05	헤아릴 량
42	導	寸	13	인도할 도:	52	旅	方	06	나그네 려
50	島	山	07	섬 도	42	麗	鹿	08	고울 려
60	度	广	06	법도 도(:)/헤아릴 탁	72	力	力	00	힘 력
72	道	辶(辵)	09	길 도:					

급수	한자	부수	획수	대표훈음	급수	한자	부수	획수	대표훈음
52	歷	止	12	지날 력	50	亡	亠	01	망할 망
52	練	糸	09	익힐 련:	52	望	月	07	바랄 망:
42	連	辶(辵)	07	이을 련	72	每	毋	03	매양 매(:)
42	列	刂(刀)	04	벌릴 렬	50	買	貝	05	살 매:
50	令	人	03	하여금 령(:)	50	賣	貝	08	팔 매(:)
50	領	頁	05	거느릴 령	42	脈	月(肉)	06	줄기 맥
60	例	亻(人)	06	법식 례:	70	面	面	00	낯 면:
60	禮	示	13	예도 례:	72	名	口	03	이름 명
52	勞	力	10	일할 로	70	命	口	05	목숨 명:
70	老	老	00	늙을 로:	62	明	日	04	밝을 명
60	路	𧾷(足)	06	길 로:	80	母	毋	01	어미 모:
60	綠	糸	08	푸를 록	42	毛	毛	00	터럭 모
42	錄	金	08	기록할 록	80	木	木	00	나무 목
42	論	言	08	논할 론	42	牧	牛	04	칠 목
50	料	斗	06	헤아릴 료(:)	60	目	目	00	눈 목
52	流	氵(水)	07	흐를 류	42	務	力	09	힘쓸 무:
42	留	田	05	머무를 류	42	武	止	04	호반 무:
52	類	頁	10	무리 류(:)	50	無	灬(火)	08	없을 무
80	六	八	02	여섯 륙	70	問	口	08	물을 문:
52	陸	阝(阜)	08	뭍 륙	70	文	文	00	글월 문
42	律	彳	06	법칙 률	62	聞	耳	08	들을 문(:)
62	利	刂(刀)	05	이할 리:	80	門	門	00	문 문
60	李	木	03	오얏/성 리:	72	物	牛	04	물건 물
62	理	王(玉)	07	다스릴 리:	42	味	口	05	맛 미:
70	里	里	00	마을 리:	42	未	木	01	아닐 미(:)
70	林	木	04	수풀 림	62	米	米	00	쌀 미
72	立	立	00	설 립	60	美	羊	03	아름다울 미(:)
					80	民	氏	01	백성 민
					42	密	宀	08	빽빽할 밀

ㅁ

급수	한자	부수	획수	대표훈음
50	馬	馬	00	말 마:
42	滿	氵(水)	11	찰 만(:)
80	萬	++(艸)	09	일만 만:
50	末	木	01	끝 말

ㅂ

급수	한자	부수	획수	대표훈음
60	朴	木	02	성 박
42	博	十	10	넓을 박

급수	한자	부수	획수	대표훈음	급수	한자	부수	획수	대표훈음
62	半	十	03	반 반:	42	副	刂(刀)	09	버금 부:
62	反	又	02	돌이킬 반:	70	夫	大	01	지아비 부
62	班	王(玉)	06	나눌 반	42	婦	女	08	며느리 부
62	發	癶	07	필 발	42	富	宀	09	부자 부:
42	房	戶	04	방 방	42	府	广	05	마을[官廳] 부:
62	放	攵(攴)	04	놓을 방:	42	復	彳	09	회복할 복/다시 부:
72	方	方	00	모 방	80	父	父	00	아비 부
42	訪	言	04	찾을 방:	62	部	阝(邑)	08	떼 부
42	防	阝(阜)	04	막을 방	80	北	匕	03	북녘 북/달아날 배
50	倍	亻(人)	08	곱 배:	62	分	刀	02	나눌 분:
42	拜	手	05	절 배:	42	佛	亻(人)	05	부처 불
42	背	月(肉)	05	등 배:	72	不	一	03	아닐 불
42	配	酉	03	나눌/짝 배:	42	備	亻(人)	10	갖출 비:
80	白	白	00	흰 백	42	悲	心	08	슬플 비:
70	百	白	01	일백 백	50	比	比	00	견줄 비:
60	番	田	07	차례 번	50	費	貝	05	쓸 비:
42	伐	亻(人)	04	칠 벌	42	非	非	00	아닐 비(:)
42	罰	罒(网)	09	벌할 벌	42	飛	飛	00	날 비
52	法	氵(水)	05	법 법	50	鼻	鼻	00	코 비:
42	壁	土	13	벽 벽	42	貧	貝	04	가난할 빈
52	變	言	16	변할 변:	50	氷	水	01	얼음 빙
42	邊	辶(辵)	15	가 변					
60	別	刂(刀)	05	다를/나눌 별		**人**			
52	兵	八	05	병사 병	52	士	士	00	선비 사:
60	病	疒	05	병 병:	72	事	亅	07	일 사:
42	保	亻(人)	07	지킬 보:	52	仕	亻(人)	03	섬길 사(:)
42	報	土	09	갚을/알릴 보:	60	使	亻(人)	06	하여금/부릴 사:
42	寶	宀	17	보배 보:	52	史	口	02	사기 사:
42	步	止	03	걸음 보:	80	四	口	02	넉 사:
60	服	月	04	옷 복	50	寫	宀	12	베낄 사
52	福	示	09	복 복	42	寺	寸	03	절 사
60	本	木	01	근본 본	42	師	巾	07	스승 사
52	奉	大	05	받들 봉:	50	思	心	05	생각 사(:)

급수	한자	부수	획수	대표훈음	급수	한자	부수	획수	대표훈음
50	査	木	05	조사할 사	42	設	言	04	베풀 설
60	死	歹	02	죽을 사:	52	說	言	07	말씀 설/달랠 세:
62	社	示	03	모일 사	62	雪	雨	03	눈 설
42	舍	舌	02	집 사	42	城	土	07	재 성
42	謝	言	10	사례할 사:	72	姓	女	05	성 성:
80	山	山	00	메 산	52	性	忄(心)	05	성품 성:
52	産	生	06	낳을 산:	62	成	戈	03	이룰 성
70	算	竹	08	셈 산:	42	星	日	05	별 성
42	殺	殳	07	죽일 살/감할 쇄:	42	盛	皿	07	성할 성:
80	三	一	02	석 삼	62	省	目	04	살필 성/덜 생
72	上	一	02	윗 상:	42	聖	耳	07	성인 성:
52	商	口	08	장사 상	42	聲	耳	11	소리 성
42	常	巾	08	떳떳할 상	42	誠	言	07	정성 성
42	床	广	04	상 상	72	世	一	04	인간 세:
42	想	心	09	생각 상:	42	勢	力	11	형세 세:
42	狀	犬	04	형상 상/문서 장:	52	歲	止	09	해 세:
52	相	目	04	서로 상	52	洗	氵(水)	06	씻을 세:
50	賞	貝	08	상줄 상	42	稅	禾	07	세금 세:
70	色	色	00	빛 색	42	細	糸	05	가늘 세:
80	生	生	00	날 생	80	小	小	00	작을 소:
50	序	广	04	차례 서:	70	少	小	01	적을 소:
62	書	日	06	글 서	70	所	戶	04	바 소:
80	西	襾	00	서녘 서	42	掃	扌(手)	08	쓸 소(:)
70	夕	夕	00	저녁 석	62	消	氵(水)	07	사라질 소
60	席	巾	07	자리 석	42	笑	竹	04	웃음 소:
60	石	石	00	돌 석	42	素	糸	04	본디/흴 소(:)
52	仙	亻(人)	03	신선 선	42	俗	亻(人)	07	풍속 속
80	先	儿	04	먼저 선	52	束	木	03	묶을 속
50	善	口	09	착할 선:	42	續	糸	15	이을 속
62	線	糸	09	줄 선	60	速	辶(辵)	07	빠를 속
50	船	舟	05	배 선	60	孫	子	07	손자 손(:)
50	選	辶(辵)	12	가릴 선:	42	送	辶(辵)	06	보낼 송:
52	鮮	魚	06	고울 선	42	修	亻(人)	08	닦을 수

급수	한자	부수	획수	대표훈음	급수	한자	부수	획수	대표훈음
42	受	又	06	받을 수(:)	62	神	示	05	귀신 신
42	守	宀	03	지킬 수	52	臣	臣	00	신하 신
72	手	手	00	손 수(:)	62	身	身	00	몸 신
42	授	扌(手)	08	줄 수	60	失	大	02	잃을 실
42	收	攵(攴)	02	거둘 수	80	室	宀	06	집 실
70	數	攵(攴)	11	셈 수:	52	實	宀	11	열매 실
60	樹	木	12	나무 수	70	心	心	00	마음 심
80	水	水	00	물 수	42	深	氵(水)	08	깊을 심
52	首	首	00	머리 수	80	十	十	00	열 십
52	宿	宀	08	잘 숙/별자리 수:					
42	純	糸	04	순수할 순					◎
52	順	頁	03	순할 순:	52	兒	儿	06	아이 아
62	術	行	05	재주 술	52	惡	心	08	악할 악/미워할 오
60	習	羽	05	익힐 습	72	安	宀	03	편안 안
60	勝	力	10	이길 승	50	案	木	06	책상 안:
42	承	手	04	이을 승	42	眼	目	06	눈 안:
62	始	女	05	비로소 시:	42	暗	日	09	어두울 암:
72	市	巾	02	저자 시:	42	壓	土	14	누를 압
42	施	方	05	베풀 시:	60	愛	心	09	사랑 애(:)
42	是	日	05	이/옳을 시:	42	液	氵(水)	08	진 액
72	時	日	06	때 시	60	夜	夕	05	밤 야:
50	示	示	00	보일 시:	60	野	里	04	들 야:
42	視	見	05	볼 시:	62	弱	弓	07	약할 약
42	試	言	06	시험 시(:)	52	約	糸	03	맺을 약
42	詩	言	06	시 시	62	藥	++(艸)	15	약 약
60	式	弋	03	법 식	60	洋	氵(水)	06	큰바다 양
42	息	心	06	쉴 식	42	羊	羊	00	양 양
70	植	木	08	심을 식	60	陽	阝(阜)	09	볕 양
52	識	言	12	알 식/기록할 지	52	養	食	06	기를 양:
72	食	食	00	밥/먹을 식	50	漁	氵(水)	11	고기잡을 어
62	信	亻(人)	07	믿을 신:	70	語	言	07	말씀 어:
62	新	斤	09	새 신	50	魚	魚	00	고기/물고기 어
42	申	田	00	납 신	50	億	亻(人)	13	억 억

급수	한자	부수	획수	대표훈음	급수	한자	부수	획수	대표훈음
60	言	言	00	말씀 언	72	右	口	02	오를/오른(쪽) 우:
62	業	木	09	업 업	50	牛	牛	00	소 우
42	如	女	03	같을 여	52	雨	雨	00	비 우:
42	餘	食	07	남을 여	62	運	⻌(辵)	09	옮길 운:
42	逆	⻌(辵)	06	거스릴 역	52	雲	雨	04	구름 운
42	演	氵(水)	11	펼 연:	50	雄	隹	04	수컷 웅
70	然	灬(火)	08	그럴 연	52	元	儿	02	으뜸 원
42	煙	火	09	연기 연	50	原	厂	08	언덕 원
42	研	石	06	갈 연:	42	員	口	07	인원 원
50	熱	灬(火)	11	더울 열	42	圓	口	10	둥글 원
50	葉	⺿(艸)	09	잎 엽	60	園	口	10	동산 원
42	榮	木	10	영화 영	60	遠	⻌(辵)	10	멀 원:
60	永	水	01	길 영:	50	院	阝(阜)	07	집 원
60	英	⺿(艸)	05	꽃부리 영	50	願	頁	10	원할 원:
42	藝	⺿(艸)	15	재주 예:	80	月	月	00	달 월
80	五	二	02	다섯 오:	50	位	亻(人)	05	자리 위
72	午	十	02	낮 오:	52	偉	亻(人)	09	클 위
42	誤	言	07	그르칠 오:	42	爲	爫(爪)	08	하/할 위(:)
50	屋	尸	06	집 옥	42	衛	行	09	지킬 위
42	玉	玉(王)	00	구슬 옥	70	有	月	02	있을 유:
60	溫	氵(水)	10	따뜻할 온	60	油	氵(水)	05	기름 유
50	完	宀	04	완전할 완	60	由	田	00	말미암을 유
42	往	彳	05	갈 왕:	42	肉	肉	00	고기 육
80	王	王(玉)	00	임금 왕	70	育	月(肉)	04	기를 육
80	外	夕	02	바깥 외:	42	恩	心	06	은혜 은
50	曜	日	14	빛날 요:	60	銀	金	06	은 은
52	要	襾	03	요긴할 요(:)	42	陰	阝(阜)	08	그늘 음
42	謠	言	10	노래 요	62	音	音	00	소리 음
50	浴	氵(水)	07	목욕할 욕	62	飮	食	04	마실 음(:)
62	勇	力	07	날랠 용:	70	邑	邑	00	고을 읍
42	容	宀	07	얼굴 용	42	應	心	13	응할 응:
62	用	用	00	쓸 용:	62	意	心	09	뜻 의:
52	友	又	02	벗 우:	42	義	羊	07	옳을 의:

급수	한자	부수	획수	대표훈음	급수	한자	부수	획수	대표훈음
60	衣	衣	00	옷 의	52	材	木	03	재목 재
42	議	言	13	의논할 의(:)	50	災	火	03	재앙 재
60	醫	酉	11	의원 의	52	財	貝	03	재물 재
80	二	二	00	두 이:	50	爭	爫(爪)	04	다툴 쟁
52	以	人	03	써 이:	42	低	亻(人)	05	낮을 저:
42	移	禾	06	옮길 이	50	貯	貝	05	쌓을 저:
50	耳	耳	00	귀 이:	42	敵	攵(攴)	11	대적할 적
42	益	皿	05	더할 익	52	的	白	03	과녁 적
80	人	人	00	사람 인	50	赤	赤	00	붉을 적
42	印	卩	04	도장 인	52	傳	亻(人)	11	전할 전
50	因	口	03	인할 인	72	全	入	04	온전 전
42	引	弓	01	끌 인	52	典	八	06	법 전:
42	認	言	07	알 인	72	前	刂(刀)	07	앞 전
80	一	一	00	한 일	52	展	尸	07	펼 전:
80	日	日	00	날 일	62	戰	戈	12	싸움 전:
52	任	亻(人)	04	맡길 임(:)	42	田	田	00	밭 전
70	入	入	00	들 입	72	電	雨	05	번개 전:
					52	切	刀	02	끊을 절/온통 체
					52	節	竹	09	마디 절
			ㅈ		42	絕	糸	06	끊을 절
72	子	子	00	아들 자	52	店	广	05	가게 점:
70	字	子	03	글자 자	42	接	扌(手)	08	이을 접
60	者	耂(老)	05	놈 자	50	停	亻(人)	09	머무를 정
72	自	自	00	스스로 자	60	定	宀	05	정할 정:
62	作	亻(人)	05	지을 작	62	庭	广	07	뜰 정
62	昨	日	05	어제 작	52	情	忄(心)	08	뜻 정
72	場	土	09	마당 장	42	政	攵(攴)	05	정사 정
42	將	寸	08	장수 장(:)	72	正	止	01	바를 정(:)
60	章	立	06	글 장	42	程	禾	07	한도/길 정
80	長	長	00	긴 장(:)	42	精	米	08	정할 정
42	障	阝(阜)	11	막을 장	42	制	刂(刀)	06	절제할 제:
50	再	冂	04	두 재:	80	弟	弓	04	아우 제:
60	在	土	03	있을 재:	42	提	扌(手)	09	끌 제
62	才	扌(手)	00	재주 재					

급수	한자	부수	획수	대표훈음	급수	한자	부수	획수	대표훈음
42	濟	氵(水)	14	건널 제:	80	中	丨	03	가운데 중
42	祭	示	06	제사 제:	42	衆	血	06	무리 중:
62	第	竹	05	차례 제:	70	重	里	02	무거울 중:
42	製	衣	08	지을 제:	42	增	土	12	더할 증
42	除	阝(阜)	07	덜 제	70	地	土	03	따 지
42	際	阝(阜)	11	즈음/가 제:	42	志	心	03	뜻 지
62	題	頁	09	제목 제	42	指	扌(手)	06	가리킬 지
42	助	力	05	도울 조:	42	支	支	00	지탱할 지
50	操	扌(手)	13	잡을 조(:)	50	止	止	00	그칠 지
42	早	日	02	이를 조:	52	知	矢	03	알 지
60	朝	月	08	아침 조	70	紙	糸	04	종이 지
70	祖	示	05	할아비 조	42	至	至	00	이를 지
52	調	言	08	고를 조	72	直	目	03	곧을 직
42	造	辶(辵)	07	지을 조:	42	職	耳	12	직분 직
42	鳥	鳥	00	새 조	42	眞	目	05	참 진
60	族	方	07	겨레 족	42	進	辶(辵)	08	나아갈 진:
72	足	足	00	발 족	52	質	貝	08	바탕 질
42	尊	寸	09	높을 존	62	集	隹	04	모을 집
52	卒	十	06	마칠 졸					
42	宗	宀	05	마루 종			ㅊ		
52	種	禾	09	씨 종(:)	42	次	欠	02	버금 차
50	終	糸	05	마칠 종	52	着	目	07	붙을 착
72	左	工	02	왼 좌:	42	察	宀	11	살필 찰
50	罪	罒(网)	08	허물 죄:	52	參	厶	09	참여할 참/석 삼
70	主	丶	04	주인/임금 주	42	創	刂(刀)	10	비롯할 창:
70	住	亻(人)	05	살 주:	50	唱	口	08	부를 창:
52	州	川(巛)	03	고을 주	62	窓	穴	06	창 창
60	晝	日	07	낮 주	52	責	貝	04	꾸짖을 책
62	注	氵(水)	05	부을 주:	42	處	虍	05	곳 처:
42	走	走	00	달릴 주	70	千	十	01	일천 천
52	週	辶(辵)	08	주일 주	70	天	大	01	하늘 천
42	竹	竹	00	대 죽	70	川	川(巛)	00	내 천
42	準	氵(水)	10	준할 준:	50	鐵	金	13	쇠 철

급수	한자	부수	획수	대표훈음
62	淸	氵(水)	08	맑을 청
42	請	言	08	청할 청
80	靑	靑	00	푸를 청
62	體	骨	13	몸 체
50	初	刀	05	처음 초
70	草	++(艸)	06	풀 초
80	寸	寸	00	마디 촌:
70	村	木	03	마을 촌:
42	總	糸	11	다 총
42	銃	金	06	총 총
50	最	日	08	가장 최:
70	秋	禾	04	가을 추
50	祝	示	05	빌 축
42	築	竹	10	쌓을 축
42	蓄	++(艸)	10	모을 축
70	春	日	05	봄 춘
70	出	凵	03	날 출
52	充	儿	04	채울 충
42	忠	心	04	충성 충
42	蟲	虫	12	벌레 충
42	取	又	06	가질 취:
42	測	氵(水)	09	헤아릴 측
42	治	氵(水)	05	다스릴 치
42	置	罒(网)	08	둘 치:
50	致	至	04	이를 치:
42	齒	齒	00	이 치
50	則	刂(刀)	07	법칙 칙/곧 즉
60	親	見	09	친할 친
80	七	一	01	일곱 칠
42	侵	亻(人)	07	침노할 침

ㅋ

급수	한자	부수	획수	대표훈음
42	快	忄(心)	04	쾌할 쾌

ㅌ

급수	한자	부수	획수	대표훈음
50	他	亻(人)	03	다를 타
50	打	扌(手)	02	칠 타:
50	卓	十	06	높을 탁
50	炭	火	05	숯 탄:
60	太	大	01	클 태
42	態	心	10	모습 태:
52	宅	宀	03	집 택
80	土	土	00	흙 토
42	統	糸	06	거느릴 통:
60	通	辶(辵)	07	통할 통
42	退	辶(辵)	06	물러날 퇴:
60	特	牛	06	특별할 특

ㅍ

급수	한자	부수	획수	대표훈음
42	波	氵(水)	05	물결 파
42	破	石	05	깨뜨릴 파:
50	板	木	04	널 판
80	八	八	00	여덟 팔
50	敗	攵(攴)	07	패할 패:
70	便	亻(人)	07	편할 편(:)/똥오줌 변
72	平	干	02	평평할 평
42	包	勹	03	쌀 포(:)
42	布	巾	02	베/펼 포(:)/보시 보
42	砲	石	05	대포 포:
42	暴	日	11	사나울 폭/모질 포:
42	票	示	06	표 표
62	表	衣	03	겉 표
52	品	口	06	물건 품:
42	豊	豆	06	풍년 풍
62	風	風	00	바람 풍
52	必	心	01	반드시 필
52	筆	竹	06	붓 필

급수	한자	부수	획수	대표훈음
			ㅎ	
72	下	一	02	아래 하:
70	夏	夊	07	여름 하:
50	河	氵(水)	05	물 하
80	學	子	13	배울 학
50	寒	宀	09	찰 한
72	漢	氵(水)	11	한수/한나라 한:
42	限	阝(阜)	06	한할 한:
80	韓	韋	08	한국/나라 한(:)
60	合	口	03	합할 합
42	港	氵(水)	09	항구 항:
42	航	舟	04	배 항:
52	害	宀	07	해할 해:
72	海	氵(水)	07	바다 해:
42	解	角	06	풀 해:
62	幸	干	05	다행 행:
60	行	行	00	다닐 행(:)/항렬 항
60	向	口	03	향할 향:
42	鄕	阝(邑)	10	시골 향
42	香	香	00	향기 향
42	虛	虍	06	빌 허
50	許	言	04	허락할 허
42	驗	馬	13	시험 험:
62	現	王(玉)	07	나타날 현:
42	賢	貝	08	어질 현
42	血	血	00	피 혈
42	協	十	06	화할 협
80	兄	儿	03	형 형
62	形	彡	04	모양 형
42	惠	心	08	은혜 혜:
42	呼	口	05	부를 호
42	好	女	03	좋을 호:
42	戶	戶	00	집 호:

급수	한자	부수	획수	대표훈음
50	湖	氵(水)	09	호수 호
60	號	虍	07	이름 호(:)
42	護	言	14	도울 호:
52	化	匕	02	될 화(:)
62	和	口	05	화할 화
80	火	火	00	불 화(:)
70	花	++(艸)	04	꽃 화
72	話	言	06	말씀 화
42	貨	貝	04	재물 화:
60	**畫**	田	07	그림 화:/그을 획
42	確	石	10	굳을 확
50	患	心	07	근심 환:
72	活	氵(水)	06	살 활
60	黃	黃	00	누를 황
42	回	口	03	돌아올 회
62	會	日	09	모일 회:
72	孝	子	04	효도 효:
52	效	攵(攴)	06	본받을 효:
72	後	彳	06	뒤 후:
60	訓	言	03	가르칠 훈:
70	休	亻(人)	04	쉴 휴
52	凶	凵	02	흉할 흉
50	黑	黑	00	검을 흑
42	吸	口	04	마실 흡
42	興	臼	09	일 흥(:)
42	希	巾	04	바랄 희

富貴在天

부귀재천

부귀는 하늘에 달려 있어서 인력으로는 어찌할 수 없다는 뜻

漢字

(사) 한국어문회 주관 / 한국한자능력검정회 시행

본문학습

家 집 가 | 7급Ⅱ
宀 | 7획

- 비 宗(마루 종)
- 동 戶(집 호), 室(집 실)
  堂(집 당), 屋(집 옥)
  宅(집 택), 宮(집 궁)
  庫(곳집 고), 舍(집 사)
  院(집 원)

옛날 돼지는 그 집의 큰 재산이기에 집(宀)에 딸린 가축이었다는 의미에서 집(家)을 의미한다.

읽기한자
家難(가난) 집안의 재난
家寶(가보) 대대로 내려오는 그 집안의 보물

쓰기한자
家計(가계) 한 집안 살림살이의 수입과 지출의 상태
家門(가문) 집안의 사회적 지위
家業(가업) 집안의 직업
家庭(가정) 한 가족이 살림하고 있는 집안

歌 노래 가 | 7급
欠 | 10획

- 동 謠(노래 요), 曲(굽을 곡)
  唱(부를 창), 樂(노래 악)

입을 벌려서(欠) 소리를 뽑아 올리는 것(哥)에서 노래한다(歌)는 의미이다.

읽기한자
悲歌(비가) 슬픈 노래
歌謠(가요) 운문 형식인 문학의 총칭
詩歌(시가) 시와 노래
歌曲(가곡) 노래의 곡조
歌唱(가창) 노래를 부름

쓰기한자
軍歌(군가) 군대의 사기를 돋우기 위해 부르는 노래
愛國歌(애국가) 나라를 사랑하는 내용으로, 온 국민이 부르는 노래

價 값 가 | 5급Ⅱ
亻(人) | 13획

- 비 賣(팔 매)
  買(살 매)
- 동 値(값 치)
- 약 価

상인(人)이 가치가 있는 상품(貝)을 상자(襾)에 넣어 놓았다는 의미이다.

읽기한자
單價(단가) 각 단위마다의 값
呼價(호가) 팔거나 사려는 물건의 값을 부름

쓰기한자
價格(가격) 물건이 지니고 있는 가치를 돈으로 나타낸 것
代價(대가) 일을 실현하기 위해 들인 노력이나 희생
高價(고가) 비싼 가격
市價(시가) 시장 가격

可 옳을 가: | 5급
口 | 2획

- 비 司(맡을 사)
  何(어찌 하)
- 동 義(옳을 의)
- 반 否(아닐 부)

큰 입(口)을 벌려서 외쳐 입안에 있던 소리가 성대하게(丁) 나온다는 의미이다.

읽기한자
不可思議(불가사의) 헤아려 알 수 없음
燈火可親(등화가친) 가을밤은 서늘하여 글 읽기에 좋음
可決(가결) 회의에서 제출된 의안을 옳다고 결정하는 것
可能(가능) 될 수 있음, 할 수 있음
可當(가당) 합당함
不可(불가) 옳지 않음

加

5급
더할 **가**
力 | 3획

- 비 功(공 공)
- 동 增(더할 증), 益(더할 익)
  添(더할 첨)
- 반 減(덜 감)
  除(덜 제)
  省(덜 생)
  損(덜 손)

손만이 아니라 입(口)도 모아서 기세(力)를 도우려(加)는 의미이다.

읽기한자

加味(가미) 음식에 다른 식료품을 조금 넣어 맛이 더 나게 함
加算(가산) 더하여 셈하는 것
加速(가속) 속도를 더함
加熱(가열) 물질에 더운 기운을 줌
加重(가중) 더 무겁게 함

假

4급Ⅱ
거짓 **가:**
亻(人) | 9획

- 비 暇(틈/겨를 가)
- 동 僞(거짓 위)
- 반 眞(참 진)
- 약 仮

물건을 빌려 다시 주인 사람(人)에게 돌려주어야 하므로(反) 임시(假)로
자기 것이란 의미이다.

읽기한자

假建物(가건물) 임시로 간단하게 세운 건물
假令(가령) 무슨 일을 가정할 때 쓰는 말. 이를테면.
假想(가상) 사실이라고 가정하여 생각하는 것
假作(가작) 거짓으로 하는 행동. 임시적인 제작

街

4급Ⅱ
거리 **가(:)**
行 | 6획

- 비 往(갈 왕)
  桂(계수나무 계)
- 동 道(길 도), 程(길 정)
  路(길 로)
  巷(거리 항)

토지(土)가 구획되어 사방팔방(行)으로 길이 뻗어있는 있는 곳, 화려한
거리(街)를 의미한다.

읽기한자

商街(상가) 가게가 많은 거리
街道(가도) 큰 도로. 교통상 중요한 도로
街路樹(가로수) 人道(인도)의 양쪽에 잇달아 심은 나무

角

6급Ⅱ
뿔 **각**
角 | 0획

- 비 用(쓸 용)

동물의 뿔과 뾰족한 것의 모서리를 나타낸다.

읽기한자

角燈(각등) 손으로 들고 다니는 네모진 등
角度器(각도기) 각도를 재는 기구

쓰기한자

角木(각목) 각재(角材)로 된 나무

各

6급 II

각각 **각**

口 | 3획

비 客(손 객)
名(이름 명)
반 合(합할 합)
同(한가지 동)
共(한가지 공)

걸어서(夊) 되돌아와 말(口)하는 사람들이 따로따로 말하는 것에서
각각(各)을 의미한다.

읽기한자

各處(각처) 여러 곳

쓰기한자

各各(각각) 제각기. 따로따로
各自(각자) 각각의 자신
各界(각계) 사회의 각 방면
各種(각종) 여러 종류

間

7급 II

사이 **간(:)**

門 | 4획

비 問(물을 문)
聞(들을 문)
開(열 개)
동 隔(사이뜰 격)

닫혀있는 문(門) 사이에 해(日)가 비추어오는 형태에서 사이, 틈(間)을
의미한다.

읽기한자

間接(간접) 바로 통하지 않고 중간에 매개를 통하여 서로 대함
間斷(간단) 잠깐의 끊임
期間(기간) 일정한 시기의 사이

쓰기한자

間食(간식) 때때로 섭취하는 군음식
晝間(주간) 낮 동안
世間(세간) 세상
行間(행간) 줄과 줄 사이

感

6급

느낄 **감:**

心 | 9획

비 歲(해 세)
減(덜 감)
동 覺(깨달을 각)

잘 익은 과일을 전부(咸) 먹어 그 맛에 마음(心)이 움직인다, 느낀다(感)는
의미이다.

읽기한자

感想(감상) 예술 작품을 음미함
感謝(감사) 고맙게 여김

쓰기한자

同感(동감) 같게 느끼거나 생각함
所感(소감) 마음에 느낀 바
萬感(만감) 온갖 생각
實感(실감) 실물에 접할 때 일어나는 생생한 느낌
感知(감지) 느끼어 앎

監

4급 II

볼 **감**

皿 | 9획

동 觀(볼 관), 見(볼 견)
視(볼 시), 看(볼 간)
察(살필 찰)
覽(볼 람)
약 监

사람(亻)이 눈(臣)으로 그릇(皿)에 담긴 물을 내려보고 자기의 얼굴을
살핀다(監)는 의미이다.

읽기한자

監禁(감금) 가두어 자유를 속박하고 감시함
監房(감방) 죄수를 가두어 두는 방
監視(감시) 경계하기 위하여 미리 감독하고 살피어 봄
監察(감찰) 남의 행동을 감시하여 살핌

減 4급 Ⅱ 덜 감:
氵(水) | 9획

- 비 歲(해 세), 感(느낄 감)
- 동 除(덜 제), 損(덜 손)
  省(덜 생)
- 반 加(더할 가), 增(더할 증)
  添(더할 첨), 益(더할 익)
- 약 减

잘 익은 열매를 전부 먹어버리듯이 물(氵)이 다(咸) 없어지는 것에서 줄다(減)는 의미이다.

읽기한자

減價(감가) 값을 줄임
減量(감량) 분량이나 무게가 주는 것
減産(감산) 생산이 주는 것
減稅(감세) 조세의 액수를 줄이거나 그 율(率)을 낮추는 것
減少(감소) 줄어서 적어지는 것

江 7급 Ⅱ 강 강
水 | 3획

- 비 工(장인 공)
- 동 河(물 하)
- 반 山(메 산)

물(水)이 오랜 세월 흐르면서 만든(工) 것이 강(江)이란 의미이다.

읽기한자

江邊(강변) 강가
江湖(강호) 강과 호수

쓰기한자

江山(강산) 강과 산
江心(강심) 강의 한복판
漢江(한강) 한국의 중부에 있어 황해로 들어가는 강

強 6급 강할 강(:)
弓 | 8획

- 반 弱(약할 약)

활(弓)의 줄은 누에꼬치(虫)에서 뽑아 송진을 발라 강한(強) 힘을 지녔다는 의미이다.

읽기한자

列強(열강) 여러 강한 나라들
強勢(강세) 강한 세력이나 기세
強健(강건) 몸이 튼튼하고 건강함
強打(강타) 강하게 침

쓰기한자

強國(강국) 강한 나라
強度(강도) 강렬한 정도
強調(강조) 강력히 주장함

康 4급 Ⅱ 편안 강
广 | 8획

- 비 慶(경사 경)
- 동 健(굳셀 건)
  安(편안 안)
  便(편할 편)
- 반 危(위태로울 위)

한낮 바깥(广)에서 노동한 후, 밤에 이르기(隶)까지 집안일을 하듯이 건강(康)을 의미한다.

읽기한자

康健(강건) 기력이 튼튼하고 건강함
康福(강복) 건강하고 행복함
健康(건강) 몸에 탈이 없고 튼튼함
小康(소강) 병이 조금 나아감. 소란하던 세상이 조금 안정됨

講 4급Ⅱ
월 강:
言 | 10획

비 構(얽을 구)
동 解(풀 해)

단어(言)를 조합(冓)하여 상대를 잘 이해하게 하고 화해하는 것에서
설명하다(講)는 의미이다.

읽기한자

講壇(강단) 강의나 설교 때 올라가게 만든 자리
講堂(강당) 강의를 하는 건물 또는 방
講讀(강독) 글을 읽고 그 뜻을 밝힘
講演會(강연회) 강연을 하기 위한 모임
受講(수강) 강의를 받음

開 6급
열 개
門 | 4획

비 閉(닫을 폐)
間(물을 문)
聞(들을 문)
반 閉(닫을 폐)

빗장을 양손으로 들어올려 벗기고 (幵) 출입문(門)을 여는 것에서
열다(開)는의미이다.

읽기한자

開港(개항) 항구를 개방하여 통상을 허가함
開票(개표) 투표함을 열고 투표 결과를 조사함
續開(속개) 멈추었던 회의 등을 다시 계속하여 엶

쓰기한자

開國(개국) 새로 나라를 세움
開發(개발) 개척하여 발전시킴
開放(개방) 출입이나 교통이 자유롭게 이루어지도록 허가함
開學(개학) 방학 등으로 쉬었던 수업을 다시 시작하는 것

改 5급
고칠 개(:)
攵(攴) | 3획

비 功(공 공)
政(정사 정)
收(거둘 수)
동 更(고칠 경/다시 갱)

나쁜 행위를 한 사람(己)을 채찍(攵)으로 두들겨 고쳐서 좋게 하다,
바꾸다(改)는 의미이다.

읽기한자

改修(개수) 고치어 수정함
改造(개조) 고쳐 다시 만듦
改築(개축) 다시 고쳐서 짓거나 쌓음
改良(개량) 더 낫거나 편리하게 고치는 것
改心(개심) 잘못된 마음을 고치는 것
改正(개정) 고쳐 바르게 함

個 4급Ⅱ
낱 개(:)
亻(人) | 8획

비 固(굳을 고)
동 枚(낱 매)
반 總(다 총)
약 个

사람(人)이나 굳은(固) 것은 낱개(個)로 센다는 의미이다.

읽기한자

個當(개당) 낱낱마다
個別(개별) 하나하나. 따로따로
個性(개성) 개인성. 개체의 특성
個人(개인) 국가나 사회에 대하여 이를 구성하는 낱낱의 사람
半個(반개) 한 개의 절반

客 손 객

5급 II
宀 | 6획

비 容(얼굴 용)
　各(각각 각)
동 旅(나그네 려)
　賓(손 빈)
반 主(주인 주)

집안(宀)에 각각(各) 찾아온 사람이 머문다는 것에서 불려온 사람(客)을 의미한다.

읽기한자

客員(객원) 정규 회원이 아니면서 빈객의 대우를 받으며 그 사무에
　　　　　참여하는 사람
旅客船(여객선) 여객의 운반을 주요 목적으로 하며 객실 등의 시설을 갖춘 배
客舍(객사) 나그네가 묵는 집

쓰기한자

客觀(객관) 자기의식에서 벗어나 제삼자의 입장에서 사물을 보는 일
客地(객지) 자기 고장을 떠나 임시로 있는 곳
客席(객석) 손님의 자리
觀客(관객) 구경하는 사람

車 수레 거/차

7급 II
車 | 0획

비 東(동녘 동)
　束(묶을 속)

수레의 모양을 본떴다.

읽기한자

列車(열차) 기관차에 객차, 화차 등을 연결하고 운전 장치를 설비한 차량
停車場(정거장) 열차를 정지시켜 여객, 화물을 취급하는 곳
急停車(급정거) 차 등을 급히 세움
馬車(마차) 말이 끄는 수레

쓰기한자

車道(차도) 차가 통행하도록 규정한 도로 구획. 찻길
客車(객차) 기차에서 손님을 태우는 차량
人力車(인력거) 사람 힘으로 끄는 수레
發車(발차) 차가 떠남

擧 들 거:

5급
手 | 14획

비 與(더불 여)
　興(일 흥)
동 動(움직일 동)
약 挙, 舉

상아는 크고 귀중하여 여럿(與)이서 들어올리고(手) 나르는 것에 들어올리다
(擧)는 의미이다.

읽기한자

擧動(거동) 일에 나서서 움직이는 태도
擧論(거론) 여러 사물을 입에 올려 말해서 논제로 삼음
擧名(거명) 이름을 들어 말함
擧事(거사) 큰 일을 일으킴
擧行(거행) 명령대로 시행함
檢擧(검거) 죄상을 조사하려고 용의자를 경찰에서 잡아감
列擧(열거) 하나씩 들어서 말함
義擧(의거) 의를 위하여 일으키는 거사
一擧一動(일거일동) 사소한 동작

去 갈 거:

5급
厶 | 3획

비 法(법 법)
동 往(갈 왕)
　進(나아갈 진)
반 來(올 래)
　留(머무를 류)

안(厶)에 있는 것을 꺼내 뚜껑(土)을 뜯어 제거하는 것에서 가다,
떠나다(去)는 의미이다.

읽기한자

去來(거래) 상인과 고객 사이에 금전을 대차하거나 물품을 매매하는 일
去勢(거세) 저항, 반대를 못하도록 세력을 꺾어버림
去處(거처) 간 곳, 갈 곳
過去(과거) 지나간 때
除去(제거) 덜어 없앰
收去(수거) 거두어 감
退去(퇴거) 물러감. 거주를 옮김

建

5급
세울 건:
廴 | 6획

비 康(편안 강)
　健(굳셀 건)
동 設(베풀 설)
　立(설 립)

옛날 붓(聿)을 세워서(廴) 방위, 지세를 확인하고 장소를 정했듯이
세운다(建)는 의미이다.

읽기한자

建設(건설) 건물이나 설비 따위를 새로 만들어 세움
建物(건물) 땅 위에 세워 이룬 집 따위의 물건
建議(건의) 의견이나 희망을 상신함　建造(건조) 배, 건물 따위를 만듦
建築(건축) 집, 다리 등을 세워 지음　創建(창건) 처음으로 세움
建國(건국) 새로 나라를 세움　　　建軍(건군) 군대를 창건함
再建(재건) 무너진 것을 다시 건설함

件

5급
물건 건
亻(人) | 4획

비 仕(섬길 사)
　任(맡길 임)
동 物(물건 물)
　品(물건 품)

노예(亻)나 소(牛)와 같이 매여서 자유롭지 못한 데서 움직이지 않는 것,
물건(件)을 의미한다.

읽기한자

件數(건수) 사물, 사건의 수
物件(물건) 일정한 형체를 갖춘 모든 물질적 대상. 상품
要件(요건) 중요한 용건
事件(사건) 일거리. 뜻밖에 일어난 일
用件(용건) 볼일

健

5급
굳셀 건:
亻(人) | 9획

비 建(세울 건)
동 康(편안 강)
반 弱(약할 약)

사람(亻)이 글자를 슬슬(廴) 쓰듯이(聿) 병치레를 하지 않고 건강하다(健)는
의미이다.

읽기한자

健康(건강) 몸에 탈이 없고 튼튼함
保健(보건) 건강을 지켜 나가는 일
健勝(건승) 건강함
健實(건실) 건전하고 착실함
健兒(건아) 건장한 남아
健全(건전) 건실하고 완전함
不健全(불건전) 건전하지 못함

檢

4급Ⅱ
검사할 검:
木 | 13획

비 險(험할 험)
　儉(검소할 검)
동 查(조사할 사)
　督(감독할 독)
　察(살필 찰)
약 検

의견을 쓴 나무뚜껑(木)을 다(僉) 모아서 조사한 것에서 사물을
조사한다(檢)는 의미이다.

읽기한자

檢問(검문) 검사하고 물음
檢算(검산) 계산의 맞고 안 맞음을 검사함
檢察(검찰) 검사하여 찾아 냄

格
5급 Ⅱ
격식 격
木 | 6획

비 落(떨어질 락)
동 式(법 식)

뻗은 나뭇가지(木)가 각각(各) 격식(格)대로 되어 있다는 의미이다.

읽기 한자
破格(파격) 격식을 깨뜨림
規格(규격) 일정한 표준

쓰기 한자
同格(동격) 같은 자격
失格(실격) 자격을 잃음
格言(격언) 교훈이 될 만한 짧은 말
格下(격하) 자격, 등급, 지위 등의 격이 낮아짐

見
5급 Ⅱ
볼 견:
뵈올 현:
見 | 0획

비 具(갖출 구)
　貝(조개 패)
동 觀(볼 관), 視(볼 시)
　看(볼 간), 覽(볼 람)
　監(볼 감)
반 隱(숨을 은)

큰 눈(目)이 있어 잘 보다(見)는 의미로 무릎꿇고(儿) 보는(目) 것을 가리킨다.

읽기 한자
見解(견해) 자기 의견과 해석
政見(정견) 정치상의 의견

쓰기 한자
見聞(견문) 보고 들음
見本(견본) 본보기 상품
見習(견습) 남의 하는 일을 보고 익힘
意見(의견) 마음에 느낀 바, 생각

決
5급 Ⅱ
결단할 결
氵(水) | 4획

비 快(쾌할 쾌)
　缺(이지러질 결)
동 判(판단할 판)
　斷(끊을 단)

물(氵)을 터놓아(夬) 제방을 끊는다는 것에서 끊다, 결단하다(決)는 의미이다.

읽기 한자
決斷(결단) 딱 잘라 결정함
未決(미결) 아직 결정되지 않음
決議(결의) 회의에서 의안이나 제의 등의 가부를 결정함

쓰기 한자
決死(결사) 죽음을 각오하고 결심함
決勝(결승) 최후의 승패를 결정함
對決(대결) 양자가 맞서서 우열 같은 것을 결정함
決算(결산) 계산을 마감함
決定(결정) 결단하여 정함

結
5급 Ⅱ
맺을 결
糸 | 6획

비 納(들일 납), 終(마칠 종)
동 契(맺을 계), 約(맺을 약)
　構(얽을 구), 束(묶을 속)
반 解(풀 해)
　離(떠날 리)

물건주머니의 입구(口)를 끈(糸)으로 묶는(土) 데서 맺는다(結)는 의미이다.

읽기 한자
結句(결구) 문장의 끝을 맺는 어구
連結(연결) 잇대어 맺음
結義(결의) 남남끼리 부자, 형제 같은 친족의 의리를 맺음
結氷(결빙) 물이 얼어 얼음이 됨

쓰기 한자
結局(결국) 일이 귀결되는 마당
結果(결과) 열매를 맺음
結束(결속) 덩이가 되게 묶음
結實(결실) 열매가 맺힘
結合(결합) 맺어서 합함

潔
4급Ⅱ
깨끗할 **결**
氵(水) | 12획

[동] 淸(맑을 청)
　　白(흰 백)
　　淨(깨끗할 정)

칼(刀)로 막대봉(丯)에 조각을 새겨 실타레(糸)를 물(氵)에 씻어
깨끗하다(潔)는 의미이다.

읽기한자

潔白(결백) 깨끗함
高潔(고결) 성품이 고상하고 순결함
不潔(불결) 깨끗하지 못하고 더러움
純潔(순결) 마음과 몸이 깨끗함
淸潔(청결) 맑고 깨끗함

缺
4급Ⅱ
이지러질 **결**
缶 | 4획

[비] 快(쾌할 쾌)
　　決(결단할 결)
[약] 欠

동이(缶)의 한 귀퉁이가 깨졌다(夬)는 것에서 이지러지다(缺)는 의미이다.

읽기한자

缺禮(결례) 예의 범절에서 벗어남
缺席(결석) 출석하지 않음
缺食(결식) 끼니를 거름
缺如(결여) 빠져서 없음. 부족함
病缺(병결) 병으로 인한 결석, 결근

京
6급
서울 **경**
亠 | 6획

[반] 鄕(시골 향)
　　村(마을 촌)
[동] 都(도읍 도)

어전의 주위에는 많은 사람이 살고 있던 것에서 어전을 중심으로 한 마을,
도읍을 의미한다.

읽기한자

京板(경판) 서울에서 판각함

쓰기한자

京觀(경관) 굉장한 구경거리
上京(상경) 시골에서 서울로 올라옴
入京(입경) 서울로 들어옴

敬
5급Ⅱ
공경 **경:**
攵(攴) | 9획

[비] 驚(놀랄 경)
[동] 恭(공손할 공)

사람들을 채찍(攵)으로 다스려 양처럼 착하게(茍) 인사를 하게 하여
공경하다(敬)는 의미이다.

읽기한자

敬拜(경배) 존경하여 공손히 절함
尊敬(존경) 높여 공경함

쓰기한자

敬老(경로) 노인을 공경함
敬禮(경례) 경의를 표하기 위해 인사하는 일
敬愛(경애) 공경하고 사랑함
敬語(경어) 공경하는 뜻을 나타내는 말

景

별 경(ː) 5급
日 | 8획

비 崇(높을 숭)
동 陽(볕 양)
光(빛 광)

높은 곳(京)에서 밖을 보면 햇볕(日)을 받아 선명하게 모습이 잘 보여 경치(景)를 의미한다.

 읽기한자

造景(조경) 경치를 아름답게 꾸밈
絕景(절경) 뛰어난 경치
好景氣(호경기) 좋은 경기
景觀(경관) 경치
雪景(설경) 눈 내리는 경치
景致(경치) 산수 등 자연계의 아름다운 현상
光景(광경) 눈으로 본 인상적인 경치나 충격적인 사건의 모양

輕

가벼울 경 5급
車 | 7획

비 經(지날 경)
반 重(무거울 중)
약 軽

좁은 길을 가는(巠) 데는 작고 가벼운 수레(車)가 좋다는 것에서 가볍다(輕)는 의미이다.

읽기한자

輕減(경감) 감하여 가볍게 함
輕視(경시) 가볍게 봄
輕量(경량) 가벼운 무게
輕重(경중) 가벼움과 무거움
輕洋食(경양식) 간단한 서양식 일품 요리
輕音樂(경음악) 가벼운 통속적인 대중 음악

競

다툴 경(ː) 5급
立 | 15획

동 爭(다툴 쟁)
鬪(싸움 투)
戰(싸움 전)
반 和(화할 화)
協(화할 협)

두 사람(儿儿)이 마주 서서(立) 강한 언성으로 말(口)다툼하여 다투다(競)라는 의미이다.

읽기한자

競演(경연) 연극이나 가극, 시문 등의 재주를 비교하기 위해 실제로 공연함
競走(경주) 일정한 거리를 두고 동시에 달리어 빠름을 다툼
競進(경진) 서로 다투어 앞으로 나아감
競技(경기) 서로 재주를 비교하여 낫고 못함을 경쟁함
競馬(경마) 일정한 거리를 두 사람 이상이 각각 말을 타고 경주하는 일
競爭(경쟁) 우월한 자리를 차지하려고 다툼

經

지날/글 경 4급Ⅱ
糸 | 7획

비 輕(가벼울 경)
동 文(글월 문), 歷(지날 력)
過(지날 과), 書(글 서)
理(다스릴 리)
반 緯(씨 위)
약 経

베틀에서 세로의 실(糸)을 몇 줄이나 늘이는(巠) 것에서 세로(經)를 의미한다.

읽기한자

經過(경과) 때의 지나감
經歷(경력) 겪어 지내온 일들
經費(경비) 일을 경영하는 데 필요한 비용
經濟(경제) 인간 생활에 필요한 재화를 획득, 이용하는 과정의 일체 활동

境

4급Ⅱ

지경 **경**

土 | 11획

비 意(뜻 의)
　鏡(거울 경)
동 界(지경 계)
　域(지경 역)
　區(지경 구)

흙 토(土)와 끝날 경(竟)을 합친 자로 국토(土)의 끝(竟)인 경계(境)를 의미한다.

읽기한자

邊境(변경) 나라의 경계가 되는 변두리 땅
死境(사경) 죽을 지경
接境(접경) 두 지역이 서로 접한 경계

慶

4급Ⅱ

경사 **경:**

心 | 11획

비 麗(고울 려)
　康(편안 강)
동 祝(빌 축)
　福(복 복)
반 弔(조상할 조)

남의 경사에 사슴(鹿)의 가죽을 가져 사랑(愛)으로 드린다는 데서 경사(慶)를 의미한다.

읽기한자

慶事(경사) 치하할 만한 기쁜 일
慶祝(경축) 경사를 축하함
國慶日(국경일) 법률로 정한 국가적으로 경사스러운 날

警

4급Ⅱ

깨우칠 **경:**

言 | 13획

비 敬(공경 경)
　驚(놀랄 경)
동 戒(경계할 계)
　覺(깨달을 각)

존경하는(敬) 분이 오신다고 말하고(言) 통행을 제한하고 경계(警)한다는 의미이다.

읽기한자

警備(경비) 만일을 염려하여 미리 경계, 방비함
警護(경호) 경계하고 보호함
軍警(군경) 군대와 경찰

界

6급Ⅱ

지경 **계:**

田 | 4획

동 境(지경 경)
　域(지경 역)
　區(지경 구)

논밭(田)을 구획해서(介) 경계를 만든다는 것에서 경계(界)를 의미한다.

읽기한자

境界(경계) 사물이 어떤 표준 아래 서로 맞닿는 자리
境界線(경계선) 경계가 되는 선
視界(시계) 눈에 보이는 한의 범위
政界(정계) 정치 또는 정치가의 사회

쓰기한자

各界(각계) 사회의 각 방면
別世界(별세계) 속된 세상과는 아주 다른 세상
世界(세계) 온 세상
外界(외계) 바깥 세상
財界(재계) 실업가 및 금융업자의 사회

計 6급 II 셀 계:
言 | 2획

열(十)을 한 단계로 크게 소리쳐(言) 가며 헤아린다, 셈한다(計)는 의미이다.

비 討(칠 토)
　 訓(가르칠 훈)
동 算(셈 산)
　 策(꾀 책)
　 數(셈 수)

읽기한자

設計(설계) 계획을 세움
統計(통계) 대량 관찰의 결과로서 얻어지는 숫자
計量(계량) 양의 크기를 잼

쓰기한자

計數(계수) 수효를 계산함
生計(생계) 살아 나아갈 방도
集計(집계) 모아서 합계함
會計(회계) 한데 몰아서 셈함
凶計(흉계) 음흉한 꾀

係 4급 II 맬 계:
亻(人) | 7획

사람(人)이 실(糸) 끝(丿)을 서로 맨다(係)는 의미이다.

비 系(이어맬 계)
　 絲(실 사)
　 紅(붉을 홍)

읽기한자

係員(계원) 한 계에서 일보는 사람
係長(계장) 한 계의 책임자
關係(관계) 둘 이상이 서로 걸림

高 6급 II 높을 고
高 | 0획

망루는 적이 공격해 오는 것을 잘 알 수 있도록 세운 높은 건물인 것에서 높다는 의미이다.

동 崇(높을 숭)
　 尊(높을 존)
　 卓(높을 탁)
반 低(낮을 저)
　 下(아래 하)

읽기한자

高潔(고결) 성품이 고상하고 순결함
高聲(고성) 높은 목소리
高貴(고귀) 지위가 높고 귀함
高原(고원) 높은 지대에 펼쳐진 벌판

쓰기한자

高價品(고가품) 비싼 가격의 물건　　高度(고도) 높은 정도
高級(고급) 높은 계급이나 등급　　高性能(고성능) 아주 좋은 성능

苦 6급 쓸 고
++(艸) | 5획

막 눈이 나온 풀은 안 쓰지만 오래된(古) 풀(++)은 쓰다는 것에서 쓰다, 괴롭다(苦)는 의미이다.

비 若(같을 약)
동 難(어려울 난)
반 樂(즐거울 락)
　 甘(달 감)

읽기한자

苦熱(고열) 견디기 힘들 정도의 심한 더위

쓰기한자

苦樂(고락) 괴로움과 즐거움
苦生(고생) 어렵고 괴로운 생활
苦心(고심) 몹시 마음을 태움
勞苦(노고) 수고스럽게 애씀
同苦同樂(동고동락) 같이 고생하고 같이 즐김

古 6급
예 고:
口 | 2획

비 右(오른 우)
　 石(돌 석)
　 舌(혀 설)
　 占(점칠 점)
동 舊(예 구)
　 故(연고 고)
반 新(새 신) 今(이제 금)

조상에서 후손으로 10대(十)에 걸쳐 구전(口)된 옛날 일이라는 것에서
옛날(古)을 의미한다.

읽기한자

古宮(고궁) 옛 궁전
復古(복고) 옛날대로 회복함

쓰기한자

古今(고금) 옛적과 지금
古物(고물) 오래 된 물건
古典(고전) 옛날의 의식이나 법식
太古(태고) 아주 오랜 옛날
東西古今(동서고금) 동양이나 서양에 있어서의 예나 지금. 어디서나

告 5급Ⅱ
고할 고:
口 | 4획

비 浩(넓을 호)
　 牛(소 우)
　 舌(혀 설)
동 報(알릴/갚을 보)
　 白(흰 백)
　 示(보일 시)

신령님께 소(牛)를 공양하면서 소원을 비는(口) 것에서 고하다,
알리다(告)는 의미이다.

읽기한자

警告(경고) 주의하라고 경계하여 알림　　密告(밀고) 남몰래 넌지시 일러바침
報告(보고) 알려 바침　　　　　　　　忠告(충고) 허물을 고치도록 타이름
告示(고시) 알릴 것을 써서 게시함
原告(원고) 소송을 제기하여 재판을 청구한 당사자

쓰기한자

告白(고백) 숨김없이 사실대로 말함
告別(고별) 작별을 고함
公告(공고) 세상에 널리 알림

考 5급
생각할 고(:)
耂(老) | 2획

비 老(늙을 로), 孝(효도 효)
동 思(생각 사), 想(생각 상)
　 念(생각 념)
　 慮(생각할 려)
　 憶(생각할 억)
　 惟(생각할 유)
　 究(연구할 구)

나이를 먹으면(老) 경험을 토대로 생각을 키우는(丂) 것이 가능하여
생각하다(考)는 의미이다.

읽기한자

備考(비고) 참고하기 위해 준비해 둠
考察(고찰) 상고하여 살피어 봄
考案(고안) 어떤 안을 생각하여 냄
思考(사고) 생각하고 궁리함
再考(재고) 다시 생각함
參考(참고) 살펴서 생각함

固 5급
굳을 고(:)
口 | 5획

비 囚(가둘 수)
　 因(인할 인)
　 困(곤할 곤)
동 堅(굳을 견)
　 確(굳을 확)

옛날(古)의 사물을 지키기 위해 바깥쪽을 둘러싼다(口)는 것에서
굳다(固)는 의미이다.

읽기한자

固守(고수) 굳게 지킴
確固不動(확고부동) 확실하고 견고하여 움직이거나 흔들리지 않음
固有(고유) 본디부터 있음
固着(고착) 굳게 붙음
固定(고정) 일정한 곳에 있어 움직이지 않음
固體(고체) 나무, 돌, 쇠와 같이 일정한 부피를 가지고 있는 물질

故

4급 Ⅱ
연고 고(:)
攵(攴) | 5획

비 姑(시어미 고)
　 枯(마를 고)
동 舊(예 구)
　 古(예 고)
반 今(이제 금)
　 新(새 신)

옛날(古)의 관습을 때려 고쳐서(攵) 바뀌게 하는 것에서 오랜 관습,
원래(故)라는 의미이다.

읽기한자

故國(고국) 조상이 살던 고향인 나라
故人(고인) 오래된 벗. 죽은 사람
故意(고의) 일부러 하는 마음
故鄉(고향) 자기가 나서 자란 곳
無故(무고) 아무런 까닭이 없음
事故(사고) 평시에 없는 뜻밖의 사건

曲

5급
굽을 곡
日 | 2획

비 由(말미암을 유)
　 田(밭 전)
동 屈(굽힐 굴)
　 折(꺾을 절)
반 直(곧을 직)

갈고랑이처럼 굽어져 있는 것을 본뜬 것으로 굽다, 당연한 것이
아니다라는 의미이다.

읽기한자

曲解(곡해) 잘못 해석함
曲藝(곡예) 줄타기, 곡마 등으로서 여러 가지 재주를 부림
曲目(곡목) 연주할 곡명을 적어둔 목록
名曲(명곡) 유명한 악곡
序曲(서곡) 가극, 성극에서 개막 전에 연주하는 기악곡
愛唱曲(애창곡) 즐겨 부르는 곡

工

7급 Ⅱ
장인 공
工 | 0획

비 土(흙 토)
　 士(선비 사)
　 干(방패 간)
동 作(지을 작)
　 造(지을 조)

어려운 작업을 할 때에 사용하는 잣대(工)에서 물건을 만든다(工)는
의미이다.

읽기한자

工員(공원) 공장의 노동자　　　　工程(공정) 작업의 진척되는 정도
施工(시공) 공사를 시행함　　　　細工(세공) 작은 물건을 만드는 수공
完工(완공) 공사가 끝남
工藝品(공예품) 예술적 가치가 있게 만든 공작품

쓰기한자

工具(공구) 공작에 쓰이는 기구　　　着工(착공) 공사를 시작함
工夫(공부) 학문, 기술을 배움

空

7급 Ⅱ
빌 공
穴 | 3획

비 室(집 실)
　 完(완전할 완)
동 虛(빌 허)
반 滿(찰 만), 在(있을 재)
　 有(있을 유), 存(있을 존)
　 陸(뭍 륙)

머리(工)위에 덮어씌운 천정(穴)은 하늘과 같다고 하는 것에서 텅빈(空)
것을 의미한다.

읽기한자

空虛(공허) 속이 텅 빔　　　　虛空(허공) 텅 빈 공중
空想(공상) 이루어질 수 없는 헛된 생각
卓上空論(탁상공론) 실천성이 없는 허황한 이론
領空(영공) 영토와 영해 위의 하늘

쓰기한자

空氣(공기) 지구를 둘러싸고 있는 무색, 투명, 무취의 기체
空白(공백) 종이에 글씨나 그림이 없는 빈 자리
空席(공석) 빈 좌석

가

公 6급Ⅱ
공평할 공
八 │ 2획

반 私(사사 사)

사사로운(厶) 일을 떨쳐버리니(八) 공평하다(公)는 의미이다.

읽기한자

公權力(공권력) 국가가 국민에 대하여 명령하고 강제하는 권력
公演(공연) 관중 앞에서 음악, 극 따위를 하는 일

쓰기한자

公開(공개) 관람, 집회 등을 일반에게 허용함
公告(공고) 세상 사람에게 널리 알림
公文書(공문서) 공무에 관한 서류
公明(공명) 공평하고 올바름
公式(공식) 공적인 방식

功 6급Ⅱ
공 공
力 │ 3획

비 攻(칠 공)
切(끊을 절)
巧(공교할 교)
반 過(지날 과)
罪(허물 죄)

힘(力)을 다하고 궁리(工)를 다해 이루어진 결과에 대한 공(功)이 있다는 의미이다.

읽기한자

論功行賞(논공행상) 공적의 유무, 대소를 의논하여 각각 알맞은 상을 주는 일
富貴功名(부귀공명) 재산이 많고 지위가 높으며 공을 세워 이름을 떨침

쓰기한자

功德(공덕) 공로와 인덕
成功(성공) 뜻을 이룸
功勞(공로) 일에 애쓴 공적

共 6급Ⅱ
한가지 공
八 │ 4획

동 同(한가지 동)
반 異(다를 이)

많은 사람(廿)들이 힘을 합쳐서(廾) 일하는 것에서 더불어, 같이(共)라는 의미이다.

읽기한자

共産黨(공산당) 공산주의를 제창하고 그 실천을 위하여 조직된 당

쓰기한자

共同(공동) 여럿이 같이 함
共感(공감) 남의 의견에 대하여 같이 느낌
公共(공공) 사회의 여러 사람과 공동 이익을 위하여 힘을 같이함
共用(공용) 공동으로 사용함

科 6급Ⅱ
과목 과
禾 │ 4획

비 料(헤아릴 료)
동 目(눈 목)

됫박(斗)으로 곡물(禾)을 달아 검사하여 종류를 나누는 것에서 구별, 과목(科)을 의미한다.

읽기한자

眼科(안과) 눈병의 예방, 치료를 하는 의학의 한 분과
科擧(과거) 문무관을 등용하던 시험

쓰기한자

科目(과목) 학문의 구분
敎科書(교과서) 학교의 교과용으로 편찬된 도서
理科(이과) 자연계의 사물 및 현상을 연구하는 학과

果

6급 II
실과 **과:**
木 | 4획

비 東(동녘 동)
동 實(열매 실)
　敢(감히 감)
반 因(인할 인)

나무(木)에 달린 과일(田)의 모양을 본떴다.

읽기 한자
果斷性(과단성) 일을 딱 잘라서 결정하는 성질
因果應報(인과응보) 사람이 짓는 선악의 인업에 응하여 과보가 있음

쓰기 한자
果樹園(과수원) 과실 나무를 재배하는 농원
果然(과연) 진실로 그러함
結果(결과) 열매를 맺음. 어떤 원인으로 생긴 결말의 상태
效果(효과) 보람이 있는 결과

課

5급 II
공부할/과정 **과(:)**
言 | 8획

비 諾(허락할 낙)
동 程(한도/길 정)

공부한 결과(果)를 물어(言) 본다 하여 시험하다, 공부하다(課)는 의미이다.

읽기 한자
課程(과정) 과업의 정도

쓰기 한자
課業(과업) 배당된 일
課題(과제) 부과된 문제
公課金(공과금) 관청에서 매긴 세금
日課(일과) 날마다 규칙적으로 하는 일정한 일
課外(과외) 일과 밖에 하는 과업

過

5급 II
지날 **과:**
辶(辵) | 9획

비 禍(재앙 화)
동 去(갈 거), 失(잃을 실)
　誤(그르칠 오)
　經(지날 경)
　歷(지날 력)
반 功(공 공)

생성·소멸·생성되는 소용돌이(咼)처럼 차례로 다니는(辶) 것에서
지나치다(過)는 의미이다.

읽기 한자
過誤(과오) 잘못
謝過(사과) 잘못에 대해 용서를 빎
過去(과거) 이미 지나간 때

쓰기 한자
過多(과다) 지나치게 많음
過分(과분) 분수에 지나침
過失(과실) 부주의로 일으킨 잘못
通過(통과) 통하여 지나감

關

5급 II
관계할 **관**
門 | 11획

비 開(열 개)
　閉(닫을 폐)
약 関

문(門)을 통해 얽히고 설킨(絲) 관계(關)를 맺는다는 의미이다.

읽기 한자
關係(관계) 둘 이상이 서로 걸림
難關(난관) 일을 해나가기 어려운 고비
關稅(관세) 외국의 물품에 대하여 세관에서 징수하는 세금

쓰기 한자
關門(관문) 국경이나 요새의 성문
通關(통관) 세관을 통과하는 일

觀
5급 II
볼 관
見 | 18획

민첩하게(雚) 큰 눈으로 본다(見)는 의미에서 유념하여 잘보다(觀)는 의미한다.

- 비 權(권세 권), 勸(권할 권)
  歡(기뻐할 환)
- 동 見(볼 견), 看(볼 간)
  察(살필 찰), 覽(볼 람)
  視(볼 시), 監(볼 감)
- 약 覌 , 觀 , 観

읽기한자

達觀(달관) 사물에 대한 통달한 관찰
悲觀(비관) 사물을 슬프게만 보고 생각하고 실망함
可觀(가관) 볼 만함

쓰기한자

觀光(관광) 다른 지방이나 나라의 경치, 명소를 구경함
觀念(관념) 생각이나 견해
外觀(외관) 겉보기
美觀(미관) 아름다운 광경

官
4급 II
벼슬 관
宀 | 5획

건물(宀) 안에 많은 사람이 모여(𠂤) 있는 것에서 일하는 관청, 관리(官)를 의미한다.

- 비 宮(집 궁)
  管(대롱 관)
- 반 民(백성 민)

읽기한자

官舍(관사) 관청에서 지은 관리의 집
官職(관직) 관리가 맡은 직무
器官(기관) 생물체를 구성하며 일정한 기능을 하는 것
上官(상관) 윗자리의 관리
長官(장관) 행정 각 부의 장

光
6급 II
빛 광
儿 | 4획

불빛(火)이 멀리까지 출렁이며(儿) 전해지는 것에서 빛, 광채(光)를 의미한다.

- 동 色(빛 색)
- 반 陰(그늘 음)

읽기한자

光景(광경) 형편과 모양
光陰(광음) 세월. 시간
眼光(안광) 눈의 정기
光復(광복) 잃었던 국권을 다시 찾음
榮光(영광) 빛나는 영예

쓰기한자

光明(광명) 밝고 환함
光線(광선) 빛이 내쏘는 빛줄기
夜光(야광) 밤에 빛나는 빛
電光石火(전광석화) 극히 짧은 시간

廣
5급 II
넓을 광:
广 | 12획

껴안은 팔 속에서 틈새가 생기듯이 집안(广)이 휑하니(黃) 비어있어 넓다(廣)는 의미이다.

- 비 黃(누를 황) 鑛(쇳돌 광)
- 동 博(넓을 박), 汎(넓을 범)
  浩(넓을 호), 洪(넓을 홍)
  普(넓을 보)
- 반 狹(좁을 협)
- 약 広

읽기한자

廣義(광의) 넓은 의미

쓰기한자

廣告(광고) 세상에 널리 알림
廣大(광대) 넓고 큼
廣野(광야) 넓은 들
廣場(광장) 넓은 마당

校 8급 학교 교: 木 | 6획

비 交(사귈 교)

나무(木)를 엇갈리게(交) 해서 만든 도구를 의미하는 것으로 공부하는 학교(校)를 의미한다.

읽기한자

校舍(교사) 학교의 건물
校則(교칙) 학교의 규칙

쓰기한자

校庭(교정) 학교의 마당
校訓(교훈) 학교의 교육 이념을 간명하게 표현한 표어
愛校(애교) 학교를 사랑함
登校(등교) 학교에 나감

教 8급 가르칠 교: 攵(攴) | 7획

비 效(본받을 효)
동 訓(가르칠 훈)
반 學(배울 학)
　習(익힐 습)

어른(老)과 아이(子)가 뒤섞여 어른이 채찍(攵)으로 어린이를 엄격하게 가르치다(教)는 의미이다.

읽기한자

教壇(교단) 교실에서 선생이 강의하는 곳
教務(교무) 학교 수업에 관한 사무
教授(교수) 도덕, 학예를 학생에게 가르침
布教(포교) 종교를 널리 폄

쓰기한자

教理(교리) 종교상의 이치　　教育(교육) 가르쳐 기름
教習(교습) 가르쳐 익히게 함　　說教(설교) 종교의 교의를 설명함

交 6급 사귈 교 亠 | 4획

비 校(학교 교)
동 際(즈음 제)

양손, 양발을 벌리고 서있는 사람이 다리를 교차시킨 형태에서 교차하다(交)는 의미이다.

읽기한자

交際(교제) 서로 사귐　　　　修交(수교) 나라간의 교제를 맺음
斷交(단교) 교제를 끊음　　　　絶交(절교) 교제를 끊음

쓰기한자

交感(교감) 서로 접촉하여 느낌　　交信(교신) 통신을 주고받음
交代(교대) 서로 번갈아 들어 대신함　國交(국교) 국가간의 교제
交流(교류) 서로 주고받음

橋 5급 다리 교 木 | 12획

비 僑(더부살이 교)
　矯(바로잡을 교)

높은 곳(高)에 걸려 굽어 있는 나무(木)라는 것에서 하천에 걸려 있는 다리(橋)라는 의미이다.

읽기한자

陸橋(육교) 교통이 번잡한 도로, 철교 위에 가로질러 놓은 다리
人道橋(인도교) 사람이 다니도록 놓은 다리
鐵橋(철교) 쇠를 주재료로 하여 놓은 다리

九	8급
	아홉 구
	乙 | 1획

ㅂ 力(힘 력)

1에서 9까지의 숫자 중에서 맨 마지막 숫자로 수가 많은 것을 의미한다.

읽기한자

九官鳥(구관조) 찌르레깃과의 새
九牛一毛(구우일모) 매우 많은 것 가운데 극히 적은 수를 이르는 말

쓰기한자

九死一生(구사일생) 꼭 죽을 경우를 당하였다가 겨우 살아남
十中八九(십중팔구) 열 가운데 여덟이나 아홉이 됨. 거의 다 됨을 이르는 말

口	7급
	입 구(:)
	口 | 0획

입의 모양을 본떴다.

읽기한자

口味(구미) 입 맛
戶口(호구) 식구 수
衆口難防(중구난방) 뭇사람의 말을 이루 다 막기가 어려움. 마구 떠듦
耳目口鼻(이목구비) 귀, 눈, 입, 코

쓰기한자

口傳(구전) 입으로 전함
口頭(구두) 직접 입으로 하는 말
一口二言(일구이언) 한 입으로 두 가지 말을 함
窓口(창구) 창을 뚫어 놓은 곳

球	6급 II
	공 구
	王(玉) | 7획

ㅂ 求(구할 구)
　救(구원할 구)

털(求)을 둥글게 해서 만든 구슬(玉)로 구슬, 둥근형의 물건, 공(球)이라는 의미이다.

읽기한자

白血球(백혈구) 혈구의 한 종류
赤血球(적혈구) 혈구의 한 종류. 혈색소 때문에 붉게 보임
球技(구기) 공을 사용하는 운동 경기
眼球(안구) 눈알

쓰기한자

球速(구속) 투수가 던지는 공의 속도
球場(구장) 구기를 하는 운동장. 야구장
地球(지구) 우리 인류가 살고 있는 천체

區	6급
	구분할/지경 구
	匚 | 9획

동 別(나눌 별)
　分(나눌 분)
　域(지경 역)
반 合(합할 합)
약 区

일정한 구역(匚) 안에 있는 건물, 인구(品)를 본떠서 구역(區)을 의미한다.

읽기한자

他區(타구) 다른 구
自治區(자치구) 지방 자치 단체의 한 단위인 구

쓰기한자

區間(구간) 일정한 지점의 사이
區內(구내) 한 구역의 안
區別(구별) 종류에 따라 갈라놓음

舊

5급 II
예 구:
臼 | 12획

- 통 古(예 고)
  故(예 고)
- 반 新(새 신)
- 약 旧

풀(艹)이나 검불을 새(隹)가 물어다가 절구(臼) 모양의 둥지를 엮어 오래(舊)되다는 의미이다.

읽기한자

舊官(구관) 옛 벼슬아치
復舊(복구) 그 전의 상태로 회복함

쓰기한자

舊敎(구교) 카톨릭
舊面(구면) 안 지 오래된 얼굴
舊式(구식) 옛 양식이나 방식
舊習(구습) 옛날의 풍속과 습관
親舊(친구) 오래 두고 가깝게 사귀는 사람

具

5급 II
갖출 구(:)
八 | 6획

- 비 且(또 차)
  其(그 기)
- 통 備(갖출 비)

재물을 나타내는 조개(貝)를 양손(丌)에 든 것에서 갖춤(具)을 의미한다.

읽기한자

具備(구비) 빠짐없이 모두 갖춤
器具(기구) 기계와 연장들

쓰기한자

具色(구색) 여러 가지 물건을 골고루 갖춤
具體(구체) 전체를 갖춤
具現(구현) 구체적으로 나타냄
工具(공구) 공작에 쓰이는 기구
家具(가구) 집안 살림에 쓰이는 기구

救

5급
구원할 구:
攵(攴) | 7획

- 비 求(구할 구)
  球(공 구)
- 통 護(도울 호)
  濟(건널 제)
  援(도울 원)
  助(도울 조)
  扶(도울 부)

도움을 구하는(求) 사람에게 손을 써서(攵) 구원한다(救)는 의미이다.

읽기한자

救國(구국) 위태한 나라를 구하여 냄
救急藥(구급약) 응급 치료에 필요한 약품
救命(구명) 목숨을 건져줌
救助(구조) 어려운 지경에 있는 사람을 도와 건져 줌
救濟(구제) 불행이나 재해로부터 사람들을 구하는 일
救出(구출) 구하여 냄
救護(구호) 구제하고 보호함
自救(자구) 스스로 구함

求

4급 II
구할 구
水 | 2획

- 비 氷(얼음 빙)
  球(공 구)
  救(구원할 구)

가죽 옷(求)은 좋은 의류였으므로 사람들이 갖고 싶어하는 것에서 구하다, 탐내다(求)의 의미이다.

읽기한자

求道(구도) 진리나 종교적 깨달음을 구함
求職(구직) 직업을 구함
要求(요구) 강력히 청하여 구함

究 4급 II
연구할 구
穴 | 2획

비 空(빌 공)

동굴(穴)의 가장 깊숙한 곳(九)까지 조사하게 된다는 것에서
조사하다(究)는 의미이다.

읽기한자

究明(구명) 깊이 연구하여 밝힘
講究(강구) 좋은 도리를 연구함
研究(연구) 일이나 사물에 대하여 조사하고 생각하여 진리를 알아냄

句 4급 II
글귀 구
口 | 2획

비 包(쌀 포)
약 勾

입(口)에서 나오는 말로서 한 묶음으로 묶여질(勹) 수 있는
구절(句)이라는 의미이다.

읽기한자

句節(구절) 한 토막의 말이나 글
結句(결구) 문장의 끝을 맺는 어구
語句(어구) 말의 구절

局 5급 II
판 국
尸 | 4획

비 居(살 거)
　 屋(집 옥)

자(尺)로 재듯이 정확한 말(口)로 법도에 따라 일을 하는 관청의 일부(局)라는
의미이다.

읽기한자

局限(국한) 어떤 부분에만 한정함
政局(정국) 정치의 국면
支局(지국) 본사 외에 지방에 분재해 업무를 취급하는 곳
破局(파국) 판국이 결판나는 것

쓰기한자

局面(국면) 승패를 다투는 판의 형세　　形局(형국) 형세와 국면
當局(당국) 어떤 일을 담당하는 곳　　時局(시국) 당면한 국내 및 국제적 정세

國 8급
나라 국
口 | 8획

비 圖(그림 도)
　 圓(둥글 원)
　 園(동산 원)
　 域(지경 역)
약 国

영토(口), 국방(戈), 국민(口), 주권(一)으로서 나라(國)를 의미한다.

읽기한자

國境(국경) 나라와 나라 사이의 경계　　國益(국익) 국가의 이익
國權(국권) 나라의 권력　　護國(호국) 나라를 수호함

쓰기한자

國旗(국기) 나라를 상징하기 위해 정한 기
國交(국교) 국가간의 교제　　強國(강국) 강한 나라
開國(개국) 새로 나라를 세움　　祖國(조국) 조상 때부터 살아온 나라

軍
8급
군사 군
車 | 2획

비 運(옮길 운)
동 兵(병사 병)
　士(선비 사)
　卒(마칠 졸)
반 將(장수 장)
　帥(장수 수)

전차(車)를 빙 둘러싸고(冖) 있는 형태에서 군대, 전쟁(軍)을 의미한다.

읽기한자

軍隊(군대) 일정한 질서를 갖고 조직된 장병의 집단
軍備(군비) 군사상에 관한 모든 설비
進軍(진군) 군대를 내어보냄
敵軍(적군) 적의 군대

쓰기한자

軍旗(군기) 군대의 표장이 되는 기
行軍(행군) 대열을 지어 걸어감
強行軍(강행군) 무리함을 무릅쓰고 먼 거리를 가는 행군
軍氣(군기) 군대의 사기

郡
6급
고을 군
阝(邑) | 7획

비 群(무리 군)
　君(임금 군)
동 邑(고을 읍)
　州(고을 주)
　洞(골 동)

원래는 군주(君)의 영지(阝)였지만, 지금은 행정구역(郡)의 이름이
되었다는 의미이다.

읽기한자

郡守(군수) 한 군의 행정을 맡아보는 최고 책임자

쓰기한자

郡界(군계) 군과 군 사이의 경계
郡內(군내) 고을 안
郡民(군민) 그 군에 사는 백성

宮
4급 II
집 궁
宀 | 7획

비 官(벼슬 관)
동 家(집 가)
　戶(집 호)
　室(집 실), 堂(집 당)
　屋(집 옥), 闕(집 궐)
　宇(집 우), 宙(집 주)

방(呂)의 수가 많이 있는 집(宀)에 빗대어 훌륭한 저택(宮)을 의미한다.

읽기한자

宮女(궁녀) 궁중의 나인
宮合(궁합) 신랑, 신부의 길흉을 점치는 방술
古宮(고궁) 옛 궁전

權
4급 II
권세 권
木 | 18획

비 勸(권할 권)
　觀(볼 관)
　歡(기쁠 환)
약 権, 权

새(蔈)가 나무(木)에 앉아 지저귀고 자신을 부각시켜 사물을 지배하다(權)는
의미이다.

읽기한자

權利(권리) 권세와 이익
權限(권한) 권리의 범위
教權(교권) 스승으로서의 권위

貴
귀할 귀:
5급
貝 | 5획

비 責(꾸짖을 책)
　貧(가난할 빈)
　遺(남을 유)
동 重(무거울 중)
반 賤(천할 천)

재물(貝)을 양 손(虫)에 휴대하고 있는 것에서 귀중하다, 존귀하다(貴)는
의미이다.

읽기한자

貴重(귀중) 소중히 여김
高貴(고귀) 지위가 높고 귀함
品貴(품귀) 물건이 귀함
貴族(귀족) 가문이나 신분이 높은 사람들

規
법 규
5급
見 | 4획

비 現(나타날 현)
동 式(법 식), 律(법칙 률)
　法(법 법), 則(법칙 칙)
　範(법 범), 度(법도 도)
　例(법식 례), 典(법 전)
　格(격식 격)

한 사람 몫을 해내는 어른(夫)은 사물을 보는 시각(見)이 옳아 본보기,
규범(規)을 의미한다.

읽기한자

規格(규격) 일정한 표준
規約(규약) 협의에 의해 정한 규칙
規律(규율) 행동의 준칙이 되는 본보기
規定(규정) 규칙을 정함
規制(규제) 규율을 세워 제한함
規則(규칙) 지키고 따라야 할 법칙
正規(정규) 정식의 규정

極
극진할/다할 극
4급Ⅱ
木 | 9획

동 盡(다할 진)
　端(끝 단)

높이 빨리(亟) 자란 나무(木)로 끝머리, 한계, 더 이상 없는 곳(極)이라는
의미이다.

읽기한자

極端(극단) 맨 끝
極大化(극대화) 아주 크게 함
極致(극치) 극단에 이른 경지
極限(극한) 궁극의 한계

根
뿌리 근
6급
木 | 6획

비 板(널 판)
　銀(은 은)
동 本(근본 본)

위쪽에 뻗는 나뭇가지(木)와는 반대로 땅 밑으로 뻗어가는(艮) 것에서
뿌리(根)를 의미한다.

읽기한자

根絕(근절) 뿌리째 없애버림
毛根(모근) 털이 피부에 박힌 부분
事實無根(사실무근) 근거가 없는 일

쓰기한자

根本(근본) 사물이 생겨나는 본 바탕
根性(근성) 사람의 타고난 성질

近 6급 가까울 근: 辶(辵) | 4획 비 折(꺾을 절) 반 遠(멀 원)	나무 자르는 도끼(斤)소리는 멀리(辶)에선 들리지 않아 가깝다(近)는 의미이다. **읽기한자** 近視眼(근시안) 먼데의 것을 잘 못 보는 눈 接近(접근) 가까이 함 最近(최근) 얼마 아니 되는 지나간 날 **쓰기한자** 近代(근대) 중고와 현대 사이의 시대 近方(근방) 근처 近海(근해) 육지에 가까운 바다

金 8급 쇠 금 성 김 金 | 0획 비 全(온전 전) 釜(가마 부) 동 鐵(쇠 철)	산에 보석이 있는 모양에서 금, 금전(金)을 의미한다. **읽기한자** 誠金(성금) 정성으로 내는 돈 料金(요금) 대가로 지불하는 금전 貯金(저금) 돈을 모아 둠 賞金(상금) 상으로 주는 돈 **쓰기한자** 基金(기금) 어떤 목적을 위하여 모아서 준비해 놓은 자금 公金(공금) 국가나 공공단체 소유의 돈

今 6급 Ⅱ 이제 금 人 | 2획 비 含(머금을 함) 吟(읊을 음) 令(하여금 령) 반 古(예 고) 故(예 고) 舊(예 구)	사람(人)이 예부터 지금까지 계속해서 모여 있다(亼)는 것에서 지금(今)을 의미한다. **쓰기한자** 古今(고금) 옛적과 지금 方今(방금) 바로 이제. 금방 昨今(작금) 어제와 오늘

禁 4급 Ⅱ 금할 금: 示 | 8획 비 礎(주춧돌 초)	신궁(示) 근처에 나무 울타리(林)를 만들어 사람들의 출입을 막아 그만두다(禁)는 의미이다. **읽기한자** 禁書(금서) 관청에서 출판, 판매를 금지한 책 禁食(금식) 음식을 먹지 않음 禁煙(금연) 담배를 피우지 못하게 함 禁止(금지) 못하게 함

急 급할 급
6급 Ⅱ
心 | 5획

- 비 怒(노할 노)
- 동 速(빠를 속)
- 반 緩(느릴 완)

앞 사람(人)을 붙잡는(ㅋ) 듯한 기분(心)으로 성급해하는 모습에서
서두르다(急)는 의미이다.

읽기한자
急增(급증) 갑자기 증가함
急減(급감) 급히 줆
急求(급구) 급히 구함

쓰기한자
急落(급락) 물가나 시세가 갑자기 떨어짐
急流(급류) 급히 흐르는 물　　　　急性(급성) 갑자기 일어난 성질의 병
急變(급변) 갑작스레 변함　　　　急行(급행) 빨리 감

級 등급 급
6급
糸 | 4획

- 비 約(맺을 약)
　給(줄 급)
- 동 等(무리/등급 등)

실(糸)의 품질이 어디까지 미치느냐(及)하는 데서 등급(級)을 의미한다.

읽기한자
留級(유급) 진급하지 못하고 그대로 남음
進級(진급) 학년, 등급 등이 오름
初級(초급) 맨 처음의 등급

쓰기한자
級友(급우) 같은 반에서 배우는 벗
級數(급수) 기술의 우열에 의한 등급
等級(등급) 신분, 품질 등의 높고 낮음의 차례를 구별한 등수
特級(특급) 특별한 계급, 등급

給 줄 급
5급
糸 | 6획

- 비 約(맺을 약)
　級(등급 급)
　終(마칠 종)
- 동 授(줄 수)　與(줄 여)
　贈(줄 증)　賜(줄 사)
　需(쓰일 수)
- 반 受(받을 수)

실(糸)을 모아(合) 맞추면 굵게 늘어나는 것에서 부족한 것을 내다,
부여하다(給)는 의미이다.

읽기한자
給食(급식) 음식을 줌
給油(급유) 기관에 가솔린 등을 보급하는 일
給水(급수) 물을 공급함
官給(관급) 관청에서 지급함
發給(발급) 발행하여 줌
配給(배급) 일정한 비례에 맞춰서 여러 몫으로 나누어 줌

氣 기운 기
7급 Ⅱ
气 | 6획

- 비 汽(물끓는 김 기)
- 약 気

내뿜은 숨(气)처럼 막 지은 밥(米)에서 솟아오르는 증기(氣)를 의미한다.

읽기한자
氣壓(기압) 대기의 압력　　　　殺氣(살기) 무섭고 거친 기운
氣絕(기절) 한때 정신을 잃음　　氣勢(기세) 의기가 강한 형세

쓰기한자
氣力(기력) 정신과 육체의 힘
同氣(동기) 형제 자매
氣分(기분) 마음에 저절로 느껴지는 상태
氣運(기운) 시세의 돌아가는 형편
人氣(인기) 사람의 기개

記

7급 II
기록할 **기**
言 | 3획

비 訪(찾을 방)
　計(셀 계)
　話(말씀 화)
동 錄(기록할 록)
　識(기록할 지)
　誌(기록할 지)

무릇 꿇고 사람(己)이 말(言)한 것을 받아 적고 있는 모습에서 기록하다(記)는 의미이다.

읽기한자

記錄(기록) 남길 필요가 있는 사항을 적는 일
暗記(암기) 머릿속에 외고 잊지 않음
新記錄(신기록) 종래보다 뛰어난 새로운 기록

쓰기한자

記念(기념) 오래도록 전하여 잊지 않음　　記入(기입) 적어 넣음
速記(속기) 빨리 적음　　手記(수기) 체험을 손수 적음
記號(기호) 무슨 뜻을 나타내거나 적어 보이는 표

旗

7급
기 **기**
方 | 10획

비 族(겨레 족)
　旅(나그네 려)

지휘관이 있는 곳에 깃발을 세워서 이정표로 한 것으로 깃발을 의미한다.

읽기한자

黨旗(당기) 정당을 상징하는 기
敵旗(적기) 적의 기

쓰기한자

旗手(기수) 기를 든 사람
旗章(기장) 국기, 군기, 깃발 등의 총칭
反旗(반기) 반대의 뜻을 나타내는 행동이나 표시

己

5급 II
몸 **기**
己 | 0획

비 巳(뱀 사)
　已(이미 이)
동 身(몸 신)
　自(스스로 자)
　體(몸 체)
반 心(마음 심)

상대에게 허리를 낮추고 있는 형태에서 자기, 우리 자신(己)을 의미한다.

읽기한자

利己主義(이기주의) 남을 돌보지 않고 제 이익만 차려 멋대로 행동하는 일
修己(수기) 자신의 몸과 마음을 닦음

쓰기한자

知己(지기) 서로 마음이 통하는 벗
自己(자기) 그 사람 자신

基

5급 II
터 **기**
土 | 8획

비 墓(무덤 묘)
　其(그 기)

흙벽 등을 쌓을 때에 점토(土)와 쌓아올린 토대(其)를 말하는 것으로 토대, 터(基)를 의미한다.

읽기한자

基準(기준) 기본이 되는 표준
基調演說(기조연설) 국회에서 정당 대표나 국제회의에서 각국 대표의
　　　　　　　　　기본 정책 연설

쓰기한자

基金(기금) 어떤 목적을 위하여 모아서 준비해 놓은 자금
基地(기지) 군대의 보급, 수송, 통신 등의 기점이 되는 곳

技 _{5급}

재주 **기**
扌(手) | 4획

비 打(칠 타)
동 才(재주 재)
　藝(재주 예)
　術(재주 술)

대나무(支)를 여러 형태로 구부려서 죽세품을 손(才)으로 만들어 기예,
솜씨(技)를 의미한다.

읽기한자

技能(기능) 기술상의 재능
技術(기술) 기묘한 재주
技藝(기예) 기술상의 재주와 솜씨
競技(경기) 무술이나 운동 경기로 승부를 겨루는 일
演技(연기) 구경꾼 앞에서 연극, 곡예 등의 기예를 행동하여 보이는 일
特技(특기) 특별한 기능

汽 _{5급}

물끓는 김 **기**
氵(水) | 4획

비 氣(기운 기)

물(氵)이 밑쪽에서 입김(气)처럼 뿌옇게 피어오르듯이 나오는 것에서
수증기(汽)를 의미한다.

읽기한자

汽船(기선) 증기력으로 운행하는 배
汽壓(기압) 증기 기관에서 생긴 증기의 압력
汽車(기차) 증기 기관을 원동력으로 하여 궤도 위를 운행하는 차량

期 _{5급}

기약할 **기**
月 | 8획

비 其(그 기)
동 約(맺을 약)

사각형이 안정되었듯이, 달(月)그림자는 규칙이 정확하다(其)는 것에서
시기(期)를 의미한다.

읽기한자

期間(기간) 일정한 시기의 사이
期待(기대) 어느 때로 기약하여 성취를 바람
期約(기약) 때를 정하여 약속함
期限(기한) 미리 한정한 시기
短期(단기) 짧은 기간
早期(조기) 이른 시기

器 _{4급Ⅱ}

그릇 **기**
口 | 13획

비 哭(울 곡)
동 具(갖출 구)
약 器

음식물을 넣는 그릇을 나타낸다.

읽기한자

器具(기구) 세간, 그릇, 연장 등의 총칭
武器(무기) 전쟁에 쓰이는 온갖 기구
容器(용기) 물건을 담는 그릇
祭器(제기) 제사 때 쓰는 그릇
銃器(총기) 소총, 권총 등의 병기

起

4급 II
일어날 기
走 | 3획

뱀이 들어와, 자고 있던 사람(己)이 일어나 달려(走) 도망가는 것에서
깨다(起)는 의미이다.

반 伏(엎드릴 복)
結(맺을 결)
寢(잘 침)
동 立(설 립)
發(필 발)

🔖읽기한자

起動(기동) 몸을 일으켜 움직임
起用(기용) 어떤 사람을 높은 자리에 올려 씀
提起(제기) 의견을 붙여 의논할 것을 내놓음

吉

5급
길할 길
口 | 3획

선비(士)의 입(口)에서는 길한(吉) 말이 나온다는 의미이다.

반 凶(흉할 흉)

🔖읽기한자

吉運(길운) 좋은 운수
吉日(길일) 좋은 날
吉鳥(길조) 사람에게 어떤 길할 일이 생김을 미리 알려 준다는 새
吉凶(길흉) 좋은 일과 언짢은 일
不吉(불길) 길하지 않음
立春大吉(입춘대길) 입춘을 맞이하여 길운을 기원하는 글

暖

4급 II
따뜻할 난:
日 | 9획

해(日)가 나오면 어깨가 축 늘어질(爰) 정도로 추위가 풀어져
따뜻하다(暖)는 의미이다.

비 援(구원할 원)
동 溫(따뜻할 온)
반 寒(찰 한)
冷(찰 랭)

🔖읽기한자

暖帶(난대) 온대 지방 가운데서 열대에 가까운, 비교적 온난한 지대
暖流(난류) 온도가 높고 염분이 많은 해류
暖房(난방) 방을 덥게 함

難

4급 II
어려울 난(:)
隹 | 11획

진흙(堇)도, 꽁지가 짧고 재빠른 새(隹)도 다 같이 취급하기
어렵다(難)는 의미이다.

비 漢(한나라 한)
歎(탄식할 탄)
반 易(쉬울 이)

🔖읽기한자

難局(난국) 어려운 판국
苦難(고난) 괴로움과 어려움
非難(비난) 남의 잘못이나 흠을 책잡음
受難(수난) 재난을 당함

南

8급

남녘 **남**

十 | 7획

반 北(북녘 북)

다행하고(幸) 좋은 방향(冂)이 남쪽(南)이라는 의미이다.

읽기한자

南侵(남침) 남쪽을 침략함
指南鐵(지남철) 자석

쓰기한자

南男北女(남남북녀) 남쪽 지방은 남자가 잘나고 북쪽 지방은 여자가
　　　　　　　　아름답다는 말
南行(남행) 남쪽으로 감
南向(남향) 남쪽으로 향함

男

7급 Ⅱ

사내 **남**

田 | 2획

동 郎(사내 랑)
반 女(계집 녀)

논농사는 힘든 것으로 남자 일이기에 논(田)과 힘(力)을 합쳐
사나이(男)라는 의미이다.

읽기한자

得男(득남) 아들을 낳음

쓰기한자

長男(장남) 맏아들
美男(미남) 얼굴이 썩 잘 생긴 남자
男女老少(남녀노소) 남자와 여자와 늙은이와 젊은이

內

7급 Ⅱ

안 **내:**

入 | 2획

반 外(바깥 외)

밖에서 건물 안(內)으로 들어오는 것에서 들어가다, 안, 속(內)을 의미한다.

읽기한자

內助(내조) 내부에서 돕는 일
內包(내포) 어떤 뜻을 그 속에 포함 함
內容(내용) 사물의 속내. 시속
內患(내환) 국내의 환란

쓰기한자

內科(내과) 내장의 기관에 생기는 병을 다스리는 의술
內戰(내전) 나라 안의 전쟁
內陸(내륙) 바다에서 멀리 떨어져 있는 육지

女

8급

계집 **녀**

女 | 0획

비 安(편안 안)
동 娘(계집 랑)
　 姬(계집 희)
반 男(사내 남)
　 郎(사내 랑)

손을 앞으로 끼고 무릎 꿇고 있는 부드러운 모습에서 여자, 처녀를 의미한다.

읽기한자

女權(여권) 여자의 권리
得女(득녀) 딸을 낳음
處女(처녀) 결혼하지 아니한 성년 여자

쓰기한자

養女(양녀) 수양딸
有夫女(유부녀) 남편이 있는 여자
男女有別(남녀유별) 남자와 여자 사이에는 분별이 있어야 한다는 말

年 8급
해 년
干 | 3획

비 牛(소 우)
　午(낮 오)
동 歲(해 세)

벼가 결실해서 사람에게 수확되기까지의 기간을 뜻하는 것으로 한해,
세월을 의미한다.

📖 읽기한자
豊年(풍년) 곡식이 잘 되고 잘 여문 해
送年(송년) 한 해를 보냄
往年(왕년) 지나간 해

✏ 쓰기한자
老年(노년) 늙은 나이
明年(명년) 내년
今年(금년) 올해
新年(신년) 새해

念 5급Ⅱ
생각 념:
心 | 4획

비 怒(성낼 노)
동 考(생각할 고)
　思(생각 사)
　想(생각 상)
　慮(생각할 려)
　憶(생각할 억)
　惟(생각할 유)

지금(今) 마음(心)에 있다는 것에서 쭉 계속해서 생각하고 있다(念)는
의미이다.

📖 읽기한자
斷念(단념) 생각을 아주 끊어버림
想念(상념) 마음 속에 품은 여러 가지 생각
念願(염원) 마음으로 생각하고 바람

✏ 쓰기한자
念頭(염두) 생각의 시초
記念(기념) 어떤 일을 오래도록 잊지 아니함
信念(신념) 굳게 믿어 의심하지 않는 마음

努 4급Ⅱ
힘쓸 노
力 | 5획

비 怒(성낼 노)
동 勉(힘쓸 면)
　務(힘쓸 무)
　勵(힘쓸 려)
　力(힘 력)
　勤(부지런할 근)

인내력 강한 여자(女)처럼 끈질기게(又) 힘(力)을 쓰는 것에서
노력하다(努)는 의미이다.

📖 읽기한자
努力(노력) 힘을 들이어 애를 씀
努肉(노육) 굳은 살

怒 4급Ⅱ
성낼 노:
心 | 5획

비 努(힘쓸 노)
　急(급할 급)
　念(생각 념)
동 憤(분할 분)

종(奴)은 일은 많고 사람 대접은 제대로 못받아 마음(心)이 늘 성내어(怒)
있다는 의미이다.

📖 읽기한자
怒氣(노기) 성이 난 얼굴 빛
怒發大發(노발대발) 대단히 성을 냄
天人共怒(천인공노) 하늘과 사람이 함께 노함. 누구나 분노할 만큼
　　　　　　　　　증오스러움을 뜻함

農 7급Ⅱ
농사 농
辰 | 6획

ㅂ 濃(짙을 농)
　豊(풍년 풍)

아침 일찍(辰)부터 논에 나가 도구(曲)를 갖고 일하는 것에서 농사를 짓다(農)는 의미이다.

읽기한자

富農(부농) 농사 수입이 많은 농민
農器(농기) 농사용 도구
農協(농협) 농민들의 협동조합

쓰기한자

農家(농가) 농업으로 생계를 유지하는 집
農産物(농산물) 농업에 의하여 생산된 물건
農作物(농작물) 논밭에서 재배되는 곡물

能 5급Ⅱ
능할 능
月(肉) | 6획

ㅂ 態(모양 태)

곰(熊)의 모양으로 곰은 재주가 여러 가지라는 데서 능하다(能)는 의미이다.

읽기한자

藝能(예능) 재주와 기능
技能(기능) 기술상의 재능
可能(가능) 할 수 있음

쓰기한자

能力(능력) 일을 감당해내는 힘
能通(능통) 사물에 환히 통달함
才能(재능) 어떤 개인의 일정한 소질
效能(효능) 효험의 능력

多 6급
많을 다
夕 | 3획

반 少(적을 소)
　寡(적을 과)

저녁(夕)때를 두 개 중첩(多)시켜 오늘의 저녁때와 어제의 저녁때, 많다(多)는 의미이다.

읽기한자

多多益善(다다익선) 많을수록 더 좋음
多事多難(다사다난) 여러 가지로 일이 많은데다 어려움도 많음
博學多識(박학다식) 학문이 넓고 식견이 많음

쓰기한자

多讀(다독) 많이 읽음
多産(다산) 물품을 많이 생산함
過多(과다) 너무 많음
千萬多幸(천만다행) 매우 다행스러움

短 6급Ⅱ
짧을 단(:)
矢 | 7획

반 長(긴 장)

화살(矢)은 활보다 짧고, 콩(豆)은 감자나 오이보다 짧다(短)는 의미이다.

읽기한자

最短(최단) 가장 짧음
短期(단기) 짧은 기간. 단시간

쓰기한자

短時日(단시일) 짧은 시일
短身(단신) 키가 작음
一長一短(일장일단) 장점도 있고 단점도 있어 완전하지 않음

團	5급 Ⅱ
둥글 단	
口 | 11획	

비 傳(전할 전)
　 園(동산 원)
동 圓(둥글 원)
약 団

오로지(專) 같은 목적으로 둥글게(口) 모이다(團)라는 의미이다.

읽기한자

團員(단원) 단체에 속한 사람
大團圓(대단원) 연극 같은 것에서 사건의 엉킨 실마리를 풀어 결말을
　　　　　　 짓는 마지막 장면

쓰기한자

團結(단결) 많은 사람이 한데 뭉침
團束(단속) 경계를 단단히 하여 다잡음
入團(입단) 어떤 단체에 가입함
財團(재단) 일정한 목적을 위하여 결합된 재산의 집단

壇	5급
단 　 단	
土 | 13획	

비 檀(박달나무 단)

여럿이 제사지낼 수 있도록 흙(土)으로 높고 크게(亶) 쌓아 만든
제단(壇)을 의미한다.

읽기한자

講壇(강단) 강의나 강연 등을 하기 위해 올라서게 만든 자리
祭壇(제단) 제사를 지내게 만들어 놓은 단
壇上(단상) 교단이나 강단 등의 단위
登壇(등단) 연단, 교단에 오름
文壇(문단) 문인들의 사회
花壇(화단) 꽃을 심기 위해 마련한 단처럼 된 꽃밭

斷	4급 Ⅱ
끊을 단:	
斤 | 14획	

비 繼(이을 계)
동 絶(끊을 절)
　 切(끊을 절)
반 連(이을 련)
　 續(이을 속)
　 承(이을 승)
약 断

선반 위의 실들을(㡭) 도끼(斤)로 끊는다(斷)는 의미이다.

읽기한자

斷交(단교) 교제를 끊음
斷念(단념) 생각을 아주 끊어버림
斷言(단언) 주저하지 않고 딱 잘라 말함
中斷(중단) 중도에서 끊어짐

端	4급 Ⅱ
끝 　 단	
立 | 9획	

동 末(끝 말)
　 正(바를 정)
　 終(마칠 종)
　 卒(마칠 졸)
반 初(처음 초)
　 始(비로소 시)

산(山) 꼭대기에 서(立) 있다, 그러나 떨어지지 않을 정도로 끝(端)에
서 있다는 의미이다.

읽기한자

極端(극단) 맨 끄트머리
末端(말단) 사물의 끄트머리
發端(발단) 일의 첫머리가 처음으로 일어남
事端(사단) 일의 실마리. 사건의 단서

單

4급Ⅱ

홑 **단**

口 | 9획

- 비 彈(탄알 탄)
- 동 獨(홀로 독)
- 반 複(겹칠 복)
- 약 単

부채의 모양을 본떴다.

읽기 한자

單價(단가) 각 단위마다의 값
單色(단색) 한 가지 빛깔
單純(단순) 단일하고 잡것이 섞여 있지 아니함

檀

4급Ⅱ

박달나무 **단**

木 | 13획

- 비 壇(단 단)

단군 임금이 박달나무(木) 밑에 제단(亶)을 쌓고 제사를 지냈기에
박달나무(檀)를 의미한다.

읽기 한자

檀國(단국) 배달나라

達

4급Ⅱ

통달할 **달**

辶(辵) | 9획

- 비 送(보낼 송)
- 동 通(통할 통)
  成(이룰 성)

양(羍)의 출산은 쉬워서(辶) 쉽게 아기양이 태어나 달하다, 다다르다(達)는
의미이다.

읽기 한자

達觀(달관) 활달하여 세속을 벗어난 높은 견식
達成(달성) 뜻한 바를 이룸
未達(미달) 어떤 한도에 이르지 못함
傳達(전달) 전하여 이르게 함
速達(속달) 속히 배달함

談

5급

말씀 **담**

言 | 8획

- 비 誠(정성 성)
- 동 話(말씀 화)
  語(말씀 어)
  言(말씀 언)
  說(말씀 설)
  詞(말씀 사)
  辭(말씀 사)
  辯(말씀 변)

불(炎)이 훤히 타오르듯이 입에서 말(言)이 계속 나오는 것,
즉 얘기하다(談)는 의미이다.

읽기 한자

談笑(담소) 웃으면서 이야기함
德談(덕담) 잘되기를 비는 말
對談(대담) 마주 대하여 말함
相談(상담) 대책 따위를 세우기 위하여 상의함
俗談(속담) 예부터 전해져 내려오는 민간의 격언
餘談(여담) 용건 밖의 이야기

다

擔

4급 II
멜 담
扌(手) | 13획

비 膽(쓸개 담)
동 任(맡길 임)
약 担

사람(人)이 위태하다(危)는 말(言)을 듣고 손(扌)에 들것을 들고 가 메고(擔) 온다는 의미이다.

읽기한자

擔當(담당) 어떤 일을 넘겨 맡음
擔保(담보) 맡아서 보증함
擔任(담임) 어떤 일을 책임지고 맡아봄
全擔(전담) 어떤 일의 전부를 담당함

答

7급 II
대답 답
竹 | 6획

반 問(물을 문)

대쪽(竹)에 써 온 편지 내용에 합당하게(合) 답(答)을 써 보낸다는 의미이다.

읽기한자

誤答(오답) 잘못된 대답을 함
應答(응답) 물음에 응하여 하는 대답
答案(답안) 시험 문제의 해답

쓰기한자

對答(대답) 묻는 말에 대하여 말, 소리로써 자기의 뜻을 나타냄
問答(문답) 물음과 대답
自問自答(자문자답) 자기가 묻고 자기가 대답함

堂

6급 II
집 당
土 | 8획

비 當(마땅 당)
동 家(집 가) 庫(곳집 고)
室(집 실) 屋(집 옥)
舍(집 사) 宅(집 택)
宇(집 우) 宙(집 주)
院(집 원) 宮(집 궁)
戶(집 호)

토대(土)위에 세운 높은(尙) 건물에서 어전, 큰 건물(堂)을 의미한다.

읽기한자

佛堂(불당) 부처를 모신 집
講堂(강당) 강연에 쓰는 큰 방
聖堂(성당) 천주교의 교회당

쓰기한자

明堂(명당) 아주 좋은 묏자리
食堂(식당) 식사를 하도록 설비되어 있는 집
正正堂堂(정정당당) 태도나 수단이 공정하고 떳떳함

當

5급 II
마땅 당
田 | 8획

비 堂(집 당)
黨(무리 당)
반 落(떨어질 락)
否(아닐 부)
약 当

논(田)을 교환할 때 두 개의 넓이가 딱 맞도록(尙) 한 것에서 맞다(當)는 의미이다.

읽기한자

配當(배당) 적당하게 벌려 나눔
至當(지당) 이치에 맞고 지극히 적당함

쓰기한자

當然(당연) 이치로 보아 마땅히 그러할 것임
當場(당장) 무슨 일이 일어난 바로 그곳
充當(충당) 모자라는 것을 채워 메움
當面(당면) 일이 바로 눈앞에 당함

黨 4급 Ⅱ
무리 **당**
黑 | 8획

- 비 裳(치마 상)
- 동 群(무리 군), 徒(무리 도)
  衆(무리 중), 隊(무리 대)
  等(무리 등), 類(무리 류)
- 반 獨(홀로 독)
- 약 党

어두운(黑) 현실을 개척하려고 높은(尙) 뜻을 가지고 모인 무리(黨)라는 의미이다.

읽기한자

黨員(당원) 당파를 이룬 사람
黨爭(당쟁) 당파를 이루어 서로 싸움
作黨(작당) 떼를 지음. 무리를 지음

大 8급
큰 **대(:)**
大 | 0획

- 비 犬(개 견) 太(클 태)
- 동 巨(클 거) 泰(클 태)
  偉(클 위) 碩(클 석)
  弘(클 홍)
- 반 小(작을 소)
  微(작을 미)

사람이 크게 손과 다리를 벌리고 있는 모습에서 크다(大)는 의미이다.

읽기한자

大勢(대세) 세상이 돌아가는 형편
大衆(대중) 수가 많은 여러 사람
大破(대파) 심한 파손
盛大(성대) 성하고 큼. 아주 성함
大敗(대패) 일의 큰 실패

쓰기한자

大路(대로) 폭이 넓은 길
偉大(위대) 업적이 뛰어나고 훌륭함
遠大(원대) 뜻, 계획 등의 규모가 큼

代 6급 Ⅱ
대신할 **대:**
亻(人) | 3획

- 비 伐(칠 벌)

국경에 세워두었던 말뚝 대신(弋) 사람(亻)을 당번병으로 세워둔 것에서 대신하다(代)는 의미이다.

읽기한자

代置(대치) 다른 것으로 바꾸어 놓음
代打(대타) 대신 공을 침

쓰기한자

代價(대가) 물건을 산 대신의 값
代用(대용) 대신으로 씀
代身(대신) 남을 대리함
交代(교대) 서로 번갈아 들어서 대신함
歷代(역대) 지내 내려온 여러 대

對 6급 Ⅱ
대할 **대:**
寸 | 11획

- 비 業(업 업)
- 약 対

작업하는 일(業)과 손(寸)이 서로 마주 대한다(對)는 의미이다.

읽기한자

對應(대응) 마주 대함
對敵(대적) 적과 마주 대함
對人關係(대인관계) 사람에 대한 관계
對比(대비) 서로 맞대어 비교함
對談(대담) 서로 마주 보고 말함

쓰기한자

對等(대등) 양쪽이 서로 비슷함
相對(상대) 서로 마주 봄
對決(대결) 두 사람이 서로 맞서서 우열을 결정함

待
기다릴 대:
彳 | 6획

6급

비 時(때 시)
持(가질 지)
特(특별할 특)

중요한 일로 관청(寺)에 갔지만(彳) 사람이 많아서 순번을 기다린다(待)는 의미이다.

읽기한자

待期(대기) 약속한 시기를 기다림
期待(기대) 어느 때로 기약하여 성취를 바람
接待(접대) 손님을 맞아서 접대함

쓰기한자

待望(대망) 바라고 기다림
下待(하대) 낮게 대우함

隊
무리 대
阝(阜) | 9획

4급Ⅱ

동 群(무리 군)
衆(무리 중)
類(무리 류)
等(무리 등)
徒(무리 도)
黨(무리 당)
반 獨(홀로 독)

언덕(阝)의 좌우로 나뉘어서(八) 멧돼지(豕)들이 떼(隊)를 지어 달려온다는 의미이다.

읽기한자

軍隊(군대) 일정한 질서를 가지고 조직 편제된 장병의 집단
隊列(대열) 대를 지어서 죽 늘어선 행렬
部隊(부대) 한 단위의 군대
先發隊(선발대) 먼저 출발한 부대
入隊(입대) 군대에 들어가 군인이 됨

帶
띠 대(:)
巾 | 8획

4급Ⅱ

천을 겹쳐 장식을 붙인 허리띠의 모양을 본떴다.

읽기한자

暖帶(난대) 열대와 온대의 중간에 걸쳐 있어 그 기후가 따뜻한 지대
眼帶(안대) 눈병에 걸렸을 때나 눈을 가릴 때 이용하는 천 조각
地帶(지대) 한정된 일정한 구역

德
큰 덕
彳 | 12획

5급Ⅱ

약 徳

올바른 마음을 가진(悳) 사람은 가서(彳)도 신임을 받아 올바른 행위(德)를 의미한다.

읽기한자

公衆道德(공중도덕) 공중을 위하는 사람으로서 마땅히 지켜야할 도덕상의 의리
恩德(은덕) 은혜로 입은 신세
德談(덕담) 잘되기를 비는 말

쓰기한자

德業(덕업) 어질고 착한 업적이나 사업
美德(미덕) 아름다운 덕행

다

<table>
<tr><td>

道

7급Ⅱ

길 도:

辶(辵) | 9획

비 導(인도할 도)
동 路(길 로)
　 途(길 도)
　 程(길 정)

</td><td>

사람(首)이 왔다갔다(辶)하고 있는 곳은 자연히 길(道)이 된다는 의미이다.

 읽기 한자

得道(득도) 도를 깨달음
報道(보도) 나라 안이나 밖에서 생긴 일을 전하여 알려줌

✏️ 쓰기 한자

道具(도구) 일에 쓰이는 여러 가지 연장
道德(도덕) 인간으로서 마땅히 지켜야 할 도리 및 그에 준한 행위
正道(정도) 올바른 길. 정당한 도리

</td></tr>
</table>

<table>
<tr><td>

圖

6급Ⅱ

그림 도

口 | 11획

비 圓(둥글 원)
　 園(동산 원)
　 團(둥글 단)
동 畫(그림 화)
약 図

</td><td>

논밭에 있는 장소를 도면에 표시한 것에서 그리다, 생각하다는 의미이다.

 읽기 한자

圖解(도해) 글로 된 설명을 보충하기 위하여 그림을 끼워 넣어서 풀이함
風俗圖(풍속도) 그 시대의 세정과 풍속을 그린 그림

✏️ 쓰기 한자

圖式(도식) 그림으로 그린 양식
圖表(도표) 그림과 표
圖形(도형) 그림의 형상
意圖(의도) 장차 하려고 하는 계획

</td></tr>
</table>

<table>
<tr><td>

度

6급

법도 도(:)
헤아릴 탁

广 | 6획

비 席(자리 석)
동 例(법식 례)
　 律(법칙 률), 典(법 전)
　 法(법 법), 式(법 식)
　 則(법칙 칙), 憲(법 헌)

</td><td>

집(广)의 크기를 손가락(甘)을 벌려 재는 것(又)에서 재다, 자, 눈금(度)을 의미한다.

읽기 한자

態度(태도) 속이 드러나 보이는 겉모양
度量(도량) 너그러운 마음과 깊은 생각
密度(밀도) 빽빽이 들어선 정도　　　程度(정도) 알맞은 정도
制度(제도) 제정된 법규. 마련된 법도　進度(진도) 일의 진행 속도

✏️ 쓰기 한자

角度(각도) 한 점에서 갈리어 나간 두 선이 벌어진 크기
強度(강도) 강렬한 정도　　　　　溫度(온도) 덥고 찬 정도

</td></tr>
</table>

<table>
<tr><td>

到

5급Ⅱ

이를 도:

刂(刀) | 6획

동 達(통달할 달)
　 着(붙을 착)
　 至(이를 지)
　 致(이를 치)

</td><td>

무사가 칼(刀)을 가지고 소집 장소에 이른다(至)는 데서 도착하다(到)는 의미이다.

읽기 한자

到達(도달) 정한 곳에 다다름. 목적한 데에 미침
到處(도처) 가는 곳. 이르는 곳

✏️ 쓰기 한자

到來(도래) 이르러서 옴. 닥쳐 옴
到着(도착) 목적한 곳에 다다름
當到(당도) 어떠한 곳이나 일에 닿아서 이름

</td></tr>
</table>

島 5급 섬 도 山 | 7획

비 鳥(새 조)
烏(까마귀 오)

바다에 떠있는 산(山)에서 철새(鳥)가 쉬거나 살기도 하는 것에서 섬(島)을 의미한다.

읽기한자

落島(낙도) 외따로 떨어져 있는 섬
半島(반도) 세 면이 바다에 싸이고 한 면은 육지에 연한 땅
三多島(삼다도) 제주도를 일컫는 말
列島(열도) 줄을 지은 모양으로 죽 늘어선 여러 개의 섬

다

都 5급 도읍 도 阝(邑) | 9획

비 者(놈 자)
동 京(서울 경)
반 農(농사 농)

사람들(者)이 많이 모여서 사는 고을(阝)이니 도읍, 도회지(都)를 의미한다.

읽기한자

港都(항도) 항구도시
都市(도시) 일정 지역의 정치, 경제, 문화상의 중심을 이룬 인구의 집중지역
都邑地(도읍지) 서울로 정한 곳
古都(고도) 옛 도읍
首都(수도) 한 나라의 중앙정부가 있는 도시

導 4급Ⅱ 인도할 도: 寸 | 13획

비 道(길 도)
동 引(끌 인)

머리가 보일듯이 계속되는 길(道)을 손(寸)을 끌어 걷는 것에서 인도하다(導)는 의미이다.

읽기한자

導入(도입) 끌어들임. 인도하여 들임
導出(도출) 결론 등을 논리적으로 이끌어 냄
引導(인도) 가르쳐 이끎. 길을 안내함
主導(주도) 주장이 되어 이끎

讀 6급Ⅱ 읽을 독 구절 두: 言 | 15획

비 續(이을 속)
賣(팔 매)
약 読

물건을 팔(賣) 때 가락에 맞추어 손님을 불러(言), 소리를 내어 읽는다(讀)는 의미이다.

읽기한자

讀破(독파) 글을 막힘 없이 죽 읽음
讀解力(독해력) 글을 읽고서 이해하고 소화할 수 있는 능력
精讀(정독) 자세히 살피어 읽음　　解讀(해독) 풀어 읽음. 읽어서 알아냄

쓰기한자

讀者(독자) 책, 신문 따위의 출판물을 읽는 사람
讀後感(독후감) 책을 읽고 난 뒤의 소감
速讀(속독) 책 따위를 빨리 읽음　　訓讀(훈독) 한자(漢字)의 뜻을 새기어 읽음

獨 5급 II
홀로 독
犭(犬) | 13획

개(犭)가 곤충(虫)처럼 몸을 둥글게(勹)하고, 가만있는 것(罒)을 즐기기에 홀로(獨)라는 의미이다.

동 孤(외로울 고)
單(홑 단)
반 徒(무리 도) 類(무리 류)
群(무리 군) 衆(무리 중)
等(무리 등)
약 独

읽기한자
獨斷(독단) 남과 의논하지 않고 자기 혼자의 의견대로 처리함
獨步的(독보적) 남이 따를 수 없을 만큼 홀로 뛰어난 모양
獨走(독주) 경주 상대를 앞질러 혼자 달림

쓰기한자
獨食(독식) 혼자서 먹음. 이익을 혼자 차지함
獨特(독특) 특별나게 다름
獨學(독학) 스승이 없이 또는 학교에 다니지 않고 혼자서 배움

督 4급 II
감독할 독
目 | 8획

아재비(叔)가 눈(目)을 부릅뜨고 일꾼들을 감독한다(督)는 의미이다.

동 監(볼 감)

읽기한자
監督(감독) 보살피어 단속함
提督(제독) 해군의 장관
總督(총독) 어떤 관할 구역 안의 모든 정부, 군무를 통괄하는 벼슬

毒 4급 II
독 독
母 | 4획

모친(母)이 자식을 낳듯이 잡초가 생겨 논의 작물(主)에 피해를 준다는 것에서 독(毒)을 의미한다.

비 靑(푸를 청)
약 毒

읽기한자
毒性(독성) 독기가 있는 성분
解毒(해독) 독기를 풀어 없애 버림
旅毒(여독) 여행에 의해 생긴 병이나 피로
消毒(소독) 사람에게 해가 되는 박테리아를 박멸시키는 일

東 8급
동녘 동
木 | 4획

나뭇가지(木) 사이에서 태양(日)이 나오는 형태로 해가 뜨는 방향 동녘(東)을 의미한다.

비 束(묶을 속)
반 西(서녘 서)

읽기한자
東宮(동궁) 황태자 또는 왕세자의 궁전
東壁(동벽) 동쪽에 있는 벽
馬耳東風(마이동풍) 남의 비평이나 의견을 귀담아 듣지 않고 곧 흘려버림

쓰기한자
東問西答(동문서답) 어떤 물음에 대하여 엉뚱한 대답을 함
東向(동향) 동쪽을 향함

動	7급 II
	움직일 동:
	力 | 9획

반 靜(고요할 정)
止(그칠 지)

아무리 무거운(重) 것이라도 힘(力)을 가하면 움직인다는 것에서
움직인다(動)는 의미이다.

읽기한자

可動(가동) 움직이게 할 수 있음
移動(이동) 움직여서 자리를 바꿈
動態(동태) 움직이는 상태
制動(제동) 운동을 제지함

쓰기한자

變動(변동) 변하여 움직임
動作(동작) 어떤 일을 하기 위해서 몸을 움직이는 일
感動(감동) 깊이 느끼어 마음이 움직임

洞	7급
	골 동:
	밝을 통:
	氵(水) | 6획

비 同(한가지 동)
동 里(마을 리) 明(밝을 명)
谷(골 곡)
반 暗(어두울 암)

같은(同) 우물이나 시냇물(氵)을 사용하는 동네(洞)란 의미이다.

읽기한자

洞事務所(동사무소) 행정구역의 하나인 洞(동)안의 여러 가지 행정
사무를 맡아 보는 곳
洞察(통찰) 사물을 꿰뚫어 봄

쓰기한자

洞口(동구) 동네로 들어오는 길목의 첫머리
洞里(동리) 마을
空洞(공동) 아무 것도 없이 텅 빈 굴

同	7급
	한가지 동
	口 | 3획

비 洞(골 동)
동 共(한가지 공)
一(한 일)
等(무리 등)
반 異(다를 이)

동굴 크기가 처음부터 끝까지 어디나 같다는 것에서 같다(同)는 의미이다.

읽기한자

同鄕(동향) 같은 고향
同志(동지) 목적이나 뜻이 서로 같음
協同(협동) 마음과 힘을 하나로 합함

쓰기한자

同感(동감) 같은 느낌
同席(동석) 자리를 같이함
同窓(동창) 같은 학교에서 공부를 한 관계
共同(공동) 둘 이상의 사람이 같은 일을 함

冬	7급
	겨울 동(:)
	冫 | 3획

비 夕(저녁 석)
반 夏(여름 하)

샘물 입구(夂)가 얼어(冫) 물이 나오지 않게 된 추운 계절을 의미하여
겨울(冬)을 의미한다.

읽기한자

冬期(동기) 겨울 철
冬寒(동한) 겨울 추위
冬至(동지) 해가 가장 짧고 밤이 가장 긴 절기

쓰기한자

冬服(동복) 겨울철에 입는 옷
冬節(동절) 겨울철

童	6급 II
	아이 동(:)
	立 │ 7획

비 里(마을 리)
동 兒(아이 아)
반 長(긴 장)
  丈(어른 장)

마을(里)에 들어가면 서서(立) 노는 것은 아이(童)라는 의미이다.

읽기한자

童謠(동요) 어린이들의 생활 감정이나 심리를 나타낸 노래
牧童(목동) 말과 소에 풀을 뜯기는 아이

쓰기한자

童心(동심) 어린이의 마음
童話(동화) 어린이를 상대로 동심을 기본으로 해서 지은 이야기
神童(신동) 재주와 슬기가 남달리 썩 뛰어난 아이

銅	4급 II
	구리 동
	金 │ 6획

비 銘(새길 명)
  針(바늘 침)

금(金)과 같이(同) 값어치 있는 붉은 광채가 있는 금속을 가리켜 동,
붉은 쇠(銅)를 의미한다.

읽기한자

靑銅器(청동기) 구리와 주석의 합금으로 주조한 기구
銅佛(동불) 구리로 만든 불상
純銅(순동) 다른 금속이 섞이지 않은 순수한 구리

斗	4급 II
	말 두
	斗 │ 0획

용량을 되는 그릇의 하나인 말의 모양을 본뜬 글자이다.

읽기한자

北斗七星(북두칠성) 큰곰자리에서 국자 모양을 이루며 가장 뚜렷하게
보이는 일곱 개의 별
斗量(두량) 되나 말로 곡식 따위를 셈

頭	6급
	머리 두
	頁 │ 7획

비 顏(얼굴 안)
  額(이마 액)
동 首(머리 수)
  頁(머리 혈)

사람 머리(頁)의 위치가 이 용기(豆)처럼 몸 위쪽에 있는 것에서
머리(頭)를 의미한다.

읽기한자

街頭(가두) 시가지의 길거리
序頭(서두) 일이나 말의 첫 머리

쓰기한자

頭角(두각) 짐승 따위의 머리에 있는 뿔. 뛰어난 학식, 재능, 기예
頭目(두목) 여러 사람 중 그 우두머리가 되는 사람
口頭(구두) 마주 대하여 입으로 전하는 말

豆

4급 II

콩 두

豆 | 0획

비 豈(어찌 기)

옛날 중국에서 고기를 신(神)에게 공양한 그릇이 '두' 인데, 콩과 같은 발음이기에 '두' 라 한다.

읽기한자

豆太(두태) 콩과 팥
綠豆(녹두) 콩과에 속하는 일년초
大豆(대두) 콩

得

4급 II

얻을 득

彳 | 8획

동 獲(얻을 획)
반 失(잃을 실)

길(彳)에서 재물(旦)을 손(寸)으로 주워서 얻는다(得)는 의미이다.

읽기한자

得失(득실) 얻음과 잃음
不得不(부득불) 마음이 내키지 아니하나 마지못하여
利得(이득) 이익을 얻음
體得(체득) 몸소 체험하여 얻음

登

7급

오를 등

癶 | 7획

비 燈(등 등)
동 昇(오를 승)
　 騰(오를 등)
　 陟(오를 척)
반 降(내릴 강)
　 落(떨어질 락)

양발을 벌리고(癶) 디딤대(豆)에 오르는 것에서 오르다(登)는 의미이다.

읽기한자

登極(등극) 임금의 지위에 오름
登錄(등록) 문서에 올림

쓰기한자

登校(등교) 학교에 감
登山(등산) 산에 오름
登場(등장) 무슨 일에 어떤 사람이 나타남

等

6급 II

무리 등

竹 | 6획

비 待(기다릴 대)
동 衆(무리 중) 級(등급 급)
　 徒(무리 도) 群(무리 군)
　 隊(무리 대) 類(무리 류)
반 孤(외로울 고)

관청(寺)에서 글자를 쓰는 죽간(竹)의 길이를 맞춘 데서 같은 크기(等)를 갖추다는 의미이다.

읽기한자

官等(관등) 벼슬의 등급
次等(차등) 다음 가는 등급
初等(초등) 맨 처음 등급

쓰기한자

等級(등급) 위, 아래를 구별한 등수
對等(대등) 양쪽 사이에 낮고 못함 또는 높고 낮음이 없음
平等(평등) 치우침이 없이 고르고 한결같음

燈 [4급Ⅱ]
등 등
火 | 12획

불(火)을 켜서 높은 데 올려(登) 놓는다는 데서 등불, 등잔(燈)을 의미한다.

비 登(오를 등)
　　證(증거 증)
약 灯

읽기한자

燈火可親(등화가친) 가을밤은 등불을 가까이 하여 글 읽기에 마음으로
　　　　　　　　　 느끼는 기분이 좋다는 뜻
街路燈(가로등) 길거리에 달아 놓은 등
消燈(소등) 불을 끔

羅 [4급Ⅱ]
벌릴 라
罒(网) | 14획

새(隹)를 잡기 위해서는 실(糸)로 짠 그물(罒)을 벌린다(羅)는 의미이다.

비 離(떠날 리)
동 列(벌릴 렬)

읽기한자

羅列(나열) 죽 벌이어 놓음
羅衣(나의) 얇은 비단으로 지은 옷
新羅(신라) 우리나라 삼국 시대의 한 나라

樂 [6급Ⅱ]
즐길 락
노래 악
좋아할 요
木 | 11획

나무(木) 틀에 실(絲)이나 북(白)을 달아 악기를 만들어 풍악을
즐긴다(樂)는 의미이다.

비 藥(약 약)
동 喜(기쁠 희) 娛(즐길 오)
　　謠(노래 요) 歌(노래 가)
반 悲(슬플 비) 哀(슬플 애)
　　苦(쓸 고)
약 楽

읽기한자

快樂(쾌락) 기분이 좋고 즐거움
樂器(악기) 음악을 연주하는 데 쓰이는 기구의 총칭
聲樂(성악) 사람의 목소리로 이루어지는 음악상의 분야

쓰기한자

樂觀(낙관) 사물의 발달과 발전을 밝고 희망적으로 바라봄
行樂(행락) 잘 놀고 즐겁게 지냄
同苦同樂(동고동락) 괴로움과 즐거움을 함께 함
樂山樂水(요산요수) 산수를 즐기고 좋아함

落 [5급]
떨어질 락
艹(艸) | 9획

물(氵)이 퐁당퐁당 끝없이 떨어지듯이(洛), 잎새(艹)가 지는 것에서
떨어지다(落)는 의미이다.

비 路(길 로)
동 零(떨어질 령)
　　墮(떨어질 타)

읽기한자

落書(낙서) 장난으로 아무데나 함부로 글자나 그림을 그림
落望(낙망) 희망이 없어짐
落葉(낙엽) 잎이 말라서 나뭇잎이 떨어짐
落第(낙제) 시험에 떨어짐
暴落(폭락) 물가 따위가 갑자기 큰 폭으로 떨어짐
下落(하락) 값이 떨어짐

朗 5급Ⅱ 밝을 랑: 月 | 7획	태양이 빛을 내며 움직이듯이(良), 달(月)이 빛나서 밝다, 명랑하다(朗)는 의미이다.

비 良(어질 량)
동 明(밝을 명)
　洞(밝을 통)
반 暗(어두울 암)

읽기한자

朗報(낭보) 반가운 소식
朗唱(낭창) 크게 소리내어 시 등을 읊음

쓰기한자

朗讀(낭독) 소리를 내어 읽음
朗朗(낭랑) 빛이 매우 밝은 모양. 소리가 매우 흥겹고 명랑한 모양
明朗(명랑) 밝고 쾌활함

來 7급 올 래(:) 人 | 6획	옛날 보리를 하늘이 내려주신 것이라 하여 보리(麥) 형태를 써서 오다(來)라고 한 의미이다.

반 往(갈 왕) 去(갈 거)
　進(나아갈 진)
　就(나아갈 취)
약 来

읽기한자

來往(내왕) 오고 감
將來(장래) 앞으로 닥쳐올 때. 앞날
未來(미래) 아직 오지 아니한 앞날

쓰기한자

來週(내주) 다음 주
來韓(내한) 외국인이 한국에 옴
來歷(내력) 겪어 온 자취
傳來(전래) 전하여 내려 옴

冷 5급 찰 랭: 冫 | 5획	군주가 부하에게 명령(令)할 때와 같이, 냉소적이며 차가운(冫) 것에서 차갑다(冷)는 의미이다.

비 令(하여금 령)
동 寒(찰 한)
반 溫(따뜻할 온)
　暖(따뜻할 난)
　熱(더울 열)

읽기한자

冷氣(냉기) 찬 기운. 찬 공기
冷待(냉대) 푸대접
冷房(냉방) 방 안을 차게 하는 일
冷水(냉수) 데우지 아니한 맹물
冷笑(냉소) 쌀쌀한 태도로 업신여겨 비웃음
冷情(냉정) 매정하고 쌀쌀함

良 5급Ⅱ 어질 량 艮 | 1획	원래는 됫박으로 잰다는 것이었는데 잰 분량이 정확했다고 한 것에서 좋다(良)는 의미이다.

비 食(먹을 식)
동 賢(어질 현)
　好(좋을 호
　仁(어질 인)
반 否(아닐 부)

읽기한자

良好(양호) 매우 좋음
善良(선량) 착하고 어짊
改良(개량) 나쁜 점을 고치어 좋게 함

쓰기한자

良家(양가) 선량한 백성의 집
良心(양심) 참되고 변하지 않는 본성을 닦음

量 5급 헤아릴 량
里 | 5획

비 重(무거울 중)
동 商(장사 상)
　 料(헤아릴 료)

쌀이나 조 같은 것의 무게나 부피를 재다(量)는 의미이다.

읽기한자
減量(감량) 분량을 줄임
分量(분량) 부피, 무게 등의 많고 적음과 크고 작은 정도
力量(역량) 어떤 일을 해낼 수 있는 힘
容量(용량) 용기 안에 들어갈 수 있는 분량
定量(정량) 일정한 분량
質量(질량) 물체가 갖는 고유한 양

兩 4급Ⅱ 두 량
入 | 6획

비 雨(비 우)
동 再(두 재)
　 雙(두 쌍)
　 二(두 이)
약 両

수레의 두 바퀴의 형태처럼 좌우 같은 형태의 사물에서 두 개 또는
갖춘 것(兩)을 의미한다.

읽기한자
兩極(양극) 북극과 남극. 음극과 양극
兩面(양면) 양쪽의 면. 사물의 겉과 안
兩立(양립) 둘이 함께 맞섬
兩分(양분) 둘로 나눔
兩親(양친) 아버지와 어머니

旅 5급Ⅱ 나그네 려
方 | 6획

비 族(겨레 족)
　 旋(돌 선)
동 客(손 객)
　 賓(손 빈)
반 主(주인 주)

깃발(方) 아래 모여서 대열을 지어 전진하는(氏) 군대의 모습에서 여행을
하다(旅)는 의미이다.

읽기한자
旅毒(여독) 여행에 의해 생긴 병이나 피로
旅費(여비) 여행하는 데 드는 비용

쓰기한자
旅客(여객) 여행하는 손님
旅行(여행) 볼일이나 유람의 목적으로 다른 고장이나 외국에 가는 일

麗 4급Ⅱ 고울 려
鹿 | 8획

비 鹿(사슴 록)
동 鮮(고울 선)
약 麗

사슴(鹿)들이 나란히 짝을 짓고(ㅠㅠ) 무리를 지어 다니는 모습이
곱고 아름답다(麗)는 의미이다.

읽기한자
高麗(고려) 나라 이름
美麗(미려) 아름다움
流麗(유려) 글 따위가 거침없고 아름다움

歷 5급Ⅱ 지날 **력** 止 | 12획

비 曆(책력 력)
동 過(지날 과)
　 經(지날 경)

벼(禾)를 순서 있게 늘어놓듯이 차례로 걸어 지나가는(止) 것에서
지나다(歷)는 의미이다.

읽기한자

經歷(경력) 겪어 지내 온 일들
歷程(역정) 경과하여 온 노정

쓰기한자

歷代(역대) 지내 내려 온 여러 대
歷史(역사) 인류 사회의 과거에 있어서의 변천과 흥망의 과정. 또는 기록
歷任(역임) 거듭하여 여러 벼슬을 차례로 지냄
來歷(내력) 겪어 온 자취
戰歷(전력) 전쟁에 참가한 경력

力 7급Ⅱ 힘 **력** 力 | 0획

비 刀(칼 도)
　 九(아홉 구)

팔에 힘을 넣었을 때에 생기는 알통에 빗대어 힘 또는 효능(力)을 의미한다.

읽기한자

力走(역주) 힘껏 달림　　　　　　力量(역량) 어떤 일을 해낼 수 있는 힘
武力(무력) 군사상의 힘　　　　　無氣力(무기력) 기운이 없음
權力(권력) 남을 강제로 복종시키는 힘　思考力(사고력) 생각하고 궁리하는 힘
努力(노력) 힘을 들이어 애를 씀

쓰기한자

力說(역설) 자기 뜻을 힘써 말함
全力(전력) 모든 힘. 온 힘

練 5급Ⅱ 익힐 **련:** 糸 | 9획

동 習(익힐 습)
약 練

나무를 쪼개 장작(柬)을 만들 듯이, 실(糸)을 나눠 불에 걸어 광채를 내어
단련하다(練)는 의미이다.

읽기한자

修練(수련) 수양하고 단련함. 인격, 기술, 학문 등을 닦아서 단련함
調練師(조련사) 동물에게 곡예 따위를 훈련시키는 사람

쓰기한자

練習(연습) 학문, 기예 등을 연마하는 일
洗練(세련) 깨끗이 씻고 불림
訓練(훈련) 일정한 목표, 기준에 도달하기 위해 실천시키는 실제적 활동

連 4급Ⅱ 이을 **련** 辶(辵) | 7획

비 運(옮길 운)
동 繼(이을 계)
　 絡(이을 락) 續(이을 속)
　 承(이을 승) 接(이을 접)
반 絶(끊을 절) 切(끊을 절)
　 斷(끊을 단)

길(辶)에 수레(車)가 잇달아(連) 달린다는 의미이다.

읽기한자

連結(연결) 서로 이어 맺음
連勝(연승) 잇따라 이김
連續(연속) 끊이지 아니하고 죽 이음
連打(연타) 연속하여 치거나 때림
連休(연휴) 휴일이 이틀 이상 겹쳐서 연달아 노는 일

列	4급Ⅱ
벌릴	렬
刂(刀)	4획

비 別(다를 별)
동 羅(벌릴 라)

짐승의 뼈(歹)를 칼(刂)로 끊어내어 고기만을 늘어놓아 열,
늘어서다(列)라는 의미이다.

읽기한자

列強(열강) 여러 강한 나라들
羅列(나열) 죽 벌이어 놓음
分列(분열) 각각 나눠서 벌려 놓음
序列(서열) 순서를 좇아 늘어놓음
列擧(열거) 하나씩 들어 말함
配列(배열) 차례로 늘어놓음

領	5급
거느릴	령
頁	5획

비 頂(정수리 정)
동 統(거느릴 통)
　率(거느릴 솔)
　御(거느릴 어)

사람(頁)들을 무릎 꿇려 중요한 것을 명령하는(令) 것에서 지배하다(領)는
의미이다.

읽기한자

領導者(영도자) 앞장서서 지도하는 사람
受領(수령) 받아들임
領空(영공) 영토나 영해 위의 하늘
首領(수령) 한 당파나 무리의 우두머리
要領(요령) 사물의 요긴하고 으뜸 되는 줄거리

令	5급
하여금	령(ː)
人	3획

비 今(이제 금)
동 命(목숨 명)
　使(하여금 사)

사람을 모아서(亼) 무언가 명령(刀)하여 따르게 하는(令) 것에서
명령하다(令)라는 의미이다.

읽기한자

假令(가령) 무엇을 보충할 때
假定(가정)의 뜻으로 쓰는 접속 부사
設令(설령) 그렇다하더라도
指令(지령) 지휘 명령
命令(명령) 윗사람이 아랫사람에게 내리는 분부
法令(법령) 법률과 명령의 통칭
發令(발령) 법령이나 사령을 발포하거나 공포함

例	6급
법식	례ː
亻(人)	6획

비 列(벌릴 렬)
동 式(법 식)
　規(법 규)
　律(법칙 률)
　範(법 범)
　法(법 법)
　則(법칙 칙) 典(법 전)

사람(人)이 물건을 늘어놓는다(列)고 하는 것에서 늘어져 있는 것(例)과
같은 의미이다.

읽기한자

常例(상례) 보통의 사례
次例(차례) 순서 있게 벌여 나가는 관계나 또는 그 관계에서의 절차
例示(예시) 예를 들어 보임

쓰기한자

先例(선례) 이미 있었던 사례
實例(실례) 실제의 예
例事(예사) 보통으로 있는 평범한 일
前例(전례) 그 전부터 있던 사례

禮 6급 예도 **례:** 示 | 13획 비 豊(풍성할 풍) 약 礼	제단에(示) 제물을 풍성하게(豊) 차려놓고 제사 지내는 것이 예(禮)의 근본이라는 의미이다. 📖 **읽기 한자** 禮訪(예방) 인사차 방문함 禮拜(예배) 경의를 나타내어 절함 缺禮(결례) 예의범절에서 벗어나는 짓을 함 無禮(무례) 예의가 없는 일 ✍️ **쓰기 한자** 禮節(예절) 예의와 범절 禮服(예복) 의식 때에 입는 옷 失禮(실례) 언행이 예의에서 벗어남
老 7급 늙을 **로:** 老 | 0획 비 孝(효도 효) 동 長(긴 장) 반 少(젊을 소) 　 童(아이 동)	늙은이의 모양에서 늙다, 쇠퇴하다(老)는 의미이다. 📖 **읽기 한자** 百戰老將(백전노장) 수많은 싸움을 치른 장수. 온갖 풍파를 겪은 사람 老患(노환) 노인들이 늙어 걸리는 병의 존칭 ✍️ **쓰기 한자** 老後(노후) 늙은 뒤 敬老(경로) 노인을 공경함 不老草(불로초) 먹으면 늙지 않는 풀 老弱者(노약자) 늙은이와 약한 사람
路 6급 길 **로:** 足(足) | 6획 비 略(간략할 략) 동 道(길 도) 　 途(길 도) 　 程(길 정)	갈림길까지 와서(足) 어디로 갈 것인가 누구나(各)가 서성이니 길(路)을 의미한다. 📖 **읽기 한자** 路邊(노변) 길가　　　　　　　進路(진로) 앞으로 나아가는 길 經路(경로) 일이 되어가는 형편, 순서　航路(항로) 선박이 통행하는 바닷길 ✍️ **쓰기 한자** 路面(노면) 길바닥 路線(노선) 한 지점에서 다른 지점에 이르는 도로, 선로, 자동차의 교통선 活路(활로) 힘들고 어려운 일을 헤치고 살아갈 수 있는 길 通路(통로) 통행하는 길
勞 5급 Ⅱ 일할 **로** 力 | 10획 비 榮(영화 영) 동 務(힘쓸 무) 　 勤(부지런할 근) 반 使(하여금 사) 약 労	농사일의 처음에는 불(火)을 피워 신에게 감사드려 매일(一) 진력(力)해서 일하다(勞)는 의미이다. 📖 **읽기 한자** 勞動三權(노동삼권) 헌법에 명시된 근로자의 세 가지 기본 권리 不勞所得(불로소득) 열심히 일하지 아니하고 얻는 소득 ✍️ **쓰기 한자** 勞力(노력) 힘을 들이어 일을 함 勞使(노사) 노동자와 사용자 功勞(공로) 일에 애쓴 공적 過勞(과로) 지나치게 일하여 고달픔

라

綠 | 6급
푸를 **록**
糸 | 8획

- 비 錄(기록할 록)
- 동 靑(푸를 청)
  碧(푸를 벽)
  蒼(푸를 창)

작은 칼(彔)로 표피를 벗긴 대나무 같은 색으로 염색한 실(糸)에서 녹색(綠)을 의미한다.

읽기 한자

綠豆(녹두) 콩과의 일년초로 암녹색의 팥보다 작은 콩
綠陰(녹음) 푸른 잎이 우거진 나무의 그늘
常綠樹(상록수) 가을, 겨울에도 떨어지지 않고 일년 내내 잎이 푸른 나무

쓰기 한자

綠地(녹지) 초목이 무성한 땅
綠化(녹화) 산이나 들에 나무를 심고 잘 길러서 푸르게 함
草綠同色(초록동색) 같은 종류끼리 어울린다는 뜻

錄 | 4급 II
기록할 **록**
金 | 8획

- 비 綠(푸를 록)
- 동 記(기록할 기)
  識(기록할 지)
  誌(기록할 지)
- 약 录

금(金)이나 청동의 표면을 조각칼(彔)로 깎아 문자를 새겨 넣어 표시하다(錄)는 의미이다.

읽기 한자

錄音(녹음) 소리를 필름이나 레코드 같은 데에 기계로 기록하여 놓는 일
登錄(등록) 문서에 올리는 일
收錄(수록) 기록해서 담아 놓음
實錄(실록) 사실을 있는 그대로 적은 기록

論 | 4급 II
논할 **론**
言 | 8획

- 비 倫(인륜 륜)
  輪(바퀴 륜)
- 동 議(의논할 의)
  評(평할 평)

책을 모아서 정연히 정리하듯이(侖) 말(言)을 정리해서 사리를 세워서 말한다(論)는 의미이다.

읽기 한자

論題(논제) 논의할 문제
論爭(논쟁) 말이나 글로 논하여 싸움
反論(반론) 남의 논설이나 비난에 대하여 반박함

料 | 5급
헤아릴 **료**(:)
斗 | 6획

- 비 科(과목 과)
  精(정할 정)
- 동 量(헤아릴 량)
  測(헤아릴 측)
  度(헤아릴 탁)

곡물(米)의 부피를 재는 되(斗)에 빗대어 재다, 재료(料)를 의미한다.

읽기 한자

無料(무료) 요금이 필요 없음
思料(사료) 생각하여 헤아림
食料品(식료품) 음식의 재료가 되는 물품
手數料(수수료) 어떠한 일을 돌보아 준 데에 대한 보수
調味料(조미료) 음식의 맛을 맞추는 데 쓰는 재료
香料(향료) 식품이나 화장품 등을 만드는 데 섞어 향내를 내는 물질의 총칭

類

5급 Ⅱ
무리 류(:)
頁 | 10획

비 題(제목 제)
동 群(무리 군)
　衆(무리 중)
　徒(무리 도)
　等(무리 등)
반 孤(외로울 고)
　獨(홀로 독)

쌀알(米)이나 사람(頁)도 같은 종류의 것은 모두(大) 얼굴이 닮아
동류(類)라는 의미이다.

읽기한자

肉類(육류) 고기 종류
鳥類(조류) 새 종류, 새 무리

쓰기한자

類別(유별) 종류에 따라 나눈 갈래
分類(분류) 종류를 따라서 나눔
種類(종류) 성질, 형태 등에서 공통점을 가진 것끼리 나눈 저마다의 갈래

流

5급 Ⅱ
흐를 류
氵(水) | 7획

아이가 머리를 하천(川)밑을 향해 물(氵)에 떠내려가는 것(去)에서
흘러가다(流)는 의미이다.

읽기한자

流配(유배) 죄인을 귀양 보냄　　流布(유포) 널리 퍼짐
逆流(역류) 물이 거슬러 흐름　　支流(지류) 본류로 흘러가는 물줄기

쓰기한자

流動(유동) 액체 같은 것이 흘러 움직임
交流(교류) 다른 관할 계통 등이 서로 교체되고 바뀜
流水(유수) 흐르는 물
急流(급류) 물이 급하게 흐름

留

4급 Ⅱ
머무를 류
田 | 5획

비 番(차례 번)
동 停(머무를 정)
　泊(머무를 박)
　駐(머무를 주)
　住(살 주)

토끼(卯)가 풀밭(田)에 머물러(留) 풀을 뜯어 먹는다는 의미이다.

읽기한자

留念(유념) 기억해 두고 생각함
留宿(유숙) 남의 집에서 묵음
留學(유학) 외국에 머물면서 공부함
保留(보류) 일이나 안건의 결정을 미루어서 머물러 둠

六

8급
여섯 륙
八 | 2획

비 大(큰 대)

무궁화 꽃잎 5개와 꽃술 1개를 이어서 여섯(六)을 나타낸다.

읽기한자

六房(육방) 조선시대 지방 관아에 둔 여섯 부서
六藝(육예) 중국 고대 교육의 여섯가지 과목

쓰기한자

死六臣(사육신) 조선 세조 원년에 단종의 복귀를 꾀하다가 잡혀 죽은
　　　　　　　여섯 충신
六面體(육면체) 여섯 개의 면을 가진 다면체

陸 5급Ⅱ
뭍 륙
阝(阜) | 8획

- 통 地(따 지)
- 반 海(바다 해)

솟아오른 언덕(阝)이 이어지는 넓은 토지(坴)의 모습에서 뭍, 육지(陸)를 의미한다.

읽기한자

陸送(육송) 육지에서 물건을 실어 나름
陸橋(육교) 보행자를 위하여 가설한 도로 횡단 전용의 다리

쓰기한자

陸路(육로) 육상의 길　　　　　　　上陸(상륙) 배에서 육지로 오름
陸地(육지) 물에 덮이지 않은 땅　　着陸(착륙) 비행기가 육지에 내림
大陸(대륙) 광대한 육지

律 4급Ⅱ
법칙 률
彳 | 6획

- 통 法(법 법)
　　規(법 규)
　　式(법 식)
　　則(법칙 칙)
　　憲(법 헌)

법률은 문장으로 쓰여져(聿), 퍼져나가는(彳) 것으로서 법률(律)을 의미한다.

읽기한자

律法(율법) 지켜야 할 규율
自律(자율) 스스로 자기를 억제함
調律(조율) 악기의 음을 표준음에 맞추어 고르는 일
他律(타율) 자기의 본성에서가 아니고 다른 힘에 의해 행동하는 일

里 7급
마을 리:
里 | 0획

- 비 理(다스릴 리)
- 통 洞(골 동)
　　村(마을 촌)
　　府(마을 부)

논(田)과 흙(土)이 보이는 경치에서 시골, 촌(里)을 의미한다.

읽기한자

千里眼(천리안) 먼 데서 일어난 일을 감지하는 능력
萬里長城(만리장성) 중국의 북쪽에 있는 긴 성

쓰기한자

不遠千里(불원천리) 천리를 멀다 여기지 아니함
海里(해리) 해상의 이정을 나타내는 단위

理 6급Ⅱ
다스릴 리:
王(玉) | 7획

- 비 里(마을 리)
- 통 治(다스릴 치)
　　攝(다스릴 섭)
- 반 亂(어지러울 란)

임금의(王) 명령을 받아 마을(里)을 다스린다(理)는 의미이다.

읽기한자

理想(이상) 이성에 의하여 생각할 수 있는 최선의 상태
理解(이해) 깨달아 알아들음
理致(이치) 사물의 정당한 조리
眞理(진리) 참된 도리

쓰기한자

合理(합리) 이치에 합당함
道理(도리) 사람이 마땅히 행하여야 할 바른 길
理性(이성) 사물의 이치를 생각하는 능력

利 6급 II
이할 **리:**
刂(刀) | 5획

비 和(화할 화)
　科(과목 과)
동 益(더할 익)
반 害(해할 해)
　損(덜 손)

칼(刂)날이 벼(禾)잎 끝과 같이 날카롭게 잘 베어지는 것에서
날카롭다(利)는 의미이다.

읽기한자

利得(이득) 이익을 얻음
利益(이익) 물질적으로나 정신적으로 보탬이 된 것
權利(권리) 어떤 일을 행하거나 행하지 않을 수 있는 자격 또는 능력

쓰기한자

利子(이자) 채무자가 화폐 이용의 대가로서 채권자에게 지급하는 금전
利己(이기) 자신의 이익만을 꾀함

李 6급
오얏/성 **리:**
木 | 3획

비 季(계절 계)
　秀(빼어날 수)

나무(木)의 열매(子)란 뜻인데 특히 오얏나무(李)의 열매를 가리킨다.

읽기한자

牛李(우리) 갈매나무

쓰기한자

行李(행리) 여행할 때 쓰는 모든 도구
李花(이화) 자두나무 꽃

林 7급
수풀 **림**
木 | 4획

비 材(재목 재)
동 森(수풀 삼)

나무(木)가 많이 심어져 있는 모습에서 수풀(林)을 의미한다.

읽기한자

密林(밀림) 빽빽하게 들어선 수풀
防風林(방풍림) 바람의 피해를 방지하기 위하여 가꾸어 놓은 숲
原始林(원시림) 자연 그대로의 상태로 무성한 삼림

쓰기한자

林野(임야) 나무가 무성한 들
林業(임업) 山林(산림)을 경영하는 사업

立 7급 II
설 **립**
立 | 0획

동 建(세울 건)
　起(일어날 기)

사람이 서 있는 모양을 본떴다.

읽기한자

確立(확립) 사물의 내용을 굳게 세움　　設立(설립) 만들어 세움
起立(기립) 일어나 섬　　　　　　　　立案(입안) 안을 세움

쓰기한자

立場(입장) 당면하고 있는 처지
對立(대립) 둘이 서로 대치하여 버팀
獨立(독립) 남의 힘을 입지 아니하고 홀로 섬
樹立(수립) 사업, 공을 이룩하여 세움

라

| 馬 5급 말 마: 馬 \| 0획 | 말의 옆 모양을 본떴다. |

馬 5급
말 마:
馬 \| 0획

비 篤(도타울 독)

말의 옆 모양을 본떴다.

읽기한자

馬力(마력) 동력의 단위. 말 한 필의 힘에 해당하는 힘
馬耳東風(마이동풍) 남의 의견을 귀담아 듣지 않고 곧 흘려버림
落馬(낙마) 탔던 말에서 떨어짐
競馬(경마) 일정한 거리를 두 사람 이상이 각각 말을 타고 경주하는 일
竹馬故友(죽마고우) 어릴 때부터 같이 놀며 자란 벗
鐵馬(철마) 기차를 말에 비유하여 이름

萬 8급
일만 만:
++(艸) \| 9획

약 万

벌의 모양을 본뜬 글자로 그 수가 많다는 데서 만(萬)의 뜻을 의미한다.

읽기한자

萬難(만난) 온갖 어려움
萬無(만무) 절대로 없음

쓰기한자

萬感(만감) 온갖 느낌
萬能(만능) 모든 일에 다 능통함
萬物(만물) 세상에 있는 온갖 물건
千萬多幸(천만다행) 매우 다행함

滿 4급Ⅱ
찰 만(:)
氵(水) \| 11획

동 充(채울 충)
반 干(방패 간)
　 空(빌 공)
　 虛(빌 허)
약 満

이십(十十) 명이 두(兩) 손으로 물(氵)을 길어다 부으니 독 속에 물이 가득찬다(滿)는 의미이다.

읽기한자

滿開(만개) 꽃이 활짝 핌
滿船(만선) 배에 가득 차 있음
滿員(만원) 사람이 꽉 차서 그 이상 더 들어갈 수 없음
充滿(충만) 가득하게 참

末 5급
끝 말
木 \| 1획

비 未(아닐 미)
동 端(끝 단)
　 終(마칠 종)
반 始(비로소 시)
　 初(처음 초)

나뭇가지(木)의 끝을 표시한 모형으로 나무의 세로봉보다 길게(一) 써서 끝(末)을 의미한다.

읽기한자

末端(말단) 맨 끄트머리
末期(말기) 어떤 시기의 끝 무렵
末世(말세) 정치, 도덕, 풍속 등이 아주 쇠퇴한 시대. 망해가는 세상
結末(결말) 일을 마무리 하는 끝
終末(종말) 맨 나중의 끝

望

5급 Ⅱ
바랄 망:
月 | 7획

동 希(바랄 희)

달(月)을 쳐다보고 서서(壬) 객지에 나간(亡) 사람이 돌아오길 바란다(望)는 의미이다.

읽기한자

望鄉(망향) 고향을 그리워함
絕望(절망) 희망을 버리고 체념함
希望(희망) 어떤 일을 이루고자 바람
熱望(열망) 열렬하게 바람
可望性(가망성) 가능성이 있는 정도

쓰기한자

望月(망월) 보름달
物望(물망) 여러 사람이 우러러보는 드러난 명망
觀望(관망) 형세를 바라봄
要望(요망) 꼭 이루어지기를 바람

亡

5급
망할 망
亠 | 1획

비 忘(잊을 망)
동 逃(도망할 도)
　 滅(멸할 멸)
반 興(일 흥)
　 存(있을 존)
　 盛(성할 성)

죽은 사람을 매장하여 사람 눈에 띄지 않도록 한 것에서 없다, 없어지다(亡)는 의미이다.

읽기한자

未亡人(미망인) 남편이 죽고 홀로 사는 여인
敗家亡身(패가망신) 가산을 탕진하고 몸을 망침
亡國(망국) 망하여 없어진 나라
亡者(망자) 죽은 사람

每

7급 Ⅱ
매양 매(:)
母 | 3획

비 海(바다 해)
　 梅(매화 매)

풀(─)은 어머니(母)처럼 차례로 아이를 늘리므로, 그때마다, 매번(每)이라는 의미이다.

읽기한자

每常(매상) 언제나, 늘
每回(매회) 한 회 한 회

쓰기한자

每年(매년) 해마다
每番(매번) 번번이
每事(매사) 일마다. 모든 일

賣

5급
팔 매(:)
貝 | 8획

동 販(팔 판)
반 買(살 매)
　 購(살 구)
약 売

사들인(買) 물건이 나간다(土)는 데서 팔다(賣)는 의미이다.

읽기한자

賣官賣職(매관매직) 돈이나 재물을 받고 벼슬을 시킴
賣買(매매) 물건을 팔고 사는 일
賣出(매출) 물건을 내어 팖
強賣(강매) 강제로 팖
發賣(발매) 팔기 시작함
非賣品(비매품) 팔지 않는 물품

買 | 살 매: | 貝 | 5획 | 5급

물고기를 어망(㓁)으로 잡아온 뒤에 물품(貝)을 모아 돈을 지불하고 물건을 손에 넣는다(買)는 의미이다.

동 購(살 구)
반 賣(팔 매)
　販(팔 판)

읽기 한자

買收(매수) 비밀히 금품이나 그 밖의 수단으로 남을 꾀어 제 편을 만듦
買票(매표) 표를 삼
收買(수매) 거두어 사들임
買上(매상) 관공서 같은 데서 민간으로부터 물건을 사들임
買入(매입) 사들임
不買(불매) 사지 아니함

脈 | 줄기 맥 | 月(肉) | 6획 | 4급Ⅱ

피가 몸(月) 속에서 몇 갈래파(派)로 나뉘어 흐르는 것에서 혈관, 맥(脈)을 의미한다.

비 派(갈래 파)

읽기 한자

命脈(명맥) 목숨과 맥. 목숨을 이어가는 근본
文脈(문맥) 문장의 줄거리. 글의 맥락
血脈(혈맥) 같은 핏줄의 계통

面 | 낯 면: | 面 | 0획 | 7급

얼굴 주위에 여기부터 여기까지 얼굴이라고 표시한 것에서 낯짝, 얼굴(面)을 의미한다.

동 顔(낯 안)
　容(얼굴 용)

읽기 한자

斷面(단면) 베어낸 면　　　　　　面接(면접) 서로 대하여 만나 봄
假面(가면) 나무, 흙, 종이 등으로 만든 얼굴의 형상
眞面目(진면목) 본래의 모습
面談(면담) 서로 만나서 이야기함

쓰기 한자

書面(서면) 글씨를 쓴 지면　　　　面會(면회) 직접 얼굴을 대하여 만나 봄
面識(면식) 얼굴을 서로 앎

名 | 이름 명 | 口 | 3획 | 7급Ⅱ

어두워지면(夕) 얼굴이 보이지 않으므로 큰소리(口)로 이름을 서로 불러 이름(名)을 의미한다.

비 各(각각 각)
동 號(이름 호)
　稱(일컬을 칭)

읽기 한자

名聲(명성) 세상에 널리 떨친 이름　　名將(명장) 뛰어난 장수
除名(제명) 명부에서 성명을 빼어 버림　名曲(명곡) 뛰어나게 잘 된 악곡
大義名分(대의명분) 사람이 지켜야 할 절의와 분수

쓰기 한자

作名(작명) 이름을 지음
名筆(명필) 글씨를 썩 잘 쓰는 사람
名所(명소) 경치나 고적 등으로 이름난 곳

命	7급
	목숨 명:
	口 | 5획

비 令(하여금 령)
동 壽(목숨 수)
　令(하여금 령)

모여든(亼) 사람들에게 명령(叩)하고 있는 형태에서 명령하다(命)는 의미이다.

읽기한자

命脈(명맥) 목숨을 이어가는 근본
求命(구명) 사람의 목숨을 구함
命令(명령) 윗사람이 아랫사람에게 내리는 분부

쓰기한자

命題(명제) 제목을 정함　　　　　宿命(숙명) 날 때부터 정해진 운명
任命(임명) 관직에 명함. 직무를 맡김　特命(특명) 특별한 명령

明	6급 II
	밝을 명
	日 | 4획

동 朗(밝을 랑) 白(흰 백)
　昭(밝을 소) 洞(밝을 통)
반 暗(어두울 암)
　冥(어두울 명)
　昏(어두울 혼)

창문(日)으로 비쳐드는 달빛(月)에서 밝다(明)는 의미이다.

읽기한자

未明(미명) 날이 샐 무렵　　　　明暗(명암) 밝음과 어둠
解明(해명) 해석하여 분명하게 함　明快(명쾌) 밝고 말끔하여 기분이 좋음
賢明(현명) 어질고 사리에 밝음　明示(명시) 분명하게 가리킴

쓰기한자

明朗(명랑) 밝고 쾌활함　　　　　說明(설명) 풀어서 밝힘
鮮明(선명) 산뜻하고 밝음　　　　表明(표명) 드러내 보여서 명백히 함

母	8급
	어미 모:
	母 | 1획

비 毋(말 무)
반 父(아비 부)
　子(아들 자)

여인이 성장하여 성인이 되면 젖무덤이 붙는 형태가 되어 엄마, 어머니(母)를 의미한다.

읽기한자

母權(모권) 어머니로서의 권리
師母(사모) 스승의 부인
早失父母(조실부모) 어려서 부모를 여읨

쓰기한자

母校(모교) 자기가 졸업한 학교　　母國(모국) 자기가 출생한 나라
母子(모자) 어머니와 아들　　　　母情(모정) 어머니의 정
母性愛(모성애) 자식에 대한 선천적이고 본능적인 어머니의 사랑

毛	4급 II
	터럭 모
	毛 | 0획

비 手(손 수)
동 髮(터럭 발)
　毫(터럭 호)

새털이나 사람의 머리털 등을 포함하는 동물의 모든 털의 모양을 본떴다.

읽기한자

毛布(모포) 담요
不毛地(불모지) 초목이 나지 않는 거친 땅
純毛(순모) 아무 것도 섞이지 않은 순수한 털실

木 나무 목 | 8급
木 | 0획

비 才(재주 재)
동 樹(나무 수)

나무의 모양을 본떴다.

읽기한자

木造(목조) 나무로 만듦
伐木(벌목) 나무를 벰
接木(접목) 나무를 접붙임
原木(원목) 가공하거나 톱질하지 않은 나무

쓰기한자

木石(목석) 나무와 돌. 감정이 없는 사람을 비유하는 말
木材(목재) 나무로 된 재료
植木(식목) 나무를 심음

目 눈 목 | 6급
目 | 0획

비 日(날 일)
　日(가로 왈)
동 眼(눈 안)

눈의 모양을 본떴다.

읽기한자

眼目(안목) 사물을 보고 분별하는 견식
耳目(이목) 귀와 눈. 남들의 주의

쓰기한자

多目的(다목적) 여러 목적이 있음
面目(면목) 얼굴, 사물의 생김새
目禮(목례) 눈짓으로 하는 인사
注目(주목) 눈을 한 곳에 쏟음
目的(목적) 하고자 하거나 또는 도달하려는 목표

牧 칠 목 | 4급Ⅱ
牛 | 4획

비 物(물건 물)

소(牛)를 초원에서 방목하고 채찍(攵)으로 몰아 가축을 기르는 것(牧)을 의미한다.

읽기한자

牧童(목동) 마소에 풀을 뜯기는 아이
牧者(목자) 목축을 업으로 삼는 사람
牧草(목초) 소, 말, 양 등을 먹이는 풀
放牧(방목) 소, 말, 양 등의 가축을 목장에 놓아서 기름

無 없을 무 | 5급
灬(火) | 8획

비 舞(춤출 무)
동 莫(없을 막) 罔(없을 망)
반 有(있을 유) 存(있을 존)
　在(있을 재)

집이 화재로 타버려 모든 것이 없어졌다는 것에서 없다(無)는 의미이다.

읽기한자

無關心(무관심) 관심이 없음
無記名(무기명) 이름을 적지 않음
無難(무난) 어렵지 아니함
無料(무료) 요금이 필요 없음
無數(무수) 이루다 셀 수 없는 많은 수효
無意味(무의미) 아무 뜻이 없음
無作爲(무작위) 꾸민 일이 아님
無責任(무책임) 책임 관념이 없음

武	4급Ⅱ 호반 무: 止 | 4획

[반] 文(글월 문)

쌍날 창(戈)을 들고 씩씩하게 전진(止)하는 것에서 강하고 씩씩하다, 싸움(武)을 의미한다.

읽기한자

武力(무력) 군사상의 힘
武術(무술) 무도에 관한 기술
武勇談(무용담) 싸움에서 용감하게 활약하여 무공을 세운 이야기

務	4급Ⅱ 힘쓸 무: 力 | 9획

[동] 勞(일할 로)
勉(힘쓸 면)

채찍(攵), 창(矛)을 이용해 힘(力)으로 일을 시켜 힘써(務) 책임을 다하라는 의미이다.

읽기한자

業務(업무) 맡아서 하는 일
任務(임무) 맡은 사무 또는 업무
實務者(실무자) 실지로 사무를 담당하는 사람
急先務(급선무) 무엇보다 먼저 서둘러 해야 할 일
始務式(시무식) 어떤 일을 맡아보기 시작할 때 행하는 의식
用務(용무) 볼 일. 필요한 임무
休務(휴무) 직무를 하루나 한동안 쉼

門	8급 문 문 門 | 0획

[비] 問(물을 문)
間(사이 간)
[동] 戶(집 호)

두 개의 개폐문의 형태에서 집의 출입구, 문(門)이라는 의미이다.

읽기한자

砲門(포문) 화포의 알이 나가는 구멍
門間房(문간방) 대문간 바로 곁에 있는 방

쓰기한자

部門(부문) 갈라놓은 부류
入門(입문) 어떤 학문에 처음으로 들어감
門下生(문하생) 문하에서 배우는 제자
同門(동문) 같은 학교 또는 같은 선생에게서 배우는 일

文	7급 글월 문 文 | 0획

[비] 木(나무 목)
[동] 章(글 장)
書(글 서)
[반] 武(호반 무)
言(말씀 언)

몸에 문신을 한 것에서 문양이라든가 쓴 것(서문)을 의미한다.

읽기한자

論文(논문) 이론적으로 의견, 주장, 견해를 쓴 글
祭文(제문) 죽은 사람을 조상하는 글
序文(서문) 머리말

쓰기한자

文書(문서) 글로써 일정한 사상을 적어 표시한 것
文化財(문화재) 문화 가치가 있는 사물
古文(고문) 옛 글. 옛 서적
例文(예문) 예로서 드는 문장

問 7급
물을 문:
口 | 8획

- 비 間(사이 간) 開(열 개)
  閑(한가할 한)
  閉(닫을 폐)
- 동 諮(물을 자)
- 반 聞(들을 문) 聽(들을 청)
  答(대답 답)

문(門) 앞에서 안의 사람에게 큰소리(口)로 물어보는 것에서 묻다, 방문하다(問)는 의미이다.

읽기 한자

檢問(검문) 검사하고 물음　　　　　訪問(방문) 남을 찾아 봄
問議(문의) 물어서 의논함

쓰기 한자

問答(문답) 물음과 대답　　　　　問安(문안) 웃어른께 안부를 여쭘
問病(문병) 앓는 사람을 찾아보고 위로함
反問(반문) 물음에 대답하지 아니하고 되받아서 물음
東問西答(동문서답) 어떤 물음에 대하여 당치도 않은 엉뚱한 대답을 함

聞 6급 II
들을 문(:)
耳 | 8획

- 비 間(사이 간)
  開(열 개)
  閑(한가할 한)
  閉(닫을 폐)
- 동 聽(들을 청)
- 반 問(물을 문)

문(門) 안쪽에서 귀(耳)를 기울여서 되묻는 것에서 듣다(聞)는 의미이다.

읽기 한자

今始初聞(금시초문) 이제야 비로소 처음으로 들음
未聞(미문) 아직 듣지 못함

쓰기 한자

見聞(견문) 보고 들음
新聞(신문) 새로운 소식
風聞(풍문) 바람결에 들리는 소문
後聞(후문) 뒷소문

物 7급 II
물건 물
牛 | 4획

- 비 勿(말 물)
- 동 品(물건 품)
  件(물건 건)
- 반 心(마음 심)

무리(勿)가 되어 움직이는 소(牛)떼는 가장 큰 재산이었다는 것에서 물건(物)이라는 의미이다.

읽기 한자

俗物(속물) 속된 물건. 교양이 부족하고 야비한 사람
貨物(화물) 여객, 우편물 이외의 운송 목적물의 총칭

쓰기 한자

古物(고물) 헐거나 낡은 물건
萬物(만물) 세상에 있는 온갖 물건
實物(실물) 실제로 있는 물건이나 사람
財物(재물) 돈이나 그 밖의 값나가는 물건

米 6급
쌀 미
米 | 0획

- 비 未(아닐 미)
  末(끝 말)
  光(빛 광)

숙이고 있는 벼 알의 형태에서 쌀(米)을 나타낸다.

읽기 한자

精米(정미) 벼를 찧어 입쌀을 만듦
米船(미선) 쌀을 싣는 배

쓰기 한자

米飮(미음) 쌀이나 좁쌀을 물을 많이 붓고 끓여 체에 거른 음식
米作(미작) 벼를 심고 가꾸고 거두는 일
白米(백미) 희게 쓿은 멥쌀

美 6급
아름다울 미(:)
羊 | 3획

- 비 米(쌀 미)
  羊(양 양)
- 동 麗(고울 려)
  佳(아름다울 가)
- 반 醜(추할 추)

당당하게 서있는 사람(大)처럼 살이 찐 양(羊)의 모습에서
아름답다(美)라는 의미이다.

읽기한자

美麗(미려) 아름답고 고움
美容(미용) 아름다운 얼굴. 용모를 아름답게 단장함
美談(미담) 아름다운 행실의 이야기
美風良俗(미풍양속) 아름답고 좋은 풍속

쓰기한자

美德(미덕) 아름답고 갸륵한 덕행
美化(미화) 아름답게 꾸며 보기 좋게 만듦
美觀(미관) 아름답고 훌륭한 광경

味 4급Ⅱ
맛 미:
口 | 5획

- 비 未(아닐 미)

숙성한 나무열매(未)를 먹어(口) 맛보는 것에서 맛보다(味)는 의미이다.

읽기한자

加味(가미) 음식에 다른 물건을 넣어서 맛이 더 나게 함
別味(별미) 특별히 좋은 맛
意味(의미) 사물의 뜻

未 4급Ⅱ
아닐 미(:)
木 | 1획

- 비 末(끝 말)
- 동 不(아닐 불)
  否(아닐 부)
  非(아닐 비)
  弗(아닐 불)

과일이 열렸지만 아직 익지 않은 상태에서 아직 …이 아니다(未)라는
의미이다.

읽기한자

未達(미달) 어떤 한도에 이르지 못함
未來(미래) 아직 오지 않은 앞날
未滿(미만) 정한 수효나 정도에 차지 못함
未完成(미완성) 끝을 다 맺지 못함

民 8급
백성 민
氏 | 1획

- 비 斤(도끼 근)
- 반 君(임금 군)
  主(임금 주)
  王(임금 왕)
  帝(임금 제)
  皇(임금 황)

여인(女)이 시초(氏)가 되어 많은 사람이 태어나는 것에서 백성,
사람(民)을 의미한다.

읽기한자

民俗(민속) 민간의 풍속
民衆(민중) 국가나 사회를 구성하고 있는 많은 사람들
貧民(빈민) 가난한 백성
失鄕民(실향민) 고향을 잃고 타향살이를 하는 백성
原住民(원주민) 본디부터 살고 있었던 사람들

쓰기한자

民間(민간) 일반 국민들의 사회   市民(시민) 도시의 주민
民生苦(민생고) 일반 백성의 생활고   住民(주민) 그 땅에 사는 백성

마

	4급 II
密	빽빽할 **밀**
	宀 | 8획

반 疎(드물 소)
　顯(나타날 현)

산(山) 속의 저택(宀)을 엄중하게(必) 겹겹으로 둘러싼 것에서 은밀하다(密)는 의미이다.

읽기한자

密告(밀고) 남몰래 넌지시 일러바침
密度(밀도) 빽빽이 들어선 정도
精密(정밀) 아주 잘고 자세함
密接(밀접) 사이가 뜨지 않고 가까이 맞닿음

	6급
朴	성 **박**
	木 | 2획

비 材(재목 재)

나무(木)의 껍질(卜)이 자연 그대로 꾸밈이 없다는 데서 순박하다(朴)는 의미이다.

읽기한자

素朴(소박) 꾸밈이나 거짓없이 생긴 그대로임

쓰기한자

質朴(질박) 꾸민 데가 없이 수수함

	4급 II
博	넓을 **박**
	十 | 10획

동 廣(넓을 광)
　普(넓을 보)
　洪(넓을 홍)
　浩(넓을 호)
　漠(넓을 막)

모내기 때에 못자리의 모를 묶어서(十) 널리 늘어놓은(尃) 것에서 넓히다(博)는 의미이다.

읽기한자

博識(박식) 학식이 많음. 견문이 넓음
博愛主義(박애주의) 전 인류가 모두 평등하게 서로 사랑해야 한다는 주의
博學多識(박학다식) 학문이 넓고 식견이 많음

	6급 II
反	돌이킬 **반:**
	又 | 2획

비 友(벗 우)
동 回(돌아올 회)
　還(돌아올 환)
　返(돌이킬 반)
반 贊(도울 찬)

손(又)에 밀려 굽어진 판자(厂)는 손을 떼면 원래 되돌아오기에 돌아오다(反)는 의미이다.

읽기한자

反應(반응) 어떤 자극에 의하여 어떤 현상이 생기는 일
背反(배반) 믿음과 의리를 저버리고 돌아섬
反復(반복) 같은 일을 되풀이함
反則(반칙) 법칙이나 규정에 어그러짐

쓰기한자

正反對(정반대) 전적으로 반대되는 일
反感(반감) 불쾌하게 생각하여 반항하는 감정

半

6급 II
반 반:
十 | 3획

비 羊(양 양)
　美(아름다울 미)

소는 농가의 재산으로 소(牛)를 2등분(八)한 한쪽을 의미하여
반쪽분(半)이라는 의미이다.

읽기한자

半減(반감) 절반으로 줆. 절반을 덞
一言半句(일언반구) 극히 짧은 말

쓰기한자

半球(반구) 구의 절반
半月(반월) 반달
過半數(과반수) 반이 넘는 수
上半身(상반신) 아래위로 절반 나눈 그 윗몸

班

6급 II
나눌 반
王(玉) | 6획

동 分(나눌 분)
　配(나눌 배)
　別(나눌 별)
반 合(합할 합)
　常(떳떳할 상)

구슬(玉)을 구별하여 전체를 몇 개인가로 나누어(刂) 각각을 조직한 반,
그릇(班)을 의미한다.

읽기한자

班常會(반상회) 국민 조직의 최하 단위인 반의 구성원이 가지는 월례회
兩班(양반) 조선 중엽 지체나 신분이 높은 상류 계급의 사람

쓰기한자

班長(반장) 반의 통솔자

發

6급 II
필 발
癶 | 7획

비 廢(폐할 폐)
동 展(펼 전) 射(쏠 사)
　演(펼 연)
반 着(붙을 착)
약 発

활(弓)이나 손에 든 창(殳)을 두 손(癶)으로 쏜다(發)는 의미이다.

읽기한자

滿發(만발) 많은 꽃이 활짝 다 핌
先發隊(선발대) 먼저 출발한 부대
發送(발송) 물건이나 편지, 서류 등을 보냄

쓰기한자

發見(발견) 남이 미쳐 보지 못한 사물을 먼저 찾아냄
發生(발생) 일이 비롯하여 일어남
發展(발전) 매우 번영하여짐
開發(개발) 개척하여 발전시킴

方

7급 II
모 방
方 | 0획

비 防(막을 방)

두 척의 배를 나란히 붙인 모양을 본뜬 것으로 모나다(方)는 의미이다.

읽기한자

方程式(방정식) 미지수를 품은 등식에 있어 그 미지수에 특정의 수치를
　　　　　　　　줄 때에만 성립되는 등식
方案(방안) 방법에 관한 고안

쓰기한자

方今(방금) 바로 이제
方面(방면) 어떤 방향의 지방
近方(근방) 근처
方便(방편) 목적을 위하여 이용되는 일시적인 수단

바

防

4급 II

막을 **방**

阝(阜) | 4획

- 비 妨(방해할 방)
- 동 守(지킬 수) 衛(지킬 위)
  障(막을 장)
- 반 攻(칠 공) 擊(칠 격)
  打(칠 타) 伐(칠 벌)
  討(칠 토)

흙(阝)을 많이 쌓아올려서 연결하고(方) 넘치는 물을 막아 지키다(防)는 의미이다.

읽기한자

防犯(방범) 범죄를 방지함
防風(방풍) 바람을 막아냄
防火(방화) 불이 나지 않도록 미리 단속함
衆口難防(중구난방) 뭇사람의 말을 이루 다 막기가 어려움

放

6급 II

놓을 **방**(:)

攵(攴) | 4획

- 비 政(정사 정)
  故(연고 고)
  效(본받을 효)
- 동 釋(풀 석)
- 반 操(잡을 조)
  防(막을 방)

손(方)에 채찍(攵)을 들고 죄인을 때려 유배하는 것에서 떼내다(放)는 의미이다.

읽기한자

放置(방치) 내버려 둠
放牧(방목) 소, 말, 양 등의 가축을 목장에 놓아서 기름

쓰기한자

放流(방류) 가두어 놓은 물을 터놓아 흘려보냄
放心(방심) 마음을 다잡지 아니하고 풀어놓아 버림
放任(방임) 통 상관하지 않고 되는대로 맡겨 둠

房

4급 II

방 **방**

戶 | 4획

- 비 屋(집 옥)

집(戶)에 들어 가면 네모진(方) 방(房)이 있다는 의미이다.

읽기한자

房門(방문) 방으로 출입하는 문
文房四友(문방사우) 문방에 꼭 있어야 할 네 벗. 종이, 붓, 먹, 벼루
藥房(약방) 약국

訪

4급 II

찾을 **방**:

言 | 4획

- 비 計(셀 계)
  記(기록할 기)
- 동 尋(찾을 심)
  探(찾을 탐)
  索(찾을 색)
  搜(찾을 수)

두 사람이 늘어서(方) 대화(言)를 나누기 위해 외출하는 것에서 방문하다(訪)는 의미이다.

읽기한자

訪問(방문) 남을 찾아 봄
訪韓(방한) 한국을 방문함
來訪(내방) 남이 찾아와 봄

<table>
<tr><td>

倍
5급
곱 배(:)
亻(人) | 8획

비 培(북돋울 배)
部(떼 부)

</td><td>

사람(人)이 물건(口)을 세워서(立) 계속 쌓아 수효가 몇 갑절(倍)이나
많아진다는 의미이다.

🏷 읽기한자

倍達民族(배달민족) 우리나라 민족을 역사상으로 또는 예스럽게 일컫는 말
倍加(배가) 갑절로 늘림
倍數(배수) 갑절이 되는 수
勇氣百倍(용기백배) 씩씩하고 굳센 기운을 백 갑절이 되게 함

</td></tr>
</table>

<table>
<tr><td>

配
4급 II
나눌/짝 배:
酉 | 3획

비 酌(따를 작)
동 分(나눌 분)
班(나눌 반)
別(나눌 별)
伴(짝 반)
偶(짝 우)
匹(짝 필)

</td><td>

술(酉)을 사람(己)들에게 나누는 것에서 나누다, 할당하다(配)는 의미이다.

🏷 읽기한자

配達(배달) 물건을 가져다가 돌려 줌
配置(배치) 할당하고 분배하여 저마다의 자리에 둠
配布(배포) 널리 배부하는 일

</td></tr>
</table>

<table>
<tr><td>

拜
4급 II
절 배:
手 | 5획

비 非(아닐 비)
약 拝

</td><td>

양손(手)을 치고 머리 숙여 인사를 하고 합장하는 모습에서 배려하다,
인사하다(拜)는 의미이다.

🏷 읽기한자

拜上(배상) 절하고 올림. 삼가 올림
禮拜(예배) 신이나 부처 앞에 경배하는 의식
再拜(재배) 두 번 절함
參拜(참배) 신이나 부처에게 배례함

</td></tr>
</table>

<table>
<tr><td>

背
4급 II
등 배:
月(肉) | 5획

비 肯(즐길 긍)
반 腹(배 복)
向(향할 향)

</td><td>

인체(月)의 앞쪽에 대해서 등지(北)는 쪽, 즉 등(背)을 의미한다.

🏷 읽기한자

背景(배경) 뒷 경치
背信(배신) 신의를 저버림
二律背反(이율배반) 서로 모순 되는 두 개의 명제

</td></tr>
</table>

白 8급 흰 백 白 | 0획

- 비 百(일백 백)
  日(가로 왈)
  伯(맏 백)
  日(날 일)
- 반 黑(검을 흑)
  玄(검을 현)

햇빛(日)이 비치면 번쩍번쩍 빛나서(丿) 밝게 보이는 것에서 희다(白)는 의미이다.

읽기한자

白玉(백옥) 흰 빛깔의 옥
純白(순백) 섞임이 없이 순수하게 흼
餘白(여백) 글씨를 쓰고 남은 빈자리

쓰기한자

白雪(백설) 흰 눈
白紙(백지) 흰 빛깔의 종이
告白(고백) 숨김없이 사실대로 말함
獨白(독백) 혼자서 중얼거림

百 7급 일백 백 白 | 1획

- 비 白(흰 백)
  自(스스로 자)

하나(一)에서 일백까지 세면 크게 외쳐(白) 일단락 지은 데서 그 의미가 된 글자이다.

읽기한자

百官(백관) 모든 벼슬아치
百害無益(백해무익) 해는 되어도 이로울 것은 전혀 없음
百貨(백화) 여러 가지 상품

쓰기한자

百方(백방) 여러 방향 또는 방면
百姓(백성) 일반 국민의 예스러운 말
百年大計(백년대계) 먼 뒷날까지의 걸친 큰 계획
百發百中(백발백중) 총, 활 같은 것이 겨눈 곳에 꼭꼭 맞음

番 6급 차례 번 田 | 7획

- 비 留(머무를 류)
- 동 第(차례 제)
  序(차례 서)
  秩(차례 질)
  次(버금 차)

손(爫)으로 벼(禾)를 논(田)에 차례차례(番) 심는다는 의미이다.

읽기한자

非番(비번) 당번을 설 차례가 아님
連番(연번) 일련 번호

쓰기한자

番外(번외) 차례나 순서와는 별도
番號(번호) 차례를 나타내는 호수
軍番(군번) 군인에게 매기는 일련 번호
每番(매번) 번번이
週番(주번) 한 주일마다 바꿔서 하는 근무

伐 4급Ⅱ 칠 벌 亻(人) | 4획

- 비 任(임할 임)
- 동 打(칠 타)
  擊(칠 격)
  攻(칠 공)
- 반 防(막을 방)
  守(지킬 수)

사람(人)이 창(戈)을 들고 찌른다는 데서 치다, 베다(伐)는 의미이다.

읽기한자

伐木(벌목) 나무를 벰
伐草(벌초) 무덤의 잡초를 베어서 깨끗이 함
北伐(북벌) 북쪽을 토벌하는 일
殺伐(살벌) 거동이 거칠고 무시무시함

罰

4급 II
벌할 **벌**
罒(网) | 9획

비 罪(허물 죄)
반 賞(상줄 상)

법망(罒)에 걸린 사람을 말(言)로 심문하여 칼(刂)로 베듯이 벌(罰)을 준다는 의미이다.

읽기한자

罰金(벌금) 범죄의 처벌로 부과하는 돈
處罰(처벌) 형벌에 처함
天罰(천벌) 하늘에 내리는 큰 벌
賞罰(상벌) 상과 벌

法

5급 II
법 **법**
氵(水) | 5획

비 注(부을 주)
통 規(법 규) 律(법칙 률)
範(법 범) 式(법 식)
憲(법 헌) 則(법칙 칙)
度(법도 도)

물(氵)이 높은 곳에서 낮은 곳으로 흐르는(去) 것에서 규칙, 법(法)을 의미이다.

읽기한자

法治(법치) 법에 의거하여 다스림
法律(법률) 지켜야 할 규율
稅法(세법) 조세의 부과 및 징수에 관한 법
解法(해법) 문제의 답을 풀어나가는 방법
法院(법원) 국가의 사법권을 행사하는 기관

쓰기한자

用法(용법) 사용하는 방법   作法(작법) 글 같은 것을 짓는 법

壁

4급 II
벽 **벽**
土 | 13획

비 碧(푸를 벽)

몸(尸)에 돌(口)을 지고 매운(辛) 고생을 하며 날라 흙(土)위에 벽(壁)을 쌓는다는 의미이다.

읽기한자

壁報(벽보) 종이에 써서 벽에 붙여 여러 사람에게 알리는 글
防壁(방벽) 공격을 방어하기 위한 벽
絶壁(절벽) 썩 험한 낭떠러지
壁畫(벽화) 벽에 그린 그림

變

5급 II
변할 **변:**
言 | 16획

비 戀(그릴 련)
蠻(오랑캐 만)
통 改(고칠 개)
更(고칠 경)
易(바꿀 역)
약 変

실(絲)처럼 약한 아이를 말(言)로 가르쳐서(攵) 옳은 방향으로 변하게(變) 한다는 의미이다.

읽기한자

變移(변이) 변화하여 다른 상태로 옮김
變聲(변성) 목소리가 변함

쓰기한자

變速(변속) 속도를 바꿈
變質(변질) 성질이나 물질이 변함
變調(변조) 말이나 행동이 먼저와 달라짐
急變(급변) 갑자기 달라짐

邊

4급Ⅱ

가 **변**

辶(辵) | 15획

- 반 中(가운데 중)
- 약 边, 边

자기(自) 집(宀)을 지을 때 팔(八) 방(方)으로 뛰어다니며(辶) 주변(邊)을 본다는 의미이다.

읽기한자

邊境(변경) 나라의 경계가 되는 변두리의 땅
邊方(변방) 가장자리가 되는 쪽. 변경
街路邊(가로변) 도시의 큰길가

別

6급

다를/나눌 **별**

刂(刀) | 5획

- 비 列(벌릴 렬)
- 동 分(나눌 분) 區(나눌 구)
  配(나눌 배) 異(다를 이)
  差(다를 차) 他(다를 타)
- 반 同(한가지 동)
  共(한가지 공)
  如(같을 여)

잡아온 동물의 뼈와 고기를 칼(刂)로 끊어 나누는(別) 것에서 나누다(別)는 의미이다.

읽기한자

別個(별개) 서로 다른 것
送別(송별) 헤어지거나 멀리 여행을 떠나는 사람을 보내는 일
選別(선별) 가려서 따로 나눔　　　　別味(별미) 특별히 좋은 맛

쓰기한자

別種(별종) 다른 종류　　　　別世(별세) 세상을 떠남
別表(별표) 따로 붙인 표시나 도표　　作別(작별) 서로 헤어짐
告別(고별) 작별을 고함

病

6급

병 **병:**

疒 | 5획

- 동 疾(병 질)
  患(근심 환)

아궁이의 불(丙)처럼 열이 나는 병(疒)이란 데서 병들다(病)는 의미이다.

읽기한자

病缺(병결) 병으로 인한 결석, 결근
病勢(병세) 병의 형세
病床(병상) 병자가 눕는 침상

쓰기한자

病苦(병고) 병으로 인한 고통
病席(병석) 병자가 눕는 자리
發病(발병) 병이 생김
問病(문병) 앓는 사람을 찾아보고 위로함

兵

5급Ⅱ

병사 **병**

八 | 5획

- 동 軍(군사 군)
  卒(마칠 졸)
  士(선비 사)
- 반 將(장수 장)
  帥(장수 수)

전쟁무기인 도끼(斤)를 양손(廾)에 들고, 사람을 치는 것에서 군대, 전쟁(兵)을 의미한다.

읽기한자

擧兵(거병) 군사를 일으킴
兵器(병기) 전쟁에 쓰는 무기
義兵(의병) 백성들이 자발적으로 조직한 군대

쓰기한자

新兵(신병) 새로 입영한 병정
勇兵(용병) 용감한 군사
用兵術(용병술) 군사를 부리는 기술

報

4급Ⅱ
갚을/알릴 보:
土 | 9획

비 服(옷 복)
동 償(갚을 상)
告(고할 고)

다행한(幸) 소식을 재빨리 몸(卩)과 손(又)을 써서 알린다(報)는 의미이다.

읽기 한자

報告(보고) 알리어 바침
報答(보답) 남의 호의나 은혜를 갚음
悲報(비보) 슬픈 기별
誤報(오보) 잘못 보도함
通報(통보) 통지하여 보고함

寶

4급Ⅱ
보배 보:
宀 | 17획

비 實(열매 실)
동 珍(보배 진)
약 宝

대리석(缶) 같은 보물(玉)이나 재산(貝)을 집안(宀)에 보관하는 것에서
보물(寶)을 의미한다.

읽기 한자

國寶(국보) 나라의 보물
家寶(가보) 한 집안의 보배
寶物(보물) 금은, 주옥같이 썩 드물고 귀한 물건

바

保

4급Ⅱ
지킬 보(:)
亻(人) | 7획

비 條(가지 조)
반 拍(칠 박)
討(칠 토)
攻(칠 공)
打(칠 타)

아기를 안고 있는 모습에서 사람(亻)이 아이(呆)를 키우다,
보살피다(保)는 뜻이다.

읽기 한자

保健(보건) 건강을 보전함
保安(보안) 안전을 유지함
保溫(보온) 일정한 온도를 보전함
保全(보전) 보호하여 안전하게 함
留保(유보) 뒷날로 미루어 둠

步

4급Ⅱ
걸음 보:
止 | 3획

비 涉(건널 섭)

왼발과 오른발을 서로 다르게 내딛는 것에서 걷다(步)는 의미이다.

읽기 한자

進步(진보) 사물이 점차 발달하는 일
初步(초보) 보행의 첫걸음. 학문, 기술 등의 첫걸음
退步(퇴보) 뒤로 물러감, 뒤떨어짐

服 옷 복
6급
月 | 4획

비 報(알릴 보)
동 衣(옷 의)

몸(月)의 신분(卩)에 알맞도록 손(又)으로 골라서 입은 옷(服)을 의미한다.

읽기한자
官服(관복) 벼슬아치가 입던 정복
承服(승복) 납득하여 따름
制服(제복) 제정된 복장

쓰기한자
服用(복용) 약을 먹음
感服(감복) 마음에 깊이 느껴 충심으로 복종함
說服(설복) 알아듣도록 말해 수긍하게 함
着服(착복) 옷을 입음

福 복 복
5급 Ⅱ
示 | 9획

비 副(버금 부)
　富(부자 부)
반 禍(재앙 화)
　災(재앙 재)

물건이 쌓여있는(畐) 창고처럼 신(示)의 혜택이 풍부한 것에 행복, 복(福)을 의미한다.

읽기한자
慶福(경복) 경사스럽고 복됨
祝福(축복) 앞길의 행복을 빎

쓰기한자
福利(복리) 행운과 이익
福音(복음) 기쁜 소식
萬福(만복) 온갖 복록
幸福(행복) 복된 좋은 운수

本 근본 본
6급
木 | 1획

비 木(나무 목)
　未(아닐 미)
동 原(근원 원)
반 末(끝 말)

나무 뿌리 가운데 굵은 뿌리를 표시한 것에서 근본(本)을 의미한다.

읽기한자
本論(본론) 언론, 저서의 주장되는 부분
本位(본위) 기본으로 삼는 표준

쓰기한자
本國(본국) 자기의 국적이 있는 나라
本文(본문) 문서 중의 주장되는 글
本色(본색) 본디의 면목
本然(본연) 본디 생긴 그대로의 상태
本流(본류) 강이나 내의 흐르는 원줄기

奉 받들 봉:
5급 Ⅱ
大 | 5획

비 春(봄 춘)
동 仕(섬길 사)

세(三) 사람(人)이 손(扌)으로 받든다(奉)는 의미이다.

읽기한자
奉祝(봉축) 공경하는 마음으로 축하함
奉唱(봉창) 엄숙한 마음으로 노래를 부름

쓰기한자
奉仕(봉사) 남을 위하여 자기를 돌보지 않고 노력함
奉養(봉양) 부모나 조부모를 받들어 모심
信奉(신봉) 믿고 받듦

父 8급
아비 **부**
父 | 0획

비 交(사귈 교)
반 母(어미 모)
　 子(아들 자)

도끼를 갖고 짐승을 잡으러가는 어른의 모습에서, 그 집의 주인인 아버지를 의미한다.

읽기 한자

父權(부권) 남자가 가족의 통제를 위해 가지는 가장권
師父(사부) 스승을 높여 이르는 말

쓰기 한자

父子有親(부자유친) 아버지와 아들 사이의 도는 친애에 있음
父傳子傳(부전자전) 대대로 아버지가 아들에게 전함
家父長(가부장) 가장권의 주체가 되는 사람

夫 7급
지아비 **부**
大 | 1획

비 大(큰 대)
반 婦(며느리 부)
　 妻(아내 처)

갓을 쓴 사내의 모양으로 지아비, 사내(夫)를 의미한다.

읽기 한자

夫婦有別(부부유별) 부부 사이에는 서로 침범하지 못한 인륜의 구별이 있음
令夫人(영부인) 남의 부인에 대한 경칭

쓰기 한자

兄夫(형부) 언니의 남편
士大夫(사대부) 문무 양반의 일반적인 총칭

部 6급 II
떼 **부**
阝(邑) | 8획

비 郞(사내 랑)
동 隊(무리 대)
　 類(무리 류)
반 單(홀 단)
　 獨(홀로 독)

나라(阝)를 작게 구획(咅)한 마을에서 나누다, 부분(部)을 의미한다.

읽기 한자

部隊(부대) 군대의 한 단위
部員(부원) 부를 구성하는 사람
部處(부처) 정부 조직체로서의 부와 처

쓰기 한자

部類(부류) 종류에 따라 나눈 갈래
全部(전부) 사물의 모두
部分(부분) 전체를 몇 개로 나눈 것의 하나
部門(부문) 갈라놓은 부류

婦 4급 II
며느리 **부**
女 | 8획

비 掃(쓸 소)
　 歸(돌아올 귀)
반 夫(지아비 부)
　 姑(시어미 고)

빗자루(帚)를 갖고 청소를 하는 여인(女)의 모습에서 부인, 아내(婦)를 의미한다.

읽기 한자

接待婦(접대부) 요리집 같은 곳에서 손님을 접대하는 여자
夫婦(부부) 남편과 아내
新婦(신부) 새로 시집온 색시
主婦(주부) 한 집안의 주인인 여성
孝婦(효부) 효성스러운 며느리

바

富 4급Ⅱ
부자 부:
宀 | 9획

- 비 副(버금 부)
- 동 裕(넉넉할 유)
- 반 貧(가난할 빈)
  困(곤할 곤)
  窮(궁할 궁)
- 약 冨

집안(宀)에 물건이 많이 차 있는(畐) 것에서 재산이 많은 것, 늘다(富)는 의미이다.

🔖 읽기 한자

富國強兵(부국강병) 나라를 부유하게 하고 군대를 강하게 함
富貴(부귀) 재산이 많고 지위가 높음
豊富(풍부) 넉넉하고 많음

復 4급Ⅱ
회복할 복
다시 부:
彳 | 9획

- 비 腹(배 복)
  複(겹칠 복)
- 동 更(다시 갱)

사람(人)들이 계단(日)을 천천히(夂) 오르고 내리는(彳) 일을 다시 되풀이한다(復)는 의미이다.

🔖 읽기 한자

復舊(복구) 그 전의 상태로 회복함
復習(복습) 배운 것을 다시 익혀 공부함
反復(반복) 같은 일을 되풀이함
復生(부생) 없어졌던 것이 다시 생겨남
復活(부활) 죽었다가 다시 살아남
復興(부흥) 쇠퇴하였던 것이 다시 일어남

副 4급Ⅱ
버금 부:
刂(刀) | 9획

- 비 福(복 복)
- 동 次(버금 차)
  亞(버금 아)
  仲(버금 중)

칼(刂)로 신령의 공양물(畐)인 동물의 배를 갈라내는 것에서 도와주다(副)는 의미이다.

🔖 읽기 한자

副産物(부산물) 주산물을 만드는 데 따라서 생기는 물건
副賞(부상) 상장, 상패, 상금 등 정식의 상 이외에 덧붙여 주는 상
副食(부식) 주식에 곁들여 먹는 음식
副業(부업) 본업 외에 갖는 직업

府 4급Ⅱ
마을(官廳) 부(:)
广 | 5획

- 동 廳(관청 청)
  村(마을 촌)
  里(마을 리)
  署(마을 서)

옛날 관가의 창고(广)에는 물건을 틈새 없이 딱 붙여(付) 넣어 관청(府)을 의미한다.

🔖 읽기 한자

議政府(의정부) 조선 왕조 행정부의 최고 기관
政府(정부) 국가의 통치권을 행사하는 기관

北 8급
북녘 **북**
달아날 **배**
匕 | 3획

비 比(견줄 비)
반 南(남녘 남)

두 사람이 서로 등을 지고 있는 모양을 본떴다.

읽기한자

北端(북단) 북쪽 끝
北斗七星(북두칠성) 큰곰자리에서 가장 뚜렷하게 보이는 국자 모양으로
                  생긴 일곱 개의 별

쓰기한자

北上(북상) 북쪽을 향해 올라감
北風(북풍) 북쪽에서 불어오는 바람
以北(이북) 어떤 지점을 한계로 한 그 북쪽
北向(북향) 북쪽을 향함
敗北(패배) 겨루어서 짐

分 6급 II
나눌 **분(:)**
刀 | 2획

비 今(이제 금)
동 區(구분할 구)
  配(나눌 배)
  別(나눌 별)
  班(나눌 반)
반 合(합할 합)

한 자루의 막대봉을 칼(刀)로서 두 개로 나누는(八) 것에서 나누다(分)는
의미이다.

읽기한자

分斷(분단) 여러 개로 나누어 끊음   分配(분배) 몫을 고르게 나눔
細分(세분) 세밀하고 자세하게 분류함   職分(직분) 마땅히 해야 할 본분

쓰기한자

分明(분명) 흐리지 않고 똑똑함   養分(양분) 영양이 되는 성분
分野(분야) 몇으로 나눈 각각의 범위   區分(구분) 따로따로 갈라 나눔
充分(충분) 분량이 넉넉해 모자람이 없음

不 7급 II
아닐 **불**
一 | 3획

비 否(아닐 부)
동 非(아닐 비)
  弗(아닐 불)
  未(아닐 미)
  否(아닐 부)
반 正(바를 정)

새가 내려오지 않으며 〈~하지 않다. ~이 아니다〉라고 말하는 것처럼
말을 부정하는 의미이다.

읽기한자

不義(불의) 의롭지 못함   不滿(불만) 만족하지 않음
不斷(부단) 꾸준하게 잇대어 끊임없음   不快(불쾌) 마음이 상쾌하지 못함
不吉(불길) 좋지 않음

쓰기한자

不當(부당) 이치에 맞지 않음   不利(불리) 해로움
不安(불안) 마음이 편안하지 않음   不合理(불합리) 도리에 맞지 않음

佛 4급 II
부처 **불**
亻(人) | 5획

비 拂(떨칠 불)
약 仏

마음속에 선악에 관한 것을 고민하는데, 그런 걱정을 초월한 사람,
부처(佛)를 의미한다.

읽기한자

佛家(불가) 불교를 믿는 사람. 절
佛經(불경) 불교의 경전
佛堂(불당) 부처를 모신 대청
佛心(불심) 자비로운 부처의 마음
空念佛(공염불) 말만 앞세우고 실제가 없음

比	5급
견줄	비:
比 | 0획	

비 北(북녘 북)
동 較(견줄 교)

북(北)자와는 달리 같은 쪽을 향해서 두 사람이 늘어선 형태에서
비교하다(比)는 의미이다.

읽기한자

比境(비경) 영지가 나란히 계속됨
比等(비등) 비교해 보건대 서로 비슷비슷함
比例(비례) 두 수, 두 양의 비가 다른 두 수, 두 양의 비와 같은 일
比重(비중) 물질의 질량과 그와 같은 부피의 표준 물질의 질량과의 비
對比(대비) 서로 맞대어 비교함
反比例(반비례) 어떤 양이 다른 양의 역수에 비례되는 관계

鼻	5급
코	비:
鼻 | 0획	

공기를 빨아들여 몸 속에 저장하는 곳이라는 것에서 코(鼻)를 의미한다.

읽기한자

鼻笑(비소) 코웃음
耳目口鼻(이목구비) 귀, 눈, 입, 코

費	5급
쓸	비:
貝 | 5획	

비 資(재물 자)
동 用(쓸 용)
　 需(쓸 수)

돈(貝)을 모으려고 생각해도 뜨거운 물처럼 자꾸자꾸 튕겨나가는(弗) 것에서
소비하다(費)는 의미이다.

읽기한자

費用(비용) 물건을 사거나 어떤 일을 하는 데에 드는 돈
過消費(과소비) 지나친 소비
經費(경비) 일을 하는 데 드는 돈
旅費(여비) 여행하는 데에 드는 비용
車費(차비) 차를 타는 비용
虛費(허비) 헛되이 써 버림

悲	4급 Ⅱ
슬플	비:
心 | 8획	

비 非(아닐 비)
동 哀(슬플 애)
　 嗚(슬플 오)
반 喜(기쁠 희)
　 歡(기쁠 환)
　 樂(즐길 락)

상대 사람과 기분이 잘 맞지 않고(非), 마음(心) 아파하는 것에서
슬프다(悲)는 의미이다.

읽기한자

悲歌(비가) 슬프고 애절한 노래
悲運(비운) 슬픈 운명
悲話(비화) 슬픈 이야기

備

4급 II
갖출 **비:**
亻(人) | 10획

동 具(갖출 구)

물건을 넣어둔다는 것에서 사람(人)이 여러 가지를 마련해(備)서 준비해두다(備)는 의미이다.

읽기한자

備考(비고) 참고하기 위해 준비해 놓음
對備(대비) 어떤 일에 대응할 준비를 함
設備(설비) 베풀어서 갖춤
完備(완비) 빠짐 없이 완전히 구비함
準備(준비) 미리 마련해 갖춤

非

4급 II
아닐 **비(:)**
非 | 0획

비 北(북녘 북)
동 否(아닐 부)
　未(아닐 미)
　不(아닐 불)
반 是(옳을 시)
　可(옳을 가)

날개를 펼친 새의 깃털이 좌우로 퍼져서(非), 반대쪽으로 향한 것에서 ~이 아니다(非)는 의미이다.

읽기한자

非難(비난) 남의 잘못이나 결점을 책잡음
非理(비리) 이치에 어그러짐
非命(비명) 뜻밖의 재난으로 죽음
非一非再(비일비재) 한두 번이 아님
非行(비행) 그릇된 행위. 나쁜 짓

飛

4급 II
날 **비**
飛 | 0획

새가 나는 모습에서 하늘을 날다는 의미이다.

읽기한자

飛上(비상) 날아오름
飛行(비행) 공중으로 날아감
雄飛(웅비) 기운차고 용기 있게 활동함

貧

4급 II
가난할 **빈**
貝 | 4획

비 貪(탐할 탐)
동 窮(궁할 궁)
　困(곤할 곤)
반 富(부자 부)
　裕(넉넉할 유)

돈과 재산(貝)이 산산이 떨어져가(分) 적어지는 것에서 가난하다, 부족하다(貧)는 의미이다.

읽기한자

貧民(빈민) 가난한 백성
貧益貧(빈익빈) 가난한 자일수록 더욱 가난하게 됨
淸貧(청빈) 청렴하고 결백하여 가난함

氷 얼음 **빙** 5급

水 │ 1획

비 永(길 영)
　　水(물 수)
반 炭(숯 탄)

물(水)이 얼어(冫) 단단해지는 것으로 얼음, 얼다(氷)는 의미이다.

🔊 읽기 한자

氷壁(빙벽) 얼음이나 눈으로 덮인 낭떠러지
氷板(빙판) 얼음이 깔린 길바닥
氷河(빙하) 얼어붙은 큰 강
結氷(결빙) 물이 얼어서 얼음이 됨
製氷(제빙) 물을 얼려 얼음을 만듦
解氷(해빙) 얼음이 풀림

四 넉 **사:** 8급

口 │ 2획

비 西(서녘 서)
　　匹(짝 필)

막대기 넷을 세로로 놓고 모양을 보기 좋게 변형하였다.

🔊 읽기 한자

四通八達(사통팔달) 길이나 교통망, 통신망 등이 사방으로 막힘없이 통함

✏️ 쓰기 한자

四方(사방) 동, 서, 남, 북 네 방위
四寸(사촌) 아버지의 친형제의 아들 딸

事 일 **사:** 7급Ⅱ

亅 │ 7획

동 務(힘쓸 무)
　　業(일 업)

역술사는 여러 가지를 점치는 것이 직업이라고 하여 일(事)을 의미한다.

🔊 읽기 한자

事態(사태) 일이 되어 가는 형편
慶事(경사) 치하할만한 기쁜 일
事故(사고) 평시에 있지 아니하는 뜻밖의 사건
虛事(허사) 헛일
事件(사건) 뜻밖에 일어난 일

✏️ 쓰기 한자

事實(사실) 실제로 있었던 일 또는 있는 일
事後(사후) 일을 끝낸 뒤
例事(예사) 보통으로 있는 평범한 일

社 모일 **사** 6급Ⅱ

示 │ 3획

비 祈(빌 기)
　　祀(제사 사)
동 會(모일 회)
　　集(모일 집)
반 散(흩을 산)

물건을 낳아주는 흙(土)을 공경해 제사하는(示) 것에서 토지신, 동료, 사회(社)를 의미한다.

🔊 읽기 한자

支社(지사) 본사에서 분리하여 지방이나 외국 등지에 설치한 사업소
退社(퇴사) 회사의 직원이 그 회사를 그만두고 물러남
社員(사원) 회사의 종업원
社規(사규) 회사의 규칙

✏️ 쓰기 한자

社會(사회) 같은 무리끼리 모여 이루는 집단
結社(결사) 많은 사람이 공동의 목적을 이루기 위해 상설 단체를 결성함

使

6급
하여금/부릴 **사:**
亻(人) | 6획

비 史(사기 사)
　吏(관리 리)
동 令(하여금 령)
반 勞(일할 로)

상관인 웃어른(人)이 아전(吏)으로 하여금(使) 어떤 일을 하도록
부린다(使)는 의미이다.

읽기한자

密使(밀사) 비밀히 보내는 사자
設使(설사) 설령

쓰기한자

使命(사명) 사자로서 받은 명령
勞使(노사) 노동자와 사용자
使臣(사신) 임금이나 국가의 명령으로 외국에 심부름 가는 신하
使用(사용) 물건을 씀

仕

5급Ⅱ
섬길 **사(:)**
亻(人) | 3획

비 士(선비 사)
　任(맡길 임)
동 奉(받들 봉)

사람(人)이 공부를 하여 선비(士)가 되어야 벼슬(仕)을 하고 임금을
섬긴다(仕)는 의미이다.

읽기한자

仕官(사관) 관리가 되어 종사함. 부하가 다달이 상관에게 뵈는 일
給仕(급사) 사환. 잔심부름을 시키기 위해 관청이나 사사집에서
　　　　　 고용하여 부리는 사람

쓰기한자

奉仕(봉사) 자신의 이해를 돌보지 아니하고 몸과 마음을 다하여 일함
仕路(사로) 벼슬 길

史

5급Ⅱ
사기 **사:**
口 | 2획

비 使(하여금/부릴 사)

종이에 글자를 쓰는 것에서 어느 쪽으로도 기울지 않고(中)
기록하다(史)는 의미이다.

읽기한자

史論(사론) 역사에 관한 이론
史料(사료) 역사 연구의 재료

쓰기한자

史觀(사관) 역사적 현상을 파악하고 해석하는 입장
史書(사서) 역사에 관한 책
史話(사화) 역사에 관한 이야기
歷史(역사) 인류 사회의 과거에 있어서의 변천과 흥망의 과정

死

6급
죽을 **사:**
歹 | 2획

동 殺(죽일 살)
반 生(날 생)
　活(살 활)

사람이 죽으면(歹) 살이 떨어지고 뼈(匕)가 되는 것에서 죽다,
죽이다(死)는 의미이다.

읽기한자

死守(사수) 목숨을 걸고 지킴
死境(사경) 죽음에 임박한 경지

쓰기한자

死別(사별) 여의어 이별함　　　　　　死線(사선) 죽을 고비
急死(급사) 갑자기 죽음　　　　　　　變死(변사) 뜻밖의 재난으로 죽음
死體(사체) 사람이나 생물의 죽은 몸뚱이

士

5급Ⅱ
선비 **사:**
士 | 0획

비 土(흙 토)
　仕(섬길 사)
동 兵(병사 병)
　軍(군사 군)
　卒(마칠 졸)
반 將(장수 장)

하나(一)를 들으면 열(十)을 아는 것이 가능한 지혜있는 사람, 선비(士)를 의미한다.

읽기한자
講士(강사) 강연회에서 강연을 하는 사람
志士(지사) 국가, 사회를 위해 일신을 바쳐 봉사하려는 뜻을 가진 사람

쓰기한자
士氣(사기) 사람이 단결하여 무슨 일을 할 때의 기세
士大夫(사대부) 문무(文武) 양반의 일반적인 총칭
名士(명사) 세상에 널리 알려진 사람
勇士(용사) 용맹스러운 사람

思

5급
생각 **사(:)**
心 | 5획

비 恩(은혜 은)
동 想(생각 상)
　念(생각 념)
　考(생각할 고)
　慮(생각 려)
　憶(생각할 억)
　惟(생각할 유)

뇌하수의 머리(田)와 마음(心)은 생각하는 역할을 하는 곳이기에 생각하다(思)는 의미이다.

읽기한자
思考方式(사고방식) 어떠한 문제를 생각하여 해석, 구명하는 방식
思想(사상) 생각, 의견, 판단, 추리를 거쳐서 생긴 의식 내용
不可思議(불가사의) 사람의 생각으로는 헤아릴 수 없이 기이함
意思(의사) 마음먹은 생각

舍

4급Ⅱ
집 **사**
舌 | 2획

동 家(집 가)
　屋(집 옥)
　堂(집 당)
　宅(집 댁)
　室(집 실)
　宇(집 우)
　宙(집 주)

정자 형태의 이것은 원래 잠시 쉬어가는 건물로서 임시로 머무르는 곳, 건물(舍)을 의미한다.

읽기한자
舍監(사감) 기숙사의 감독자
舍宅(사택) 거주하는 집
堂舍(당사) 정당의 사무실
校舍(교사) 학교 건물

寫

5급
베낄 **사**
宀 | 12획

동 謄(베낄 등)
약 写, 写, 寫

까치(舄)는 집(宀)에 들어와 곤란하므로, 집안사람이 물건을 옮긴다(寫)는 의미이다.

읽기한자
靑寫眞(청사진) 간단한 선도 등의 복사에 쓰는 사진의 한 가지. 미래의 계획이나 구상
試寫會(시사회) 영화를 공개하기 앞서 심사원, 비평가, 관계자 등에게 영사하기 위해 모인 회
寫本(사본) 옮기어 베낌
寫生(사생) 실물과 실경을 있는 그대로 본떠 그리는 일

査

5급
조사할 사
木 | 5획

동 探(찾을 탐)
　察(살필 찰)

자른 나무(木)를 이리저리 쪼개서 어느(且) 나무가 재료로서 좋은가를
조사하다(査)는 의미이다.

읽기한자

査正(사정) 조사하여 그릇된 것을 바로잡음
査察(사찰) 조사하여 살핌
檢査(검사) 사실을 조사하여 옳고 그름과 낫고 못함을 판단함
內査(내사) 비밀히 조사함
調査(조사) 사물의 내용을 자세히 살펴 봄

謝

4급Ⅱ
사례할 사:
言 | 10획

비 射(쏠 사)

활시위를 당겨 화살을 쏜(射) 후 느슨해지듯이 정직한 말(言)로 사죄하여
빌다(謝)는 의미이다.

읽기한자

謝過(사과) 잘못에 대해 용서를 빎
謝絶(사절) 사양하고 받지 않음
謝恩(사은) 받은 은혜를 감사히 여겨 사례함
感謝(감사) 고맙게 여겨 사의를 표함

師

4급Ⅱ
스승 사
巾 | 7획

비 帥(장수 수)
동 傅(스승 부)
반 弟(아우 제)
약 师

원래 언덕 위에 깃발을 세워 모여살고 있는 군대였는데, 부하를 가르치는
사람(師)을 의미한다.

읽기한자

師道(사도) 남의 스승된 사람으로서의 도리
師弟(사제) 스승과 제자
師表(사표) 학식과 덕행이 높아 남의 모범이 될 만한 사람
恩師(은사) 은혜를 입은 스승

寺

4급Ⅱ
절 사
寸 | 3획

비 待(기다릴 대)
동 刹(절 찰)

사람이 모여서 작업하는 관청의 의미가 되고 거기에 스님이 머물러
절(寺)이라는 의미이다.

읽기한자

寺院(사원) 절이나 암자
山寺(산사) 산 속에 있는 절

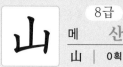

山 8급 메 산
山 | 0획

반 江(강 강)
　 川(내 천)
　 河(물 하)

멀리서 본 산의 모양을 본떴다.

읽기 한자

山脈(산맥) 여러 산악이 연하여 길게 뻗쳐 줄기를 이룬 지대
山勢(산세) 산의 생긴 형세
山城(산성) 산 위에 쌓은 성

쓰기 한자

登山(등산) 산에 오름
山林(산림) 산과 숲
山行(산행) 산에 놀러 가는 일
人山人海(인산인해) 사람이 헤아릴 수 없이 많이 모인 상태

算 7급 셈 산:
竹 | 8획

동 計(셀 계)
　 數(셈 수)

조개(貝)를 양손(廾)에 갖고 조개 장난을 하듯이 대나무(竹) 막대로 수를 센다(算)는 의미이다.

읽기 한자

減算(감산) 빼서 감함
誤算(오산) 잘못 셈함
暗算(암산) 마음으로 셈함
利害打算(이해타산) 이해관계를 따져 셈함

쓰기 한자

加算(가산) 더하여 셈함　　　勝算(승산) 꼭 이길만한 가망성
算出(산출) 계산을 해냄　　　定算(정산) 예정한 계산

産 5급 II 낳을 산:
生 | 6획

동 生(날 생)

벼랑(厂)에서 물이 솟거나(立) 풀이 나거나(生) 여러 광물이 채집되는 것에서 생기다(産)는 의미이다.

읽기 한자

減産(감산) 생산 감소
破産(파산) 가산을 모두 잃어버림
增産(증산) 생산을 늘림
量産(양산) 대량 생산

쓰기 한자

産油國(산유국) 원유를 생산하는 나라
産地(산지) 물건이 생산된 곳
國産(국산) 우리나라에서 생산함
財産(재산) 인간의 경제적, 사회적 욕망을 만족시키는 유형, 무형의 수단

殺 4급 II 죽일 살 감할 쇄:
殳 | 7획

동 死(죽을 사)
반 生(날 생) 加(더할 가)
　 活(살 활) 益(더할 익)
　 增(더할 증)
약 殺

나뭇가지(木)를 다발로 해서 끝을 묶어 나온 동물을 때려(殳) 죽이다(殺)는 의미이다.

읽기 한자

殺氣(살기) 무섭고 거친 기운
殺害(살해) 남의 생명을 해침
毒殺(독살) 독약을 먹이거나 써서 죽임
暗殺(암살) 몰래 사람을 죽임
自殺(자살) 스스로 자기의 생명을 끊음
減殺(감쇄) 줄어없어짐
等殺(등쇄) 줄이거나 깎아냄
相殺(상쇄) 상반되는 것이 서로 영향을 주어 효과가 없어지는 일
殺到(쇄도) 어떤 곳을 향하여 세차게 달려듦

三 석 삼
8급
一 | 2획

통 參(석 삼)

막대기 셋(三)을 가로로 놓은 모양을 본떴다.

읽기 한자

三角關係(삼각관계) 세 남녀 사이의 연애 관계
三拜(삼배) 세 번 거듭 절함
三選(삼선) 세 번 당선됨

쓰기 한자

三流(삼류) 사물의 부류에 있어서 가장 낮은 층
三冬(삼동) 겨울의 석달
三族(삼족) 부모와 형제와 처자
作心三日(작심삼일) 결심이 삼일을 가지 못함

上 윗 상:
7급 II
一 | 2획

비 土(흙 토)
반 下(아래 하)

중앙에 선을 한(一) 줄 쓰고 그 위에 표시한 점(卜)의 모양에서 위(上)를 의미한다.

읽기 한자

上端(상단) 위 끝
上限(상한) 위쪽의 한계
飛上(비상) 날아오름
賣上(매상) 물건을 판 수량이나 대금의 총계
上演(상연) 연극을 무대 위에서 실연함
引上(인상) 물건값 등을 올림

쓰기 한자

上陸(상륙) 배에서 육지로 오름
紙上(지상) 신문이나 잡지의 기사면
格上(격상) 자격, 등급, 지위 등의 격을 올림

사

相 서로 상
5급 II
目 | 4획

비 想(생각 상)
통 互(서로 호)

나무(木)의 무성한 모습을 보는(目) 것에서 모습, 상태, 형태(相)를 의미한다.

읽기 한자

相應(상응) 서로 맞아 어울림
相好(상호) 서로 좋아함
一脈相通(일맥상통) 솜씨나 성격 등이 서로 통함

쓰기 한자

相對(상대) 서로 마주 봄
相當(상당) 대단한 정도에 가까움

商 장사 상
5급 II
口 | 8획

비 適(갈 적)
통 量(헤아릴 량)
　 賈(장사 고)

사들인(丌) 가격보다 높은(冏) 가격으로 매매하는 것에서 장사(商)를 의미한다.

읽기 한자

商街(상가) 상점이 죽 늘어서 있는 거리
協商(협상) 협의하여 계획함

쓰기 한자

商術(상술) 장사하는 수단이나 솜씨
商店(상점) 여러 가지 물건을 파는 가게
通商(통상) 외국과 교통하여 서로 상업을 영위함

賞
5급
상줄 **상**
貝 | 8획

비 償(갚을 상)
반 罰(벌할 벌)

수훈을 세운 사람에게 높이 오르는(尙) 연기처럼 상(貝)을 가득 주는 것에서 칭찬하다(賞)는 의미이다.

읽기한자

賞金(상금) 상으로 주는 돈
賞罰(상벌) 상과 벌
賞狀(상장) 상 주는 뜻으로 주는 증서
信賞必罰(신상필벌) 상을 줄만한 자에게는 반드시 상을 주고 벌할
　　　　　　　　자에게는 반드시 벌을 주는 일
論功行賞(논공행상) 공적의 유무, 대소를 논결하여 알맞은 상을 주는 일
施賞(시상) 상품이나 상금을 줌
受賞(수상) 상을 받음

狀
4급 II
형상 **상**
문서 **장:**
犬 | 4획

비 壯(장할 장)
동 券(문서 권)
　簿(문서 부)
　籍(문서 적)
약 状

개(犬)가 나뒹구는 모습이 긴 침대(爿)와 같이 보인다는 것에서 모습, 형태(狀)를 의미한다.

읽기한자

實狀(실상) 실제의 상태나 내용
形狀(형상) 물건이나 사람의 형태와 생긴 모양
答狀(답장) 회답하여 보내는 편지
送狀(송장) 보내는 짐의 내용을 적은 문서

床
4급 II
상 **상**
广 | 4획

동 案(책상 안)

집(广)에서 쓰는 나무(木)로 만든 평상, 책상, 마루 바닥(床) 등을 의미한다.

읽기한자

獨床(독상) 혼자서 먹도록 차린 음식 상
起床(기상) 잠자리에서 일어남
病床(병상) 병자가 눕는 침상

常
4급 II
떳떳할 **상**
巾 | 8획

비 當(마땅 당)
　堂(집 당)
동 恒(항상 항)
반 班(양반 반)

옛날 길게 뻗어가는 연기처럼 옷자락(巾)이 긴 의복을 평소(尙)에도 입어 평소(常)를 의미한다.

읽기한자

常設(상설) 늘 설비하여 둠
常識(상식) 보통 사람이 가지고 있거나 가지고 있어야 할 표준 지식
常用(상용) 일반적으로 사용함

	4급 Ⅱ
想	생각 상:
	心 | 9획

비 相(서로 상)
동 思(생각 사)
  念(생각 념)
  考(생각할 고)
  慮(생각 려)
  憶(생각할 억)
  惟(생각할 유)

나무(木)의 발육 상태로 조사하는(目) 듯이 생각해(心) 보는 것에서 생각하다(想)는 의미이다.

읽기한자

想念(상념) 마음 속에 품는 여러 가지 생각
空想(공상) 이루어질 수 없는 헛된 생각
發想(발상) 어떤 생각이 떠오름
回想(회상) 지나간 일을 돌이켜 생각함

	7급
色	빛 색
	色 | 0획

비 邑(고을 읍)
동 彩(채색 채)
  光(빛 광)

눈표적은 안색이나 의복의 색깔이라는 것에서 색(色)을 의미한다.

읽기한자

色素(색소) 물체에 빛깔을 나타내게 하는 물감 등의 성분
怒色(노색) 성난 얼굴 빛
退色(퇴색) 빛이나 색이 바램
黑色(흑색) 검은 색

쓰기한자

具色(구색) 여러 가지 물건을 고루 갖춤
物色(물색) 생김새나 복색에 의해 사람을 찾아봄
本色(본색) 본디의 형태나 형체
和色(화색) 얼굴에 드러난 환한 빛

	8급
生	날 생
	生 | 0

동 産(낳을 산)
  活(살 활)
  出(날 출)
반 死(죽을 사)
  殺(죽일 살)

흙 속에서 눈이 나오는 모습에서 싹이 트다, 태어나다(生)는 의미이다.

읽기한자

死生決斷(사생결단) 죽고 삶을 돌보지 않고 끝장을 냄
殺生(살생) 짐승이나 사람을 죽임
餘生(여생) 앞으로 남은 일생

쓰기한자

生食(생식) 익히지 않고 날로 먹음
生育(생육) 낳아서 기름
生活(생활) 살아서 활동함
苦生(고생) 어렵고 괴로운 가난한 생활

	8급
西	서녘 서
	两 | 0획

반 東(동녘 동)

해가 서쪽에서 기울 무렵 새가 집으로 들어가는 것에서 서쪽(西)을 의미한다.

읽기한자

西端(서단) 서쪽 끝
東高西低(동고서저) 동쪽은 높고 서쪽은 낮음

쓰기한자

西洋(서양) 동양에서 유럽과 아메리카주의 여러 나라
西風(서풍) 서쪽에서 불어오는 바람
東問西答(동문서답) 묻는 말에 당치도 않은 대답을 함
東西古今(동서고금) 동양이나 서양에 있어서의 예나 지금. 어디서나

書 글 서

6급 Ⅱ

曰 | 6획

- 비 晝(낮 주)
  畫(그림 화)
- 동 章(글 장)
  文(글월 문)
  册(책 책)
  籍(문서 적)

붓(聿)으로 종이(曰)에 글자를 쓰고 있는 형태에서 쓰다, 서적(書)을 의미한다.

읽기한자

書藝(서예) 붓으로 글씨를 맵시 있게 쓰는 기술
禁書(금서) 출판, 판매를 금지한 책
願書(원서) 지원하거나 청원하는 내용을 적은 문서

쓰기한자

書記(서기) 기록을 맡아 보는 사람
四書(사서) 유교의 경전인 논어, 맹자, 중용, 대학
書類(서류) 어떤 내용을 적은 문서
親書(친서) 몸소 글씨를 씀

序 차례 서:

5급

广 | 4획

- 비 字(글자 자)
- 동 第(차례 제)
  番(차례 번)
  秩(차례 질)

집이나 관청(广)에서 하는 사업은 미리(予) 정해 놓은 차례(序)가 있다는 의미이다.

읽기한자

序曲(서곡) 가극, 성극에서 개막 전에 연주하는 기악곡
序頭(서두) 어떤 차례의 첫머리
序論(서론) 서문으로 쓴 논설
順序(순서) 정해 놓은 차례
序列(서열) 차례를 정하여 늘어놓음
序言(서언) 머리말

夕 저녁 석

7급

夕 | 0획

- 비 多(많을 다)
- 반 朝(아침 조)
  旦(아침 단)

해가 저물고 달이 뜨기 시작할 무렵의 모습에서 저녁(夕) 무렵을 의미한다.

읽기한자

夕陰(석음) : 땅거미. 해질 무렵
夕景(석경) 저녁 때의 경치

쓰기한자

夕陽(석양) 저녁때의 해
朝夕(조석) 아침과 저녁
秋夕(추석) 우리나라 명절의 하나. 한가위

石 돌 석

6급

石 | 0획

- 비 古(예 고)
  右(오른 우)

벼랑(厂) 밑에 흩어져 있는 돌(口)의 모양으로 돌(石)을 나타냈다.

읽기한자

石炭(석탄) 화석 연료
石造(석조) 돌로 물건을 만드는 일

쓰기한자

石材(석재) 다른 제작 재료로 쓰는 돌
望夫石(망부석) 남편을 기다리다가 죽어서 되었다는 돌
電光石火(전광석화) 극히 짧은 시간

席

6급
자리 석
巾 | 7획

비 度(법도 도)
동 座(자리 좌)
位(자리 위)

풀(++)로 짠 깔개에 면포(巾)를 씌운 방석을 집안(广)에 두고 자리, 앉는 곳(席)을 의미한다.

읽기한자
缺席(결석) 출석하지 않음
末席(말석) 맨 끝의 자리

쓰기한자
空席(공석) 빈 좌석
同席(동석) 자리를 같이 함
着席(착석) 자리에 앉음
合席(합석) 한자리에 같이 앉음

先

8급
먼저 선
儿 | 4획

비 洗(씻을 세)
동 前(앞 전)
반 後(뒤 후)

풀 눈이 쭉쭉 뻗치는 것(生)과 사람이 걸어서(儿) 앞으로 나가기에 먼저(先)라는 의미이다.

읽기한자
先導(선도) 앞장서서 이끎
先取(선취) 남보다 먼저 얻거나 가짐

쓰기한자
先約(선약) 먼저 약속함
先任(선임) 먼저 그 임무를 맡음
行先地(행선지) 떠나가는 목적지

線

6급 II
줄 선
糸 | 9획

비 終(마칠 종)
동 絃(줄 현)

샘물(泉)이 솟아올라 실(糸)처럼 가늘고 길게 이어져 실처럼 가늘고 긴 선(線)을 의미한다.

읽기한자
單線(단선) 외줄
接線(접선) 줄을 댐
曲線(곡선) 부드럽게 구부러진 선
導火線(도화선) 사건 발생의 직접 원인

쓰기한자
光線(광선) 빛의 줄기
直線(직선) 곧은 줄
合線(합선) 선이 합침

仙

5급 II
신선 선
亻(人) | 3획

비 化(될 화)
동 神(귀신 신)

사람(人)이 산(山)에서 도를 닦으면 신선(仙)이 된다는 의미이다.

읽기한자
仙境(선경) 속세를 떠난 깨끗한 곳
詩仙(시선) 시선의 품격이 있는 천재 시인

쓰기한자
仙女(선녀) 선경에 사는 여자 신선
仙人(선인) 신선
神仙(신선) 선도를 닦아 도를 통한 사람

鮮

5급Ⅱ

고울 **선**

魚 | 6획

비 漁(고기잡을 어)
동 麗(고울 려)
　美(아름다울 미)

양(羊)고기처럼 맛있는 물고기(魚)는 생선(鮮)인데, 맛있는 생선은 싱싱하다(鮮)는 의미이다.

읽기 한자

鮮肉(선육) 신선한 고기
鮮血(선혈) 생생한 피

쓰기 한자

鮮明(선명) 산뜻하고 밝음
鮮度(선도) 신선한 정도
生鮮(생선) 말리거나 절이지 아니한 물고기

善

5급

착할 **선:**

口 | 9획

비 美(아름다울 미)
동 良(어질 량)
반 惡(악할 악)

양(羊)처럼 얌전하고, 아름답다는 말에서 유래하여 좋다(善)라는 의미이다.

읽기 한자

善導(선도) 올바른 길로 인도함
善良(선량) 착하고 어짊
善戰(선전) 잘 싸움
善政(선정) 바르고 착한 정치
善處(선처) 사안에 따라 적절하게 처리함
善行(선행) 착하고 어진 행실
多多益善(다다익선) 많을수록 더욱 좋음
獨善(독선) 자기 혼자만 옳다고 생각하고 행동하는 일
親善(친선) 서로 친하여 사이가 좋음

船

5급

배 **선**

舟 | 5획

동 舟(배 주)
　航(배 항)
　舶(배 박)
　艇(배 정)
　艦(큰 배 함)
약 舩

구비를 따라 흐르는 계곡물(㕣)을 헤쳐 가는 배(舟)의 모습에서 배(船)를 의미한다.

읽기 한자

船長(선장) 선원의 우두머리
救助船(구조선) 파선을 당한 사람을 구조하는 배
商船(상선) 상업상 목적에 쓰이는 선박
漁船(어선) 고기잡이 하는 배
旅客船(여객선) 여객의 운반을 주요 목적으로 한 배
造船(조선) 선박을 건조함
下船(하선) 배에서 내림
貨物船(화물선) 화물을 실어 나르는 배

選

5급

가릴 **선:**

辶(辵) | 12획

비 遺(남길 유)
동 拔(뽑을 발)
　擇(가릴 택)

상대를 공경(巽)하여 선물을 보낼 때 가지고 가기(辶)에 좋은 물건만을 고르다(選)는 의미이다.

읽기 한자

選曲(선곡) 많은 곡 가운데서 몇 곡을 고름
選別(선별) 가려서 따로 나눔
選出(선출) 여럿 가운데서 가려 냄
選好(선호) 여럿 중에서 가려서 좋아함
當選(당선) 선거에 뽑힘
入選(입선) 응모한 것이 심사에 뽑힘
精選(정선) 특히 뛰어난 것을 골라 뽑음

雪
6급 II
눈 설
雨 | 3획

비 雲(구름 운)
電(번개 전)

비(雨)처럼 하늘에서 내려와서, 손바닥(⺕)에 올릴 수 있는 눈(雪)을 가리키는 말이다.

읽기 한자
雪景(설경) 눈 내리는 경치
暴雪(폭설) 갑자기 내리는 눈

쓰기 한자
大雪(대설) 많은 눈
白雪(백설) 흰 눈

說
5급 II
말씀 설
달랠 세:
言 | 7획

비 設(베풀 설)
脫(벗을 탈)
동 談(말씀 담)
話(말씀 화)
語(말씀 어)
言(말씀 언)
辯(말씀 변)

사람들이 이해하고 기뻐(兌)하도록 말한다(言)는 데서 말씀, 설명하다(說)는 의미이다.

읽기 한자
假說(가설) 임시로 세우거나 설치함
說破(설파) 사물의 내용을 밝혀서 말함
說得(설득) 여러 가지로 설명하여 납득시킴

쓰기 한자
說敎(설교) 종교의 교의를 설명함
說服(설복) 알아듣도록 말하여 수긍하게 함
力說(역설) 힘써 말함

設
4급 II
베풀 설
言 | 4획

비 說(말씀 설)
話(말씀 화)
동 建(세울 건)
施(베풀 시)
宣(베풀 선)
張(베풀 장)

제례 장소를 설치(殳)하기 위해 명령(言)하거나, 도구를 사용하게 하여 사물을 정리하다(設)는 의미이다.

읽기 한자
設備(설비) 어떤 목적에 필요한 기계, 기구 등을 설치함
改設(개설) 새로 수리하거나 기구를 변경하여 설치함
增設(증설) 더 늘려 설치함
創設(창설) 처음으로 베풂

姓
7급 II
성 성:
女 | 5획

비 性(성품 성)
동 氏(성 씨)

여자(女)가 아기를 낳으면(生) 그 아기에게 성(姓)이 붙는다는 의미이다.

읽기 한자
尊姓(존성) 남의 성을 높여 이르는 말
他姓(타성) 다른 성

쓰기 한자
姓名(성명) 성과 이름
同姓同本(동성동본) 성, 본관이 같음
百姓(백성) 일반 국민의 예스러운 말
通姓名(통성명) 서로 성명을 통함

成 | 6급Ⅱ

이룰 성
戈 | 3획

- 비 城(재 성)
- 동 就(나아갈 취)
  達(통달할 달)
- 반 敗(패할 패)

도끼(戈)로 몇 번이고 나무를 깎아(丁)서 물건을 만드는 것에서 충분히 완성되다(成)는 의미이다.

읽기 한자

造成(조성) 만들어서 이룸
達成(달성) 목적한 것을 이룸
成員(성원) 모임이나 단체를 구성하는 인원

쓰기 한자

成功(성공) 목적을 이룸
結成(결성) 단체의 조직을 형성함
門前成市(문전성시) 집 앞이 방문객으로 시장을 이루다시피 함

成長(성장) 자라서 점점 커짐
形成(형성) 어떠한 모양을 이룸

省 | 6급Ⅱ

살필 성
덜 생
目 | 4획

- 비 看(볼 간) 劣(못할 렬)
- 동 察(살필 찰) 審(살필 심)
  略(줄일 략) 減(덜 감)
  損(덜 손) 除(덜 제)
- 반 益(더할 익) 增(더할 증)
  加(더할 가)

눈(目)을 가늘게(少) 뜨고 잘 본다는 것에서 주의해서 잘 본다, 잘 생각한다(省)는 의미이다.

읽기 한자

省察(성찰) 반성하여 살핌
減省(감생) 덜어서 줄임

쓰기 한자

反省(반성) 자기의 과거의 행위에 대하여 스스로 그 선악, 가부를 고찰함
人事不省(인사불성) 정신을 잃고 의식을 모름
自省(자성) 스스로 반성함

性 | 5급Ⅱ

성품 성
忄(心) | 5획

- 비 姓(성 성)

자연스럽게 흙 위에 자라나는(生) 식물 같은 마음(心)이라는 것에서 성품(性)을 의미한다.

읽기 한자

個性(개성) 개체의 특성
毒性(독성) 독한 성질
當爲性(당위성) 마땅히 하여야 할 성질

쓰기 한자

性格(성격) 사물에 구비된 고유의 성질
性能(성능) 기계의 성질과 능력
性別(성별) 남녀, 암수의 구별
流動性(유동성) 흘러 움직이는 성질

誠 | 4급Ⅱ

정성 성
言 | 7획

- 비 城(재 성)
  試(시험 시)

성(成)은 도끼(戈)나 칼(刀) 등을 사용해 '잘하는 것', 거기에 언(言)을 붙여서 성심(誠)을 의미한다.

읽기 한자

誠實(성실) 거짓이 없고 참됨
誠意(성의) 참되고 정성스러운 뜻
熱誠(열성) 열렬한 정성
至誠(지성) 지극한 정성
孝誠(효성) 마음을 다해 부모를 섬기는 정성

聖

4급 II

성인 **성:**

耳 | 7획

비 最(가장 최)

사람의 말(口)을 잘 듣고(耳), 그대로 실천하는(壬) 사람의 모습에서 성인(聖)을 의미한다.

🔑읽기 한자

聖恩(성은) 임금의 거룩한 은혜
聖職(성직) 거룩한 직분
神聖(신성) 신과 같이 성스러움
太平聖代(태평성대) 어진 임금이 다스리는 태평한 세상

城

4급 II

재 **성**

土 | 7획

비 成(이룰 성)
　 誠(정성 성)

흙(土) 담의 안이 무성한 나무로 성황을 이루고(成) 있는 번화한 도읍, 성(城)을 의미한다.

🔑읽기 한자

城壁(성벽) 성의 담벼락
都城(도성) 서울
不夜城(불야성) 등불이 많아 밤에도 대낮처럼 밝은 곳
築城(축성) 성을 쌓음
土城(토성) 흙으로 쌓아 올린 성루

聲

4급 II

소리 **성**

耳 | 11획

비 擊(칠 격)
　 穀(곡식 곡)
동 音(소리 음)
약 声

돌로 만든 악기를(声) 봉으로 두들겨(殳) 소리를 내어 귀(耳)에 울리는 음(聲)을 의미한다.

🔑읽기 한자

聲帶(성대) 소리를 내는 기관
聲量(성량) 목소리의 울리는 양
假聲(가성) 일부러 꾸며 내는 목소리
怒聲(노성) 성난 목소리
名聲(명성) 세상에 널리 떨친 이름

星

4급 II

별 **성**

日 | 5획

비 皇(임금 황)
　 是(이 시)
　 易(쉬울 이)
동 辰(별 진)
　 庚(별 경)

여러 사물의 정령(日)이 하늘에 올라가 다시 태어나(生) 흩어졌다는 것에서 별(星)을 의미한다.

🔑읽기 한자

衛星(위성) 행성의 주위를 운행하는 별
流星(유성) 별똥별
將星(장성) 장군

盛
4급Ⅱ
성할 **성:**
皿 | 7획

- 비 成(이룰 성)
- 동 興(일 흥)
  茂(무성할 무)
  隆(높을 륭)
- 반 亡(망할 망)
  衰(쇠할 쇠)

음식물을 그릇(皿)에 산처럼 괴어 굳혔다(成)는 것에서 그릇을 채우다(盛)는 의미이다.

읽기한자

盛大(성대) 푸짐함
盛業(성업) 사업이 번창함
盛行(성행) 매우 성하게 유행함
豊盛(풍성) 넉넉하고 많음

世
7급Ⅱ
인간 **세:**
一 | 4획

- 비 也(이끼/어조사 야)
- 동 代(대신 대)
  界(지경 계)

옛날 30년을 '일세'라 하여, 년 수가 긴 것을 나타내고, 〈세월의 단락〉의 의미로 사용했다.

읽기한자

世俗(세속) 이 세상
世態(세태) 세상의 형편
末世(말세) 망해가는 세상
經世濟民(경세제민) 세상을 다스리고 백성을 구제함

쓰기한자

世習(세습) 세상의 풍습　　　　　　別世(별세) 세상을 떠남
出世(출세) 입신하여 훌륭하게 됨　　後世(후세) 뒤의 세상
世上(세상) 모든 사람이 살고 있는 사회의 통칭

歲
5급Ⅱ
해 **세:**
止 | 9획

- 비 威(위엄 위)
- 동 年(해 년)
- 약 岁, 歳

도끼(戌), 농기구를 들고 걸으면서(步) 농사를 지으며 세월(歲)을 보낸다는 의미이다.

읽기한자

歲拜(세배) 섣달 그믐이나 정초에 하는 인사
歲費(세비) 국가 기관에서 한 해 동안 쓰는 경비

쓰기한자

歲時(세시) 일년 중의 때때
歲月(세월) 흘러가는 시간
過歲(과세) 설을 쇰
年歲(연세) 나이의 높임말
萬歲(만세) 영원한 삶

洗
5급Ⅱ
씻을 **세:**
氵(水) | 6획

- 비 先(먼저 선)
  流(흐를 류)
- 동 濯(씻을 탁)

냇가(氵)에 맨발이 되어 다리(先)의 더러움을 씻어 내려 씻다, 깨끗이 하다(洗)는 의미이다.

읽기한자

洗眼(세안) 눈을 씻음
領洗(영세) 세례를 받는 일

쓰기한자

洗手(세수) 낯을 씻음
洗車(세차) 차체에 묻은 먼지나 흙을 씻음

勢 4급Ⅱ 형세 세: 力 | 11획	손에 괭이(丸)를 들고 흙(坴)을 파면, 작물은 힘(力)을 받아 잘 성장하여 기세(勢)를 의미한다.

비 熱(더울 열)
　藝(재주 예)
동 權(권세 권)

勢力(세력) 남을 복종시키는 기세와 힘
大勢(대세) 세상이 돌아가는 형편
實勢(실세) 실제의 세력
虛勢(허세) 실상이 없는 기세

細 4급Ⅱ 가늘 세: 糸 | 5획	뇌 속의 혈관(田)은 실(糸)날 같이 매우 가늘고 예민하기 때문에 가늘다(細)는 의미이다.

동 微(작을 미)
　纖(가늘 섬)
반 大(큰 대)

細密(세밀) 세세하고 꼼꼼함
細分(세분) 여럿으로 잘게 나눔
細則(세칙) 자세한 규칙
明細書(명세서) 숫자적으로 자세하게 적은 문서

稅 4급Ⅱ 세금 세: 禾 | 7획	공물을 거둬들이는 관리도 쌀(禾)을 보면 기뻐한다(兌)는 것에서 세금, 세(稅)를 의미한다.

비 脫(벗을 탈)
동 租(조세 조)

課稅(과세) 세금을 부과함
所得稅(소득세) 개인의 소득에 대하여 부과되는 국세
稅制(세제) 세금에 관한 제도

小 8급 작을 소: 小 | 0획	칼(亅)로 나누면(八) 크기가 작아진다(小)는 의미이다.

비 少(적을 소)
동 微(작을 미)
반 大(큰 대) 偉(클 위)
　太(클 태)
　巨(클 거)

最小(최소) 가장 작음
小賣(소매) 상인이 물건을 소비자에게 직접 팖
極小(극소) 아주 작음

小數(소수) 적은 수효
小食(소식) 음식을 적게 먹음
小心(소심) 담력이 없고 겁이 많음
過小(과소) 너무 작음
弱小(약소) 약하고 작음

掃	4급Ⅱ
	쓸 소(:)
	扌(手) | 8획

비 婦(며느리 부)
　 歸(돌아올 귀)

수건(巾)을 머리(⼍)에 쓰고서 비(⼐)를 손(扌)에 들고 쓴다(掃)는 의미이다.

읽기한자

掃除(소제) 떨고 쓸고 닦아서 깨끗하게 함
一掃(일소) 모조리 쓸어버림
清掃(청소) 깨끗하게 소제함

少	7급
	적을 소:
	小 | 1획

비 小(작을 소)
동 寡(적을 과)
반 多(많을 다)
　 老(늙을 로)
　 衆(무리 중)

작은 것(小)을 나누면(丿) 더욱 작아진다는 것에서 적다(少)는 의미이다.

읽기한자

減少(감소) 줄여서 적어짐
少量(소량) 적은 분량

쓰기한자

多少(다소) 많음과 적음
青少年(청소년) 청년과 소년

所	7급
	바 소:
	戶 | 4획

나무를 자르는(斤) 곳(戶)이 소리가 나는 곳을 말하는 것에서 장소(所)를 의미한다.

읽기한자

所得(소득) 자기 몸에 얻음
處所(처소) 사람이 살거나 임시로 머물러 있는 곳

쓰기한자

所感(소감) 느낀 바
名所(명소) 경치, 고적으로 이름난 곳
所見(소견) 사물을 보고 살펴 인식하는 생각
所任(소임) 맡은 바 직책
所要(소요) 요구되는 바

素	4급Ⅱ
	본디/흴 소(:)
	糸 | 4획

비 累(여러 루)
　 紊(어지러울 문)
동 元(으뜸 원)
　 質(바탕 질)
　 朴(성 박)
반 黑(검을 흑)

삼나무의 섬유를 삼아 삼베를 만드는 실(糸)을 실의 근본, 원래 근본(素)을 의미한다.

읽기한자

素朴(소박) 꾸밈이나 거짓이 없는 순수하고 순박함
素材(소재) 예술 작품의 근본이 되는 재료
平素(평소) 평상시
活力素(활력소) 활동의 힘이 되는 바탕

消

6급 II
사라질 소
氵(水) | 7획

비 顯(나타날 현)
　現(나타날 현)

물(氵)이 점점 줄어가는 것(肖)에서 사라지다, 없어지다(消)라는 의미이다.

읽기한자

消毒(소독) 감염, 예방 등을 위해 병원균을 죽이는 일
消燈(소등) 등불을 끔
消息(소식) 상황이나 동정을 알리는 보도 같은 것

쓰기한자

消火(소화) 불을 끔
消日(소일) 하는 일없이 세월을 보냄

笑

4급 II
웃음 소
竹 | 4획

비 答(대답 답)
반 泣(울 읍)
　哭(울 곡)

대나무(竹)가 휘날리면(夭) 사람이 배를 움켜쥐고 웃고 있는 형태와 닮아 웃다(笑)는 의미이다.

읽기한자

苦笑(고소) 쓴웃음
談笑(담소) 웃으면서 이야기 함
失笑(실소) 자기도 모르게 나오는 웃음

速

6급
빠를 속
辶(辵) | 7획

비 束(묶을 속)
동 急(급할 급)
반 緩(느릴 완)
　徐(천천히 서)

땔감을 단단히 꿰매듯이(束), 마음을 꼭 매고 걸어가는(辶) 것에서 빠르다(速)는 의미이다.

읽기한자

速斷(속단) 빨리 판단함
速達(속달) 속히 배달함
速報(속보) 빨리 알림
快速(쾌속) 속도가 매우 빠름

쓰기한자

過速(과속) 일정한 표준에서 벗어난 더 빠른 속도
速讀(속독) 빨리 읽음
時速(시속) 한 시간에 닫는 속도

束

5급 II
묶을 속
木 | 3획

비 速(빠를 속)
　東(동녘 동)
동 結(맺을 결)
　約(맺을 약)
반 解(풀 해)
　釋(풀 석)

나뭇가지(木) 등을 모아 끈으로 말아서 묶은(口) 모양의 다발로 묶다(束)는 의미이다.

읽기한자

檢束(검속) 자유 행동을 못 하도록 단속함
密束(밀속) 남 몰래 결속함

쓰기한자

結束(결속) 덩이가 되게 묶음
團束(단속) 잡도리를 단단히 함
約束(약속) 장래에 할 일에 관해 상대방과 서로 언약하여 정함

俗	4급 II
풍속 속	
亻(人) | 7획	

回 浴(목욕할 욕)

사람(亻)이 사는 골짜기(谷)마다 나름대로의 풍속(俗)이 있다는 의미이다.

읽기한자

俗談(속담) 옛적부터 내려오는 민간의 격언
俗語(속어) 통속적인 저속한 말
美風良俗(미풍양속) 아름답고 좋은 양식
土俗(토속) 그 지방 특유의 풍속

續	4급 II
이을 속	
糸 | 15획	

回 讀(읽을 독)
동 繼(이을 계) 接(이을 접)
　連(이을 련) 承(이을 승)
반 絶(끊을 절) 切(끊을 절)
　斷(끊을 단)
약 続

물건을 팔아서(賣) 조금씩 벌듯이 실(糸)이 조금씩 길어지는 것에서
계속되다(續)는 의미이다.

읽기한자

續行(속행) 계속하여 행함
連續(연속) 끊이지 않고 죽 이음
接續(접속) 서로 맞대어 이음
相續(상속) 다음 차례에 이어주거나 이어받음

孫	6급
손자 손(:)	
子 | 7획	

回 係(이을 계)
반 祖(할아비 조)

인간(子)은 수없이 연결된 실다발처럼 다음에서 다음으로 이어진다(系)는
의미이다.

읽기한자

宗孫(종손) 종가의 맏손자
血孫(혈손) 혈통을 이어가는 자손

쓰기한자

孫子(손자) 아들의 아들
外孫(외손) 딸이 낳은 자식
子子孫孫(자자손손) 자손의 여러 대
後孫(후손) 몇 대가 지난 후의 자손

送	4급 II
보낼 송:	
辶(辵) | 6획	

回 逆(거스릴 역)
동 遣(보낼 견)
　輸(보낼 수)
반 迎(맞을 영)
　受(받을 수)

주인 뒤를 따르면서(辶) 물건을 갖고(癸) 가는 것에서 보내다,
배송하다(送)는 의미이다.

읽기한자

送別(송별) 사람을 이별하여 보냄
運送(운송) 물품을 나르고 보내는 일
虛送(허송) 헛되이 보냄

水

8급

물 **수**

水 | 0획

- 비 氷(얼음 빙)
  永(길 영)
- 동 河(물 하)
- 반 火(불 화)
  陸(뭍 륙)

냇물의 움직이는 모양을 나타낸다.

읽기 한자

水深(수심) 물의 깊이
水壓(수압) 물의 압력
給水(급수) 물을 공급함
侵水(침수) 물에 젖거나 잠김
水準(수준) 사물의 표준

쓰기 한자

水溫(수온) 물의 온도
水平(수평) 잔잔한 수면처럼 평평한 상태
食水(식수) 식용으로 쓰는 물
生水(생수) 샘에서 나오는 맑은 물

手

7급 II

손 **수(:)**

手 | 0획

- 반 足(발 족)

다섯 개의 손가락과 손바닥과 팔의 형태에서 손(手)을 의미한다.

읽기 한자

敵手(적수) 재주나 힘이 맞서는 사람
手續(수속) 일의 순서나 방법
擧手(거수) 손을 위로 들어 올림
助手(조수) 일의 보조를 하는 사람

쓰기 한자

失手(실수) 부주의로 잘못함
入手(입수) 수중에 들어 옴
手記(수기) 체험을 손수 적음
手相(수상) 손금
着手(착수) 어떤 일에 손을 대어 시작함

數

7급

셈 **수:**

攵(攴) | 11획

- 비 樓(다락 루)
- 동 算(셈 산)
  計(셀 계)
- 약 数

드문드문 흩어져 있는(婁) 물건을 막대기를 들고, 돌아다니며 치면서(攵) 하나 둘 셈하는 데서, '셈 세다(數)'는 의미이다.

읽기 한자

倍數(배수) 갑절이 되는 수
手數料(수수료) 어떤 일을 돌보아 준 보수

쓰기 한자

等數(등수) 차례를 매겨 붙인 번호
變數(변수) 변할 수 있는 수

樹

6급

나무 **수**

木 | 12획

- 동 木(나무 목)
  林(수풀 림)

북(鼓)을 치듯이 나무(木)가 바람에 흔들리면서 나무, 수목, 세우다(樹) 등의 의미이다.

읽기 한자

街路樹(가로수) 길을 따라 줄지어 심은 나무
常綠樹(상록수) 가을, 겨울에도 잎이 떨어지지 않고 일년 내내 푸른 나무

쓰기 한자

樹林(수림) 나무가 우거진 숲
植樹(식수) 나무를 심음
樹立(수립) 사업이나 공(功)을 이룩하여 세움
有實樹(유실수) 유용한 열매를 맺는 나무

首 머리 수
5급 II
首 | 0획

- 비 眞(참 진)
- 동 頭(머리 두)
- 반 尾(꼬리 미)

얼굴과 머리털의 모양을 본떠서 목이나 머리(首)를 의미한다.

읽기한자

首都(수도) 나라나 한 지방의 정치적 중심지
黨首(당수) 한 당의 우두머리

쓰기한자

首席(수석) 맨 윗자리
部首(부수) 한자 사전에서 글자를 찾는 길잡이가 되는 글자의 한 부분

收 거둘 수
4급 II
攵(攴) | 2획

- 비 攻(칠 공) 改(고칠 개)
- 동 穫(거둘 확)
  撤(거둘 철)
- 반 支(지탱할 지)
  給(줄 급)
- 약 収

손에 낫(攵)을 들어 이삭이 달린 곡식(丩)을 베어 거둔다(收)는 의미이다.

읽기한자

收監(수감) 옥에 가두어 감금함
收錄(수록) 기록하여 넣음
收集(수집) 거두어 모음
未收(미수) 아직 다 거두지 못함

授 줄 수
4급 II
扌(手) | 8획

- 비 受(받을 수)
- 동 給(줄 급)
  與(줄 여)
  賜(줄 사)
  贈(줄 증)
- 반 受(받을 수)

화물을 건네받는 것(受)에서 또 다른 손 수(手)자를 붙여서 강화하여 하사하다(授)는 의미이다.

읽기한자

授賞(수상) 상을 줌
授業(수업) 학예를 가르쳐 줌
傳授(전수) 전하여 줌

受 받을 수(:)
4급 II
又 | 6획

- 비 授(줄 수)
- 반 授(줄 수) 給(줄 급)
  與(줄 여) 賜(줄 사)
  贈(줄 증)
  領(거느릴 령)

배로 날라 온 화물을 물가에서 건네받는 것에서 받다(受)는 의미이다.

읽기한자

受難(수난) 재난을 당함
受益(수익) 이익을 얻거나 받음
受惠(수혜) 은혜를 입음
收受(수수) 거두어서 받음

修 닦을 수

4급 Ⅱ
亻(人) | 3획

바가지(攵)의 물을 부어(|) 사람(亻)이 머리털(彡)과 몸을 닦고,
꾸민다(修)는 의미이다.

읽기한자

修交(수교) 나라 간에 교제를 맺음
修養(수양) 심신을 닦아 지덕을 기름
修正(수정) 바로 잡아서 고침
研修(연수) 연구하고 닦음

비 條(가지 조)
동 習(익힐 습)

守 지킬 수

4급 Ⅱ
宀 | 3획

집(宀)을 손(寸)으로 지키고 일하는 것에서 지키다, 대비하다(守)는 의미이다.

읽기한자

守備(수비) 지키어 방비함
守衛(수위) 지킴
守則(수칙) 행동, 절차 등에 관하여 지켜야할 사항을 정한 규칙
固守(고수) 굳게 지킴

비 宇(집 우)
동 防(막을 방)
　 衛(지킬 위)
　 保(지킬 보)
반 攻(칠 공) 擊(칠 격)
　 伐(칠 벌) 打(칠 타)
　 討(칠 토)

宿 잘 숙 / 별자리 수

5급 Ⅱ
宀 | 8획

집(宀)에 많은(百) 수의 사람(亻)이 와서 묵고 나가는 모습에서
숙소(宿)를 의미한다.

읽기한자

留宿(유숙) 남의 집에 묵음
宿敵(숙적) 오래 전부터의 원수
宿願(숙원) 오랜 소원
宿患(숙환) 오래 묵은 병

쓰기한자

宿命(숙명) 선천적으로 타고난 운명
宿食(숙식) 자고 먹음
宿所(숙소) 머물러 묵는 곳

비 縮(줄일 축)
동 寢(잘 침)
　 眠(잠잘 면)

順 순할 순

5급 Ⅱ
頁 | 3획

냇물(川)이 흘러가는 방향으로 순수히 머리(頁)를 돌리는 것에서
따르다(順)는 의미이다.

읽기한자

順應(순응) 경우에 따라 이에 적응함
順次(순차) 돌아오는 차례
順序(순서) 정해 놓은 차례
逆順(역순) 거꾸로 된 순서

쓰기한자

不順(불순) 온순하지 못함　　　　式順(식순) 의식 진행의 순서
順風(순풍) 순하게 부는 바람　　　溫順(온순) 온화하고 단순함

반 逆(거스를 역)

純 4급Ⅱ
순수할 **순**
糸 | 4획

동 潔(깨끗할 결)

누에고치에 많은 실(糸)이 생사로, 삼베실이 안 섞인(屯) 실이기에,
거짓이 없다(純)는 의미이다.

읽기 한자

純潔(순결) 마음과 몸이 깨끗함
純度(순도) 품질의 순수한 정도
純眞(순진) 마음이 순박하고 진실함
純化(순화) 불순한 것을 덜어 버림
淸純(청순) 맑고 순박함

術 6급Ⅱ
재주 **술**
行 | 5획

비 述(펼 술)
동 技(재주 기)
　 藝(재주 예)
　 才(재주 재)

차조(朮)줄기처럼 쭉 뻗어있는 길(行)에서, 길의 뜻이다.
여기에서 '꾀, 재주(術)'의 뜻이 나왔다.

읽기 한자

武術(무술) 무도에 관한 기술
施術(시술) 의술, 최면술 등을 베풂
處世術(처세술) 처세하는 방법과 수단
護身術(호신술) 몸을 보호하기 위한 무술

쓰기 한자

讀心術(독심술) 남의 생각을 알아내는 법술
戰術(전술) 전쟁 실시의 방책
話術(화술) 말재주

習 6급
익힐 **습**
羽 | 5획

동 練(익힐 련)

날개(羽)를 퍼덕이면 옆구리의 흰(白)털이 보인다는 데서 익히다,
배우다(習)는 의미이다.

읽기 한자

習得(습득) 배워 얻음
復習(복습) 배운 것을 다시 익히어 공부함
因習(인습) 이전부터 전해 내려오는 습관

쓰기 한자

惡習(악습) 나쁜 습관
敎習(교습) 가르쳐서 익히게 함
風習(풍습) 풍속과 습관
習性(습성) 버릇이 되어 버린 성질

勝 6급
이길 **승**
力 | 10획

동 克(이길 극)
반 敗(패할 패)
　 負(질 부)

배(舟)에 스며드는 물을 퍼내는 힘(券)의 모습에 위험상태를 이겨내어
견디다(勝)는 의미이다.

읽기 한자

勝報(승보) 싸움이나 경기에 이겼다는 소식
完勝(완승) 완전하게 승리함

쓰기 한자

必勝(필승) 꼭 이김
決勝(결승) 최후의 승패를 결정함
勝利(승리) 겨루어 이김
名勝地(명승지) 경치 좋기로 이름난 곳

承
4급 II
이을 **승**
手 | 4획

동 繼(이을 계) 連(이을 련)
續(이을 속) 接(이을 접)
반 斷(끊을 단) 切(끊을 절)
絶(끊을 절)

무릎을 꿇고 양손으로 물건을 받는 중요한 벼슬을 받는 것이 되어
받아들이다(承)는 의미이다.

 읽기한자

承服(승복) 납득함
承認(승인) 사실임을 인정함
傳承(전승) 계통을 전하여 계승함

試
4급 II
시험 **시**(:)
言 | 6획

비 誠(정성 성)
評(평할 평)
동 驗(시험할 험)

사람에게 일을 시키면서(言) 방식(式)대로 하는지 보는 것에서
시험해 보다(試)라는 의미이다.

 읽기한자

試圖(시도) 시험 삼아 꾀하여 봄
試食(시식) 맛이나 요리솜씨를 시험하기 위해 먹어 봄
應試(응시) 시험에 응함
入試(입시) 입학시험

사

市
7급 II
저자 **시**:
巾 | 2획

비 布(베 포)

천(巾)을 사러 가는(亠) 곳이니 저자, 시장(市)이라는 의미이다.

 읽기한자

市街(시가) 도시의 큰 길거리
市勢(시세) 시의 인구, 사업, 재정, 시설 등의 종합적인 상태

쓰기한자

市價(시가) 시장 가격
市立(시립) 시의 경비로 설립, 유지하는 일
市場(시장) 상인이 모여 상품을 매매하는 곳
市長(시장) 시의 대표자

時
7급 II
때 **시**
日 | 6획

비 詩(시 시)
待(기다릴 대)
特(특별할 특)
동 期(기약할 기)

태양(日)이 일한다(寺)는 것은 시간이 경과한다는 것으로 시간(時)을
의미한다.

읽기한자

時期(시기) 일이 진행되는 시점
時論(시론) 한 시대의 여론
平常時(평상시) 보통 때

쓰기한자

時間(시간) 어떤 시각과 시각의 사이   不時(불시) 뜻하지 아니한 때
當時(당시) 일이 생긴 그 때   同時(동시) 같은 때나 시기
時急(시급) 시간이 절박하여 몹시 급함

始

6급 II

비로소 시:

女 | 5획

[동] 初(처음 초)
[반] 末(끝 말)
　　終(마칠 종)
　　端(끝 단)
　　了(마칠 료)
　　卒(마칠 졸)

인간은 여인(女)으로부터 태어나 길러(台)지게 되니 시초(始)라는 의미이다.

읽기한자

始務式(시무식) 새해 들어 다시 업무를 시작하면서 치르는 식
始終(시종) 처음과 끝

쓰기한자

始動(시동) 처음으로 움직임
始作(시작) 처음으로 함
始祖(시조) 한 겨레의 맨 처음 되는 조상
開始(개시) 처음으로 함

示

5급

보일 시:

示 | 0획

[동] 視(볼 시)
　　看(볼 간)
　　監(볼 감)
　　見(볼 견)
　　觀(볼 관)
　　覽(볼 람)
　　閱(볼 열)

제단에 올려서 기도하는 것과 신령의 마음이 표시된 것에서
보여주다(示)는 의미이다.

읽기한자

告示(고시) 관청에서 일반 국민에게 알릴 것을 글로 써서 게시함
公示(공시) 일반에게 널리 알림
明示(명시) 분명하게 가리킴
暗示(암시) 넌지시 깨우쳐 줌
例示(예시) 예를 들어 보임
指示(지시) 가리켜 보임
提示(제시) 어떤 의사를 글이나 말로 드러내어 보임
表示(표시) 겉으로 드러내 보임
訓示(훈시) 가르쳐 보임

視

4급 II

볼　시:

見 | 5획

[비] 親(친할 친)
[동] 監(볼 감)
　　見(볼 견)
　　觀(볼 관)
　　覽(볼 람)
　　察(살필 찰)
　　示(보일 시)

신령(示)에 공양하며 눈(見)을 크게 뜨고 진지하게 기원하는 모습에서
응시하다(視)는 의미이다.

읽기한자

視線(시선) 눈의 방향
視野(시야) 눈의 보는 힘이 미치는 범위
監視(감시) 경계하여 살펴 봄
無視(무시) 눈여겨보지 않음

詩

4급 II

시　시

言 | 6획

[비] 時(때 시)

손발(寺)을 움직이듯이 마음 속에 간직하고 있는 사물을 말(言)로
표현하여 시(詩)를 의미한다.

읽기한자

詩想(시상) 시의 구상
詩題(시제) 시의 제목
詩風(시풍) 한 시인의 작품에 나타나는 독특한 기풍
童詩(동시) 어린이를 위한 시

施

4급 II
베풀 시:
方 | 5획

비 族(겨레 족)
旅(나그네 려)
동 設(베풀 설)
宣(베풀 선)
張(베풀 장)
陳(베풀 진)

둘둘 말아두었던(也) 깃발(㫃)을 매달아 펼치는 데서, '펴다, 베풀다'는 의미이다.

읽기한자

施工(시공) 공사를 시행함
施賞(시상) 상품이나 상금을 줌
施設(시설) 어떤 목적을 위해 건물 따위의 설비를 하는 일
施行(시행) 실지로 행함
實施(실시) 실시로 시행함

是

4급 II
이/옳을 시:
日 | 5획

비 定(정할 정)
반 非(아닐 비)

해(日)와 같이 광명정대(疋)하다는 데서 바르다, 옳다(是)는 의미이다.

읽기한자

是認(시인) 옳다고 인정함
是日(시일) 이 날
是正(시정) 잘못된 것을 바로 잡음
必是(필시) 그리될 수밖에 다른 도리가 없음

食

7급 II
밥/먹을 식
食 | 0획

비 良(어질 량)
동 飯(밥 반)

밥(皀)을 그릇에 모아(亼) 담은 모양에서 밥, 먹다(食)는 의미이다.

읽기한자

食單(식단) 음식의 종목, 값을 적은 표
食料品(식료품) 음식 재료가 되는 물품
缺食(결식) 끼니를 거름
禁食(금식) 음식을 먹지 않음
斷食(단식) 음식 먹기를 끊음

쓰기한자

食口(식구) 한 집안에서 같이 살며 끼니를 함께 하는 사람
過食(과식) 지나치게 많이 먹음

植

7급
심을 식
木 | 8획

비 直(곧을 직)
동 栽(심을 재)

나무(木)를 똑바로(直) 세워서 키우는 것에서 심다(植)는 의미이다.

읽기한자

試植(시식) 새 품종의 식물 따위를 시험적으로 심음
移植(이식) 옮겨 심음

쓰기한자

植木日(식목일) 국가에서 산림녹화를 위해 정한, 나무 심는 날
植民地(식민지) 본국 외에 있어 본국의 특수 통치를 받는 지역
植樹(식수)·植木(식목) 나무를 심는 것

式	6급
법	식
弋	3획

비 必(반드시 필)
동 規(법 규) 法(법 법)
　 律(법칙 률) 則(법칙 칙)
　 範(법 범) 例(법식 례)
　 典(법 전) 憲(법 헌)

도구(弋)를 사용해서 작업(工)을 하는 것에서 작업의 정해진 방식, 방법(式)을 의미한다.

📖 읽기한자

始務式(시무식) 새해 들어 다시 업무를 시작하면서 치르는 식
虛式(허식) 형식에만 치우치는 의식

✏️ 쓰기한자

式順(식순) 의식 진행의 순서
格式(격식) 격에 맞는 법식
舊式(구식) 옛 양식이나 방식
式場(식장) 식을 올리는 장소
圖式(도식) 그림으로 그린 양식

識	5급 Ⅱ
알	식
기록할	지
言	12획

비 職(직분 직)
　 織(짤 직)
동 知(알 지)
　 認(알 인)
　 誌(기록할 지)

소리(音)를 내어 말하는(言) 것에 확실히 새기(戈)고 깨닫게 하는 것에서 표시(識)라 한다.

📖 읽기한자

博學多識(박학다식) 학문이 넓고 재주가 많음
常識(상식) 일반 사람으로서 가져야 할 일반적인 지식

✏️ 쓰기한자

識別(식별) 알아서 구별함
自意識(자의식) 자기 자신에 관한 의식
有識(유식) 학문이 있어 견식이 높음
學識(학식) 학문으로 얻은 지식

息	4급 Ⅱ
쉴	식
心	6획

비 惡(악할 악)
동 休(쉴 휴)
　 憩(쉴 계)

호흡으로 마음(心)이 온화할 때, 코(自)로 숨쉬는 것에서 편안한 호흡(息)을 의미한다.

📖 읽기한자

安息處(안식처) 편안하게 쉬는 곳
自强不息(자강불식) 스스로 힘써 쉬지 않음
子息(자식) 아들과 딸의 총칭
休息(휴식) 잠깐 쉼

信	6급 Ⅱ
믿을	신:
亻(人)	7획

비 計(셀 계)
　 訃(부고 부)
동 仰(우러를 앙)
반 疑(의심할 의)
　 否(아닐 부)

사람(人) 말(言)에는 거짓말이 없어야 하는데, 신령에게 맹세한다고 해서 믿다(信)라는 의미이다.

📖 읽기한자

送信(송신) 통신을 보내는 일
確信(확신) 확실히 믿음
回信(회신) 편지나 전화 등의 회답

✏️ 쓰기한자

信念(신념) 굳게 믿는 마음　　　　　信任(신임) 믿고 일을 맡기는 일
交信(교신) 통신을 주고받음　　　　過信(과신) 지나치게 믿음
自信(자신) 자기의 능력이나 가치를 확신함

身 6급 II
몸 **신**
身 | 0획

동 體(몸 체)
　 己(몸 기)
반 心(마음 심)

아기를 갖게 되면 몸을 소중히 보살피는 것에서 몸, 알맹이(身)를 의미한다.

읽기한자

身邊(신변) 몸과 몸의 주위
保身(보신) 자신의 몸을 지킴
修身(수신) 자신의 몸(행실)을 닦음(수련함)

쓰기한자

身分(신분) 개인의 사회적 지위　　　身元(신원) 일신상의 관계되는 자료
身長(신장) 사람의 키　　　　　　　變身(변신) 몸의 모양을 바꿈
代身(대신) 남을 대리함
出身(출신) 어떤 지방, 파벌, 학교, 직업 등으로부터 나온 신분

新 6급 II
새 **신**
斤 | 9획

비 親(친할 친)
반 舊(예 구)
　 古(예 고)
　 故(예 고)

도끼(斤)로 막 자른(立) 생나무(木)의 모양에서 새롭다, 처음(新)을 의미한다.

읽기한자

新記錄(신기록) 종전보다 뛰어난 새로운 기록
新婦(신부) 갓 결혼한 여자
新製品(신제품) 새로 제작한 물건
新築(신축) 새로 건축함

쓰기한자

新聞(신문) 새로운 소식
新鮮(신선) 새롭고 깨끗함
新人(신인) 사회에 새로 나타난 신진의 사람
新式(신식) 새로운 형식

神 6급 II
귀신 **신**
示 | 5획

비 祖(할아비 조)
동 鬼(귀신 귀)

번개처럼 일어나는(申) 힘을 두려워해 신령님을 제사하는(示) 것에서
신(神)을 의미한다.

읽기한자

神聖(신성) 신과 같이 성스러움
精神(정신) 마음이나 생각
神經(신경) 사물을 감각하거나 생각하는 힘
神技(신기) 매우 뛰어난 기술이나 재주

쓰기한자

神童(신동) 재주와 슬기가 남달리 썩 뛰어난 아이
神通(신통) 신기하게 깊이 통달함
失神(실신) 정신을 잃음

臣 5급 II
신하 **신**
臣 | 0획

비 巨(클 거)
반 君(임금 군) 王(임금 왕)
　 帝(임금 제) 皇(임금 황)
　 民(백성 민) 主(임금 주)

눈을 들어 위를 보는 모양으로 주인 앞에 부복하고 있는 사람, 부하(臣)를
의미한다.

읽기한자

武臣(무신) 신하 가운데 무관인 사람
逆臣(역신) 임금을 반역한 신하
忠臣(충신) 충성된 신하

쓰기한자

臣下(신하) 임금을 섬기어 벼슬하는 사람
功臣(공신) 국가에 공로가 있는 신하　　　　小臣(소신) 신분이 낮은 신하
使臣(사신) 임금이나 국가의 명령으로 외국에 심부름 가는 신하

申

납 **신**

田 | 0획

ㅂ 田(밭 전)
甲(갑옷 갑)
伸(펼 신)
동 告(알릴 고)

양손(臼)을 허리(丨)에 대고 몸을 펴는 모양에서 펴다(申)는 의미이다.

읽기한자

申告(신고) 국민이 법률상의 의무로서 행정 관청에 일정한 사실을 진술, 보고하는 일
申請(신청) 신고하여 청구함

室

8급

집 **실**

宀 | 6획

ㅂ 空(빌 공)
동 家(집 가) 堂(집 당)
屋(집 옥) 宅(집 택)
宇(집 우) 宙(집 주)
戶(집 호)

사람이 잠자는 침실은 집(宀) 안쪽에 있는(至) 것에서 방, 거처(室)를 의미한다.

읽기한자

密室(밀실) 비밀한 방
暗室(암실) 밀폐하여 광선이 들어가지 않도록 설비한 방
應接室(응접실) 손님을 응접하려고 특별히 정하여 놓은 방

쓰기한자

室內(실내) 방 안
客室(객실) 손님이 거처하게 하거나 응접하는 방
別室(별실) 딴 방
溫室(온실) 난방 장치가 된 방　　　入室(입실) 방에 들어감

失

6급

잃을 **실**

大 | 2획

ㅂ 矢(화살 시)
夫(지아비 부)
동 過(지날 과)
喪(잃을 상)
敗(패할 패)
반 得(얻을 득)

사람(人)이 큰(大) 실수를 하여 물건을 잃었다(失)는 의미이다.

읽기한자

失笑(실소) 자기도 모르게 나오는 웃음　　　失權(실권) 권리나 권세를 잃음
早失父母(조실부모) 어려서 부모를 여읨
失敗(실패) 일을 잘못하여 그르침

쓰기한자

失禮(실례) 언행이 예의에 벗어남　　　過失(과실) 잘못. 허물
失望(실망) 희망을 잃어버림　　　流失(유실) 떠내려가 없어짐
失言(실언) 실수로 잘못 말함
失格(실격) 자격을 잃음

實

5급 Ⅱ

열매 **실**

宀 | 11획

동 果(과실 과)
반 虛(빌 허)
空(빌 공)
약 実

집(宀) 안에 보물(貝)이 가득 채워 있는(毌) 것에서 가득차다, 정말, 알맹이(實)를 의미한다.

읽기한자

實錄(실록) 사실을 그대로 적은 기록
誠實(성실) 거짓이 없고 참됨
實態(실태) 있는 그대로의 상태
確實(확실) 틀림이 없음

쓰기한자

實感(실감) 실제의 느낌　　　實利(실리) 실지로 얻은 이익
實現(실현) 실제로 나타남　　　結實(결실) 열매가 맺힘
實話(실화) 실지로 있는 사실의 이야기

心	7급 마음 심 心 | 0획

반 身(몸 신)
己(몸 기)
體(몸 체)
동 情(뜻 정)
性(성품 성)

옛날 사람은 무언가를 생각하는 마음의 활용이 심장에 있다고 생각하여 마음(心)을 나타낸다.

읽기한자

心境(심경) 마음의 상태
心血(심혈) 가지고 있는 최대의 힘
都心(도심) 도회의 중심
自尊心(자존심) 제 몸을 굽히지 않고 스스로 높이는 마음

쓰기한자

心理(심리) 마음의 움직임
童心(동심) 어린이의 마음
作心三日(작심삼일) 결심이 삼일을 가지 못함

深	4급 II 깊을 심 氵(水) | 8획

비 探(찾을 탐)
반 淺(얕을 천)

물(氵)을 가득(罙) 채운 깊은(深) 곳이라는 의미이다.

읽기한자

深度(심도) 깊은 정도
深海(심해) 깊은 바다
深化(심화) 깊이 되어 감
水深(수심) 물의 깊이

十	8급 열 십 十 | 0획

동 拾(열 십)

1에서 10까지의 전부를 한 자루에 쥔 모양을 본떴다.

읽기한자

十二支(십이지) 60갑자의 아래 단위를 이루는 요소. (子(자), 丑(축),
　　　　　　寅(인), 卯(묘), 辰(진), 巳(사), 午(오), 未(미), 申(신),
　　　　　　酉(유), 戌(술), 亥(해))
十指(십지) 열 손가락

쓰기한자

十長生(십장생) 장생불사한다는 열 가지의 물건
十中八九(십중팔구) 열 가운데 여덟이나 아홉이 됨. 거의 다 됨.

兒	5급 II 아이 아 儿 | 6획

동 童(아이 동)
반 長(긴 장)
丈(어른 장)
약 児

아이(兒)의 머리(臼)와 다리(儿)의 모양을 합친 글자이다.

읽기한자

健兒(건아) 튼튼하고 씩씩한 사나이
快男兒(쾌남아) 시원하고 쾌활한 사내

쓰기한자

兒童(아동) 어린아이
育兒(육아) 어린아이를 기름
幸運兒(행운아) 좋은 운수를 만난 사람
風雲兒(풍운아) 좋은 기운을 타고 세상에 두각을 나타낸 사람

惡

5급 Ⅱ
악할 **악**
미워할 **오**
心 | 8획

- 비 恩(은혜 은) 悲(슬플 비)
- 동 憎(미워할 증)
- 반 善(착할 선) 愛(사랑 애)
  好(좋아할 호)
- 약 悪

비뚤어진 마음은 보기 싫은(亞) 마음(心)으로 좋지 않다, 나쁘다, 악하다(惡)는 의미이다.

읽기한자

惡談(악담) 남의 일을 나쁘게 말하는 것
惡黨(악당) 악한 무리
暴惡(포악) 사납고 악함
好惡(호오) 좋음과 싫음

쓰기한자

惡計(악계) 나쁜 꾀
害惡(해악) 해가 되는 나쁜 일

案

5급
책상 **안:**
木 | 6획

- 비 安(편안 안)
- 동 床(상 상)

음식을 먹을 때 편한(安) 자세로 먹을 수 있도록 나무(木)로 만든 탁자(案)를 의미한다.

읽기한자

案內(안내) 인도하여 일러줌
考案(고안) 어떠한 안을 생각해 냄
答案(답안) 시험 문제의 해답
代案(대안) 어떤 안에 대신할 안
法案(법안) 법률의 안건
立案(입안) 안을 세움
提案(제안) 의안을 제출함
創案(창안) 처음으로 생각해 냄

安

7급 Ⅱ
편안 **안**
宀 | 3획

- 비 案(책상 안)
- 동 寧(편안할 녕)
  全(온전 전)
  康(편안 강)
  便(편할 편)
- 반 危(위태할 위)

집안(宀)에 여인(女)이 있어 집을 지키면 가정이 평화롭다는 데서 편안하다(安)는 의미이다.

읽기한자

安置(안치) 안전하게 잘 둠
治安(치안) 나라를 편안하게 다스림

쓰기한자

安心(안심) 마음을 편안히 가라앉힘　　安全(안전) 평안하여 위험이 없음
安住(안주) 자리 잡고 편히 삶　　　　安着(안착) 무사히 도착함
問安(문안) 웃어른께 안부를 여쭘
便安(편안) 몸과 마음이 거북하지 않고 한결같이 좋다

眼

4급 Ⅱ
눈 **안:**
目 | 6획

- 비 眠(잠잘 면)
- 동 目(눈 목)

눈이 두 개 늘어서 있는 것, 즉 양쪽의 눈(眼)을 의미한다.

읽기한자

眼目(안목) 사물을 보고 분별하는 견식
開眼(개안) 눈을 뜨게 함
肉眼(육안) 안경을 쓰지 않고 직접 보는 눈
主眼(주안) 주되는 목표
血眼(혈안) 기를 쓰고 덤벼 충혈된 눈

暗 4급Ⅱ
어두울 **암:**
日 | 9획

비 音(소리 음)
동 冥(어두울 명)
　昏(어두울 혼)
반 明(밝을 명)
　朗(밝을 랑)
　昭(밝을 소)

입술과 혀 사이에 나오는 소리(音)처럼 햇빛(日)이 틈새에 어둡다(暗)는 의미이다.

읽기한자

暗記(암기) 머릿속에 외고 잊지 않음
暗算(암산) 기구를 쓰지 않고 머릿속으로 계산함
暗殺(암살) 몰래 사람을 죽임
暗示(암시) 넌지시 깨우쳐 줌
明暗(명암) 밝음과 어두움

壓 4급Ⅱ
누를 **압**
土 | 14획

비 厭(싫을 염)
동 抑(억누를 억)
　押(누를 압)
반 解(풀 해)
약 压

땅(土)을 싫어할(厭) 정도로 세게 누른다(壓)는 의미이다.

읽기한자

壓死(압사) 무거운 것에 눌려서 죽음
強壓(강압) 강한 힘으로 내려 누름
制壓(제압) 제어하여 누름

愛 6급
사랑 **애(:)**
心 | 9획

동 慈(사랑 자)
반 惡(미워할 오)
　憎(미울 증)

상대방의 마음(心)을 가슴으로 받는(受) 것이 사랑(愛)이란 의미이다.

읽기한자

愛唱曲(애창곡) 즐겨 부르는 곡
求愛(구애) 이성의 사랑을 구함

쓰기한자

愛國(애국) 자기 나라를 사랑함
愛用(애용) 즐겨 씀
愛着(애착) 사랑하고 아껴서 단념할 수가 없음
敬愛(경애) 공경하고 사랑함
友愛(우애) 형제 사이의 사랑

液 4급Ⅱ
진 **액**
氵(水) | 8획

비 夜(밤 야)

밤(夜)이 되고 나서 마시는 물(氵), 즉 술, 지금은 진액(液)을 의미한다.

읽기한자

液化(액화) 기체가 액체로 변하는 현상
液體(액체) 물, 기름처럼 일정한 체적은 있으나 일정한 형상이 없는 유동성 물질
樹液(수액) 나무껍질에서 분비하는 액

아

野
6급
들 야:
里 | 4획

비 豫(미리 예)
동 坪(들 평)
반 與(더불 여)

사람이 살고 있는 마을(里)에서 쭉 뻗어간(子) 곳의 풍경에서
넓은 들판(野)이란 의미이다.

읽기한자

野俗(야속) 박정하고 쌀쌀함
視野(시야) 눈의 보는 힘이 미치는 범위

쓰기한자

野望(야망) 분에 훨씬 넘치는 희망
野生(야생) 동식물이 산이나 들에서 저절로 남
廣野(광야) 너른 들
在野(재야) 벼슬길에 오르지 않고 민간에 있음

夜
6급
밤 야:
夕 | 5획

비 液(진 액)
반 晝(낮 주)
　午(낮 오)

사람(人)들이 집(亠)에서 휴식하는 것은 달(月)이 뜨는 밤(夜)이라는 의미이다.

읽기한자

夜景(야경) 밤의 경치
不夜城(불야성) 등불이 많아 밤에도 대낮처럼 밝은 곳
深夜(심야) 깊은 밤
前夜祭(전야제) 축제일 등의 전날 밤에 행하는 축제
除夜(제야) 섣달 그믐날 밤

쓰기한자

夜光(야광) 밤에 빛나는 빛
夜行(야행) 밤에 길을 감
晝夜(주야) 밤낮

弱
6급Ⅱ
약할 약
弓 | 7획

비 羽(깃 우)
반 強(강할 강)

새끼 새가 날개를 펼친 모양을 본떠서 약하다, 어리다(弱)는 의미이다.

읽기한자

弱勢(약세) 세력이 약함
弱肉強食(약육강식) 약한 사람은 강한 사람에게 먹힘
虛弱(허약) 힘이나 기운이 약함

쓰기한자

強弱(강약) 강함과 약함
老弱者(노약자) 늙은이와 약한 사람
弱化(약화) 세력이 약하여 짐

藥
6급Ⅱ
약 약
艹(艸) | 15획

비 樂(즐거울 락)
약 薬

병으로 열이 날 때 먹이면 편해지는(樂) 풀(艹)에서 약(藥)을 의미한다.

읽기한자

眼藥(안약) 눈병을 고치는 데 쓰는 약
製藥(제약) 약을 제조함
齒藥(치약) 이를 닦는데 쓰는 약

쓰기한자

藥果(약과) 감당하기 어렵지 않은 일
藥物(약물) 약재가 되는 물질
藥用(약용) 약으로 씀
藥材(약재) 약을 짓는 재료
韓藥(한약) 한방에서 쓰는 의약

約

5급 II
맺을 **약**
糸 | 3획

비 給(줄 급)
級(등급 급)
동 束(묶을 속)
結(맺을 결)
契(맺을 계)
반 解(풀 해)

실(糸)을 꾸러미(丶)에 감아(勹) 묶는다(約)는 의미이다.

읽기한자

期約(기약) 때를 정하여 약속함
密約(밀약) 비밀히 약속함
制約(제약) 조건을 붙임

쓰기한자

約束(약속) 장래의 할 일에 관해 상대방과 서로 언약하여 정함
約定(약정) 일을 약속하여 정함
節約(절약) 아껴 씀
集約(집약) 한데 모아서 요약함

洋

6급
큰바다 **양**
氵(水) | 6획

비 羊(양 양)
注(물댈 주)
동 滄(큰바다 창)

양(羊) 몸에 나 있는 털처럼 강(氵)이 갈래갈래 나뉘었다가 흘러가는 넓은 바다(洋)를 의미한다.

읽기한자

洋屋(양옥) 서양식으로 지은 집
輕洋食(경양식) 간단한 서양식 일품요리

쓰기한자

洋洋(양양) 바다가 한없이 넓음
大洋(대양) 큰 바다

陽

6급
볕 **양**
阝(阜) | 9획

비 揚(날릴 양)
동 景(볕 경)
반 陰(그늘 음)

절벽(阝)에 온화한 해(日)가 비추고 있는 것(勿)에서 양지, 양달(陽)을 의미한다.

읽기한자

陽極(양극) 서로 대립되는 두 개의 전극 중 전위(電位)가 높은 쪽의 극
陰陽(음양) 천지 만물을 만들어내는 상반하는 성질의 두 가지 기운

쓰기한자

陽氣(양기) 만물이 움직이거나 또는 살아나려고 하는 기운
陽性(양성) 적극적인 성질
夕陽(석양) 저녁때의 해

養

5급 II
기를 **양:**
食 | 6획

동 育(기를 육)
飼(기를 사)

양(羊)은 풀을 먹여(食) 기른다(養)는 의미이다.

읽기한자

修養(수양) 심신을 닦아 지덕을 계발함
保養(보양) 몸과 마음을 휴양하여 건강을 보전하고 활력을 기름

쓰기한자

養成(양성) 길러 냄
養育(양육) 부양하여 기름
教養(교양) 가르쳐 기름
入養(입양) 양친과 양자로서의 친자 관계를 맺는 법률 행위

羊 4급Ⅱ
양 양
羊 | 0획

비 美(아름다울 미)
　洋(큰바다 양)

양(羊)의 머리를 본떴다.

읽기한자

羊毛(양모) 양의 털
羊肉(양육) 양 고기
九折羊腸(구절양장) 산길 따위가 양의 창자처럼 꼬불꼬불하고 험함
山羊(산양) 염소

魚 5급
고기/물고기 어
魚 | 0획

비 漁(고기잡을 어)

물고기의 모습을 본떴다.

읽기한자

魚類(어류) 물고기의 무리
魚物(어물) 가공하여 말린 해산물
人魚(인어) 상반신은 인체, 하반신은 물고기와 같다는 상상의 동물
活魚(활어) 살아 있는 물고기

語 7급
말씀 어:
言 | 7획

동 言(말씀 언)
　談(말씀 담)
　話(말씀 화)
　說(말씀 설)
　辯(말씀 변)
　辭(말씀 사)

너와 내(吾)가 서로 입으로 말(言)을 나눈다는 것에서 얘기하다,
말(語)을 의미한다.

읽기한자

俗語(속어) 통속적인 저속한 말
密語(밀어) 남이 못 알아 듣게 비밀히 하는 말
語義(어의) 말의 뜻

쓰기한자

語感(어감) 말이 주는 느낌　　　　語法(어법) 말의 조직에 관한 법칙
口語(구어) 일상 회화에서 쓰는 말　外來語(외래어) 국어화한 외국어
敬語(경어) 공경하는 뜻을 나타내는 말
流行語(유행어) 어떤 기간 동안 여러 사람들에게 많이 쓰이는 말

漁 5급
고기잡을 어
氵(水) | 11획

비 魚(고기 어)

물(氵) 속에 숨어버린 물고기(魚)를 잡는 것에서 고기잡이, 사냥(漁)을
의미한다.

읽기한자

漁夫(어부) 물고기 잡이를 업으로 하는 사람
漁船(어선) 고기잡이하는 배
漁場(어장) 고기잡이를 하는 곳
漁港(어항) 물고기를 기르는 데 쓰는 유리로 만든 항아리
出漁(출어) 물고기를 잡으러 나감

億
5급
억 억
亻(人) | 13획

비 意(뜻 의)

옛날 사람(人)들이 생각할(意) 수 있는 가장 큰 수가 억(億)이란 의미이다.

읽기 한자

億變(억변) 한 없이 변화함
數億(수억) 억의 두 서너 배가 되는 수
億萬長者(억만장자) 몇 억대의 재산을 가진 사람

言
6급
말씀 언
言 | 0획

동 語(말씀 어)
　 談(말씀 담)
　 話(말씀 화)
　 說(말씀 설)
　 辯(말씀 변)
　 辭(말씀 사)

마음(忄)에 있는 바를 입(口)으로 말한다(言)는 의미이다.

읽기 한자

極言(극언) 극단적으로 말함
有口無言(유구무언) 입은 있으나 할 말이 없음

쓰기 한자

言約(언약) 말로 약속함
格言(격언) 교훈이 될 만한 짧은 말
過言(과언) 지나친 말
形言(형언) 형용하여 말함

아

業
6급 II
업 업
木 | 9획

동 務(힘쓸 무)

북을 올려놓은 받침대를 본떴는데, 받침대를 조각하는 것을 일삼는다 하여
일(業)을 의미한다.

읽기 한자

業務(업무) 직업으로 행하는 직무
副業(부업) 본업 외에 갖는 직업
創業(창업) 사업을 시작함

쓰기 한자

業體(업체) 사업이나 기업의 주체
分業(분업) 손을 나누어서 일함
課業(과업) 배당된 업무 또는 학과
生業(생업) 살아가기 위해 하는 일

餘
4급 II
남을 여
食 | 7획

비 除(덜 제)
　 徐(천천히 서)
동 裕(넉넉할 유)
　 暇(틈 가) 遺(남길 유)
　 剩(남을 잉) 殘(남을 잔)
약 余

밥(食)을 먹다가 남긴다(余)는 데서 남다, 나머지(餘)을 의미한다.

읽기 한자

餘念(여념) 딴 생각
餘生(여생) 나머지의 목숨
餘力(여력) 일을 하고 난 나머지의 힘
餘波(여파) 주위나 후세에 끼치는 영향

如 | 같을 여 | 4급Ⅱ
女 | 3획

[동] 若(같을 약)
[반] 異(다를 이)
　　 差(다를 차)
　　 他(다를 타)

부인(女)의 말(口)은 그의 남편과 같다(如)는 의미이다.

읽기 한자

如前(여전) 전과 같다
缺如(결여) 빠져서 없음

逆 | 거스를 역 | 4급Ⅱ
辶(辵) | 6획

[반] 順(순할 순)

물구나무 선 형태(屰)에서 가야(辶)만 할 사람이 거꾸로 된 모양(逆)을 의미한다.

읽기 한자

逆境(역경) 일이 뜻대로 되지 않는 불행한 처지
逆流(역류) 물이 거슬러 흐름
逆順(역순) 거꾸로 된 순서
逆風(역풍) 거슬러 부는 바람

然 | 그럴 연 | 7급
灬(火) | 8획

[비] 燃(탈 연)
[반] 否(아닐 부)

불(灬)로 개(犬)고기(肉)를 그을려 태워(然) 먹는 일은 당연(然)하기에
그러하다(然)는 의미이다.

읽기 한자

未然(미연) 아직 그렇게 되지 아니함
斷然(단연) 굳게 마음먹어 움직이지 않는 모양

쓰기 한자

當然(당연) 이치로 보아 마땅함
本然(본연) 본디 그대로의 자연
果然(과연) 빈말이 아니라 정말로
必然(필연) 그리 되는 수밖에 다른 도리가 없음

煙 | 연기 연 | 4급Ⅱ
火 | 9획

불(火)을 때면 흙(土) 위에 세운 굴뚝(襾)에서 연기(煙)가 나온다는 의미이다.

읽기 한자

煙氣(연기) 물건이 탈 때에 나는 기체
禁煙(금연) 담배를 피우지 못하게 함
無煙炭(무연탄) 태워도 연기가 안 나는 석탄
愛煙家(애연가) 담배를 즐기는 사람
黑煙(흑연) 시꺼먼 연기

演 펼 연:
氵(水) | 11획

4급Ⅱ

비 寅(호랑이 인)
동 展(펼 전)
　伸(펼 신)

흐르는 물(氵)의 형상에서 생각한 후에 작업을 한다(寅)고 하여
해보다(演)는 의미이다.

📖읽기한자

演技(연기) 연극, 곡예 등의 기예를 보이는 일
講演(강연) 일정한 주제로 청중 앞에서 이야기함
熱演(열연) 열렬하게 연기함
助演(조연) 주연의 연기를 보조함

研 갈 연:
石 | 6획

4급Ⅱ

동 磨(갈 마)
　修(닦을 수)
　究(연구할 구)
약 研

돌(石)의 울퉁불퉁한 것을 없애기 위해 평평하게(幵) 깎은 것에서
연마하다(研)는 의미이다.

📖읽기한자

研究(연구) 일이나 사물에 대하여 조사하고 생각하여 진리를 알아냄
研修(연수) 연구하고 닦음

熱 더울 열
灬(火) | 11획

5급

비 勢(세력 세)
　藝(재주 예)
동 暑(더울 서)
반 寒(찰 한)
　冷(찰 냉)

토지(坴)에 심은 작물이 잘 자라듯이, 불(灬)이 기세좋게(丸) 뜨겁다(熱)는
의미이다.

📖읽기한자

熱氣(열기) 뜨거운 기운
熱量(열량) 열을 에너지의 양으로 나타낸 것
熱望(열망) 열렬히 바람
熱誠(열성) 열렬한 정성
熱演(열연) 열렬하게 연기함
斷熱(단열) 열의 전도를 막음
以熱治熱(이열치열) 열은 열로써 다스림

葉 잎 엽
艹(艸) | 9획

5급

나뭇가지(木)에 붙어 떨어지면 또 생겨나는(世) 풀(艹)의 잎(葉)을 나타내는
의미이다.

📖읽기한자

觀葉植物(관엽식물) 보고 즐기기 위하여 재배하는 식물
官製葉書(관제엽서) 정부에서 만들어 파는 엽서
末葉(말엽) 맨 끝 무렵의 시대
秋風落葉(추풍낙엽) 가을바람에 흩어져 떨어지는 낙엽

英 꽃부리 영 6급
++(艸) | 5획

동 特(특별할 특)

풀(艹)이 성장하여 한복판(央)에 멋있는 꽃이 피는 형상에서
꽃부리(英)라는 의미이다.

읽기한자
英斷(영단) 지혜롭고 용기 있는 결단
英雄(영웅) 지력과 재능이 뛰어나 대업을 성취한 사람
英賢(영현) 뛰어나고 슬기로움

쓰기한자
英才(영재) 탁월한 재주
英特(영특) 영걸스럽고 특별함
育英(육영) 영재를 가르쳐 기름

永 길 영: 6급
水 | 1획

비 水(물 수)
　 氷(얼음 빙)
동 長(긴 장)
　 遠(멀 원)
반 短(짧을 단)

강물의 흐름이 지류에 합치기도 하면서 흘러내려 바다로 가는 형태에서
길다(永)는 의미이다.

읽기한자
永續(영속) 오래 계속함
永住權(영주권) 그 나라에 영주할 수 있는 권리

쓰기한자
永生(영생) 영원토록 삶
永遠(영원) 한없이 오래 계속 되는 일

榮 영화 영 4급Ⅱ
木 | 10획

비 營(경영할 영)
동 華(빛날 화)
반 辱(욕될 욕)
약 栄

빛(炏)이 주위를 밝게 감싸듯이(冖) 안개꽃이 나무(木)에 피어 있어
번영(榮)을 의미한다.

읽기한자
榮光(영광) 빛나는 영예
榮達(영달) 지위가 높고 귀하게 됨
虛榮(허영) 필요 이상의 겉치레

藝 재주 예: 4급Ⅱ
++(艸) | 15획

비 熱(더울 열)
　 勢(세력 세)
동 技(재주 기)
　 才(재주 재)
　 術(재주 술)
약 芸, 藝

식물(艹)을 심고 가꾸는 데는 기술이 필요하다 하여 재주, 기예(藝)라는
의미이다.

읽기한자
藝能(예능) 예술과 기능
工藝(공예) 공작에 관한 예술
技藝(기예) 기술상의 재주와 솜씨
文藝(문예) 학문과 기예
園藝(원예) 채소, 과수 등을 집약적으로 재배하는 일

五

8급
다섯 **오:**
二 | 2획

한쪽 손의 손가락을 전부 편 모양을 본떴다.

읽기 한자

五味子(오미자) 오미자나무의 열매
五指(오지) 다섯 손가락
五寶(오보) 다섯 가지 보물

쓰기 한자

五感(오감) 다섯 가지 감각
五福(오복) 다섯 가지 복

午

7급 Ⅱ
낮 **오:**
十 | 2획

비 牛(소 우)
동 晝(낮 주)
반 夜(밤 야)

열두(十二) 시를 가리키는 시계 바늘 모양으로 정오의 낮(午)을 의미한다.

읽기 한자

端午(단오) 음력 5월 5일의 명절
午熱(오열) 한 낮의 뜨거운 기운

쓰기 한자

午前(오전) 밤 0시부터 낮 12시까지의 사이
子午線(자오선) 어떤 지점에서 정북과 정남을 통해 천구에 상상으로 그은 선
正午(정오) 낮의 열두 시

誤

4급 Ⅱ
그르칠 **오:**
言 | 7획

동 過(지날 과)
　 謬(그르칠 류)

큰소리(吳)로 호언장담하는 말(言)일수록 그릇되기(誤) 쉽다는 의미이다.

읽기 한자

誤答(오답) 잘못된 대답을 함
誤算(오산) 잘못 셈함
誤認(오인) 잘못 보거나 생각함
誤解(오해) 그릇 해석함

屋

5급
집 **옥**
尸 | 6획

비 居(살 거)
동 家(집 가) 館(집 관)
　 堂(집 당) 室(집 실)
　 宅(집 택) 院(집 원)

사람(尸)이 찾아오면 머무는(至) 곳, 즉 침식하는 것에서 집, 주거(屋)를 의미한다.

읽기 한자

屋舍(옥사) 집, 가옥
屋上(옥상) 지붕의 위
屋外(옥외) 집의 밖
屋除(옥제) 집의 입구의 층층대
家屋(가옥) 사람이 사는 집
社屋(사옥) 회사의 건물
洋屋(양옥) 서양식으로 지은 집

玉 4급Ⅱ
구슬 옥
玉 | 0획

[비] 王(임금 왕)
主(주인 주)
[동] 珠(구슬 주)

세 개의 구슬을 끈으로 꿴 모양을 본뜬 글자로, 王자와 구별하기 위하여 점을 찍었다.

읽기한자

白玉(백옥) 흰 빛깔의 옥
玉童子(옥동자) 옥같이 예쁜 어린 아들
玉體(옥체) 임금의 몸

溫 6급
따뜻할 온
氵(水) | 10획

[동] 暖(따뜻할 난)
[반] 冷(찰 냉)
寒(찰 한)
凍(얼 동)
[약] 温

찬 음식을 쪄서 따뜻이(昷) 하듯이 물(氵)을 데우는 것에서 따뜻하다(溫)는 의미이다.

읽기한자

保溫(보온) 일정한 온도를 보전함
常溫(상온) 늘 일정한 온도
溫故知新(온고지신) 옛 것을 연구해 새 지식이나 견해를 찾아냄

쓰기한자

溫氣(온기) 따뜻한 기운   溫度(온도) 덥고 찬 정도
溫情(온정) 따뜻한 인정   氣溫(기온) 대기의 온도
溫順(온순) 성질, 마음씨가 온화하고 양순함

完 5급
완전할 완
宀 | 4획

[비] 宗(마루 종)
宅(집 택)
[동] 全(온전할 전)

담의 토대(元)를 잘 하여 쌓고 지붕(宀)을 해 씌운다는 데서 완전하다(完)는 의미이다.

읽기한자

完結(완결) 완전하게 끝을 맺음
完勝(완승) 완전하게 승리함
完製品(완제품) 완전히 만들어진 물품
完快(완쾌) 병이 완전히 나음
完敗(완패) 완전하게 패배함
完備(완비) 빠짐없이 완전히 구비함
完全(완전) 부족함이 없음
完治(완치) 병을 완전히 고침
未完(미완) 끝을 다 맺지 못함

王 8급
임금 왕
王 | 0획

[비] 玉(구슬 옥)
[동] 君(임금 군)
帝(임금 제)
皇(임금 황)
[반] 臣(신하 신)

하늘과 땅과 인간(三)을 통치하는(丨) 임금(王)을 의미한다.

읽기한자

王權(왕권) 국왕의 권력
王宮(왕궁) 임금의 궁전

쓰기한자

王家(왕가) 왕의 집안
王國(왕국) 왕을 통치자로 하는 나라
王道(왕도) 왕이 마땅히 지켜야 할 일
王命(왕명) 임금의 명령
王朝(왕조) 왕이 직접 다스리는 조정

往 4급Ⅱ 갈 왕: 彳 | 5획 비 住(살 주) 동 去(갈 거) 반 來(올 래) 　復(회복할 복)	풀이 자라듯이(主) 기세 좋게 쑥쑥 앞으로 나아가(彳)는 것에서 지나가다(往)는 의미이다. **읽기한자** 往來(왕래) 오고 감 往復(왕복) 갔다가 돌아옴 說往說來(설왕설래) 서로 변론하여 옥신각신 함 右往左往(우왕좌왕) 이랬다 저랬다 갈팡질팡 함
外 8급 바깥 외: 夕 | 2획 반 內(안 내)	저녁(夕)때 거북이 등을 두드려서 점(卜)을 치면 줄금이 바깥쪽에 생겨 바깥(外)을 의미한다. **읽기한자** 外貨(외화) 외국의 화폐 列外(열외) 늘어선 줄의 밖 除外(제외) 어떤 범위 밖에 둠 **쓰기한자** 外界(외계) 바깥 세계　　　　　外出(외출) 밖에 나감 意外(의외) 뜻밖　　　　　　　野外(야외) 들판 外面(외면) 보기를 꺼려 얼굴을 돌려 버림
要 5급Ⅱ 요긴할 요(:) 襾 | 3획 동 緊(긴할 긴) 　求(구할 구)	여자(女)가 두 손으로 허리(腰)를 잡고 있는 모양을 본 뜬 글자로 중요하다(要)는 의미이다. **읽기한자** 要件(요건) 중요한 용건　　要求(요구) 강력히 청하여 구함 要員(요원) 필요한 인원　　要素(요소) 사물의 성립에 필요 불가결한 성분 要職(요직) 중요한 직위 **쓰기한자** 要望(요망) 구하여 바람　　　　要注意(요주의) 주의가 필요함 強要(강요) 강제로 요구함　　　　主要(주요) 주되고 중요함 必要(필요) 꼭 소용이 있음
曜 5급 빛날 요: 日 | 14획 동 華(빛날 화) 　熙(빛날 희)	새(隹)가 날아오를 때의 날개(羽)의 아름다움처럼 햇빛(日)이 높이 빛나다(曜)는 의미이다. **읽기한자** 曜日(요일) 일, 월, 화, 수, 목, 금, 토의 각 날을 이르는 말 火曜日(화요일) 7요일의 하나. 일요일로부터 셋째 날

謠 4급Ⅱ
노래 요
言 | 10획

고기(月)와 술독의 질그릇(缶)을 앞에 놓고 말(言)을 길게 하면서
노래한다(謠)는 의미이다.

[동] 歌(노래 가)
曲(굽을 곡)
樂(노래 악)
[약] 谣

읽기한자

歌謠(가요) 악가와 속요
童謠(동요) 어린이의 정서를 표현한 노래
民謠(민요) 민중 속에서 오랫동안 전해 내려온 노래의 총칭

浴 5급
목욕할 욕
氵(水) | 7획

옛날 계곡(谷) 사이를 흘러내리는 물(氵)로 씻어 정화한 것에서 맞다,
씻다(浴)는 의미이다.

[비] 谷(골 곡)
俗(풍속 속)
[동] 沐(목욕할 목)

읽기한자

浴佛日(욕불일) 석가탄신일
浴室(욕실) 목욕실
日光浴(일광욕) 온 몸을 햇빛에 쬐어 건강을 증진시키는 일

勇 6급Ⅱ
날랠 용:
力 | 7획

힘(力)이 용솟음(甬) 쳐서 행동이 날래고 용감하다(勇)는 의미이다.

[비] 男(사내 남)
[동] 猛(사나울 맹)
敢(감히 감)

읽기한자

勇斷(용단) 용기를 가지고 결단함
武勇談(무용담) 싸움에서 용감하게 공을 세운 이야기

쓰기한자

勇氣(용기) 씩씩한 의기
勇士(용사) 용맹스러운 사람

用 6급Ⅱ
쓸 용:
用 | 0획

무엇인가 물건을 만들 때 산산히 흩어지지 않도록 못을 사용하여
이용하다(用)는 의미이다.

[동] 費(쓸 비)
需(쓸 수)

읽기한자

起用(기용) 어떠한 사람을 높은 벼슬에 씀
常用(상용) 일상적으로 사용함

쓰기한자

用法(용법) 사용하는 방법
使用(사용) 물건을 쓰거나 사람을 부림
通用(통용) 일반에 두루 사용함
公用(공용) 공적인 용무
活用(활용) 이리저리 잘 응용함

容 4급 II
얼굴 용
宀 | 7획

동 顔(낯 안)
面(낯 면)

계곡(谷)물이 넓은 강물에 합쳐지는 여울목처럼 집(宀) 앞이 넓어 넣다(容)는 의미이다.

읽기한자

容器(용기) 물건을 담는 그릇
內容(내용) 사물의 속내 또는 실속
受容(수용) 받아들임
美容(미용) 용모를 아름답게 단장함
許容(허용) 허락하고 용납함

右 7급 II
오를/오른(쪽) 우:
口 | 2획

비 古(예 고)
石(돌 석)
반 左(왼 좌)

밥을 먹을 때 음식물을 입(口)으로 나르는(ナ) 손의 모습에서 오른쪽(右)을 의미한다.

읽기한자

右往左往(우왕좌왕) 이랬다 저랬다 갈팡질팡 함
極右(극우) 극단적인 우익 사상

쓰기한자

左右(좌우) 왼편과 오른편

아

雨 5급 II
비 우:
雨 | 0획

비 兩(두 량)

드리워져 있는 구름에서 비(雨)가 내리는 모양을 나타낸다.

읽기한자

雨期(우기) 일 년 중에서 비가 가장 많이 오는 시기
雨量(우량) 비가 온 분량
雨備(우비) 비를 가리는 여러 도구
暴雨(폭우) 갑자기 쏟아지는 비

쓰기한자

雨天(우천) 비가 오는 날
過雨(과우) 지나가는 비
多雨(다우) 많은 비

友 5급 II
벗 우:
又 | 2획

비 反(돌이킬 반)
동 朋(벗 붕)

두 사람이 손(ナ)을 서로 잡고 서로(又) 돕는 것에서 벗(友)을 의미한다.

읽기한자

竹馬故友(죽마고우) 어렸을 때부터의 친한 벗
友好(우호) 서로 사이가 좋음

쓰기한자

友情(우정) 벗 사이의 정
級友(급우) 같은 학급에서 배우는 벗
社友(사우) 한 회사에서 함께 일하는 동료
校友(교우) 동창의 벗

牛

5급

소 우

牛 | 0획

비 午(낮 오)
　年(해 년)
동 丑(소 축)

소의 머리 모양을 본떴다.

읽기 한자

牛耳讀經(우이독경) 쇠귀에 경 읽기
九牛一毛(구우일모) 많은 가운데서 가장 적은 것의 비유
牛黃(우황) 소의 쓸개에 병적으로 뭉친 덩어리

運

6급 II

옮길 운:

辶(辵) | 9획

비 連(이을 련)
동 移(옮길 이)
　動(움직일 동)
　遷(옮길 천)

병사(軍)들이 전차를 끌면서 걸어가(辶)는 모습에서 나르다, 옮기다(運)는
의미이다.

읽기 한자

運航(운항) 배나 항공기가 항로를 운행함
悲運(비운) 슬픈 운명

쓰기 한자

運動(운동) 돌아다니며 움직임
運行(운행) 운전하며 진행함
氣運(기운) 시세가 돌아가는 형편
國運(국운) 나라의 운명
通運(통운) 물건을 실어서 운반함

雲

5급 II

구름 운

雨 | 4획

비 雪(눈 설)
　電(번개 전)

비(雨)를 내리게 하는 뭉게뭉게 구름(云)의 형태에서 구름(雲)을 의미한다.

읽기 한자

暗雲(암운) 이내 비가 내릴 것 같은 검은 구름
星雲(성운) 엷은 구름같이 보이는 별

쓰기 한자

雲集(운집) 구름처럼 많이 모임
雲海(운해) 구름이 덮인 바다
戰雲(전운) 전쟁이 일어나려는 험악한 병세
風雲兒(풍운아) 좋은 기운을 타고 세상에 두각을 나타낸 사람
靑雲(청운) 푸른 빛깔의 구름

雄

5급

수컷 웅

佳 | 4획

반 雌(암컷 자)

큰(大) 부리(厶)가 있는 새(隹)란 데서 수컷(雄)을 의미한다.

읽기 한자

雄大(웅대) 웅장하고 규모가 큼
雄飛(웅비) 기세 좋고 씩씩하게 활동함
英雄(영웅) 지력과 재능이 뛰어나 대업을 성취한 사람

園

6급
동산 **원**
口 | 10획

圓(둥글 원)
團(둥글 단)

밭의 과일(袁)을 품안에 감추려는 듯한 기분으로 울타리(囗)를 하여
정원(園)을 의미한다.

읽기한자
園藝(원예) 채소, 과일, 화초 따위를 심어서 가꾸는 일이나 기술
田園(전원) 논밭과 동산. 시골

쓰기한자
園兒(원아) 유치원에 다니는 아이
果樹園(과수원) 과수를 기업적으로 재배하는 곳
庭園(정원) 집안의 뜰
花園(화원) 꽃을 심은 동산

遠

6급
멀 **원:**
辶(辵) | 10획

遼(멀 요)
悠(멀 유)
近(가까울 근)
逺

품안에 물건을 넣고(袁) 멀리에 보내는(辶) 것에서 멀다(遠)는 의미이다.

읽기한자
遠視(원시) 먼 곳까지 보임
遠景(원경) 멀리서 보는 경치
深遠(심원) 내용이 쉽게 헤아릴 수 없이 깊고 오묘함

쓰기한자
遠近(원근) 멀고 가까움
遠洋(원양) 육지에서 멀리 떨어진 넓은 바다
永遠(영원) 한없이 오래 지속되는 일

元

5급Ⅱ
으뜸 **원**
儿 | 2획

完(완전할 완)
霸(으뜸 패)

사람(儿)의 가장 위(二)에 있는 머리이며, 머리가 근원이라는 것에서
처음(元)을 의미한다.

읽기한자
元素(원소) 집합을 이루는 낱낱의 요소
復元(복원) 원래대로 만듦
高次元(고차원) 차원이 높음

쓰기한자
元來(원래) 본디
元祖(원조) 어떤 일을 시작한 사람
元老(원로) 연령, 덕망, 관직이 높은 공신
元首(원수) 국가 원수

願

5급
원할 **원:**
頁 | 10획

望(바랄 망)
希(바랄 희)

벼랑(厂) 아래를 흐르는 냇물(泉)에 얼굴(頁)을 비쳐보며 예뻐지도록
염원, 부탁(願)을 의미한다.

읽기한자
願望(원망) 원하고 바람
願書(원서) 허가를 얻기 위하여 내는 서류
宿願(숙원) 오랜 소원
民願(민원) 국민의 소원이나 청원
念願(염원) 내심에 생각하고 원함
請願(청원) 청하고 원함
祝願(축원) 일이 이루어지기를 빌고 바람

原

5급

언덕 **원**

厂 | 8획

- 비 源(근원 원)
- 동 丘(언덕 구)
  陵(언덕 릉)
  阿(언덕 아)
  岸(언덕 안)

벼랑(厂) 아래의 샘물(泉) 형태로 물이 솟아 흐르는 원천, 일어남(原)을 의미한다.

읽기한자

原價(원가) 본디 사들일 때의 값
原理(원리) 사물의 근본이 되는 법칙
原料(원료) 제조, 가공의 재료
原論(원론) 근본이 되는 이론
原色(원색) 모든 색의 기본이 되는 색
原因(원인) 어떤 사실의 근본인 까닭
復原(복원) 원래대로 회복함

院

5급

집 **원**

阝(阜) | 7획

- 비 完(완전할 완)
- 동 家(집 가) 堂(집 당)
  室(집 실) 屋(집 옥)
  宅(집 택) 戶(집 호)

완전히(完) 집을 둘러쌓은 흙담(阝)에서 유래하여 담장 안의 정원으로 건물(院)을 의미한다.

읽기한자

開院(개원) 학원, 병원 등을 처음으로 엶
寺院(사원) 절이나 암자
上院(상원) 양원제 국회에 있어 하원과 함께 조직된 입법 기관
議院(의원) 국정을 심의하는 곳
醫院(의원) 병자를 치료하기 위해 특별한 시설을 한 집
支院(지원) 지방 법원, 가정 법원 등에 따로 분설된 하부 기관
退院(퇴원) 입원했던 환자가 병원에서 물러나옴

員

4급 II

인원 **원**

口 | 7획

- 비 音(소리 음)
- 약 貟

옛날 조개(貝)는 돈인데 역사와 더불어 진짜 둥근(口) 돌이 생겨 돈을 세는 의미로 바뀌었다.

읽기한자

減員(감원) 인원수를 줄임
缺員(결원) 정원에서 사람이 빠져 모자람
滿員(만원) 정한 인원이 다 참
要員(요원) 중요한 지위에 있는 임원
充員(충원) 인원을 채움

圓

4급 II

둥글 **원**

口 | 10획

- 비 園(동산 원)
  團(둥글 단)
- 동 團(둥글 단)
  丸(둥글 환)

원래 조개(貝)가 돈인데, 진짜 돈이 생기면서 사람 손에서 돌게 된 데에서 둥글다(圓)는 의미이다.

읽기한자

圓滿(원만) 모난 데가 없이 온화함
圓卓(원탁) 둥근 탁자
一圓(일원) 일대(一帶) 어떤 지역의 전부

月 8급 달 월
月 | 0획

비 日(날 일)
  目(눈 목)
반 日(날 일)

산의 저편에서 나오는 초승달의 모습을 본떴다.

읽기한자

月給(월급) 다달이 받는 정해진 봉급
月次(월차) 매달
滿月(만월) 가장 완전하게 둥근 달
虛送歲月(허송세월) 하는 일 없이 세월만 헛되이 보냄

쓰기한자

月例(월례) 매월 행하는 정례(定例)
月食(월식) 지구가 태양과 달의 사이에 들어가 달의 일부 또는 전부가
      지구의 그림자에 가려 안 보이게 되는 현상

偉 5급 II 클 위
亻(人) | 9획

동 大(큰 대)
  巨(클 거)
  太(클 태)
  弘(클 홍)
반 小(작을 소)

사람(人)들이 둘레에 모여드니(韋) 뛰어난(偉) 사람이란 의미이다.

읽기한자

偉容(위용) 훌륭하고 뛰어난 용모나 모양

쓰기한자

偉大(위대) 뛰어나고 훌륭함
偉力(위력) 위대한 힘
偉業(위업) 위대한 사업이나 업적
偉人(위인) 위대한 사람

位 5급 자리 위
亻(人) | 5획

비 他(다를 타)
동 座(자리 좌)
  席(자리 석)

옛날은 신분(亻)에 의해서 서(立)는 장소가 정해져 있었다는 데서
위치(位)를 의미한다.

읽기한자

位置(위치) 자리
單位(단위) 수량을 계산할 때 비교, 기준이 되는 표준
高位(고위) 높고 귀한 지위
部位(부위) 전체에 대한 부분의 위치
同位(동위) 같은 위치
方位(방위) 어떠한 방향의 위치
地位(지위) 신분에 따르는 어떠한 자리나 계급

爲 4급 II 하/할 위(:)
爪 | 8획

비 僞(거짓 위)
약 為

손(爪)과 몸(尸)을 새(鳥)처럼 움직여 나라를 위하여(爲) 어떤 일을
한다(爲)는 의미이다.

읽기한자

爲政者(위정자) 정치를 하는 사람
當爲(당위) 마땅히 있어야 할 것
無作爲(무작위) 선택의 의지를 가하지 않는 일
行爲(행위) 사람이 행하는 짓

衛	4급Ⅱ
	지킬 **위**
	行 | 9획

图 防(막을 방)
　守(지킬 수)
　護(보호할 호)
　保(지킬 보)

성 주위(韋)를 빙빙돌며(行) 경계를 하는 병사에 비유해서 지키는
사람(衛)을 의미한다.

읽기한자

衛生(위생) 건강의 보전, 증진을 도모하고 질병의 예방, 치유에 힘쓰는 일
衛星(위성) 행성의 주위를 운행하는 별
防衛(방위) 막아서 지킴
護衛(호위) 따라다니며 보호하여 지킴

有	7급
	있을 **유:**
	月 | 2획

비 右(오른 우)
图 存(있을 존)
　在(있을 재)
반 無(없을 무)

손(厂)에 고기(月)를 가지고 있다(有)는 의미이다.

읽기한자

有權者(유권자) 선거권을 가진 사람
保有(보유) 가지고 있음
有益(유익) 이롭거나 이익이 있음

쓰기한자

有能(유능) 재능이 있음
有力(유력) 힘이 있음
有事時(유사시) 비상한 일이 생겼을 때
有實樹(유실수) 유용한 열매를 맺는 나무

由	6급
	말미암을 **유**
	田 | 0획

비 田(밭 전)
　申(펼 신)
　甲(갑옷 갑)

나무 가지에 달린 열매의 모양으로, 열매가 나무 가지로 말미암아(由)
달린다는 의미이다.

읽기한자

經由(경유) 거치어 지나감

쓰기한자

由來(유래) 사물의 연유하여 온 바
事由(사유) 일의 까닭
自由(자유) 남에게 구속을 받거나 무엇에 얽매이지 않고 제 마음대로 행동함

油	6급
	기름 **유**
	氵(水) | 5획

비 由(말미암을 유)
图 脂(기름 지)

나무 열매를 짜내 받은 액체(由)로 물(氵)보다 진하고 끈끈한 상태인
기름(油)을 의미한다.

읽기한자

油印物(유인물) 등사한 물건
豆油(두유) 콩기름
燈油(등유) 등불을 켜는 데 쓰는 기름
精油(정유) 석유를 정제함
原油(원유) 정제하지 않은 석유

쓰기한자

産油國(산유국) 원유를 생산하는 나라
注油(주유) 자동차 등에 휘발유 따위를 주입함

育
7급
기를 　육
月(肉) | 4획

비 骨(뼈 골)
동 養(기를 양)
　飼(기를 사)

물구나무선 어린이(子)는 약한 아이로, 고기(肉)를 먹여서 건강하게
키운다(育)는 의미이다.

읽기한자

保育(보육) 어린애를 돌봐 기름

쓰기한자

育成(육성) 길러 냄
生育(생육) 낳아서 기름
訓育(훈육) 가르쳐 기름
發育(발육) 발달하여 크게 자람
養育(양육) 부양하여 기름

肉
4급 II
고기 　육
肉 | 0획

비 內(안 내)
동 身(몸 신)
　體(몸 체)
반 骨(뼈 골)

새와 짐승의 고기 한 조각의 형태에서 고기, 몸, 육체(肉)를 의미한다.

읽기한자

肉類(육류) 먹을 수 있는 고기 종류
肉聲(육성) 사람의 입으로부터 직접 나오는 소리
血肉(혈육) 피와 살

銀
6급
은 　은
金 | 6획

비 根(뿌리 근)

금(金)에 비교해 조금 값어치가 떨어지는 금속을 가르켜 은, 흰금(銀)을
의미한다.

읽기한자

銀貨(은화) 은돈
金銀房(금은방) 금은을 가공 매매하는 가게
銀河水(은하수) 수억 이상의 별들이 희미하게 띠 모양의 강처럼 보이는 것

쓰기한자

銀行(은행) 저축자로부터 예금을 맡아 관리하는 금융기관
金銀(금은) 금과 은
銀色(은색) 은의 빛깔과 같은 색

恩
4급 II
은혜 　은
心 | 6획

비 思(생각 사)
동 惠(은혜 혜)
반 怨(원망할 원)

큰 도움으로 말미암아(因) 감사하는 마음(心)이 생긴다는 데서 은혜(恩)를
의미한다.

읽기한자

恩德(은덕) 은혜로 입은 신세
恩人(은인) 신세 진 사람
恩惠(은혜) 베풀어 주는 혜택
結草報恩(결초보은) 죽어 혼령이 되어도 은혜를 잊지 않고 갚음

音	6급Ⅱ
소리	음
音	0획

비 意(뜻 의)
동 聲(소리 성)
반 義(옳을 의)
　 訓(가르칠 훈)

해(日)가 뜨면(立) 사람들이 일어나서 소리(音)를 내기 시작한다는 의미이다.

읽기한자

音聲(음성) 목소리
防音(방음) 실외의 잡음이나 실내에서 생기는 소리의 반사를 막음

쓰기한자

音節(음절) 소리마디
發音(발음) 소리를 냄
福音(복음) 기쁜 소식
和音(화음) 둘 이상의 음이 함께 울리는 소리

陰	4급Ⅱ
그늘	음
阝(阜)	8획

반 陽(볕 양)
　 景(볕 경)
약 隂

언덕(阝) 위에 지금(今) 구름(云)이 있어서 그늘(陰)이 져 있다는 의미이다.

읽기한자

陰德(음덕) 숨은 덕행
陰地(음지) 그늘진 곳
陰凶(음흉) 마음이 음침하고 흉악함
寸陰(촌음) 얼마 안 되는 시간

飮	6급Ⅱ
마실	음(:)
食(食)	4획

비 飯(밥 반)
　 飾(꾸밀 식)
동 吸(마실 흡)

물이나 국(食)을 큰 입을 벌려서(欠) 마셔 넘기는 것에서 마시다(飮)는 의미이다.

읽기한자

飮毒(음독) 독약을 먹음
飮料(음료) 술, 차, 사이다 등 마시는 물건의 총칭
試飮(시음) 술이나 음료수 등을 맛보기 위하여 시험 삼아 마셔 봄
暴飮(폭음) 가리지 아니하고 함부로 많이 마심

쓰기한자

飮食(음식) 먹고 마시는 물건
過飮(과음) 술을 지나치게 마심

邑	7급
고을	읍
邑	0획

비 色(빛 색)
동 郡(고을 군)
　 州(고을 주)
　 縣(고을 현)
　 洞(고을 동)

인구(口)가 모여 사는 지역(巴)이란 데서 고을(邑)을 의미한다.

읽기한자

都邑(도읍) 서울
貧邑(빈읍) 가난한 고을

쓰기한자

邑內(읍내) 읍의 안
郡邑(군읍) 군과 읍

	4급 II
應	응할 **응**:
	心 | 13획

통 諾(허락할 낙)
약 応

매(鷹)가 꿩을 잡아 주인의 마음(心)에 호응한다는 데서 '응하다'는 의미이다.

읽기 한자

呼應(호응) 부름에 따라 대답함
應試(응시) 시험에 응함
因果應報(인과응보) 사람이 짓는 선악의 인업에 응하여 과보가 있음
應答(응답) 물음에 응하여 대답함
應當(응당) 지극히 마땅함

	6급 II
意	뜻 **의**:
	心 | 9획

비 章(글 장)
　音(소리 음)
동 志(뜻 지) 情(뜻 정)
　趣(뜻 취) 思(생각 사)
　義(옳을 의)

마음(心)에 담고 있는 소리(音)와 말에서 생각하다, 생각하고 있는 것(意)을 의미한다.

읽기 한자

意志(의지) 뜻　　　　　　　　故意(고의) 일부러 함
眞意(진의) 참뜻　　　　　　　謝意(사의) 감사의 뜻을 나타내는 예의
意味(의미) 말, 문장 등이 지니고 있는 내용

쓰기 한자

意圖(의도) 장차 하려는 계획　　　意向(의향) 무엇을 하려는 생각
決意(결의) 뜻을 정하여 굳게 먹음　任意(임의) 자기 의사대로 하는 일

	6급
醫	의원 **의**
	酉 | 11획

약 医

화살(矢)과 창(殳)에 맞아 음푹 패인 상처(匚)를 술(酉)로 소독하여 고치는 사람에서, '의원, 병고치다'는 의미이다.

읽기 한자

醫務室(의무실) 의사(醫事)에 관한 일을 하는 곳
主治醫(주치의) 주로 그 환자의 치료를 맡아 하는 의사

쓰기 한자

醫術(의술) 병을 고치는 기술
名醫(명의) 병을 잘 고쳐 이름난 의사
醫藥品(의약품) 의료에 쓰는 약품

	4급 II
義	옳을 **의**:
	羊 | 7획

비 儀(거동 의)

착하고 아름다운(美) 마음씨를 내(我)가 좋아하니 의롭고, 올바르다(義)는 의미이다.

읽기 한자

義理(의리) 사람으로서 지킬 바른 도리
義務(의무) 맡은 직분
義士(의사) 의리와 지조를 굳게 지키는 사람
義絶(의절) 결의한 것을 끊음
主義(주의) 굳게 지키는 일정한 방침

4급Ⅱ
議
의논할 의(:)
言 | 13획

ㅂ 講(욀 강)
동 論(논할 론)

옳은(義) 결론을 얻기 위하여 말씀(言)으로 상담하고 의논한다(議)는 의미이다.

읽기한자

議決(의결) 의논하여 결정함
同議(동의) 의견이나 주의가 같은 의론
發議(발의) 회의할 때 어떠한 의안을 냄
相議(상의) 서로 의논함

6급
衣
옷 의
衣 | 0획

ㅂ 依(의지할 의)
동 服(옷 복)

의복의 형태에서 옷, 의복(衣)의 의미를 나타냈다.

읽기한자

布衣(포의) 베옷
衣帶(의대) 옷과 띠라는 뜻으로, 갖추어 입는 옷차림을 이르는 말

쓰기한자

衣食住(의식주) 옷과 음식과 집. 인간 생활의 세 가지 기본 요소
內衣(내의) 속옷

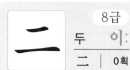

8급
二
두 이:
二 | 0획

동 再(두 재)

一에 一을 포개서 둘, 다음, 배(二)를 의미한다.

읽기한자

二律背反(이율배반) 서로 모순 되는 두 개의 명제
一石二鳥(일석이조) 한 가지 일을 하여 두 가지 이익을 얻음

쓰기한자

二重(이중) 두 겹
一口二言(일구이언) 한 입으로 두 가지 말을 함

5급Ⅱ
以
써 이:
人 | 3획

쟁기를 본 뜬 글자로 밭 갈 때 쟁기를 가지고 쓰는 데서, '쓰다, 가지다(以)'는 의미이다.

읽기한자

以民爲天(이민위천) 백성을 하늘같이 여김
以熱治熱(이열치열) 열은 열로써 다스림

쓰기한자

以實直告(이실직고) 사실 그대로 고함
以心傳心(이심전심) 마음과 마음으로 전달됨
自古以來(자고이래) 예로부터 내려오면서
所以(소이) 까닭

耳 5급 귀 이: 耳 | 0획 비 目(눈 목)	사람 귀의 모양을 본떴다. **읽기 한자** 耳目(이목) 귀와 눈 耳順(이순) 나이 예순을 일컫는 말 馬耳東風(마이동풍) 남의 말을 귀담아 듣지 않고 곧 흘려버림 牛耳讀經(우이독경) 쇠귀에 경 읽기
移 4급Ⅱ 옮길 이 禾 | 6획 비 利(날카로울 리) 동 運(옮길 운) 　轉(구를 전) 　遷(옮길 천)	많은(多) 양의 벼(禾)를 창고로 옮긴다(移)는 의미이다. **읽기 한자** 移動(이동) 옮겨 움직임 移民(이민) 다른 나라로 이주하는 일 移植(이식) 옮겨 심음 變移(변이) 변화하여 다른 상태로 옮김
益 4급Ⅱ 더할 익 皿 | 5획 동 添(더할 첨) 　加(더할 가) 　增(더할 증) 반 損(덜 손) 　減(덜 감) 　除(덜 제)	접시(皿)안에 물(水)이 넘칠 정도 들어 있는 것에서 늘다, 도움이 된다(益)는 의미이다. **읽기 한자** 權益(권익) 권리와 이익 多多益善(다다익선) 많을수록 더 좋음 百害無益(백해무익) 해는 되어도 이로울 것은 전혀 없음 收益(수익) 이익을 거둠 便益(편익) 편리하고 유익함
引 4급Ⅱ 끌 인 弓 | 1획 비 弘(클 홍) 동 導(인도할 도) 　牽(끌 견) 　拉(끌 랍) 　提(끌 제) 반 推(밀 추)	활(弓)을 댕겨(丨) 화살이 날아가는 것에서 당기다, 데려가다(引)는 의미이다. **읽기 한자** 引上(인상) 물건 값, 요금, 봉급 등을 올림 引用(인용) 다른 글 가운데에서 문장, 사례 등을 끌어 씀 引出(인출) 예금, 저금을 찾아냄

認 알 인 言 | 7획	4급Ⅱ

비 調(고를 조)
동 識(알 식)
　知(알 지)

사람의 말(言)과 행위를 곰곰히 마음(心) 속에서 새겨 두는(刃) 것에서 용서하다(認)는 의미이다.

읽기한자

認定(인정) 옳다고 믿고 정하는 일
容認(용인) 용납하여 인정함
未確認(미확인) 아직 확인되지 아니함
承認(승인) 옳다고 인정하여 승낙함
誤認(오인) 잘못보거나 그릇 인정함

人 사람 인 人 | 0획	8급

비 入(들 입)
반 天(하늘 천)

사람이 옆을 향한 모양을 본떴다.

읽기한자

人造(인조) 사람이 만듦
故人(고인) 죽은 사람
人權(인권) 인간으로서 당연히 갖는 기본적 권리
求人(구인) 쓸 사람을 구함

쓰기한자

人氣(인기) 세상 사람의 좋은 평판
人情(인정) 남을 동정하는 마음씨
人才(인재) 재주가 놀라운 사람
知性人(지성인) 지성을 지닌 사람

因 인할 인 口 | 3획	5급

비 困(곤할 곤)
　囚(가둘 수)
동 緣(인연 연)
반 果(결과 과)

어떤 일(口)에 크게(大) 인연(因)이 있다는 의미이다.

읽기한자

因果應報(인과응보) 사람이 짓는 선악의 인업에 응하여 과보가 있음
因果(인과) 원인과 결과
因襲(인습) 이전부터 전해 내려오는 습관
要因(요인) 직접 그 원인 또는 조건이 되는 요소
火因(화인) 화재의 원인

印 도장 인 卩 | 4획	4급Ⅱ

어진(仁) 사람임을 나타내는 표시(卩)이니 도장(印)이라는 의미이다.

읽기한자

印稅(인세) 저작권료
檢印(검인) 검사의 표시로 찍는 도장
職印(직인) 관직을 나타내는 도장

8급
한 일
一 | 0획

동 壹(한 일)

막대기 하나(一)를 가로로 놓은 모양이다.

읽기한자

一律的(일률적) 한결같음
一擧一動(일거일동) 사소한 동작
一擧兩得(일거양득) 한 가지 일을 하여 두 가지 이익을 거둠
進一步(진일보) 한 걸음 더 나아감
非一非再(비일비재) 한두 번이 아님

쓰기한자

一流(일류) 첫째가는 지위
一定(일정) 하나로 고정되어 변동이 없음
一口二言(일구이언) 한 입으로 두 가지 말을 함

8급
날 일
日 | 0획

비 曰(가로 왈)
　目(눈 목)
반 月(달 월)

해의 모양을 본떴다.

읽기한자

日常(일상) 날마다
日程(일정) 그 날에 할 일
終日(종일) 하루 낮 동안

쓰기한자

日課(일과) 날마다 규칙적으로 하는 일정한 일
日當(일당) 하루에 얼마씩 정해서 주는 급료
日氣(일기) 날씨

5급Ⅱ
맡길 임(:)
亻(人) | 4획

비 仕(맡길 사)
　件(물건 건)
동 擔(멜 담)
　委(맡길 위)
　托(맡길 탁)
　預(맡길 예)

사람(亻)이 중요한 물건을 등져 중요한 직책에 근무하여(壬) 근무, 직책(任)을 의미한다.

읽기한자

任務(임무) 맡은 사무, 업무
留任(유임) 그냥 머물러 사무를 맡음

쓰기한자

信任(신임) 믿고 일을 맡기는 일
歷任(역임) 차례로 여러 벼슬을 지냄
任命(임명) 관직에 명함
任用(임용) 직무를 맡겨 등용함
責任(책임) 도맡아 해야 할 임무, 의무

7급
들 입
入 | 0획

비 人(사람 인)
반 出(날 출)
　落(떨어질 락)

동굴에 들어가는 형태에서 입구에서 들어가다(入)는 의미이다.

읽기한자

入隊(입대) 군대에 들어가 군인이 됨
導入(도입) 기술 따위를 끌어 들임
收入(수입) 거두어들인 것

쓰기한자

入室(입실) 방에 들어감
入住(입주) 새로 지은 집 등에 들어가 삶
入門(입문) 어떤 학문에 처음으로 들어감
流入(유입) 흘러 들어옴
記入(기입) 적어 넣음

自 | 7급 II
스스로 자
自 | 0획

비 白(흰 백)
통 己(몸 기)
반 他(다를 타)

자기의 코를 가르키면서 나(自)라고 한 것에서 자기(自)를 의미한다.

읽기한자
自殺(자살) 스스로 제 목숨을 끊음
自治(자치) 제 일을 스스로 다스려 감
自強不息(자강불식) 스스로 힘써 쉬지 않음

쓰기한자
自白(자백) 스스로의 죄를 고백함
自省(자성) 스스로 반성함
自責(자책) 제 자신을 스스로 책망함
自宅(자택) 자기의 집

子 | 7급 II
아들 자
子 | 0획

반 女(계집 녀)

갓난 아기(子)의 모양을 본떴다.

읽기한자
子婦(자부) 며느리
板子(판자) 나무로 만든 널조각

쓰기한자
子孫(자손) 아들과 손자
弟子(제자) 스승의 가르침을 받는 사람
父傳子傳(부전자전) 대대로 아버지가 아들에게 전함
孝子(효자) 부모를 잘 섬기는 아들

字 | 7급
글자 자
子 | 3획

집에서(宀) 아이(子)가 차례차례 태어나듯이 글자에서 글자가 생겨나므로 문자(字)를 의미한다.

읽기한자
字句(자구) 문자와 어구
字解(자해) 글자의 해석
誤字(오자) 잘못 쓴 글자
打字(타자) 타자기로 종이 위에 글자를 찍는 일

쓰기한자
字典(자전) 한자를 모아 그 뜻을 풀어 놓은 책
習字(습자) 글자 쓰기를 익힘
活字(활자) 활판 인쇄에서 쓰이는 자형

者 | 6급
놈 자
耂(老) | 5획

비 老(늙을 로)
약 者

노인(耂)이 젊은 사람에게 말할(白) 때 이 놈(者) 저 놈(者)한다는 의미이다.

읽기한자
走者(주자) 달리는 사람
亡者(망자) 죽은 사람
富者(부자) 살림이 넉넉한 사람
消費者(소비자) 물건을 소비하는 사람
技術者(기술자) 기술을 가진 사람

쓰기한자
筆者(필자) 글을 쓴 사람
讀者(독자) 책 등 출판물을 읽는 사람

昨

6급 II
어제 **작**
日 | 5획

비 作(지을 작)
반 今(이제 금)

하루 해(日)가 잠깐(乍) 사이에 휙 지나가 버리니 어제(昨)란 의미이다.

읽기한자

昨報(작보) 어제의 보도
再昨年(재작년) 지난해의 바로 전 해

쓰기한자

昨今(작금) 어제와 오늘
昨年(작년) 지난해
昨日(작일) 어제

作

6급 II
지을 **작**
亻(人) | 5획

동 造(지을 조)
創(비롯할 창)
製(지을 제)

사람(亻)이 나뭇가지를 구부려서 담장을 만들고, 그 안에 집을 만드는(乍) 것에서 만들다(作)는 의미이다.

읽기한자

造作(조작) 일부러 꾸밈
創作(창작) 처음으로 만듦
副作用(부작용) 그 본래의 작용에 부수하여 일어나는 작용
無作爲(무작위) 선택의 의지를 가하지 않는 일
作故(작고) 사망의 경칭
作曲(작곡) 악곡을 창작함

쓰기한자

凶作(흉작) 농작물의 수확이 적음
作動(작동) 기계의 운동 부분의 움직임

長

8급
긴 **장(:)**
長 | 0획

동 永(길 영)
반 短(짧을 단)
幼(어릴 유)

지팡이를 짚은 노인의 모습을 본떴다.

읽기한자

長技(장기) 가장 능한 재주
長指(장지) 가운데 손가락

쓰기한자

長短(장단) 긴 것과 짧은 것
長足(장족) 빠르게 나아가는 걸음
家長(가장) 집안의 어른
團長(단장) 단체의 우두머리

將

4급 II
장수 **장(:)**
寸 | 8획

비 奬(장려할 장)
동 帥(장수 수)
반 兵(병사 병) 卒(마칠 졸)
軍(군사 군) 士(선비 사)
약 将

신당(爿)에 고기(月)를 바치는 행위(寸)의 주체가 일족의 장로였으므로 일족을 이끄는 사람, 이끌다(將) 등의 의미이다.

읽기한자

將來(장래) 앞날
老將(노장) 늙은 장수
獨不將軍(독불장군) 무엇이나 혼자 처리하는 사람
名將(명장) 이름난 장수

자

場 7급Ⅱ
마당 장
土 | 9획

비 陽(볕 양)
　 腸(창자 장)

깃발(勿)위로 높이 해(日)가 떠오르듯이 높게 흙(土)을 돋운 장소를 빗대 곳, 장소(場)이다.

읽기한자

滿場一致(만장일치) 회장에 모인 여러 사람의 뜻이 한결 같음
職場(직장) 그 사람이 근무하며 맡은 일을 하는 일터

쓰기한자

開場(개장) 어떤 장소를 공개함
當場(당장) 일이 일어난 바로 그 곳
場面(장면) 어떠한 장소의 겉으로 드러난 면
登場(등장) 무슨 일에 어떤 인물이 나타남

章 6급
글 장
立 | 6획

비 意(뜻 의)
동 文(글월 문)
　 詞(글 사)
　 經(글 경)
　 書(글 서)

소리와 음(音)을 구별하여, 음악의 끝(十)이라든가 문장의 한 단락, 글(章)을 의미한다.

읽기한자

指章(지장) 손가락 지문을 찍는 것
印章(인장) 도장
初章(초장) 가곡 따위의 첫째 장

쓰기한자

國章(국장) 국가의 권위를 나타내는 휘장의 총칭
旗章(기장) 국기, 군기, 깃발. 교기 등의 총칭
文章(문장) 한 줄거리의 생각이나 느낌을 글자로 기록해 나타낸 것

障 4급Ⅱ
막을 장
阝(阜) | 11획

비 章(글 장)
　 陣(진칠 진)
동 拒(막을 거)
　 防(막을 방)

수많은 글자가 모여 글(章)을 이루듯 언덕(阝)이 모여 험한 산을 이루어 사람의 통행을 막는 데서, '막다' 는 의미이다.

읽기한자

障壁(장벽) 밖을 가려 막은 벽
障害(장해) 거리껴서 해가 됨
故障(고장) 기계, 설비 따위의 기능에 탈이 생기는 일
保障(보장) 장애가 없도록 보증함
支障(지장) 형편이 나쁜 사정

才 6급Ⅱ
재주 재
才 | 0획

비 寸(마디 촌)
　 丈(어른 장)
동 技(재주 기)
　 術(재주 술)
　 藝(재주 예)

풀이 지면에 싹텄을 때의 형태로 소질, 지혜(才)를 의미한다.

읽기한자

才致(재치) 눈치 빠른 재주
才量(재량) 재주와 도량

쓰기한자

才能(재능) 재주와 능력
多才多能(다재다능) 재주가 많고 능력이 풍부함
英才(영재) 탁월한 재주
才質(재질) 재능이 있는 자질

在 6급
있을 재:
土 | 3획

비 布(베 포)
동 有(있을 유)
　存(있을 존)
반 無(없을 무)
　莫(없을 막)

땅(土)이 있으면 어디서나 반드시 식물의 싹(才)이 움트는 데서 '있다' 는 의미이다.

읽기한자

在鄕(재향) 고향에 있음
在職(재직) 직장에 근무하고 있음
主權在民(주권재민) 국가의 주권이 국민에게 있음

쓰기한자

在京(재경) 서울에 있음　　　　　在中(재중) 속에 들어 있음
不在者(부재자) 그 자리에 없는 사람　　所在地(소재지) 있는 곳

財 5급Ⅱ
재물 재
貝 | 3획

동 資(재물 자)
　貨(재물 화)

싹을 틔운 식물(才)이 크게 되듯이, 값어치가 나가는 돈과 재산(貝) 등 재물(財)을 의미한다.

읽기한자

財政(재정) 개인, 기업 등의 경제 사정
財貨(재화) 재물

쓰기한자

財界(재계) 실업가 및 금융업자의 사회
財團(재단) 일정한 목적을 위해 결합된 재산의 집단
財物(재물) 돈이나 그 밖의 온갖 값나가는 물건

材 5급Ⅱ
재목 재
木 | 3획

비 林(수풀 림)
　村(마을 촌)

판자나 기둥으로 하기 위해 쓰러뜨린 나무(木)는 도움(才)이 되는 재목(材)이라는 의미이다.

읽기한자

素材(소재) 예술 작품의 근본이 되는 재료
取材(취재) 작품, 기사의 재료 또는 제재를 얻음
材料(재료) 물건을 만드는 데 드는 원료

쓰기한자

教材(교재) 가르치거나 학습하는 데 쓰이는 재료
木材(목재) 가구 따위에 쓰는 나무 재료
藥材(약재) 약의 재료

災 5급
재앙 재
火 | 3획

동 禍(재앙 화)
　殃(재앙 앙)

강물(巛)이 불고 화재(火)로 집을 태우듯 물과 불에 의한 화재, 재난(災)이라는 의미이다.

읽기한자

災難(재난) 뜻밖의 불행한 일
災害(재해) 재앙으로 인해 받은 피해
官災(관재) 관가로부터 받는 재앙
水災(수재) 홍수의 재해
天災地變(천재지변) 지진, 홍수 따위의 자연 재앙
火災(화재) 불이 나는 재앙

再

두 재:
冂 | 4획

5급

- 비 用(쓸 용)
- 동 兩(두 량)
- 雙(두 쌍)

같은 것은 몇 개나 쌓은 것에서 겹쳐서, 재차(再)를 의미한다.

읽기한자

再起(재기) 다시 일어남
再考(재고) 다시 생각함
再拜(재배) 두 번 절함
再發見(재발견) 다시 발견함
再建(재건) 무너진 것을 다시 건설함
再演(재연) 다시 공연함
再生(재생) 죽게 되었다가 다시 살아남
再請(재청) 거듭 청함
再會(재회) 다시 모이거나 만남
非一非再(비일비재) 한두 번이 아님

爭

다툴 쟁
爫(爪) | 4획

5급

- 동 競(다툴 경)
- 戰(싸움 전)
- 鬪(싸움 투)
- 반 和(화할 화)
- 協(화할 협)
- 약 争

손(爫)과 손(⺕)에 갈고리(⎮)를 들고 싸운다(爭)는 의미이다.

읽기한자

爭取(쟁취) 다투어 빼앗아 가짐
論爭(논쟁) 말이나 글로 서로 논하여 다툼
競爭(경쟁) 같은 목적에 관하여 서로 겨루어 다툼
分爭(분쟁) 패로 갈라져 다툼
言爭(언쟁) 말다툼

貯

쌓을 저:
貝 | 5획

5급

- 동 蓄(모을 축)
- 築(쌓을 축)
- 積(쌓을 적)

재물(貝)을 고무래(丁)로 긁어 모아 집(宀)에 쌓는다(貯)는 의미이다.

읽기한자

貯金(저금) 돈을 모아 둠
貯水(저수) 물을 모아 둠
貯炭(저탄) 숯, 석탄을 저장함
貯蓄(저축) 절약하여 한데 모아둠

低

낮을 저:
亻(人) | 5획

4급Ⅱ

- 비 底(밑 저)
- 동 卑(낮을 비)
- 반 高(높을 고)
- 尊(높을 존)
- 卓(높을 탁)

신분이 낮은(氐) 사람(亻)으로 지금은 낮다(低)는 의미이다.

읽기한자

低價(저가) 헐한 값
低級(저급) 낮은 등급
低俗(저속) 성질, 취미 등이 낮고 속됨
低溫(저온) 낮은 온도
低地(저지) 낮은 곳
低下(저하) 낮아짐

的
5급 II
과녁 **적**
白 | 3획

흰(白) 바탕의 과녁(勺) 모양으로 과녁, 목표(的)를 의미한다.

읽기한자

端的(단적) 바르고 명백한
的確(적확) 확실함
量的(양적) 양으로 많고 적음을 따지는

쓰기한자

的中(적중) 목표에 어김없이 들어맞음
目的(목적) 일을 이루려 하는 목표
心的(심적) 마음에 관한
知的(지적) 지식 있는

赤
5급
붉을 **적**
赤 | 0획

[동] 丹(붉을 단)
朱(붉을 주)
紅(붉을 홍)

큰 화재일 때의 불의 색깔에서 빨갛다(赤)는 의미이다.

읽기한자

赤旗(적기) 붉은 기
赤色(적색) 붉은 빛깔
赤信號(적신호) 위험신호
赤外線(적외선) 파장이 적색 가시광선보다 길고 열작용이 큰 전자기파

敵
4급 II
대적할 **적**
攵(攴) | 11획

[비] 鼓(북 고)

지붕에서 떨어지는 물방울(啇)이 아래 지면을 치듯이(攵) 서로 마주 보고 치는 상대를 적(敵)이라 한다는 의미이다.

읽기한자

敵對(적대) 적으로서 맞섬
敵手(적수) 재주나 힘이 맞서는 사람
強敵(강적) 강한 적수
無敵(무적) 겨룰 만한 적이 없음
宿敵(숙적) 오래 전부터의 원수

前
7급 II
앞 **전**
刂(刀) | 7획

[비] 刑(형벌 형)
[반] 後(뒤 후)

매어있는 배 끈을 칼(刂)로 자르고 배(月)가 나아가는 쪽의 뱃머리, 앞(前)을 의미한다.

읽기한자

前景(전경) 보는 사람의 앞에 있는 경치
前職(전직) 이전의 직업　　　　　　前進(전진) 앞으로 나아감
前代未聞(전대미문) 이제까지 들은 적이 없음
風前燈火(풍전등화) 매우 위급한 자리에 놓여 있음
前無後無(전무후무) 전에도 없었고 앞으로도 없음

쓰기한자

事前(사전) 일이 있기 전　　　　　　面前(면전) 얼굴을 마주 대함

電	7급Ⅱ
	번개 전:
	雨 | 5획

비 雪(눈 설)
　雲(구름 운)

비(雨)가 내릴 때 일어나는(甩) 번개불에서 번개, 전기(電)를 의미한다.

읽기한자

電報(전보) 전신으로 글을 보내는 통보　電燈(전등) 전기로써 빛을 내는 등불
斷電(단전) 전기를 끊음　　　　　　　停電(정전) 송전이 한때 그침
打電(타전) 전보를 침

쓰기한자

感電(감전) 전기가 통한 도체에 몸의 일부가 닿아 충격을 받음
電流(전류) 전기의 흐름
充電(충전) 전기를 축적하는 일
電光石火(전광석화) 극히 짧은 시간

全	7급Ⅱ
	온전 전
	入 | 4획

비 金(쇠 금)
동 完(완전할 완)

흠이 없는 쪽으로 넣는(入) 구슬(玉)이니 온전한(全) 구슬이란 의미이다.

읽기한자

全員(전원) 전체의 인원
全擔(전담) 어떤 일의 전부를 담당함
保全(보전) 보호하여 안전하게 함
完全(완전) 부족함이 없음

쓰기한자

全力(전력) 모든 힘
全部(전부) 사물의 모두
安全(안전) 평안하여 위험이 없음
全能(전능) 어떤 일이든 하지 못하는 것이 없음

戰	6급Ⅱ
	싸움 전:
	戈 | 12획

비 單(홑 단)
동 爭(다툴 쟁) 競(다툴 경)
　鬪(싸움 투)
반 和(화할 화) 協(화할 협)
약 戦, 战

사람마다 한명씩(單) 창(戈)을 들고 있는 데서, '싸우다(戰)'는 의미이다.

읽기한자

善戰(선전) 잘 싸움
接戰(접전) 서로 맞부딪쳐 싸움
血戰(혈전) 생사를 헤아리지 않고 싸움

쓰기한자

苦戰(고전) 몹시 힘들고 괴롭게 싸움
作戰(작전) 싸움하는 방법을 세움
主戰(주전) 주력이 되어 싸움

典	5급Ⅱ
	법 전:
	八 | 6획

비 曲(굽을 곡)
동 法(법 법) 式(법 식)
　律(법칙 률)
　規(법 규) 範(법 범)
　則(법칙 칙) 憲(법 헌)
　例(법식 례)

종이가 만들어지기 전, 대나무에 쓰인 형태에서 서책, 가르침, 본보기(典)를 의미한다.

읽기한자

經典(경전) 일정 불변의 법식과 도리
佛典(불전) 불경
祭典(제전) 제사의 의식

쓰기한자

古典(고전) 옛날의 의식이나 법식
法典(법전) 특정한 사항에 관한 법규를 체계를 세워서 편별로 조직한 성문법규
字典(자전) 한자를 모아 그 뜻을 풀어 놓은 책

傳

5급 II
전할 **전**

亻(人) | 11획

비 專(오로지 전)
약 伝

고지식한 사람(人)은 오로지(專) 자기가 들은 대로만 전한다(傳)는 의미이다.

읽기한자

傳受(전수) 전하여 받음
傳達(전달) 전하여 이르게 함

쓰기한자

傳來(전래) 전해 내려옴
口傳(구전) 입으로 전함
傳說(전설) 예로부터 전해 내려오는 이야기
父傳子傳(부전자전) 대대로 아버지가 아들에게 전함
以心傳心(이심전심) 마음에서 마음으로 전달됨

展

5급 II
펼 **전:**

尸 | 7획

비 屋(집 옥)
동 演(펼 연)
　伸(펼 신)

사람(尸)이 옷(衣)을 입고 누우면 옷이 흐트러지는 것에서 퍼지다, 열리다(展)는 의미이다.

읽기한자

進展(진전) 진보하여 발전함
展示(전시) 물품 따위를 펴서 봄

쓰기한자

展望(전망) 멀리 바라봄
展開(전개) 눈 앞에 벌어짐
發展(발전) 널리 뻗어 나감

자

田

4급 II
밭 **전**

田 | 0획

반 畓(논 답)

넓은 전원을 멀리에서 본 모양을 본떴다.

읽기한자

田園(전원) 논밭과 동산
田地(전지) 전답
火田民(화전민) 화전을 일구어 농사짓는 사람

節

5급 II
마디 **절**

竹 | 9획

비 範(법 범)
동 寸(마디 촌)
약 節

대나무(竹)가 자라면서(卽) 마디마디로 나누어져 있는 것에서 마디, 일단락(節)을 의미한다.

읽기한자

節減(절감) 절약하고 줄임　　　守節(수절) 정절을 지킴
節制(절제) 알맞게 조절함　　　節次(절차) 일의 순서나 방법

쓰기한자

節電(절전) 전기를 아껴 씀
時節(시절) 철, 때
節度(절도) 일이나 행동을 똑똑 끊어 맺는 마디
調節(조절) 사물을 정도에 맞추어 잘 고르게 함

切 5급Ⅱ
끊을 **절**
온통 **체**
刀 | 2획

동 斷(끊을 단) 絕(끊을 절)
全(온전 전)
반 繼(이을 계) 續(이을 속)
連(이을 련) 結(맺을 결)
接(이을 접)

칼(刀)로 막대봉(七)을 자르는 것에서 자르다, 새기다(切)는 의미이다.

읽기한자
切斷(절단) 끊어 냄
切除(절제) 잘라 버림

쓰기한자
切感(절감) 절실히 느낌
切實(절실) 아주 긴요함
一切(일체) 모든 것
親切(친절) 매우 정답고 고분고분함
品切(품절) 물건이 다 팔려 없음

絕 4급Ⅱ
끊을 **절**
糸 | 6획

동 斷(끊을 단) 切(끊을 절)
반 繼(이을 계) 續(이을 속)
連(이을 련) 結(맺을 결)
接(이을 접)

실(糸)을 묶은 것이 마치 뱀이 똬리를 튼 모양의 매듭(巴)을 칼(刀)로 자른다는 데서, '끊다'는 의미이다.

읽기한자
絕交(절교) 교제를 끊음
絕望(절망) 희망을 버리고 단념함
絕壁(절벽) 험한 낭떠러지
根絕(근절) 아주 뿌리 채 없애 버림
斷絕(단절) 관계를 끊음
謝絕(사절) 사양하고 받지 아니함

店 5급Ⅱ
가게 **점**
广 | 5획

비 底(밑 저)

점(占)칠 때 여러 것을 얘기하듯이 집안(广)에 물품을 진열해 파는 가게(店)를 의미한다.

읽기한자
店員(점원) 상점에 근무하는 사람
賣店(매점) 어떤 기관, 단체 안에서 물건을 파는 작은 가게
百貨店(백화점) 일상생활에 필요한 온갖 상품을 각 부문으로 나누어 진열 판매하는 대규모의 종합 소매점
支店(지점) 본점에서 갈린 가게

쓰기한자
開店(개점) 새로 가게를 엶　　　　書店(서점) 책을 파는 가게
本店(본점) 영업의 본거지가 되는 점포

接 4급Ⅱ
이을 **접**
扌(手) | 8획

동 着(붙을 착)
繼(이을 계)
連(이을 련)
續(이을 속)
絡(이을 락)

옛날 여자(女) 죄인을 표시하는(立) 문신을 하기 위해, 손(扌)으로 끌어서 접근하다(接)는 의미이다.

읽기한자
接境(접경) 경계가 서로 접함
接近(접근) 가까이 함
接待(접대) 손님을 맞아 대접함
接着(접착) 달라붙음
面接(면접) 서로 대면하여 만나 봄
應接(응접) 맞이하여 대접함

| 庭 | 6급 II
뜰 정
广 \| 7획 | 길고 평평하게 만든 정원(廷)이 있는 관청(广)의 건물 사이에 있는
안쪽 정원(庭)을 의미한다. |

쓰기한자

庭球(정구) 무른 공을 사용하여 테니스처럼 경기를 하는 구기 종목
庭園(정원) 집안의 뜰
家庭(가정) 한 가족이 살림하고 있는 집안
校庭(교정) 학교의 마당
親庭(친정) 시집간 여자의 본집

| 正 | 7급 II
바를 정(:)
止 \| 1획 | 목표로 한(一) 곳에 정확히 가서 딱 멈추는(止) 것에서 올바르다(正)는 의미이다. |

반 反(돌이킬 반)
　 副(버금 부)
　 誤(그르칠 오)
동 直(곧을 직)

읽기한자

正常(정상) 바르고 떳떳함　　　　端正(단정) 얌전하고 바름
正統(정통) 바른 계통　　　　　　正義(정의) 알맞은 도리
正確(정확) 바르고 확실함

쓰기한자

正答(정답) 옳은 답
正道(정도) 올바른 길
校正(교정) 글자의 잘못된 것을 대조하여 바로잡음
公正(공정) 공평하고 올바름

| 定 | 6급
정할 정:
宀 \| 5획 | 한 집(宀)에 정착하여 움직이지(疋) 않는 것에서 결정하다, 정하다(定)는
의미이다. |

비 宅(집 댁/택)
약 㝎

읽기한자

設定(설정) 새로 만들어 정해 둠　　　協定(협정) 협의하여 결정함
制定(제정) 제도 따위를 만들어서 정함　指定(지정) 이것이라고 가리켜 정함　　改定(개정) 고쳐서 다시 정함

쓰기한자

定價(정가) 정해진 값　　　　　　　約定(약정) 일을 약속하여 정함
安定(안정) 안전하게 자리 잡음
定着(정착) 한 곳에 자리 잡아 떠나지 않음

| 情 | 5급 II
뜻 정
忄(心) \| 8획 | 풀처럼 파랗게(青) 투명한 물같은 마음(心)이라고 하는 것에서 진심,
정(情)을 의미한다. |

비 精(정할 정)
동 意(뜻 의)
　 志(뜻 지)
　 趣(뜻 취)

읽기한자

非情(비정) 인정이 없음　　　　　純情(순정) 순수한 감정
忠情(충정) 충성스럽고 참된 정　　眞情(진정) 진실하여 애틋한 마음
情談(정담) 다정한 이야기
情報(정보) 사정이나 정황에 관한 소식이나 자료

쓰기한자

感情(감정) 느끼어 일어나는 심정　愛情(애정) 사랑하는 마음
物情(물정) 세상의 형편이나 인심　人情(인정) 남을 동정하는 마음씨
友情(우정) 벗 사이의 정

停	5급
머무를 정	
亻(人)	9획

동 留(머무를 류)
住(살 주)
泊(머무를 박)
駐(머무를 주)
止(그칠 지)

사람(亻)의 형태와 사람이 머무는 숙소(亭)의 형태에서 머무르다, 멈추다(停)는 의미이다.

읽기 한자

停年(정년) 퇴직하도록 정해진 연령
停止(정지) 움직이고 있던 것이 멈춤
停會(정회) 회의를 정지함
急停車(급정거) 급히 세움
調停(조정) 분쟁을 중간에 서서 화해시킴

精	4급Ⅱ
정할 정	
米	8획

비 情(뜻 정)

파랗게(靑) 비칠듯이 아름다운 쌀(米)을 만든다는 것에서 희게 하다(精)는 의미이다.

읽기 한자

精通(정통) 어떤 사물에 밝고 자세히 통함
精潔(정결) 순수하고 깨끗함
精進(정진) 정력을 다하여 나아감
精誠(정성) 참되고 성실한 마음
精神(정신) 마음이나 생각

程	4급Ⅱ
한도/길(道) 정	
禾	7획

비 稅(세금 세)
동 道(길 도)
路(길 로)

벼(禾)농사에는 정해진(呈) 재배방법이 있다고 하는 것에서 규정, 과정(程)을 의미한다.

읽기 한자

程度(정도) 얼마의 분량
過程(과정) 사물의 진행, 발전하는 경로
上程(상정) 의안을 회의에 내어 놓음
旅程(여정) 여행의 일정
日程(일정) 그 날에 할 일

政	4급Ⅱ
정사 정	
攵(攴)	5획

비 放(놓을 방)
效(본받을 효)

나쁜 것을 채찍으로 때려서(攵) 고쳐 올바른(正) 행동을 하는 것이 다스리다(政)는 의미이다.

읽기 한자

政界(정계) 정치 또는 정치가의 사회
政勢(정세) 정치상의 형세
行政(행정) 정치를 행함
反政府(반정부) 정부에 반대하는 일
爲政者(위정자) 정치를 하는 사람
財政(재정) 개인, 기업 등의 경제 사정

弟

8급
아우 제:
弓 | 4획

비 第(차례 제)
반 兄(형 형)

끈을 위에서 밑으로 빙빙 감듯이 차례차례 태어나는 남동생(弟)을 의미한다.

읽기한자

難兄難弟(난형난제) 누구를 형이라 아우라 하기 어렵다
師弟(사제) 스승과 제자
呼兄呼弟(호형호제) 서로 형이니 아우니 하고 부름. 가까운 친구 사이

쓰기한자

首弟子(수제자) 여러 제자 중 가장 뛰어난 제자
子弟(자제) 남의 아들의 총칭
兄弟(형제) 형과 아우

第

6급 II
차례 제:
竹 | 5획

비 弟(아우 제)
동 序(차례 서)
秩(차례 질)
番(차례 번)

대나무(竹)에 풀줄기가 말아 올라간 형태(弟)에서 사물의 순서(第)를
나타내는 의미이다.

읽기한자

鄕第(향제) 고향에 있는 집
落第(낙제) 시험에 떨어짐

쓰기한자

第一(제일) 첫 째
登第(등제) 과거에 급제함

題

6급 II
제목 제
頁 | 9획

비 類(무리 류)
동 目(눈 목)

옛날 머리털을 깎아 이마(頁)가 훤하게(是) 한 후 문신을 한 사례에서
제목(題)을 의미한다.

읽기한자

難題(난제) 어려운 문제   解題(해제) 문제를 풂
論題(논제) 논설의 제목   無題(무제) 제목이 없음

쓰기한자

話題(화제) 이야기의 제목
題目(제목) 겉장에 쓴 책의 이름
問題(문제) 해답을 필요로 하는 물음
宿題(숙제) 배운 것의 예습과 복습을 위해 내주는 문제
課題(과제) 부과된 문제

祭

4급 II
제사 제:
示 | 6획

비 察(살필 찰)
동 祀(제사 사)

제단(示)에 짐승고기(月)를 올려서(又) 제사지내는 것에서 제사, 축제(祭)를
의미한다.

읽기한자

祭器(제기) 제사 때 쓰는 그릇
祭禮(제례) 제사의 예절
祭物(제물) 제사에 쓰는 음식
祝祭(축제) 축하의 제전
藝術祭(예술제) 음악, 연극, 문학을 주로 발표하는 예술의 제전

濟 4급Ⅱ

건널 제:
氵(水) | 14획

비 齊(가지런할 제)
동 渡(건널 도)
약 済

논에 대는 수(氵)량을 조절하는(齊) 것에서 도움주다(濟)는 의미이다.

읽기한자

濟度(제도) 보살이 중생을 고해에서 건져 극락세계로 건네어 줌
經世濟民(경세제민) 세상을 다스리고 백성을 구제함
救濟(구제) 구하여 건짐

製 4급Ⅱ

지을 제:
衣 | 8획

비 制(절제할 제)
동 作(지을 작)
　造(지을 조)

옷(衣)을 만들기 위해 옷감을 재단하는(制) 것에서 옷을 만들다(製)는 의미이다.

읽기한자

製圖(제도) 도면을 그려 만듦
創製(창제) 처음으로 만듦
製作(제작) 재료를 가지고 물건을 만듦
手製品(수제품) 손으로 만든 물품

際 4급Ⅱ

즈음/가 제:
阝(阜) | 11획

동 交(사귈 교)

언덕(阝)에서 제사(祭)를 지내면서 많은 사람을 사귄다(際)는 의미이다.

읽기한자

交際(교제) 서로 사귐
國際(국제) 나라와 나라와의 교제
實際(실제) 실제의 경우

制 4급Ⅱ

절제할 제:
刂(刀) | 6획

비 製(지을 제)

툭 튀어나온 나뭇가지와 나무줄기(未)를 칼(刀)로써 끊어 정리하여 제압하다(制)는 의미이다.

읽기한자

制度(제도) 제정된 법규
制服(제복) 제정된 복장
制壓(제압) 제어하여 누름
節制(절제) 알맞게 조절함
制定(제정) 제도 따위를 만들어서 정함
自制(자제) 자기 욕심, 감정을 억제함

提

4급Ⅱ

끌 **제**

扌(手) | 9획

통 引(끌 인)
　 牽(끌 견)
　 携(이끌 휴)
　 拉(끌 랍)
반 推(밀 추)

올바른(是) 것이라 증거가 되는 것을 손(扌)으로 꺼내들고 보여,
꺼내들다(提)는 의미이다.

 읽기한자

提起(제기) 의견을 붙여 의논할 것을 내놓음
提示(제시) 어떤 의사를 글이나 말로 드러내어 보임
前提(전제) 어떤 사물을 의논할 때 먼저 내세우는 기본이 되는 것

除

4급Ⅱ

덜 **제**

阝(阜) | 7획

비 徐(천천히 서)
통 減(덜 감)
　 省(덜 생)
　 損(덜 손)
반 添(더할 첨)
　 加(더할 가)
　 增(더할 증)

절벽(阝)이 생길 정도로 많은 흙이 걸리적거려(余) 치워버리는 것에서
버리다(除)는 의미이다.

 읽기한자

除去(제거) 덜어 없앰
除隊(제대) 현역병이 복무 해제로 예비역에 편입됨
除名(제명) 명부에서 성명을 빼어버림
除雪(제설) 쌓인 눈을 치움
除外(제외) 어떤 범위 밖에 둠

祖

7급

할아비 **조**

示 | 5획

비 粗(짤 조)
반 孫(손자 손)

이미(且) 이 세상에 없는 몇 대 이전의 선조를 제사하는(示) 것에서
조상(祖)을 의미한다.

읽기한자

祖武(조무) 조상이 남긴 공적　　　　　祖統(조통) 조상의 유업
鼻祖(비조) 어떤 일을 가장 먼저 시작한 사람
始祖(시조) 한 가계나 왕계의 초대가 되는 사람

쓰기한자

祖國(조국) 조상 때부터 살아온 나라　　　先祖(선조) 먼 대의 조상
祖上(조상) 돌아간 어버이 위로 대대의 어른
元祖(원조) 어떤 일을 시작한 사람

朝

6급

아침 **조**

月 | 8획

비 潮(조수 조)
동 旦(아침 단)
반 夕(저녁 석)
　 野(들 야)

풀 사이에 아침 해가 나왔으나(卓) 아직 달(月)그림자가 보여 아침(朝)을
의미한다.

읽기한자

早朝(조조) 이른 아침
朝議(조의) 조정의 의논
朝變夕改(조변석개) 아침저녁으로 뜯어 고침

쓰기한자

朝禮(조례) 학교 등에서 직원과 학생이 수업하기 전에 모여 행하는 아침 인사
朝夕(조석) 아침과 저녁
朝野(조야) 조정과 민간

調
5급 II
고를 **조**
言 | 8획

비 周(두루 주)
　 週(주일 주)
동 均(고를 균)
　 和(화할 화)

말(言)이나 행동이 전체에 두루(周) 전해지도록 하는 것에서
조정하다(調)는 의미이다.

읽기한자

調印(조인) 약정서에 도장을 찍음　　　協調(협조) 힘을 합해 서로 조화함
快調(쾌조) 아주 컨디션이 좋음
調査(조사) 사물의 내용을 자세히 살펴봄

쓰기한자

調練(조련) 훈련을 거듭하여 쌓음　　　強調(강조) 강력히 주장함
順調(순조) 탈 없이 잘 되어가는 상태　　　語調(어조) 말의 가락
調和(조화) 이것저것을 서로 잘 어울리게 함

操
5급
잡을 **조(:)**
扌(手) | 13획

동 執(잡을 집)

나무(木) 위에서 시끄럽게(品) 우는 새를 손(扌)으로 제어하는 것에서
잡다(操)는 의미이다.

읽기한자

志操(지조)　옳은 원칙과 신념을 지켜 끝까지 굽히지 않는 꿋꿋한 의지
操身(조신) 몸가짐을 조심함
操心(조심) 실수가 없도록 마음을 삼가서 경계함
操業(조업) 작업을 실시함
操作(조작) 사물을 자기에게 편리하게 만들기 위하여 조종함

助
4급 II
도울 **조:**
力 | 5획

동 援(도울 원)
　 扶(도울 부)
　 護(도울 호)

사람의 힘(力)이 부족했을 때 옆에서 힘을 보내 다시하는(且) 것에서
돕다(助)는 의미이다.

읽기한자

助力(조력) 힘을 써 도와 줌
助手(조수) 일의 보조를 하는 사람
助演(조연) 주연의 연기를 보조함
內助(내조) 아내가 남편을 도와줌
助言(조언) 옆에서 말을 덧붙여 도움
協助(협조) 힘을 모아 서로 도움

鳥
4급 II
새 **조**
鳥 | 0획

비 烏(까마귀 오)
　 島(섬 도)

꼬리가 긴 새의 모양을 본떴다.

읽기한자

吉鳥(길조) 사람에게 어떤 길할 일이 생김을 미리 알려준다는 새
不死鳥(불사조) 죽지 않는다는 전설 속의 새
一石二鳥(일석이조) 한 가지 일을 하여 두 가지 이익을 거둠

造
4급 II
지을 조:
辶(辵) | 7획

비 浩(넓을 호)
동 作(지을 작)
製(지을 제)

주문받은 물품이 다 되었음을 알리러(告) 가는(辶) 것에서 제조하다,
만들다(造)는 의미이다.

읽기 한자

造景(조경) 경치를 아름답게 꾸밈
造成(조성) 만들어서 이룸
造作(조작) 일부러 꾸밈
造花(조화) 인공으로 만든 꽃
改造(개조) 고쳐 다시 만듦
築造(축조) 다지고 쌓아서 만듦

早
4급 II
이를 조:
日 | 2획

반 晩(늦을 만)
동 速(빠를 속)

풀(十) 위로 얼굴을 내민 일출(日)의 형태로 아침은 빠르다에서 일찍,
빠르다(早)는 의미이다.

읽기 한자

早期(조기) 이른 시기
早産(조산) 달 차기 전에 낳음
早速(조속) 이르고도 빠름
早退(조퇴) 정한 시간 이전에 일찍 물러감

자

足
7급 II
발 족
足 | 0획

비 定(정할 정)
동 豊(풍년 풍)
반 手(손 수)

발전체의 모양을 본떴다.

읽기 한자

禁足令(금족령) 외출을 금하는 명령
滿足(만족) 마음에 흡족함
豊足(풍족) 매우 넉넉하여 모자람이 없음
自給自足(자급자족) 자기의 수요를 자기가 생산하여 충당함

쓰기 한자

發足(발족) 무슨 일이 시작됨
失足(실족) 발을 잘못 디딤
力不足(역부족) 힘, 기량 등이 모자람
充足(충족) 일정한 분량에 차거나 채움

族
6급
겨레 족
方 | 7획

비 旅(나그네 려)
施(베풀 시)

펄럭이는(丿) 깃발(方)아래 화살(矢)을 모아놓은 모습에서 동료, 집안,
겨레(族)를 의미한다.

읽기 한자

倍達民族(배달민족) 우리 민족을 일컬음
血族(혈족) 혈통의 관계가 있는 겨레붙이
擧族的(거족적) 온 겨레에 관한

쓰기 한자

親族(친족) 촌수가 가까운 겨레붙이
家族(가족) 부부를 기초로 하여 한 가정을 이루는 사람들

尊	4급Ⅱ
높을 존	
寸	9획

비 遵(좇을 준)
동 崇(높을 숭) 貴(귀할 귀)
高(높을 고) 隆(높을 륭)
卓(높을 탁)
반 卑(낮을 비)

축제 때에 신령에게 바치는(寸) 술(酋)에 연유하여 존엄하다,
중요하다(尊)는 의미이다.

🔖 읽기한자

尊敬(존경) 높여 공경함
尊貴(존귀) 지위가 높고 귀함
尊重(존중) 높이고 중히 여김

卒	5급Ⅱ
마칠 졸	
十	6획

동 士(선비 사) 止(그칠 지)
兵(병사 병) 軍(군사 군)
終(마칠 종)
반 將(장수 장) 帥(장수 수)
初(처음 초)
약 卆

똑같은 옷(衣)을 입은 열(十) 명의 군사(卒)라는 의미이다.

🔖 읽기한자

官卒(관졸) 관가의 병졸
將卒(장졸) 장수와 병졸
走卒(주졸) 남의 심부름을 하면서 여기저기 돌아다니는 사람

✏️ 쓰기한자

卒業(졸업) 규정된 교과 혹은 교육 과정을 마침
兵卒(병졸) 군사
士卒(사졸) 군사

種	5급Ⅱ
씨 종(:)	
禾	9획

비 鍾(쇠북 종)
동 核(씨 핵)

벼(禾) 농사를 짓는데 가장 중요한(重) 것은 씨앗(種)이란 의미이다.

🔖 읽기한자

純種(순종) 딴 계통과 섞이지 않은 순수한 종
職種(직종) 직업의 종류

✏️ 쓰기한자

種類(종류) 사물의 부문을 나누는 갈래
各種(각종) 갖가지
變種(변종) 종류가 바뀜
別種(별종) 다른 종류
特種(특종) 특별한 종류

終	5급
마칠 종	
糸	5획

비 納(들일 납)
동 末(끝 말) 端(끝 단)
了(마칠 료) 卒(마칠 졸)
結(맺을 결)
반 始(비로소 시)
初(처음 초)

실(糸)을 짜는 일은 겨울(冬)이 되기 전에 끝마쳐(終) 종결짓는다는 의미이다.

🔖 읽기한자

終講(종강) 강의를 마침
自初至終(자초지종) 처음부터 끝까지 이르는 동안
終結(종결) 완전히 끝남
終局(종국) 끝판
終日(종일) 하루 낮 동안
始終(시종) 처음과 마지막
有終(유종) 끝을 완전히 맺음
最終(최종) 맨 나중
終止(종지) 끝을 냄

宗

4급Ⅱ
마루 종
宀 | 5획

비 完(완전할 완)

조상(示)을 기리는 사당(宀)의 형태에서 신의 가르침, 종가(宗)를 의미한다.

읽기한자

宗團(종단) 종교 또는 종파의 단체
宗孫(종손) 종가의 맏손자
宗主國(종주국) 종속국에 대해 종주권을 갖는 국가
改宗(개종) 종교를 딴 것으로 바꿔 믿음

左

7급Ⅱ
왼 좌:
工 | 2획

비 在(있을 재)
반 右(오른 우)

무언가를 만들 때 가늠자 등을 들고 오른 손을 돕는 손의 형태에서
왼쪽(左)을 의미한다.

읽기한자

左邊(좌변) 왼쪽 변
右往左往(우왕좌왕) 바른쪽으로 갔다 왼쪽으로 갔다하며 종잡지 못함

쓰기한자

左右(좌우) 왼쪽과 오른쪽
左手(좌수) 왼손

罪

5급
허물 죄:
罒(网) | 8획

동 過(지날 과)
반 刑(형벌 형)

인간의 도리를 져버린 나쁜(非) 짓으로 법률 망(罒)에 걸려든 사람이기에
죄인(罪)을 의미한다.

읽기한자

論罪(논죄) 죄를 논하여 형을 적용시킴
犯罪(범죄) 죄를 범함
罪狀(죄상) 범죄의 실상
謝罪(사죄) 지은 죄에 대해 용서를 빎
餘罪(여죄) 그 죄 이외의 다른 죄

罪責(죄책) 범죄의 책임
有罪(유죄) 죄가 있음
罪目(죄목) 범죄 행위의 명목
罪惡(죄악) 죄가 될 만한 악행
罪人(죄인) 죄를 지은 사람

主

7급
주인/임금 주
丶 | 4획

비 王(임금 왕) 住(살 주)
동 王(임금 왕) 君(임금 군)
帝(임금 제) 皇(임금 황)
반 客(손 객) 賓(손 빈)
從(좇을 종)

움직이지 않고 타오르는 촛불처럼 중심이 되어있는 사람을 빗대어
주인, 중심(主)을 의미한다.

읽기한자

主導(주도) 주장이 되어 이끎
城主(성주) 성의 우두머리
戶主(호주) 한 집안의 주장이 되는 사람

쓰기한자

主觀(주관) 자기대로의 생각
主體(주체) 성질, 상태, 작용의 주(主)
自主(자주) 남의 보호나 간섭을 받지 않고 독립적으로 행함
主流(주류) 사상의 주된 경향
地主(지주) 토지의 소유자

住 살 주:

7급
亻(人) | 5획

비 往(갈 왕)
注(부을 주)
동 居(살 거)

타고 있는 불(主)처럼 사람(人)이 한 곳에서 꼼짝 않고 머무는 것에서 산다(住)는 의미이다.

읽기한자

永住權(영주권) 외국인에게 주는 그 나라에 영주할 수 있는 권리
移住(이주) 다른 곳에 옮아가서 삶

쓰기한자

住民(주민) 그 땅에 사는 사람
住所(주소) 생활의 본거인 장소
住宅(주택) 사람들이 들어 사는 집
安住(안주) 자리 잡고 편히 삶
入住(입주) 새로 지은 집에 들어가 삶

注 부을 주:

6급 II
氵(水) | 5획

비 主(주인 주)
住(살 주)
往(갈 왕)

물(氵)이 주(主)로 하는 일은 물대는(注) 일이란 의미이다.

읽기한자

受注(수주) 주문을 받음
注視(주시) 눈독을 들여 잘 봄

쓰기한자

注目(주목) 눈을 한 곳에 쏟음
注意(주의) 마음에 새겨 두어 조심함
注油(주유) 자동차 등에 휘발유 따위를 주입함
注入(주입) 교육에서 기억과 암송을 주로 하여 지식을 넣어 줌

晝 낮 주

6급
日 | 7획

비 畫(그림 화)
동 午(낮 오)
반 夜(밤 야)
약 昼

해가 뜨고(旦) 학교에 가니 글(書) 공부를 하는 낮(晝)이란 의미이다.

읽기한자

晝夜不息(주야불식) 밤낮으로 쉬지 아니함

쓰기한자

晝間(주간) 낮
晝夜(주야) 낮과 밤
白晝(백주) 대낮

週 주일 주

5급 II
辶(辵) | 8획

비 周(두루 주)
調(고를 조)

모두에게 무언가를 두루(周) 알리기 위해 쭉 걸어 돌기(辶)에 한 주(週)를 의미한다.

읽기한자

週報(주보) 주간 내의 신문, 잡지
週期(주기) 한 바퀴를 도는 시기
週末(주말) 한 주일의 끝

쓰기한자

週間(주간) 한 주일 동안
來週(내주) 이 다음 주
週番(주번) 한 주간마다 바꾸어 하는 근무

州

5급Ⅱ
고을 　주
川(巛) | 3획

비 川(내 천)
동 郡(고을 군)
邑(고을 읍)
洞(골 동)

하천 안에 흙과 모래가 쌓여 섬이 만들어지는 모습에서 토지, 섬,
대륙(州)을 의미한다.

읽기한자

州境(주경) 주의 경계
州俗(주속) 한 지방의 풍속

쓰기한자

州郡(주군) 주와 군의 뜻으로 지방을 일컬음
大州(대주) 아주 넓은 육지

走

4급Ⅱ
달릴 　주
走 | 0획

비 赤(붉을 적)
동 奔(달릴 분)

팔을 사방(十)으로 휘저으며 발(止)을 재빠르게 놀리는 데서, '달리다' 는
의미이다.

읽기한자

走力(주력) 달리는 힘
走者(주자) 달리는 사람
走行(주행) 바퀴가 달린 탈 것이 달려감
獨走(독주) 남을 앞질러 혼자 달림
力走(역주) 힘껏 달림

竹

4급Ⅱ
대 　죽
竹 | 0획

대나무 잎의 모양을 본떴다.

읽기한자

竹馬故友(죽마고우) 어렸을 때부터의 친한 벗
竹夫人(죽부인) 대오리로 길고 둥글게 만든 제구

準

4급Ⅱ
준할 　준:
氵(水) | 10획

동 平(평평할 평)
약 准

물(氵) 표면에 파도가 일어 매(隹)처럼 빠르게 평평하기에(十) 평정함의
정도(準)라는 의미이다.

읽기한자

準備(준비) 미리 마련하여 갖춤
基準(기준) 기본이 되는 표준
水準(수준) 사물의 표준
平準(평준) 물가 따위를 균일하게 조정하는 일

中 8급	
가운데 중	
ㅣ | 3획	

동 央(가운데 앙)
반 邊(가 변)
　 外(바깥 외)

돌아가는 팽이의 중심축이 어느 쪽도 기울지 않고 한복판을 지키기에 가운데(中)라는 의미이다.

읽기한자

中斷(중단) 중도에서 끊어짐　　　　眼中(안중) 눈에 비치는 바
中止(중지) 중도에서 그만둠
熱中(열중) 한 가지 일에 정신을 쏟음

쓰기한자

中古(중고) 약간 낡은 물건　　　　命中(명중) 겨냥한 곳에 바로 맞음
門中(문중) 동성동본의 가까운 집안　集中(집중) 한 곳으로 모임
的中(적중) 목표에 어김없이 들어맞음

重 7급	
무거울 중:	
里 | 2획	

비 里(마을 리)
동 複(겹칠 복)
　 加(더할 가)
반 輕(가벼울 경)

천(千) 리(里)를 걸으면 발이 무겁다(重)는 의미이다.

읽기한자

重態(중태) 병이 위중한 상태
加重(가중) 더 무거워짐
置重(치중) 어떤 곳에 중점을 둠
重言復言(중언부언) 한 말을 자꾸 되풀이함

쓰기한자

重用(중용) 중요한 지위에 임용함
所重(소중) 매우 귀중함
過重(과중) 너무 무거움
重力(중력) 지구상의 물체가 지구로부터 받는 힘

衆 4급Ⅱ	
무리 중:	
血 | 6획	

동 群(무리 군)
　 類(무리 류)
　 徒(무리 도)
　 等(무리 등)
반 寡(적을 과)

혈통(血)이 같은 돼지(豕)들이 한 무리(衆)를 이루고 산다는 의미이다.

읽기한자

衆口難防(중구난방) 뭇사람의 말을 이루 다 막기가 어려움
觀衆(관중) 관람하는 사람들
大衆(대중) 수가 많은 여러 사람
出衆(출중) 뭇사람 속에서 뛰어남

增 4급Ⅱ	
더할 증	
土 | 12획	

동 加(더할 가)
　 益(더할 익)
　 添(더할 첨)
반 減(덜 감)
　 損(덜 손)
　 除(덜 제)
약 増

흙(土)이 많이 쌓여 늘어나는(曾) 것에서 늘다(增)는 의미이다.

읽기한자

增強(증강) 인원, 설비 등을 더하여 굳세게 함
增設(증설) 설비를 늘림
增員(증원) 사람을 늘림
增築(증축) 집 등을 더 늘려 지음
急增(급증) 갑자기 증가함

紙 7급
종이 지
糸 | 4획

섬유질(糸)을 근원, 원료(氏)로 하여 종이(紙)를 생산한다는 의미이다.

읽기한자

壁紙(벽지) 벽에 바르는 종이 破紙(파지) 찢어진 종이
製紙(제지) 종이를 만듦
印紙(인지) 세금, 수수료를 낸 것을 증명하기 위해 서류에 붙이는,
            정부가 발행한 증표

쓰기한자

用紙(용지) 어떤 일에 쓰이는 종이
紙面(지면) 종이의 표면
紙質(지질) 종이의 품질
白紙化(백지화) 백지 상태가 됨
休紙(휴지) 못 쓰게 된 종이

地 7급
따 지
土 | 3획

반 天(하늘 천)

뱀이 논밭의 두렁처럼 구불구불 한 것에서 지면(土)과 뱀(也)의 형태로
땅(地)을 의미한다.

읽기한자

餘地(여지) 남은 땅
陰地(음지) 그늘진 곳
不毛地(불모지) 초목이 나지 않는 거친 땅
處地(처지) 자기가 처해 있는 경우
原産地(원산지) 물건의 생산지

쓰기한자

地形(지형) 땅의 생긴 모양 行先地(행선지) 떠나가는 목적지
客地(객지) 자기 고장을 떠나 임시로 있는 곳

자

志 4급Ⅱ
뜻 지
心 | 3획

동 意(뜻 의)
情(뜻 정)
趣(뜻 취)

선비(士)의 마음(心) 속에는 깊은 뜻(志)이 있다는 의미이다.

읽기한자

志士(지사) 고매한 뜻을 품은 사람
志願(지원) 스스로 뜻하여 바람
志向(지향) 뜻이 향하는 방향
同志(동지) 뜻이 서로 같은 사람
立志(입지) 뜻을 세움

知 5급Ⅱ
알 지
矢 | 3획

동 認(알 인)
識(알 식)
반 行(다닐 행)

화살(矢)처럼 곧바로 날아가 맞추는(口) 것을 나타내는 글자로, 알다(知)는
의미이다.

읽기한자

認知(인지) 사실을 인정하여 앎
未知(미지) 알지 못함
溫故知新(온고지신) 옛 것을 익히고 나아가서 새 것을 앎

쓰기한자

知能(지능) 두뇌의 작용
親知(친지) 가깝게 지내는 사람
通知(통지) 기별하여 알림
知行合一(지행합일) 지식과 행위가 하나 됨

止 5급 그칠 지
止 | 0획

동 停(머무를 정)

발이 한걸음 앞에 나간 상태에서 멈추었다(止)고 하는 것에서 멈추게
하다(止)는 의미이다.

읽기한자

防止(방지) 막아서 그치게 함
禁止(금지) 어떤 짓을 말려서 못하게 함
停止(정지) 하던 일을 중도에 그침
終止(종지) 끝을 냄
行動擧止(행동거지) 몸을 움직여 하는 모든 것

至 4급Ⅱ 이를 지
至 | 0획

동 到(이를 도)
致(이를 치)
極(다할 극)

어디로부터인가 날아온 새의 모습에서 오다, 도착하다, 다다르다(至)는
의미이다.

읽기한자

至極(지극) 극진한 데 이름
至大(지대) 더할 수 없이 아주 큼
至當(지당) 아주 당연함
至尊(지존) 더 없이 존귀함
至毒(지독) 더할 수 없이 독하거나 심함

支 4급Ⅱ 지탱할 지
支 | 0획

비 技(재주 기)

손(又)으로 열(十)가지 일을 버티어(支) 해낸다는 의미이다.

읽기한자

支給(지급) 물건이나 돈을 치러 줌
支配(지배) 아랫사람을 감독하고 사무를 정리함
支店(지점) 본점에서 갈라져 나온 점포
收支(수지) 수입과 지출

指 4급Ⅱ 가리킬 지
扌(手) | 6획

맛(旨)있는 것을 집어서 먹는 손(扌)의 모습에서 손가락(指)을 의미한다.

읽기한자

指導(지도) 가리키어 이끎
指目(지목) 사람, 사물 등이 어떻다고 가리켜 정함
指定(지정) 이것이라고 가리켜 정함

直 7급 Ⅱ
곧을 **직**
目 | 3획

비 眞(참 진)
동 貞(곧을 정)
반 屈(굽을 굴)
　曲(굽을 곡)

숨어(ㄴ) 있어도 열(十) 사람의 눈(目)이 보면 나쁜 짓은 할 수 없기에
바로(直)라는 의미이다.

읽기한자

直進(직진) 곧게 나아감　　　　　　　曲直(곡직) 굽음과 곧음, 옳고 그름
直航(직항) 배나 비행기가 목적지까지 바로 감

쓰기한자

直流(직류) 곧게 흐르는 흐름　　　　直面(직면) 어떤 사물에 직접 대면함
直觀(직관) 대상을 직접적으로 파악하는 작용　直後(직후) 바로 뒤
正直(정직) 거짓, 허식이 없이 마음이 바르고 곧음
直通(직통) 두 지점 간에 장애가 없이 바로 통함

職 4급 Ⅱ
직분 **직**
耳 | 12획

비 識(알 식)
　織(짤 직)
동 官(벼슬 관)

귀(耳)로 듣는 말소리(音)를 창(戈)이나 칼로 새기는 직업(職)을 맡는다는
의미이다.

읽기한자

職務(직무) 담당해 맡은 사무
復職(복직) 본디 직으로 돌아옴
職場(직장) 근무하며 맡은 일을 하는 일터
退職(퇴직) 현직에서 물러남

進 4급 Ⅱ
나아갈 **진:**
辶(辵) | 8획

동 就(나아갈 취)
　出(날 출)
반 退(물러날 퇴)

새(隹)가 날 때와 같이 빨리 걷는(辶) 것에서 진행하다, 앞으로
나가다(進)는 의미이다.

읽기한자

進級(진급) 등급, 계급 등이 오름
進路(진로) 앞으로 나아가는 길
進步(진보) 사물이 점차 발달하는 일
進退(진퇴) 나아감과 물러섬
行進(행진) 앞으로 걸어 나아감

眞 4급 Ⅱ
참 **진**
目 | 5획

비 直(곧을 직)
동 實(열매 실)
반 假(거짓 가)
　僞(거짓 위)

비수(匕)로 재산(貝)의 일부(一)를 잘라내서(八) 학비를 대어 참(眞)을
배우게 한다.

읽기한자

眞價(진가) 참된 값어치
眞理(진리) 참된 이치
眞面目(진면목) 본래의 모습
眞情(진정) 진실하고 애틋한 마음
寫眞(사진) 카메라로 찍은 형상
純眞(순진) 마음이 순박하고 진실함

質	5급 Ⅱ
바탕	질
貝	8획

- 통 素(본디 소)
  朴(성 박)
  本(근본 본)
- 약 貭

돈(貝)을 빌린 표시로 도끼(斤) 두 자루를 상대에게 건네고 약속한 표시(質)를 의미한다.

읽기한자

低質(저질) 품질이 낮음
素質(소질) 본디부터 갖추고 있는 성질

쓰기한자

質問(질문) 의문, 이유를 캐물음
惡質(악질) 성질이 모질고 나쁨
性質(성질) 사물이 본디부터 가지고 있는 고유한 특성
變質(변질) 성질이나 물질이 변함
體質(체질) 몸의 성질

集	6급 Ⅱ
모을	집
隹	4획

- 통 會(모일 회)
  社(모일 사)
  團(둥글 단)
- 반 散(흩어질 산)
  離(떠날 리)
  配(나눌 배)

나무(木) 위에 새(隹)가 많이 무리지어 모여드는 것에서 모여들다, 모이다(集)라는 의미이다.

읽기한자

集配(집배) 우편물, 철도 화물 등을 모으고 또 그것을 주소지로 배달함
密集(밀집) 빽빽이 모임
收集(수집) 거두어 모음

쓰기한자

集結(집결) 한 군데로 모임   集中(집중) 한 곳으로 모으게 함
集計(집계) 모아서 합계함   雲集(운집) 구름처럼 많이 모임
集約(집약) 한데 모아서 요약함

次	4급 Ⅱ
버금	차
欠	2획

- 통 副(버금 부)
  亞(버금 아)
  仲(버금 중)

입을 크게 벌리(冫)고 하품(欠)을 한 후, 다음 작업에 들어가는 것에서 다음(次)을 의미한다.

읽기한자

次席(차석) 수석 다음의 자리
次元(차원) 어떤 사물을 생각하거나 행할 때의 입장
目次(목차) 목록이나 조목의 차례
順次的(순차적) 순서대로 하는 것
將次(장차) 앞으로

着	5급 Ⅱ
붙을	착
目	7획

- 비 差(다를 차)
- 통 到(이를 도)
  附(붙을 부)
- 반 發(필 발)

양(羊)털이 자라면 눈(目)에 달라붙어 보이지 않을 정도가 되는 것에서 몸에 붙다(着)는 의미이다.

읽기한자

密着(밀착) 빈틈없이 단단히 붙음   接着(접착) 달라붙음
着想(착상) 일의 실마리가 될 만한 생각
固着(고착) 굳게 붙음

쓰기한자

着手(착수) 일에 손을 대어 시작함   土着(토착) 대대로 그 땅에서 삶
着陸(착륙) 비행기가 육지에 내림
定着(정착) 한 곳에 자리 잡아 떠나지 않음

察
살필 **찰**
宀 | 11획

4급 Ⅱ

비 際(즈음/가 제)
동 省(살필 성)
　 審(살필 심)

집(宀)에서 제사(祭) 지낼 때 제물의 종류나 놓이는 위치 등을 정성껏 살피는 데서, '살피다' 는 의미이다.

읽기한자

査察(사찰) 조사하여 살핌
監察(감찰) 감시하여 살핌
觀察(관찰) 사물을 주의하여 살펴봄
不察(불찰) 잘 살피지 않아서 생긴 잘못
省察(성찰) 반성하여 살핌

參
참여할 **참**
석　 **삼**
厶 | 9획

5급 Ⅱ

비 慘(참혹할 참)
　 蔘(인삼 삼)
동 三(석 삼)
　 與(줄 여)
약 参

머리(參)에 비녀를 꽂고 여러 장식품(㐱)을 갖추어 의식에 참가한다(參)는 의미이다.

읽기한자

參拜(참배) 무덤, 기념비 따위의 앞에서 경의나 추모의 뜻을 나타냄
參考(참고) 살펴서 생각함

쓰기한자

參戰(참전) 전쟁에 참가함
參席(참석) 자리에 참여함
參觀(참관) 어떤 곳에 나아가서 봄
古參(고참) 오래 전부터 한 직장이나 직위에 머물러 있는 일

窓
창　 **창**
穴 | 6획

6급 Ⅱ

비 密(빽빽할 밀)

벽에 창(厶)으로 구멍(穴)을 뚫어 마음(心)이 시원하고 밝도록 창문(窓)을 만든다는 의미이다.

읽기한자

窓戶紙(창호지) 문을 바르는 종이
鐵窓(철창) 쇠로 창살을 만든 창문

쓰기한자

窓口(창구) 창을 뚫어 놓은 곳
同窓(동창) 같은 학교에서 배움
東窓(동창) 동쪽으로 난 창
學窓時節(학창시절) 학생으로서 학교에서 공부하던 시절

唱
부를 **창:**
口 | 8획

5급

동 김(부를 소)
　 招(부를 초)
　 呼(부를 호)
　 聘(부를 빙)

입(口)를 벌리고 모두가 큰 소리로 민요를 부르는(昌) 것에서 노래 부르다(唱)는 의미이다.

읽기한자

唱法(창법) 노래하는 방법
復唱(복창) 남의 말을 받아 그대로 욈
提唱(제창) 제기하여 창도함
獨唱(독창) 혼자서 노래를 부름
先唱(선창) 맨 먼저 부름
愛唱曲(애창곡) 즐겨 부르는 곡
再唱(재창) 다시 노래 부름

創

4급Ⅱ

비롯할 창:

刂(刀) | 10획

비 倉(곳집 창)
동 始(비로소 시)

지금부터 요리(刂)를 하려고 곡물 등을 창고(倉)에서 꺼내 준비하는 것에서 시작하다(創)는 의미이다.

읽기 한자

創建(창건) 처음으로 세움
創案(창안) 처음으로 생각하여 냄
創業(창업) 사업을 시작함
創造(창조) 처음으로 만듦
獨創的(독창적) 자기 혼자의 힘으로 생각해내거나 처음으로 만들어 내는

責

5급Ⅱ

꾸짖을 책

貝 | 4획

비 貴(귀할 귀)

쿡쿡 가시로 찔러(主) 대듯이 돈(貝)을 돌려달라고 볶아 대는 것에서 추궁하다(責)는 의미이다.

읽기 한자

責務(책무) 직책과 임무
罪責(죄책) 범죄의 책임
職責(직책) 직무상의 책임

쓰기 한자

責望(책망) 허물을 들어 꾸짖음
問責(문책) 잘못을 캐묻고 추궁함
見責(견책) 책망을 당함
重責(중책) 무거운 책임

責任(책임) 도맡아 해야 할 임무나 의무
自責(자책) 제 자신을 스스로 책망함

處

4급Ⅱ

곳 처:

虍 | 5획

비 虎(범 호)
약 処

호랑이(虍)가 천천히 걷고(夂) 있는 곳(處)을 의미한다.

읽기 한자

處分(처분) 어떠한 기준에 따라 처리함
處事(처사) 일을 처리함
處地(처지) 자기가 처해 있는 경우
近處(근처) 가까운 곳
出處(출처) 사물이 나온 근거

川

7급

내 천

川(巛) | 0획

비 水(물 수)
동 溪(시내 계)
반 山(메 산)

양 쪽 기슭 사이를 물이 흐르고 있는 모양에서 내, 하천(川)을 의미한다.

쓰기 한자

山川(산천) 산과 내라는 뜻으로 자연을 일컬음
山川草木(산천초목) 산과 내, 풀과 나무
晝夜長川(주야장천) 밤낮으로 쉬지 않고 연달아. 언제나

千

7급
일천 천
十 | 1획

비 干(방패 간)

사람이 앞으로 나아가는 모습과 十자를 포개 놓아, 十의 백 배,
百의 열 배의 것을 말한다.

읽기한자

千里眼(천리안) 천 리 밖을 볼 수 있음
千里馬(천리마) 하루에 천 리를 달릴 만한 썩 좋은 말

쓰기한자

千古(천고) 썩 먼 옛적
千萬多幸(천만다행) 매우 다행스러움

天

7급
하늘 천
大 | 1획

비 夫(지아비 부)
동 乾(하늘 건)
반 地(따 지)

양손과 양발을 벌리고 서있는 사람(大)의 머리 위에 크게 펼쳐 있는(一)
하늘(天)을 의미한다.

읽기한자

天罰(천벌) 하늘이 내린 벌
天惠(천혜) 하늘의 은혜
至誠感天(지성감천) 지극한 정성에 하늘이 감동함

쓰기한자

天命(천명) 타고난 수명
天幸(천행) 하늘이 준 다행
天才(천재) 선천적으로 타고난 뛰어난 재주
樂天的(낙천적) 인생이나 어떤 사태에 대해 낙관하고 있는 모양

鐵

5급
쇠 철
金 | 13획

동 金(쇠 금)
약 鉄

창(戈)을 만드는 데 으뜸(王)으로 좋은(吉) 쇠(金)가 철(鐵)이라는 의미이다.

읽기한자

鐵工(철공) 쇠를 다루는 공업
鐵道(철도) 기차, 전차가 다니도록 깔아 놓은 시설
鐵物(철물) 쇠로 만든 물건
古鐵(고철) 오래 되어 못쓰게 된 쇠붙이
製鐵所(제철소) 철광으로 철재를 만드는 공정을 하는 곳

靑

8급
푸를 청
靑 | 0획

비 淸(맑을 청)
동 綠(푸를 록)
  碧(푸를 벽)
  蒼(푸를 창)

풀잎의 색깔처럼 파랗게 맑은 우물의 물색에서 파랗게(靑) 투명한 색깔을
의미한다.

읽기한자

靑銅(청동) 구리와 주석의 합금
靑寫眞(청사진) 설계도. 미래의 계획이나 구상

쓰기한자

靑信號(청신호) 푸른 등이나 기로 통행을 표시하는 교통 신호
靑春(청춘) 새싹이 파랗게 돋아나는 봄철. 젊은 나이
靑果(청과) 신선한 채소, 과일

차

請
4급 II
청할 **청**
言 | 8획

비 淸(맑을 청)
　晴(갤 청)

청년(靑)이 웃어른께 부탁의 말씀(言)을 드린다는 데서 청하다(請)는 의미이다.

읽기 한자

請求(청구) 달라고 요구함
申請(신청) 신고하여 청구함
不請客(불청객) 청하지 않았는데도 온 손님

淸
6급 II
맑을 **청**
氵(水) | 8획

비 靑(푸를 청)
동 潔(깨끗할 결)
　淨(깨끗할 정)
반 濁(흐릴 탁)

푸릇푸릇한 풀잎처럼, 파랗게(靑) 맑은 물(氵)의 아름다움에서 맑다(淸)는 의미이다.

읽기 한자

淸潔(청결) 맑고 깨끗함
淸貧(청빈) 청백하여 가난함
淸純(청순) 맑고 순박함
百年河淸(백년하청) 아무리 오래되어도 사물이 이루어지기 어려움

쓰기 한자

淸明(청명) 날씨가 맑고 밝음
淸算(청산) 상호간의 채무 관계를 셈하여 깨끗이 정리함

體
6급 II
몸 **체**
骨 | 13획

비 禮(예도 례)
동 身(몸 신)
　己(몸 기)
반 心(마음 심)
약 体

뼈(骨)를 중심으로 내장과 같이 풍성하게(豊) 붙어서 된 것이 몸(體)이란 의미이다.

읽기 한자

體得(체득) 몸소 체험하여 얻음　　　體罰(체벌) 몸에 직접 고통을 주는 벌
總體(총체) 전부　　　　　　　　　體統(체통) 지체나 신분에 맞는 체면

쓰기 한자

體感(체감) 몸에 느끼는 감각　　　體面(체면) 남을 대하는 체제와 면목
一體(일체) 한결같음. 같은 관계　　形體(형체) 물건의 생김새
體溫(체온) 생물체가 가지고 있는 온도　主體(주체) 사물의 주장이 되는 부분

草
7급
풀 **초**
艹(艸) | 6획

해가 아침 일찍(早) 물 위로 나오듯이 빠르게 무성(艹)해지는 모습에서 잡풀(草)을 의미한다.

읽기 한자

草案(초안) 기초가 되는 글발
結草報恩(결초보은) 죽어서도 은혜를 잊지 않고 갚음
伐草(벌초) 무덤의 잡초를 베어버림
草創期(초창기) 어떤 사업을 일으켜 시작하는 초기
除草(제초) 잡초를 뽑아 없앰

쓰기 한자

草食(초식) 식물성의 먹이만 먹음
草綠同色(초록동색) 이름은 다르나 따지고 보면 한 가지 것이라는 말
花草(화초) 꽃이 피는 풀과 나무　　　不老草(불로초) 먹으면 늙지 않는 풀

初 처음 초
5급
刀 | 5획

동 始(비로소 시)
　創(비롯할 창)
반 終(마칠 종)
　末(끝 말)
　端(끝 단)
　了(마칠 료)

옷을 만들기 위해 처음하는 일이 옷(衤)감을 칼(刀)로 자르는 일이기에,
처음(初)을 의미한다.

읽기한자

初代(초대) 어떤 계통의 최초의 사람
初面(초면) 처음으로 대하여 봄
初步(초보) 보행의 첫 걸음. 학문, 기술 등의 첫 걸음
初演(초연) 연극, 음악 등의 최초의 상연
當初(당초) 일이 생긴 처음
自初至終(자초지종) 처음부터 끝까지 이르는 동안
初行(초행) 처음으로 감
今時初聞(금시초문) 이제야 비로소 처음으로 들음

寸 마디 촌
8급
寸 | 0획

비 才(재주 재)
동 節(마디 절)

손(十) 바닥에서 맥을 짚는 곳(ヽ)까지의 거리는 대개 한 치(寸) 전후라는
의미이다.

읽기한자

寸陰(촌음) 얼마 안 되는 시간
寸鐵殺人(촌철살인) 한 치의 칼로도 살인한다는 뜻. 간단한 경구로
　　　　　　　　사람을 감동시킴을 비유함

쓰기한자

寸數(촌수) 겨레붙이 사이의 멀고 가까운 정도가 얼마라는 수
計寸(계촌) 촌수를 계산함

村 마을 촌
7급
木 | 3획

비 林(수풀 림)
동 里(마을 리)
　落(떨어질 락)

나무(木)가 자라고(寸) 있는 곳에 사람이 모여 산다는 것에서
마을(村)이라는 의미이다.

읽기한자

村婦(촌부) 시골에 사는 부녀
村落(촌락) 촌에 이루어진 부락
無醫村(무의촌) 의사나 의료시설이 없는 마을
富村(부촌) 부자가 많이 사는 마을
漁村(어촌) 어부들이 모여 사는 마을

쓰기한자

山村(산촌) 산 속에 있는 마을
江村(강촌) 강가의 마을

차

銃 총 총
4급 Ⅱ
金 | 6획

비 統(거느릴 통)

쇠(金)를 알차게(充) 조립하여 만든 것이 총(銃)이라는 의미이다.

읽기한자

銃器(총기) 소총, 권총 등의 화기
銃殺(총살) 총으로 쏘아 죽임
銃聲(총성) 총소리

| 總 4급Ⅱ |
| 다 총: |
| 糸 \| 11획 |

비 統(거느릴 통)
동 皆(다 개)
　　咸(다 함)
반 個(낱 개)
　　枚(낱 매)
약 総, 緫

두뇌(囱)와 마음(心)은 여러 색실(糸)로 만든 술과 같아서 총괄하다(總)는 의미이다.

읽기한자

總監督(총감독) 총괄적으로 하는 감독
總計(총계) 한데 통틀어서 계산함
總動員(총동원) 무엇을 성취하기 위하여 전 인원을 동원하는 일
總力(총력) 모든 힘. 전부의 힘

| 最 5급 |
| 가장 최: |
| 日 \| 8획 |

비 聖(성인 성)

옛날 전쟁의 위험을 무릅쓰고(曰) 적의 귀(耳)를 잘라(又) 오는 것은 가장(最) 큰 모험이다.

읽기한자

最強(최강) 가장 셈
最高(최고) 가장 높음
最近(최근) 장소나 위치가 가장 가까움
最多(최다) 가장 많음
最善(최선) 가장 착하고도 좋음
最終(최종) 맨 나중
最低(최저) 가장 낮음

| 秋 7급 |
| 가을 추 |
| 禾 \| 4획 |

비 私(사사 사)
　　松(소나무 송)
반 春(봄 춘)

벼(禾)가 불(火)빛 같은 태양에 익는 계절이니 가을(秋)이란 의미이다.

읽기한자

秋波(추파) 가을철의 아름답고 잔잔한 물결. 은근한 정을 나타내는 눈치
秋風落葉(추풍낙엽) 가을바람에 흩어져 떨어지는 낙엽. 낙엽처럼 시들어
　　　　　　　　　우수수 떨어짐을 비유함

쓰기한자

千秋(천추) 썩 오랜 세월. 먼 미래
秋風(추풍) 가을바람

| 祝 5급 |
| 빌 축 |
| 示 \| 5획 |

비 稅(세금 세)
동 祈(빌 기)

제단(示) 앞에서 축문을 낭독하는 사람(兄)의 모습에서 축복하다, 축하하다(祝)는 의미이다.

읽기한자

祝電(축전) 축하하는 뜻으로 치는 전보
祝願(축원) 잘 되게 해 달라고 바라며 비는 일
祝歌(축가) 축하하는 뜻으로 부르는 노래
祝福(축복) 앞길의 행운을 빔
慶祝(경축) 치하할 만한 기쁜 일을 축하함
自祝(자축) 제 스스로를 축하함

築 4급 Ⅱ
쌓을 축
竹 | 10획

[동] 積(쌓을 적)
貯(쌓을 저)
蓄(쌓을 축)

대나무(竹)와 나무(木)로 여러 가지(凡) 공사(工)를 한다는 데서 짓다,
쌓다(築)는 의미이다.

築造(축조) 다지고 쌓아서 만듦
建築(건축) 집이나 성, 다리 등 건조물을 세워 지음
新築(신축) 새로 건축함
增築(증축) 집 같은 것을 더 늘려 지음

蓄 4급 Ⅱ
모을 축
艹(艸) | 10획

[비] 畜(짐승 축)
[동] 貯(쌓을 저)
積(쌓을 적)
築(쌓을 축)

곡식을 거두어 쌓아 놓고(畜) 풀(艹)로 덮은 데서, '쌓다, 모으다'는 의미이다.

蓄財(축재) 재물을 모아 쌓음
備蓄(비축) 만약의 경우를 위하여 저축하여 둠
貯蓄(저축) 절약하여 모아 한데 쌓아둠

春 7급
봄 춘
日 | 5획

[비] 奉(받들 봉)
[반] 秋(가을 추)

따뜻한 햇살(日)에 초목의 새순이 돋아나기 시작하는 계절에서 봄(春)을
의미한다.

回春(회춘) 봄이 다시 돌아옴. 중한 병이 낫고 건강을 회복함. 도로 젊어짐
立春大吉(입춘대길) 입춘을 맞이하여 길운을 기원하는 글

春秋服(춘추복) 봄철과 가을철에 입는 옷
新春(신춘) 새 봄

出 7급
날 출
凵 | 3획

[동] 進(나아갈 진)
就(나아갈 취)
生(날 생)
[반] 入(들 입) 沒(빠질 몰)
納(들일 납)
缺(이지러질 결)

풀이 여기저기 어우러져 만들어진 모양에서 나오다, 내다(出)는 의미이다.

進出(진출) 앞으로 나아감
提出(제출) 문안이나 의견, 법안 등을 내어 놓음
出處(출처) 사물이 나온 근거

出發(출발) 길을 떠나 나감
出場(출장) 어떤 장소에 나감
放出(방출) 한꺼번에 내어 놓음
日出(일출) 해가 돋음

차

充 5급Ⅱ 채울 **충** 儿 | 4획 동 滿(찰 만)	아이를 낳아 기를(育) 때, 해가 차면 스스로 걸을 수 있는 사람이(儿) 되는 데서 '차다, 가득차다'는 의미이다. **읽기한자** 充滿(충만) 가득하게 참 充員(충원) 인원을 채움 充血(충혈) 어느 국부의 혈관 속을 흐르는 혈액양이 많아진 상태 **쓰기한자** 充當(충당) 모자라는 것을 채워 메움 充實(충실) 몸이 굳세어서 튼튼함 充足(충족) 일정한 분량에 차거나 채움 充分(충분) 분량이 넉넉하여 모자람이 없음
蟲 4급Ⅱ 벌레 **충** 虫 | 12획 약 虫	뱀들이 모여 있는 모양을 본떴다. **읽기한자** 毒蟲(독충) 사람을 해치는 벌레 害蟲(해충) 인간의 생활에 직·간접으로 해를 끼치는 벌레의 총칭
忠 4급Ⅱ 충성 **충** 心 | 4획 비 患(근심 환) 반 逆(거스를 역)	어느 쪽으로도 기울지 않고(中) 거짓이 없는 참된 마음(心)을 이르는 진심, 참(忠)을 의미한다. **읽기한자** 忠告(충고) 충심으로 남의 허물을 경계함 忠心(충심) 충성스러운 마음 忠言(충언) 충고하는 말 忠孝(충효) 충성과 효도
取 4급Ⅱ 가질 **취:** 又 | 6획 비 敢(감히 감)	중국에서는 적을 잡은 표시로 귀(耳)를 잘라 거둔(又) 것에서 취하다, 잡다(取)는 의미이다. **읽기한자** 取得(취득) 자기의 소유로 함 取消(취소) 기재하거나 진술한 사실을 말살함 受取人(수취인) 서류나 물건을 받는 사람 爭取(쟁취) 이겨서 빼앗아 가짐

測	4급 Ⅱ 헤아릴 측 氵(水) | 9획

동 量(헤아릴 량)
料(헤아릴 료)
商(헤아릴 상)
度(헤아릴 탁)

조개(貝)를 칼(刂)로 자르듯 형태는 균등하게 일정한 규칙에 따라 물(氵)의 깊이를 잰다(測)는 의미이다.

읽기한자

測量(측량) 기기를 써서 건조물의 높이, 깊이, 길이, 넓이, 거리, 위치,
　　　　　방향 등을 재어 헤아림
測定(측정) 헤아려서 정함

致	5급 이를 치: 至 | 4획

동 至(이를 지)
到(이를 도)

도구를 들고(攵) 열심히 일하여 어떤 일의 끝까지 다달아(至) 이룬다(致)는 의미이다.

읽기한자

致富(치부) 재물을 모아 부자가 됨
致誠(치성) 있는 정성을 다함
景致(경치) 산수 등 자연계의 아름다운 현상
滿場一致(만장일치) 회장에 모인 여러 사람의 의견이 완전히 합치함
理致(이치) 사물의 정당한 조리
筆致(필치) 글 솜씨의 됨됨이
言行一致(언행일치) 하는 말과 행동이 같음

置	4급 Ⅱ 둘 치: 罒(网) | 8획

비 直(곧을 직)

마음이 솔직한(直) 사람은 잡혀가(罒)도 금방 방면되므로 처음 그대로 해 놓는다(置)는 의미이다.

읽기한자

代置(대치) 다른 것으로 대신 놓음
放置(방치) 내버려 둠
備置(비치) 갖추어 둠. 준비해 놓음
位置(위치) 어떤 사물이 일정한 위치에 자리를 잡고 있음
處置(처치) 일을 감당하여 치러 감

齒	4급 Ⅱ 이 치 齒 | 0획

약 歯

입을 벌려서 이빨이 보이고 있는 모양으로 사람이나 동물 등의 이빨(齒)을 의미한다.

읽기한자

齒石(치석) 이의 안팎이나 틈 사이에 굳어 붙은 단단한 물질
齒藥(치약) 이를 닦는 데 쓰는 약
齒列(치열) 이가 죽 박힌 열의 생김새

| 治 4급 II 다스릴 치 氵(水) 5획 | 물(氵)의 흐름을 살피어 홍수를 막기 위해 물을 다스리는(台) 의식에서 다스리다(治)는 의미이다. |

治 4급 II 다스릴 치 氵(水) 5획

비 汝(너 여)
　始(처음 시)
동 理(다스릴 리)
반 亂(어지러울 란)

물(氵)의 흐름을 살피어 홍수를 막기 위해 물을 다스리는(台) 의식에서 다스리다(治)는 의미이다.

읽기 한자

治水(치수) 수리 시설을 하여 하천, 호수 등의 범람이나 가뭄의 피해를 막음
治安(치안) 나라를 잘 다스려 편안하게 함
完治(완치) 병을 완전히 고침
統治(통치) 전체를 한데 뭉쳐 다스림

則 5급 법칙 칙 곧 즉 刂(刀) 7획

비 測(헤아릴 측)
　側(곁 측)
동 法(법 법)
　規(법 규)
　律(법칙 률)
　範(법 범)

재산과 돈(貝)을 칼(刂)로 나눌 때 법칙(則)에 따라 나눈다는 의미이다.

읽기 한자

總則(총칙) 전체에 공통된 법칙
稅則(세칙) 조세의 부과, 징수에 관한 규칙
準則(준칙) 준거할 기준이 되는 법칙

쓰기 한자

原則(원칙) 지켜야 할 근본의 법칙
校則(교칙) 학생들이 지켜야 할 학교의 규칙
反則(반칙) 법칙이나 규정 등에 어그러짐
會則(회칙) 회의 규칙

親 6급 친할 친 見 9획

비 新(새 신)
　視(볼 시)
반 疏(드물 소)

서(立) 있는 나무(木) 옆에서 언제나 눈을 떼지 않고 봐(見)주는 어버이(親)를 의미한다.

읽기 한자

親權(친권) 부모가 미성년인 자식에 대하여 가지는 권리나
　　　　　의무를 통틀어 일컬음
親密(친밀) 지내는 사이가 몹시 친하고 가까움
兩親(양친) 아버지와 어머니

쓰기 한자

親舊(친구) 가깝게 사귀는 벗
親族(친족) 촌수가 가까운 일가
親切(친절) 남을 대하는 태도가 성의가 있으며 정답고 고분고분함

七 8급 일곱 칠 一 1획

다섯 손가락에 두 손가락을 십자형으로 포개서 일곱을 나타냈다.

읽기 한자

七寶(칠보) 일곱 가지의 보배
北斗七星(북두칠성) 큰곰자리에서 가장 뚜렷하게 보이는 국자 모양으로
　　　　　　　　　생긴 일곱 개의 별

쓰기 한자

七夕(칠석) 음력 칠월 초이렛날의 밤
七情(칠정) 사람의 일곱 가지 감정

侵 4급 Ⅱ
침노할 **침**
亻(人) | 7획

동 掠(노략질할 략)
犯(범할 범)

사람(亻)이 손(又)에 비(帚)를 들고 마당을 점점 쓸어간다는 데서
'침노하다'는 의미이다.

읽기한자

侵攻(침공) 침범하여 공격함
侵水(침수) 물이 새어 들어 옴
侵害(침해) 침범하여 손해를 끼침
外侵(외침) 다른 나라나 외부로부터의 침입

快 4급 Ⅱ
쾌할 **쾌**
忄(心) | 4획

비 決(결단할 결)
抉(도려낼 결)

물건의 일부를 깎듯이 마음(忄)을 열어 제쳐서(夬) 거침이 없어
기분이 좋다(快)는 의미이다.

읽기한자

快報(쾌보) 기쁘고 시원한 소식
痛快(통쾌) 아주 유쾌함
輕快(경쾌) 마음이 홀가분하고 상쾌함
明快(명쾌) 밝고 말끔하여 기분이 좋음
完快(완쾌) 병이 완전히 나음

打 5급
칠 **타:**
扌(手) | 2획

동 伐(칠 벌)
擊(칠 격)
討(칠 토)
반 防(막을 방)
守(지킬 수)

손(扌)으로 못(丁)을 탕탕 두드려 박는 것에서 두드리다, 치다(打)는 의미이다.

읽기한자

打開(타개) 얽히고 막힌 일을 잘 처리하여 나아갈 길을 엶
打破(타파) 규정이나 관습 같은 것을 깨뜨려 버림
連打(연타) 연속하여 때리거나 침
強打(강타) 강하게 때림. 치명적인 타격을 가함
利害打算(이해타산) 이해관계를 따져 셈함

他 5급
다를 **타**
亻(人) | 3획

비 地(따 지)
동 異(다를 이)
別(다를 별)
殊(다를 수)
差(다를 차)
반 自(자기 자)

살모사(也)는 사람(亻)이 좋아할 수 없는 것으로 밖으로 나가라는
의미에서 밖, 옆, 딴 것(他)을 의미한다.

읽기한자

他國(타국) 다른 나라
他官(타관) 제 고장이 아닌 다른 고장
他殺(타살) 남이 죽임. 남에게 당한 죽음
他方面(타방면) 다른 방면
出他(출타) 집에 있지 아니하고 다른 곳에 나감
自他共認(자타공인) 자기나 남들이 다 같이 인정함

카

卓 높을 **탁**

5급

十 | 6획

图 高(높을 고)
　 崇(높을 숭)
　 尊(높을 존)
　 隆(높을 륭)
반 低(낮을 저)
　 卑(낮을 비)

이른 아침(早)에 해가 떠서 하늘 위(上)로 높이 오른다는 데서 뛰어나다(卓)는 의미이다.

읽기한자

卓見(탁견) 뛰어난 의견이나 미래를 바라보는 눈과 지식
卓子(탁자) 물건을 올려놓는 기구
食卓(식탁) 식사용의 탁자
圓卓(원탁) 둥근 탁자
卓上空論(탁상공론) 실천성이 없는 허황된 이론

炭 숯 **탄:**

5급

火 | 5획

비 灰(재 회)

산(山)기슭이나 높은 언덕(厂)에서 숯구이 가마를 만들고 불(火)을 지펴 숯(炭)이라는 의미이다.

읽기한자

炭素(탄소) 비금속 원소의 하나. 유기 화합물의 주요 구성 원소
炭山(탄산) 석탄이 나는 산
炭水化物(탄수화물) 탄소와 수소의 화합물

太 클 **태**

6급

大 | 1획

비 大(큰 대)
　 犬(개 견)
图 大(큰 대)
　 巨(클 거)
　 偉(클 위)
　 碩(클 석)

큰 대(大) 두 개를 써서 아주 크다(太)는 뜻을 나타냈다.

읽기한자

太初(태초) 천지가 개벽한 처음
太平聖代(태평성대) 어질고 착한 임금이 다스리는 태평한 세상
豆太(두태) 콩

쓰기한자

太古(태고) 아주 오랜 옛날
太半(태반) 절반이 지남. 보통 3분의 2이상을 가리킴
太祖(태조) 한 왕조의 첫 대의 임금

態 모습 **태:**

4급Ⅱ

心 | 10획

비 熊(곰 웅)
　 能(능할 능)
图 樣(모양 양)
　 姿(모양 자)

마음(心) 먹기에 따라서 능하게(能) 나타나는 모양이나 태도(態)를 의미이다.

읽기한자

態度(태도) 속의 뜻이 드러나 보이는 모양
動態(동태) 움직이는 상태
實態(실태) 실제 모양. 그대로의 모양
形態(형태) 사물의 생김새

宅 집 택
5급 II
宀 | 3획

비 完(완전할 완)
동 戶(집 호)
室(집 실)
堂(집 당)
屋(집 옥)
舍(집 사)
家(집 가)

집(宀)안에 꼼짝 않고 안정을 취하는(乇) 것에서 안정된 집, 주거, 저택(宅)을 의미한다.

읽기한자

古宅(고택) 옛집
舍宅(사택) 기업체 등에서 지은 직원들의 살림집
宅配(택배) 물건을 집에까지 배달해 주는 일

쓰기한자

宅地(택지) 집터 　　　　　　　 自宅(자택) 자기의 집
家宅(가택) 세간을 지니고 사는 집 　 住宅(주택) 사람들이 들어 사는 집
社宅(사택) 회사가 사원들을 위하여 마련한 집

土 흙 토
8급
土 | 0획

비 士(선비 사)
동 地(따 지)
壤(흙덩이 양)

초목이 새눈을 내미는 것에서 흙(土)을 의미한다.

읽기한자

土俗(토속) 그 지방 특유의 풍속

쓰기한자

土産品(토산품) 그 지방 특유의 물건
土質(토질) 땅의 성질. 흙을 구성하고 있는 물질
土種(토종) 그 땅에서 나는 종자
土着(토착) 대대로 그 땅에서 삶
出土(출토) 고대의 유물이나 유적이 땅 속에서 나옴
風土(풍토) 기후와 토지의 상태

通 통할 통
6급
辶(辵) | 7획

비 痛(아플 통)
동 達(통달할 달)
貫(꿸 관)
徹(통할 철)

판지에 못을 박듯이(甬) 도로(辶_)가 어디까지나 계속되고 있는 것에서 통하다(通)는 의미이다.

읽기한자

通常(통상) 특별하지 않고 예사임
通達(통달) 막힘이 없이 환히 앎
精通(정통) 사물에 밝고 자세히 통함

쓰기한자

通過(통과) 통하여 지나가거나 옴 　　 通知(통지) 기별하여 알림
通風(통풍) 바람을 통하게 함 　　　　 通話(통화) 전화로 서로 말을 통함
共通(공통) 어느 것에나 다 통용됨 　 能通(능통) 사물에 환히 통달함

統 거느릴 통
4급 II
糸 | 6획

비 銃(총 총)
동 領(거느릴 령)
率(거느릴 솔)
御(거느릴 어)
合(합할 합)

실(糸)을 알차게(充) 모아서 줄을 꼬듯이 힘을 모은다는 데서 거느리다(統)는 의미이다.

읽기한자

統計(통계) 한데 몰아 쳐서 셈함
傳統(전통) 계통을 받아 전함
統一(통일) 여럿을 몰아서 하나로 만듦
血統(혈통) 골육의 관계

타

退

4급 Ⅱ

물러날 **퇴:**

辶(辵) | 6획

- 비 近(가까울 근)
- 통 去(갈 거)
- 반 進(나아갈 진)
- 　 就(나아갈 취)

가던 길(辶)이 그쳤으니(艮) 물러날(退) 수밖에 없다는 의미이다.

읽기한자

退步(퇴보) 뒤로 물러남
退場(퇴장) 무대 등에서 물러나옴
退治(퇴치) 물리쳐서 아주 없애버림
減退(감퇴) 기세나 체력이 쇠퇴함

特

6급

특별할 **특**

牛 | 6획

- 비 待(기다릴 대)
- 　 持(가질 지)
- 반 普(넓을 보)

관청(寺)에서 특별한 일이 있으면 소(牛)를 잡아 제사를 지낸다는 데서
특별하다(特)는 의미이다.

읽기한자

特講(특강) 특별히 베푸는 강의　　　特權(특권) 특별한 권리
特惠(특혜) 특별한 은혜나 혜택　　　特許(특허) 특별히 허락함

쓰기한자

特性(특성) 그것에만 있는 특수한 성질
特出(특출) 특별히 뛰어남
獨特(독특) 특별하게 다름
英特(영특) 영리하고 특별함
不特定(불특정) 특별히 정하지 아니함

波

4급 Ⅱ

물결 **파**

氵(水) | 5획

- 비 派(갈래 파)

동물 가죽(皮)처럼 구불구불한 강물(氵)의 움직임이 파도(波)라는 의미이다.

읽기한자

波動(파동) 사회적으로 변동을 가져올 만한 거센 움직임
世波(세파) 모질고 거센 세상의 풍파
餘波(여파) 주위에 미치는 영향
平地風波(평지풍파) 뜻밖의 분쟁이 일어남을 비유하는 말

破

4급 Ⅱ

깨뜨릴 **파:**

石 | 5획

- 비 波(물결 파)

돌(石)로 만든 도끼로 짐승 가죽(皮)을 벗기는 것에서 찢다, 부수다(破)는
의미이다.

읽기한자

破格(파격) 격식을 깨뜨림
破産(파산) 가산을 모두 잃어버림
說破(설파) 사물의 내용을 밝혀서 말함

板 5급
널 **판**

木 | 4획

비 根(뿌리 근)

나무(木)를 얇게 커서 손으로 밀어도 휘어지도록 한 판자(反)에서 얇은 판자(板)를 의미한다.

암기한자

板本(판본) 목판으로 인쇄한 책
板書(판서) 칠판에 분필로 글씨를 씀
板子(판자) 나무로 된 널조각
板紙(판지) 두껍고 단단하게 널조각처럼 만든 종이
氷板(빙판) 얼음이 깔린 길바닥

八 8급
여덟 **팔**

八 | 0획

비 入(들 입)
人(사람 인)

엄지손가락 둘을 구부린 여덟(八) 개의 손가락의 모양을 본떴다.

읽기한자

八景(팔경) 뛰어나게 아름다운 여덟 군데의 경치
四通八達(사통팔달) 길이 이리저리 여러 곳으로 통함

쓰기한자

八方美人(팔방미인) 온갖 방면의 일에 능통한 사람
上八字(상팔자) 썩 좋은 팔자
十中八九(십중팔구) 열 가운데 여덟이나 아홉이 그러하다는 뜻

敗 5급
패할 **패:**

攵(攴) | 7획

통 負(질 부)
亡(망할 망)
北(달아날 배)
반 勝(이길 승)
克(이길 극)
成(이룰 성)

재산인 조개(貝)가 두들겨(攵) 맞아 산산이 부서지는 것에서 지다, 돌파당하다, 가능성이 없다(敗)는 의미이다.

읽기한자

敗戰(패전) 전쟁이나 경기 등의 싸움에서 짐
敗走(패주) 싸움에 패하여 달아남
敗亡(패망) 싸움에서 져 망함
成敗(성패) 일이 되고 아니됨
連敗(연패) 연달아서 패함
完敗(완패) 완전하게 패함
失敗(실패) 일을 잘못하여 그르침

便 7급
편할 **편(:)**
똥오줌 **변**

亻(人) | 7획

비 更(다시 갱)
통 安(편안 안)
康(편안 강)
寧(편안 녕)

사람(人)은 불편한 것을 고쳐서(更) 편해지려고(便) 한다는 의미이다.

읽기한자

便益(편익) 편리하고 유익함
增便(증편) 교통편의 횟수를 늘림

쓰기한자

便利(편리) 편하고 이로우며 이용하기가 쉬움
便法(편법) 간편하고 손쉬운 방법
車便(차편) 차가 오고가고 하는 편
形便(형편) 일이 되어가는 모양, 경로
綠便(녹변) 푸르스름한 똥
便所(변소) 대변을 보는 곳

파

平	7급 II
	평평할 평
	干 | 2획

비 年(해 년)
午(낮 오)
동 均(고를 균)
和(화할 화)
安(편안 안)

부초가 물에 떠 있는 모양에서 평평하다, 평지, 평온(平)을 의미한다.

읽기한자

平素(평소) 평상시
平原(평원) 넓고 평탄한 들판

쓰기한자

和平(화평) 마음이 기쁘고 평안함
平等(평등) 차별이 없이 고르고 한결같음
公平(공평) 어느 한쪽으로 치우치지 않고 똑같이 나눔

砲	4급 II
	대포 포:
	石 | 5획

비 胞(세포 포)

옛날에는 돌(石)을 여러 개 싸서(包) 한번에 발사한 데서, '대포'를 의미한다. 뒤에 화약을 쓰는 대포 등도 이 글자를 그대도 썼다.

읽기한자

砲門(포문) 대포의 탄환이 나갈 구멍
砲聲(포성) 대포를 쏠 때 나는 소리
發砲(발포) 총이나 대포를 쏨
祝砲(축포) 축하의 뜻으로 쏘는 공포

包	4급 II
	쌀 포(:)
	勹 | 3획

비 句(글귀 구)
抱(안을 포)
동 圍(에워쌀 위)
容(얼굴 용)

손으로 뱃속의 아기를 덮어 감추듯이 감싸고 있는 모양에서 싸다(包)는 의미이다.

읽기한자

包容(포용) 아량 있고 너그럽게 감싸 받아들임
內包(내포) 어떤 속성이나 뜻을 속에 포함함

布	4급 II
	베 포(:)
	巾 | 2획

비 在(있을 재)

손(𠂇)으로 천(巾)을 짠다는 데서 베, 포목(布)을 의미한다.

읽기한자

布教(포교) 종교를 널리 폄
毛布(모포) 담요
流布(유포) 세상에 널리 퍼짐
配布(배포) 널리 돌려 줌
分布(분포) 흩어져 퍼져 있음

暴 4급 II
사나울 폭
모질 포:
日 | 11획

비 爆(터질 폭)

젖은(氺) 것을 내놓은 채로 양손(共)으로 높이 쳐들어 햇빛(日)에 쬐어, 쬐다(暴)는 의미이다.

〈읽기한자〉

暴言(폭언) 난폭하게 하는 말
暴發(폭발) 갑작스럽게 터짐
暴動(폭동) 집단행동으로 질서를 어지럽게 하는 일
暴惡(포악) 사납고 악함
行暴(행포) 함부로 사납게 굶. 또는 그런 짓

表 6급 II
겉 표
衣 | 3획

비 衣(옷 의)
반 裏(속 리)

털(毛-土) 옷(衣)을 겉(表)에 입고 밖으로 나타난다(表)는 의미이다.

〈읽기한자〉

師表(사표) 학식과 덕행이 높아 모범이 될 만한 사람
表示(표시) 겉으로 드러내 보임

〈읽기한자〉

表決(표결) 투표로 결정함
表現(표현) 사상, 감정 등을 드러내어 나타냄
發表(발표) 세상에 널리 드러내어 알림
別表(별표) 따로 붙인 표시나 도표
四表(사표) 세상 또는 천하를 이르는 말

票 4급 II
표 표
示 | 6획

비 標(표할 표)

신령(示)한테 받은 액막이 부적이 들어있는 상자(襾)에서 유래하여 패찰(票)을 의미한다.

〈읽기한자〉

票決(표결) 투표를 하여 결정함
暗票(암표) 법을 위반하여 몰래 사고 파는 표
得票(득표) 투표에서 표를 얻음
檢票(검표) 차표 따위를 검사함

品 5급 II
물건 품:
口 | 6획

동 物(물건 물)
件(물건 건)

입(口)이 셋으로, 많은 사람을 의미하고, 그 의미가 넓어져서 많은 물건, 물품(品)을 의미한다.

〈읽기한자〉

非賣品(비매품) 팔지 않는 물건　　製品(제품) 원료를 써서 만든 물건
新製品(신제품) 새로 만든 물건　　眞品(진품) 진짜 물건
備品(비품) 늘 갖추어 두고 쓰는 물건

〈쓰기한자〉

品切(품절) 물건이 생산되지 않아 없음
生必品(생필품) 생활에 꼭 필요한 물건
部品(부품) 기계 따위의 어떤 부분에 쓰이는 물건

파

風	6급 Ⅱ
바람 **풍**	
風 | 0획	

보통(凡) 벌레(虫)들은 햇볕보다 바람(風)을 싫어한다는 의미이다.

읽기한자

風俗(풍속) 옛날부터 그 사회에 행하여 온 사람의 생활 전반에 걸친 습관
風前燈火(풍전등화) 사물이 아주 위태로운 처지에 있음을 비유한 말

쓰기한자

風物(풍물) 농악에 쓰이는 악기들
風速(풍속) 바람이 부는 속도
風習(풍습) 풍속과 습관
風向(풍향) 바람이 불어오는 방향
通風(통풍) 바람이나 맑은 공기가 잘 드나들게 함

豊	4급 Ⅱ
풍년 **풍**	
豆 | 6획	

비 禮(예도 례)
동 足(발 족)
반 凶(흉할 흉)

벼이삭을 산처럼 쌓아서(曲) 신령(豆)에게 바치며 기원을 올려
풍부하다(豊)는 의미이다.

읽기한자

豊年(풍년) 농사가 잘된 해
豊滿(풍만) 물건이 넉넉하게 있음
豊富(풍부) 넉넉하고 많음
豊盛(풍성) 넉넉하고 많음
豊作(풍작) 풍년이 든 농사

必	5급 Ⅱ
반드시 **필**	
心 | 1획	

비 心(마음 심)

삐뚤어진(丿) 마음(心)은 반드시(必) 고칠 필요(必)가 있다는 의미이다.

읽기한자

期必(기필) 꼭 이루어지기를 기약함
信賞必罰(신상필벌) 상벌을 규정대로 공정하고 엄중하게 하는 일

쓰기한자

必勝(필승) 반드시 이김
必讀書(필독서) 반드시 읽어야 하는 책
生必品(생필품) 생활에 꼭 필요한 물건
必要惡(필요악) 좋지 않은 일이지만 어쩔 수 없이 필요한 일

筆	5급 Ⅱ
붓 **필**	
竹 | 6획	

붓대(聿)로는 옛날부터 대나무(竹)를 사용했는데, 그 붓을 손에 든 형태에서
붓(筆)을 의미한다.

읽기한자

細筆(세필) 잔글씨를 씀
達筆(달필) 익숙하게 잘 쓰는 글씨
筆致(필치) 글에 나타나는 맛이나 솜씨
筆談(필담) 글을 써서 묻고 대답함

쓰기한자

筆記(필기) 글씨를 씀
代筆(대필) 대신하여 글씨를 씀
惡筆(악필) 아주 서투른 글씨

親筆(친필) 손수 쓴 글씨
名筆(명필) 글씨를 썩 잘 쓰는 사람

下 7급 II
아래 **하:**
一 | 2획

반 上(위 상)

가로선을 한 줄 긋고, 그 아래에 표시를 한 형태로 아래(下)를 의미한다.

🔖 읽기한자

下達(하달) 상부의 명령이 아랫사람에게 미치도록 함
貴下(귀하) 상대방을 존중하여 이름을 대신 부르는 말
眼下無人(안하무인) 방자하고 교만하여 사람을 모두 얕잡아 보는 것

✏️ 쓰기한자

下車(하차) 차에서 내림
下向(하향) 아래로 향함
部下(부하) 남의 아래에서 명령에 따라 움직이는 사람

夏 7급
여름 **하:**
夂 | 7획

반 冬(겨울 동)

천천히 걸어도(夂) 머리(頁)에 땀이 나는 여름(夏)을 의미한다.

🔖 읽기한자

夏至(하지) 낮이 가장 길고 밤이 가장 짧은 날. 6월 21일경
夏節期(하절기) 여름철

✏️ 쓰기한자

夏服(하복) 여름에 입는 옷
立夏(입하) 여름이 시작되는 시기

河 5급
물 **하**
氵(水) | 5획

동 江(강 강)
川(내 천)
水(물 수)
반 山(메 산)

물(氵)의 흐름이 보기에 좋다(可)는 데서 강(河)을 의미한다.

🔖 읽기한자

河口(하구) 강물이 바다로 흘러드는 어귀
氷河(빙하) 거대한 얼음덩이가 흘러 다니는 강물
運河(운하) 육지를 파서 강을 내고 배가 다니게 한 수로
銀河水(은하수) 은하가 강처럼 보여 일컫는 말
百年河淸(백년하청) 아무리 오래되어도 어떤 일이 이루어지기 어려움

하

學 8급
배울 **하**
子 | 13획

비 覺(깨달을 각)
동 習(익힐 습)
반 敎(가르칠 교)
訓(가르칠 훈)
問(물을 문)
약 学

아이들(子)이 서당(冖)에서 두손으로, 책을 잡고(臼) 스승을 본받으며(爻) 글을 배운다는 데서, '배운다(學)'는 의미이다.

🔖 읽기한자

學制(학제) 학교 및 교육에 관한 제도
進學(진학) 상급 학교로 나아감
博學(박학) 모든 학문에 정통함
學費(학비) 학업에 드는 비용
向學熱(향학열) 학문을 하려는 열성

✏️ 쓰기한자

學問(학문) 배워서 닦은 지식의 총체
學用品(학용품) 배울 때 사용되는 물건

韓	8급
	한국/나라 **한**(:)
	韋 | 8획

해가 돋는(卓) 동방의 위대한(韋) 나라인 한국(韓)을 의미한다.

읽기한자

訪韓(방한) 한국을 방문함
韓半島(한반도) 한민족이 사는 땅

쓰기한자

韓食(한식) 우리나라의 음식
韓服(한복) 우리나라 고유의 의복
韓式(한식) 우리나라의 방식
來韓(내한) 외국인이 우리나라에 들어옴

漢	7급 II
	한수/한나라 **한**:
	氵(水) | 11획

비 嘆(탄식할 탄)

원래 큰 불로 태운 밭의 흙인데 메마른 하천의 의미가 되고, 후에 중국의 나라이름이 되었다.

읽기한자

好色漢(호색한) 여색을 특히 좋아하는 사내
漢詩(한시) 한문으로 이루어진 시

쓰기한자

漢江(한강) 서울의 중심을 흐르는 강
漢文(한문) 중국의 문장
漢陽(한양) 서울의 옛 이름
門外漢(문외한) 전문적 지식이나 조예가 없는 사람
惡漢(악한) 몹시 나쁜 짓을 하는 사람

寒	5급
	찰 **한**
	宀 | 9획

비 塞(막힐 색/변방 새)
동 冷(찰 랭)
반 溫(따뜻할 온)
　 暖(따뜻할 난)
　 熱(더울 열)
　 暑(더울 서)

겨울(冬)이 되면 움집(宀) 지면이 얼어 풀을 깔고(甘) 그 위에서 자기 때문에 춥다(寒)는 의미이다.

읽기한자

寒氣(한기) 추운 기운. 추위
寒流(한류) 찬물의 흐름
寒波(한파) 기온이 갑자기 내려가서 심한 한기가 오는 현상
防寒服(방한복) 추위를 막기 위하여 만든 옷
三寒四溫(삼한사온) 겨울철에 3일은 춥고 4일은 따뜻한 기후 현상

限	4급 II
	한할 **한**:
	阝(阜) | 6획

비 恨(한 한)
　 根(뿌리 근)

험한 산언덕(阝)에 막혀 걸음을 멈추어야(艮)하는 데서, '한하다, 막히다'는 의미이다.

읽기한자

限界(한계) 사물의 정해 놓은 범위
限定(한정) 한하여 정함
局限(국한) 어느 국부에 한정함
期限(기한) 미리 약속하여 놓은 때
無限大(무한대) 끝이 없음
最小限(최소한) 최소한도

合

6급
합할 **합**
口 | 3획

비 今(이제 금)
　令(명령 령)
반 分(나눌 분)
　區(구분할 구)
　配(나눌 배)
　別(나눌 별)

사람(人)들이 모여(一) 대화(口)하는 것에서 얘기하는 것이 맞다(合)는 의미이다.

읽기한자

合議(합의) 두 사람 이상이 모여 의논함
合勢(합세) 세력을 한 데로 모음
合唱(합창) 두 사람 이상이 노래를 부름
配合(배합) 알맞게 섞어 합침
統合(통합) 모두 합쳐서 하나로 모음

쓰기한자

合格(합격) 격식에 맞음. 시험에 붙음　和合(화합) 함께 어울려 합함
團合(단합) 많은 사람이 한 데 뭉침　合席(합석) 한 자리에 같이 앉음

港

4급Ⅱ
항구 **항:**
氵(水) | 9획

비 巷(거리 항)

물(氵)에 접하고 있는 마을(巷)의 모습에서 배가 출입하는 항구(港)라는 의미이다.

읽기한자

港口(항구) 배가 드나들고 모이는 곳
開港(개항) 항구를 개방하여 무역을 실시함
軍港(군항) 군사 설비가 있는 항만
出港(출항) 배가 항구에서 바다로 나감

航

4급Ⅱ
배 **항:**
舟 | 4획

비 船(배 선)
동 船(배 선)
　舟(배 주)
　舶(배 박)

사람의 목줄기(亢)처럼 배(舟)가 똑바로 나가는 것에서 건너다, 나가다(航)는 의미이다.

읽기한자

航海(항해) 배를 타고 바다를 건넘
難航(난항) 폭풍우나 파도로 인하여 항해가 어려움
運航(운항) 배 또는 항공기에 여객이나 화물을 싣고 항해함

하

海

7급Ⅱ
바다 **해:**
氵(水) | 7획

비 每(매양 매)
동 洋(큰바다 양)
반 陸(뭍 륙)
　地(따 지)
　空(빌 공)

강물(氵)은 매양(每) 바다(海)로 통한다는 의미이다.

읽기한자

海邊(해변) 바닷가
海水浴(해수욕) 바닷물에 목욕하는 일

쓰기한자

人山人海(인산인해) 많이 모인 사람들
海流(해류) 일정한 방향으로 흐르는 바닷물

害 5급Ⅱ
해할 해:
宀 | 7획

비 憲(법 헌)
동 損(덜 손)
　妨(방해할 방)
　毒(독 독)
반 利(이할 리)

저 집(宀)은 이렇다 저렇다(丰)라고 소문(口)을 내는 것에서 손상하다(害)는 의미이다.

📖 읽기 한자
侵害(침해) 침범하여 해를 끼침
害蟲(해충) 사람이나 농작물에 해로운 벌레의 총칭
百害無益(백해무익) 해롭기만 하고 이로운 점이 전혀 없음
加害(가해) 남에게 해를 끼침

✏️ 쓰기 한자
害惡(해악) 해가 되는 나쁜 일
病害(병해) 병으로 말미암은 해독
水害(수해) 큰 물 때문에 받는 해

解 4급Ⅱ
풀 해:
角 | 6획

동 釋(풀 석)
　散(흩을 산)
　消(사라질 소)
　放(놓을 방)
반 結(맺을 결)
약 解

칼(刀)로서 소(牛)뿔(角)을 잘라 내어 산산조각으로 하다, 잘라 떼내어 풀다(解)는 의미이다.

📖 읽기 한자
解決(해결) 어려운 문제를 풂
解說(해설) 알도록 풀어서 밝힘
解放(해방) 압박하거나 가두었던 것을 풀어 놓음
見解(견해) 자기 의견으로써의 해석
和解(화해) 다투던 일을 풂

幸 6급Ⅱ
다행 행:
干 | 5획

비 辛(매울 신)
동 福(복 복)

젊은 나이에 죽었어야 할(夭) 사람이 사지에서 벗어난다(屰)고 하는 것에서 행복(幸)을 의미한다.

📖 읽기 한자
幸福(행복) 좋은 운수
幸運(행운) 행복한 운명
幸運兒(행운아) 좋은 운수를 만난 사람
不幸(불행) 운수가 언짢음
千萬多幸(천만다행) 아주 다행함

行 6급
다닐 행(:)
行 | 0획

비 往(갈 왕)
동 動(움직일 동)
　爲(할 위)

십자로(十)의 모양에서 유래되어 사람이 걷는 곳이므로 가다(行)는 의미이다.

📖 읽기 한자
逆行(역행) 거슬러 나아감
行爲(행위) 행하는 짓
施行(시행) 실지로 베풀어 행함
舉行(거행) 명령에 따라 시행함

✏️ 쓰기 한자
行先地(행선지) 가는 목적지
行動(행동) 몸을 움직여 동작함
通行(통행) 길로 통하여 다님
發行(발행) 도서를 출판하여 세상에 폄

向 6급
향할 향:
口 | 3획

비 同(한가지 동)

창을 남과 북, 동과 서로 같이 마주서서 만드는 것에서 향하다, 대하다(向)는 의미이다.

읽기한자

向背(향배) 어떤 일의 추세, 어떤 일에 대한 사람들의 반응
指向(지향) 지정하여 그쪽으로 향하게 함

쓰기한자

向上(향상) 위로 향하여 나아가는 일
方向(방향) 향하는 곳
意向(의향) 무엇을 하려는 생각

香 4급Ⅱ
향기 향
香 | 0획

비 番(차례 번)
春(봄 춘)

쌀(禾)로 빚은 술이 단(日은 甘의 변형)맛을 풍긴다는 데서, '향기'를 의미이다.

읽기한자

香氣(향기) 향내 나는 기술
香料(향료) 향을 만드는 물건
香水(향수) 향내가 나는 물

鄕 4급Ⅱ
시골 향
阝(邑) | 10획

동 村(마을 촌)
반 京(서울 경)
약 郷

본래 사람들이 시골 마당에서 음식을 가운데 두고 둘러앉아 있는 모양을 그린 글자로 '시골'을 의미한다.

읽기한자

京鄕(경향) 서울과 시골
故鄕(고향) 나서 자란 곳
望鄕(망향) 고향을 생각함
他鄕(타향) 제 고향이 아닌 다른 고향
鄕約(향약) 시골 동네의 자치 규약

하

許 5급
허락할 허
言 | 4획

비 評(평할 평)
동 諾(허락할 낙)

상대의 말(言)을 잘 듣고 일정한 범위(午)안에서 허락한다(許)는 의미이다.

읽기한자

許容(허용) 허락하여 받아들임
許可(허가) 어떤 일에 조건을 붙여서 허락하는 일
許多(허다) 몹시 많음
無許可(무허가) 허가가 없음
認許(인허) 인정하여 허락함
特許(특허) 특별히 허가함

虛 — 4급Ⅱ / 빌 허

虍 | 6획

- 비 處(곳 처)
- 통 空(빌 공)
- 반 滿(찰 만)
  實(열매 실)
- 약 虚

호랑이(虎)를 잡으려고 함정(业)을 파 놓았는데, 걸린 것이 없다는 데서 '비다' 는 의미이다.

읽기한자

虛空(허공) 아무 것도 없는 텅 빈 공간
虛無(허무) 아무 것도 없이 텅 빔
虛費(허비) 헛되게 없앰
虛勢(허세) 실상이 없는 기세
虛弱(허약) 기력이 약함

驗 — 4급Ⅱ / 시험 험:

馬 | 13획

- 비 儉(검소할 검)
  檢(검사할 검)
  險(험할 험)
- 통 試(시험 시)
- 약 験

말(馬)을 여러(僉)사람이 타 보고, 살펴보아 좋고 나쁨을 가리는 데서, '시험' 을 의미한다.

읽기한자

受驗(수험) 시험을 봄
試驗(시험) 문제를 내어 해답을 구하는 일
實驗(실험) 실제로 시험함
經驗(경험) 실제로 겪어 봄
體驗(체험) 몸소 치러 봄

賢 — 4급Ⅱ / 어질 현

貝 | 8획

- 비 資(재물 자)
- 통 良(어질 량)
  仁(어질 인)
- 반 惡(악할 악)
  愚(어리석을 우)
- 약 賢

임금이 신하(臣)의 손(又)에 재물(貝)을 내려 어질다(賢)는 의미이다.

읽기한자

賢明(현명) 어질고 영리하여 판별력이 밝음
賢人(현인) 어진 사람
先賢(선현) 옛날의 어진 선비
聖賢(성현) 성인과 현인

現 — 6급Ⅱ / 나타날 현:

王(玉) | 7획

- 비 規(법 규)
  視(볼 시)
- 통 顯(나타날 현)
- 반 消(사라질 소)
  隱(숨을 은)

옥(玉)을 갈고 닦으면 아름다운 빛깔이 드러난다(見)는 데서, '나타나다(現)' 는 의미이다.

읽기한자

現狀(현상) 현재의 상태
現職(현직) 현재의 직업
再現(재현) 다시 나타남

쓰기한자

現代(현대) 오늘날의 시대
現實(현실) 지금 사실로 나타나 있는 그 일이나 물건
具現(구현) 구체적인 모습으로 뚜렷하게 나타남

血 피 **혈**
血 | 0획
4급 Ⅱ

비 皿(그릇 명)

축제 때 신령에게 바치는 동물의 피(丶)를 접시(皿)에 넣은 것에서 피(血)를 의미한다.

읽기한자

止血(지혈) 피를 나지 않게 함
造血(조혈) 피를 만들어 냄
血脈(혈맥) 핏줄기(혈통)

協 화할 **협**
十 | 6획
4급 Ⅱ

동 和(화할 화)
반 競(다툴 경)
　 爭(다툴 쟁)
　 戰(싸움 전)
　 鬪(싸움 투)

농사지을 때 모두(十)가 힘(力)을 한 덩어리로 해서 합친다(協)라는 의미이다.

읽기한자

協同(협동) 힘과 마음을 함께 합함
協力(협력) 힘을 합하여 서로 도움
協約(협약) 협의하여 맺은 조약
協議(협의) 서로 상의함
協助(협조) 힘을 모아서 서로 도움

兄 형 **형**
儿 | 3획
8급

반 弟(아우 제)

먼저 태어나 걸음마(儿)를 하고 어린 사람에게 말(口)로 지시를 하여 윗사람(兄)을 의미한다.

읽기한자

難兄難弟(난형난제) 두 사물의 우열을 판단하기 어려움을 비유한 말
義兄弟(의형제) 의로 맺은 형제

쓰기한자

兄夫(형부) 언니의 남편
老兄(노형) 동년배 사이에서 여남은 살 더 먹은 사람을 부르는 말
親兄弟(친형제) 한 부모에게서 난 형제

形 모양 **형**
彡 | 4획
6급 Ⅱ

비 刑(형벌 형)
동 樣(모양 양) 態(모양 태)
　 姿(모양 자)
　 象(코끼리 상)
　 式(법 식) 容(얼굴 용)

아름다운 선으로 그린 테두리의 모양에서 모양, 형태(形)를 의미한다.

읽기한자

形容(형용) 사물의 생긴 모양
形狀(형상) 물건이나 사람의 생김새와 생태
原形(원형) 본디의 모양
造形(조형) 형태를 이루어 만듦

쓰기한자

形成(형성) 어떠한 모양을 이룸
形便(형편) 일이 되어가는 모양, 경로
變形(변형) 모양, 형태가 달라지게 함
形形色色(형형색색) 형상과 종류의 가지가지

惠 4급 Ⅱ 은혜 혜: 心 | 8획 비 專(오로지 전) 동 恩(은혜 은) 약 惠	물레(車)가 한쪽으로만 돌듯 사람의 마음(心)이 한쪽으로 베풀어 지는 데서 '은혜'를 의미한다. ◎읽기한자 施惠(시혜) 은혜를 베풂 恩惠(은혜) 베풀어 주는 신세와 혜택 天惠(천혜) 하늘이 베푼 은혜

號 6급 이름 호(:) 虍 | 7획 동 名(이름 명) 약 号	호랑이(虎)의 울음소리처럼 입을 크게 가로 세로로(号) 움직여 부르짖는다(號)는 의미이다. ◎읽기한자 暗號(암호) 비밀을 위해 자신들만이 알 수 있도록 꾸민 기호 赤信號(적신호) 위험 신호 ◎쓰기한자 口號(구호) 주장을 나타내는 간결한 말 番號(번호) 차례를 나타내는 호수 記號(기호) 어떤 뜻을 나타내기 위하여 쓰이는 부호의 총칭

湖 5급 호수 호 氵(水) | 9획 비 胡(되 호)	물(氵)이 예(古)부터 머물러 있는 곳에 달(月) 그림자가 비치니 호수(湖)라는 의미이다. ◎읽기한자 湖邊(호변) 호반 湖陰(호음) 호수의 남쪽 湖南(호남) 전라남·북도를 일컫는 말 湖水(호수) 육지가 우묵하게 패고 물이 괸 곳 江湖(강호) 강과 호수

呼 4급 Ⅱ 부를 호 口 | 5획 비 乎(어조사 호) 동 招(부를 초) 唱(부를 창) 聘(부를 빙) 반 應(응할 응) 吸(마실 흡)	입(口)에서 숨을 와하고 뱉어내는 것에서 큰소리를 내어(乎) 부르다(呼)는 의미이다. ◎읽기한자 呼名(호명) 이름을 부름 呼應(호응) 부름에 대답함 呼出(호출) 불러 냄

護 4급 Ⅱ 도울 **호:** 言 | 14획 비 穫(거둘 확) 　獲(얻을 획) 동 援(도울 원) 　助(도울 조) 　扶(도울 부) 　救(구원할 구)	타이르고(言) 정상을 헤아려(隻) 돌보아 준다는 데서 보호하다, 호위하다(護)는 의미이다. **읽기한자** 護國(호국) 나라를 수호함 護身術(호신술) 자기 몸을 보호하기 위한 기술 護衛(호위) 따라다니며 지켜 보호함
好 4급 Ⅱ 좋을 **호:** 女 | 3획 비 妃(왕비 비) 동 良(어질 량) 반 惡(미워할 오)	어머니(女)가 아들(子)을 안고 좋아한다(好)는 의미이다. **읽기한자** 好感(호감) 좋게 여기는 감정 好調(호조) 사물의 상태들이 좋음 絶好(절호) 다시 없이 좋음 友好(우호) 개인이나 나라끼리 서로 사이가 좋음
戶 4급 Ⅱ 집 **호:** 戶 | 0획 동 家(집 가) 　室(집 실) 　堂(집 당) 　屋(집 옥) 　宅(집 택) 　庫(곳집 고)	쌍 문의 왼쪽 반의 형태에서 문, 집(戶)을 의미한다. **읽기한자** 戶口(호구) 호수와 식구 수 戶主(호주) 한 집안의 장이 되는 사람 家家戶戶(가가호호) 집집마다 窓戶(창호) 창과 문의 총칭
火 8급 불 **화(:)** 火 | 0획 비 水(물 수) 반 水(물 수)	불이 타고 있는 모양을 본떴다. **읽기한자** 引火(인화) 불이 옮아 붙음 防火(방화) 화재를 미리 막음 導火線(도화선) 폭약이 터지도록 불을 붙이는 심지 **쓰기한자** 火急(화급) 매우 급함 發火(발화) 불이 일어남 放火(방화) 불을 지름 失火(실화) 잘못하여 불을 냄 活火山(활화산) 화산이 진행되고 있는 산

하

話

7급 II

말씀 **화**

言 | 6획

비 活(살 활)
동 談(말씀 담)
　言(말씀 언)
　語(말씀 어)
　說(말씀 설)

혀(舌)와 입술을 사용하여 마음의 생각을 얘기(言)해 전하는 것에서 말하다(話)는 의미이다.

읽기 한자

悲話(비화) 슬픈 이야기
談話(담화) 서로 이야기를 주고 받음
受話器(수화기) 귀에 대고 전화를 받는 장치

쓰기 한자

話頭(화두) 이야기의 말머리　　　　對話(대화) 마주 대하여 이야기함
話術(화술) 이야기하는 재주　　　　會話(회화) 서로 만나서 이야기함
話者(화자) 말하는 이　　　　　　　訓話(훈화) 교훈이나 훈시하는 말

花

7급

꽃 **화**

艹(艸) | 4획

비 化(될 화)

풀(艹)의 모습이 변하는(化) 것에서 꽃(花)을 의미한다.

읽기 한자

造花(조화) 인공으로 만든 꽃
花香(화향) 꽃의 향기

쓰기 한자

落花(낙화) 꽃이 떨어짐
花園(화원) 꽃을 심은 동산
花草(화초) 꽃이 피는 풀이나 나무
開花(개화) 꽃이 핌
生花(생화) 살아있는 화초에서 꺾은 진짜 꽃

和

6급 II

화할 **화**

口 | 5획

비 私(사사 사) 利(이할 리)
동 睦(화목할 목)
　協(화할 협)
반 競(다툴 경) 爭(다툴 쟁)
　戰(싸움 전) 鬪(싸움 투)

벼(禾)가 잘 익어 기뻐 말(口)하고 있는 것에서 온화하다, 부드럽다(和)는 의미이다.

읽기 한자

和解(화해) 싸움을 서로 그치고 풂
講和(강화) 교전국이 전쟁을 끝내기 위하여 서로 화의 함
總和(총화) 전체의 화합

쓰기 한자

和色(화색) 얼굴에 드러난 환한 빛　　和親(화친) 서로 의좋게 지내는 정분
和平(화평) 마음이 기쁘고 평안함　　不和(불화) 서로 화합하지 못함
調和(조화) 이것과 저것이 서로 고르게 잘 어울림

畵

6급

그림 **화:**
그을 **획**

田 | 7획

비 書(글 서)
　晝(낮 주)
동 圖(그림 도)
약 画

붓(聿)으로 도화지(一)에 그림(田)을 그린다(畵)는 의미이다.

읽기 한자

壁畵(벽화) 벽에 그린 그림
錄畵(녹화) 사물의 움직임 따위를 필름 등에 저장함
減畵(감획) 획수를 줄임

쓰기 한자

畵家(화가) 그림 그리는 것을 전문으로 하는 사람
畵法(화법) 그림을 그리는 방법
名畵(명화) 썩 잘된 그림이나 영화
油畵(유화) 기름을 사용하여 그리는 화법

化

5급 II
될 **화**(:)
匕 | 2획

비 北(북녘 북)
比(견줄 비)
仁(어질 인)

사람(亻)이 거꾸로(匕) 서 있는 형태에서 바뀌다, 둔갑하다(化)는 의미이다.

읽기한자

深化(심화) 어떤 현상이 차차 깊어지거나 깊어가게 함
純化(순화) 순수하게 할
退化(퇴화) 진보 이전의 상태로 돌아감

쓰기한자

強化(강화) 더 튼튼하고 강하게 함
同化(동화) 같은 성질로 변함
消化(소화) 섭취한 음식을 분해하여 영양분을 흡수하는 작용
文化(문화) 문명이 발달하여 생활이 편리하게 되는 일

貨

4급 II
재물 **화**:
貝 | 4획

비 資(재물 자)
동 資(재물 자)
財(재물 재)

조개(貝) 껍질은 여러 물품으로 바뀌는(化) 것이 가능하므로 돈(貨)을 의미한다.

읽기한자

貨物(화물) 운반할 수 있는 유형의 물건
外貨(외화) 외국의 화폐
通貨(통화) 한 나라 안에서 일반에 유통되고 있는 화폐

確

4급 II
굳을 **확**
石 | 10획

동 固(굳을 고)
堅(굳을 견)
硬(굳을 경)
반 軟(연할 연)

돌(石)처럼 단단하고 높이 나는 새(隺)처럼 지조가 높고 굳은 데서, '굳다'는 의미이다.

읽기한자

確固不動(확고부동) 확고하여 흔들리거나 움직이지 아니함
確立(확립) 기초, 내용이 굳게 섬
明確(명확) 분명히 확실함
未確認(미확인) 아직 확인되지 아니함
精確(정확) 자세하고 확실함

患

5급
근심 **환**:
心 | 7획

비 忠(충성 충)
동 病(병 병)
憂(근심 우)
愁(근심 수)

꼬챙이(串)로 심장(心)을 쑤신다는 데서 근심, 병(患)이란 의미이다.

읽기한자

患難(환난) 근심과 재난
患部(환부) 질환의 부분
患者(환자) 병을 앓는 사람
病患(병환) 병을 높여 이르는 말
後患(후환) 뒷날의 걱정과 근심
外患(외환) 외적의 침범으로 인한 근심이나 재앙
有備無患(유비무환) 미리 준비해 두면 근심될 것이 없음

活

7급Ⅱ

살 **활**

氵(水) | 6획

비 話(말씀 화)
동 生(날 생)
반 死(죽을 사)
　殺(죽일 살)

혀(舌)를 정신없이 놀리며 먹듯이 활발히 움직이는 물(氵)의 형상에서 살다(活)라는 의미이다.

읽기한자

快活(쾌활) 명랑하고 활발함
復活(부활) 죽었다가 다시 살아남
活力素(활력소) 활동하는 힘이 되는 본바탕

읽기한자

活動(활동) 기운차게 움직임　　　活用(활용) 이리 저리 잘 응용함
生活(생활) 생명을 가지고 활동함　　自活(자활) 제 힘으로 살아감
活路(활로) 고난을 헤치고 살아 나갈 수 있는 힘

黃

6급

누를 **황**

黃 | 0획

밭(田)이 모두 한 가지로(共) 누렇게(黃) 익었다는 의미이다.

읽기한자

黃鳥(황조) 꾀꼬리
黃布(황포) 누런색의 베
黃牛(황우) 누른 빛깔의 소

쓰기한자

黃金萬能(황금만능) 돈만 있으면 만사가 뜻대로 될 수 있다는 말
黃人種(황인종) 살갗이 누르거나 검은 빛이고 머리털이 검은 인종

會

6급Ⅱ

모일 **회**

曰 | 9획

동 集(모을 집)
　社(모일 사)
반 散(흩을 산)
　離(떠날 리)
　漫(흩어질 만)
약 会

사람의 얼굴에 눈·코·입 따위가 모인 모양을 본뜬 글자로, '모이다'(會)는 의미이다.

읽기한자

總會(총회) 그 단체 전원의 모임
停會(정회) 회의를 일시 정지함

쓰기한자

會見(회견) 서로 만나 봄
開會(개회) 회의나 회합을 시작함
面會(면회) 직접 얼굴을 맞대고 만나봄

回

4급Ⅱ

돌아올 **회**

口 | 3획

비 固(굳을 고)
동 歸(돌아갈 귀)
　反(돌아올 반)
　轉(구를 전)

소용돌이가 빙글빙글 돌고 있는 모양에서 돌다(回)는 의미이다.

읽기한자

回答(회답) 물음에 대답함
回復(회복) 이전 상태와 같이 돌이킴
回信(회신) 편지나 전화 등의 회답

孝

7급Ⅱ

효도 효:

子 | 4획

비 老(늙을 로)
　 者(놈 자)

자식(子)이 나이든 부모(耂)를 등에 진 형태에서 효도하다(孝)라는 의미이다.

읽기한자

孝婦(효부) 효성스러운 며느리
孝誠(효성) 마음을 다하여 부모를 섬기는 정성
忠孝(충효) 충성과 효도

쓰기한자

孝道(효도) 부모를 잘 섬기는 도리
孝行(효행) 부모를 잘 섬기는 행실
不孝(불효) 효도를 하지 아니함

效

5급Ⅱ

본받을 효:

攵(攴) | 6획

비 敎(가르칠 교)
　 救(구할 구)
약 効

착한 사람과 사귀어(交) 그 행실을 본받도록 타이르고, 회초리질한다(攵)는
데서, '본받다'는 의미이다.

읽기한자

效驗(효험) 일의 공. 일의 좋은 보람
無效(무효) 효과나 보람이 없음

쓰기한자

效果(효과) 효력이 나타나는 결과
發效(발효) 효과가 발생함
實效(실효) 실제의 효과. 확실한 효험
時效(시효) 어떤 효력이 유지되는 일정한 기간

後

7급Ⅱ

뒤 후:

彳 | 6획

반 前(앞 전)
　 先(먼저 선)

길(彳)을 걷는 데 어린아이(幺)는 걸음이 느려(夂) 뒤진다(後)는 의미이다.

읽기한자

背後(배후) 등 뒤. 뒤편
後進(후진) 뒤쪽을 향해 나아감
落後(낙후) 뒤떨어짐
前無後無(전무후무) 전에도 없었고 앞으로도 없음

쓰기한자

直後(직후) 바로 뒤. 그 후 곧
事後(사후) 일이 지난 뒤

訓

6급

가르칠 훈:

言 | 3획

동 敎(가르칠 교)
반 學(배울 학)

하천(川)의 형태를 따라 물이 순조롭게 흐르듯이, 말(言)로 가르친다(訓)는
의미이다.

읽기한자

訓令(훈령) 상급 관청에서 하급 관청에 내리는 명령
師訓(사훈) 스승의 교훈　　　　　　　　訓示(훈시) 가르치어 보임

쓰기한자

訓讀(훈독) 한자의 뜻을 새기어 읽음　　教訓(교훈) 가르쳐 이끌어 줌
訓練(훈련) 가르쳐서 익숙하게 함
訓放(훈방) 법을 가볍게 어긴 사람을 훈계하여 놓아주는 일
級訓(급훈) 그 학급에서 필요하다고 인정한 교훈

休 쉴 휴 · 7급
亻(人) | 4획

비 林(수풀 림)
동 息(쉴 식)
　憩(쉴 게)

사람(亻)이 큰 나무(木) 아래에서 잠시 쉬는 것에서 쉬다(休)는 의미이다.

읽기한자

休講(휴강) 강의를 쉼
休息(휴식) 잠깐 쉼
休務(휴무) 자신에게 맡겨진 임무를 하루나 한동안 쉼
休職(휴직) 공무원, 일반 회사원 등이 신분을 유보하며 일정기간 직무를 쉼

쓰기한자

休學(휴학) 학업을 쉼
休紙(휴지) 못 쓰게 된 종이
休養(휴양) 편히 쉬면서 몸과 마음을 건강하게 보전함

凶 흉할 흉 · 5급Ⅱ
凵 | 2획

동 暴(모질 포)
반 吉(길할 길)

함정(凵)에 빠지면(乂) 죽게 되므로 흉하다(凶)는 의미이다.

읽기한자

凶器(흉기) 사람을 살상하는 도구
陰凶(음흉) 마음이 음침하고 흉악함
凶惡無道(흉악무도) 성질이 거칠고 사나우며 의(義)를 생각하는 마음이 없음

쓰기한자

凶計(흉계) 음흉한 꾀
凶作(흉작) 농작물의 수확이 썩 적음
凶家(흉가) 드는 사람마다 흉한 일을 당하는 불길한 집

黑 검을 흑 · 5급
黑 | 0획

동 暗(어두울 암)
　漆(검을 칠)
　昏(어두울 혼)
반 白(흰 백)
약 黒

불(灬)을 피우면 나오는 그을음으로 굴뚝(里)이 까맣게 되는 것에서
검다(黑)는 의미이다.

읽기한자

暗黑(암흑) 어둡고 컴컴함. 정신상 또는 생활상 불안하고 비참한
　　　　　일이 존재하는 일
黑板(흑판) 검정, 초록 등의 칠을 하여 분필로 글씨를 쓰게 만든
　　　　　널조각으로 된 교구(敎具)
黑心(흑심) 음흉하고 부정한 욕심이 많은 마음

吸 마실 흡 · 4급Ⅱ
口 | 4획

동 飮(마실 음)

입(口)을 벌리면 공기가 연이어(及) 따라 붙듯이 입으로 숨을
빨아들이다(吸)는 의미이다.

읽기한자

吸力(흡력) 속으로 빨아들이는 힘
吸收(흡수) 빨아들임
吸入(흡입) 빨아 들여 넣음
吸着(흡착) 달라붙음
深呼吸(심호흡) 폐 속의 공기를 될 수 있는 대로 많이 드나들게 하는 호흡

興	4급 Ⅱ
	일 흥(:)
	臼 | 9획

비 與(더불 여)
　舉(들 거)
동 盛(성할 성)
　起(일어날 기)
반 亡(망할 망)
　敗(패할 패)
약 兴

손을 맞잡고(舁) 힘을 합하면(同) 사업이 흥성하게 일어난다는 데서, '일다' 는 의미이다.

읽기한자

興味(흥미) 흥을 느끼는 재미
新興(신흥) 새로 일어남
餘興(여흥) 놀이 끝에 남은 흥
復興(부흥) 한동안 쇠잔하던 것이 이전의 번영 상태로 되돌아감

希	4급 Ⅱ
	바랄 희
	巾 | 4획

비 布(베 포)
동 望(바랄 망)
　願(원할 원)

실이 엇갈리며 무늬가 놓인(爻) 천(布)은 누구나 갖고 싶어 한다는 데서 '바라다' 는 의미이다.

읽기한자

希求(희구) 무엇을 바라고 요구함
希望(희망) 앞으로 이루고자 하는 일에 대한 소원
希願(희원) 기대하여 바람

하

博學多識

박학다식

학식이 넓고 아는 것이 많음

漢字

(사) 한국어문회 주관 / 한국한자능력검정회 시행

부록 Ⅰ

사자성어(四字成語)

家家戶戶	7Ⅱ7Ⅱ4Ⅱ4Ⅱ (가가호호)	4Ⅱ	집집마다
家內工業	7Ⅱ7Ⅱ7Ⅱ6Ⅱ (가내공업)	6Ⅱ	집 안에서 단순한 기술과 도구로써 작은 규모로 생산하는 가내 수공업
家庭敎育	7Ⅱ6Ⅱ 8 7 (가정교육)	6Ⅱ	가정의 일상생활 가운데 집안 어른들이 자녀들에게 주는 영향이나 가르침
各人各色	6Ⅱ 8 6Ⅱ 7 (각인각색)	6Ⅱ	사람마다 각기 다름
各自圖生	6Ⅱ7Ⅱ6Ⅱ 8 (각자도생)	6Ⅱ	제각기 살아 나갈 방법을 꾀함
角者無齒	6Ⅱ 6 5 4Ⅱ (각자무치)	4Ⅱ	뿔이 있는 짐승은 이가 없다는 뜻으로, 한 사람이 여러 가지 재주나 복을 다 가질 수 없다는 뜻
江湖煙波	7Ⅱ 5 4Ⅱ4Ⅱ (강호연파)	4Ⅱ	강이나 호수 위에 안개처럼 뿌옇게 이는 기운
格物致知	5Ⅱ7Ⅱ 5 5Ⅱ (격물치지)	5	실제 사물의 이치를 연구하여 지식을 완전하게 함
見利思義	5Ⅱ6Ⅱ 5 4Ⅱ (견리사의)	4Ⅱ	눈 앞에 이익이 보일 때 의리를 먼저 생각함
見物生心	5Ⅱ7Ⅱ 8 7 (견물생심)	5Ⅱ	어떠한 실물을 보게 되면 그것을 가지고 싶은 욕심이 생김
決死反對	5Ⅱ 6 6Ⅱ6Ⅱ (결사반대)	5Ⅱ	죽기를 각오하고 있는 힘을 다하여 반대함
結草報恩	5Ⅱ 7 4Ⅱ4Ⅱ (결초보은)	4Ⅱ	죽은 뒤에라도 은혜를 잊지 않고 갚음을 이르는 말
敬老孝親	5Ⅱ 7 7Ⅱ 6 (경로효친)	5Ⅱ	어른을 공경하고 부모에게 효도함
敬天愛人	5Ⅱ 7 6 8 (경천애인)	5Ⅱ	하늘을 숭배하고 인간을 사랑함
高等動物	6Ⅱ6Ⅱ7Ⅱ7Ⅱ (고등동물)	6Ⅱ	복잡한 체제를 갖춘 동물
高速道路	6Ⅱ 6 7Ⅱ 6 (고속도로)	6	차의 빠른 통행을 위하여 만든 차전용의 도로
公明正大	6Ⅱ6Ⅱ7Ⅱ 8 (공명정대)	6Ⅱ	하는 일이나 행동이 사사로움이 없이 떳떳하고 바름
過失相規	5Ⅱ 6 5Ⅱ 5 (과실상규)	5	나쁜 행실을 하지 못하도록 서로 규제함
交通信號	6 6 6Ⅱ 6 (교통신호)	6	교차로나 횡단보도, 건널목 따위에서 사람이나 차량이 질서 있게 길을 가도록 하는 기호나 등화(燈火)
敎學相長	8 8 5Ⅱ 8 (교학상장)	5Ⅱ	가르치고 배우면서 서로 성장함
九死一生	8 6 8 8 (구사일생)	6	아홉 번 죽을 뻔하다 한 번 살아난다는 뜻으로, 죽을 고비를 여러 차례 넘기고 겨우 살아남을 이르는 말

九牛一毛	8 5 8 4Ⅱ (구우일모)	4Ⅱ	매우 많은 것 가운데 극히 적은 수를 이르는 말
國民年金	8 8 8 8 (국민연금)	8	일정 기간 또는 죽을 때까지 해마다 지급되는 일정액의 돈
今始初聞	6Ⅱ6Ⅱ 5 6Ⅱ (금시초문)	5	바로 지금 처음으로 들음
起死回生	4Ⅱ 6 4Ⅱ 8 (기사회생)	4Ⅱ	죽을 뻔하다가 다시 살아남
落木寒天	5 8 5 7 (낙목한천)	5	낙엽 진 나무와 차가운 하늘, 곧 추운 겨울철
落花流水	5 7 5Ⅱ 8 (낙화유수)	5	떨어지는 꽃과 흐르는 물이라는 뜻으로, 가는 봄의 경치를 이르는 말
難兄難弟	4Ⅱ 8 4Ⅱ 8 (난형난제)	4Ⅱ	두 사물이 비슷하여 낫고 못함을 정하기 어려움을 이르는 말
南男北女	8 7Ⅱ 8 8 (남남북녀)	7	우리나라에서 남자는 남쪽 지방 사람이 잘나고 여자는 북쪽 지방 사람이 고움을 이르는 말
男女老少	7Ⅱ 8 7 7 (남녀노소)	7	남자와 여자, 늙은이와 젊은이란 뜻으로, 모든 사람을 이르는 말
男女有別	7Ⅱ 8 7 6 (남녀유별)	6	남자와 여자 사이에 분별이 있어야 함을 이르는 말
男中一色	7Ⅱ 8 8 7 (남중일색)	7	남자의 얼굴이 썩 뛰어나게 잘생김
論功行賞	4Ⅱ 6Ⅱ 6 5 (논공행상)	4Ⅱ	세운 공을 논정하여 상을 줌
能小能大	5Ⅱ 8 5Ⅱ 8 (능소능대)	5Ⅱ	작은 일에도 능하고 큰일에도 능하다는 데서 모든 일에 두루 능함을 이르는 말
多多益善	6 6 4Ⅱ 5 (다다익선)	4Ⅱ	많으면 많을수록 더욱 좋음
多聞博識	6 6Ⅱ 4Ⅱ 5Ⅱ (다문박식)	4Ⅱ	견문이 넓고 학식이 많음
多才多能	6 6Ⅱ 6 5Ⅱ (다재다능)	5Ⅱ	재주와 능력이 여러 가지로 많음
多情多感	6 5Ⅱ 6 6 (다정다감)	5Ⅱ	감수성이 예민하고 느끼는 바가 많음
代代孫孫	6Ⅱ 6Ⅱ 6 6 (대대손손)	6	오래도록 내려오는 여러 대
大同團結	8 7 5Ⅱ5Ⅱ (대동단결)	5Ⅱ	여러 집단이나 사람이 어떤 목적을 이루려고 크게 한 덩어리로 뭉침
大明天地	8 6Ⅱ 7 7 (대명천지)	6Ⅱ	아주 환하게 밝은 세상
大書特筆	8 6Ⅱ 6 5Ⅱ (대서특필)	5Ⅱ	신문 따위의 출판물에서 어떤 기사에 큰 비중을 두어 다룸을 이르는 말

大義名分	8 4Ⅱ7Ⅱ6Ⅱ (대의명분)	4Ⅱ	사람으로서 마땅히 지키고 행하여야 할 도리나 본분
大韓民國	8 8 8 8 (대한민국)	8	우리나라의 국호(나라이름)
獨不將軍	5Ⅱ7Ⅱ4Ⅱ 8 (독불장군)	4Ⅱ	남의 의견은 무시하고 저 혼자 모든 일을 처리함
同苦同樂	7 6 7 6Ⅱ (동고동락)	6	괴로움도 즐거움도 함께 함
東問西答	8 7 8 7Ⅱ (동문서답)	7	물음과는 전혀 상관없는 엉뚱한 대답
同生共死	7 8 6Ⅱ 6 (동생공사)	6	서로 같이 살고 같이 죽음
東西古今	8 8 6 6Ⅱ (동서고금)	6	동양과 서양, 옛날과 지금을 통틀어 이르는 말
東西南北	8 8 8 8 (동서남북)	8	동쪽, 서쪽, 남쪽, 북쪽이라는 뜻으로, 모든 방향을 이르는 말
同姓同本	7 7Ⅱ 7 6 (동성동본)	6	성(姓)과 본관이 모두 같음
同時多發	7 7Ⅱ 6 6Ⅱ (동시다발)	6	연이어 일이 발생함
同化作用	7 5Ⅱ6Ⅱ6Ⅱ (동화작용)	5Ⅱ	외부에서 섭취한 에너지원을 자체의 고유한 성분으로 변화시키는 일
得意滿面	4Ⅱ6Ⅱ4Ⅱ 7 (득의만면)	4Ⅱ	일이 뜻대로 이루어져 기쁜 표정이 얼굴에 가득함
燈下不明	4Ⅱ7Ⅱ7Ⅱ6Ⅱ (등하불명)	4Ⅱ	등잔 밑이 어둡다는 뜻으로 가까이 있는 것이 오히려 알아내기가 어려움을 이르는 말
燈火可親	4Ⅱ 8 5 6 (등화가친)	4Ⅱ	서늘한 가을 밤은 등불을 가까이 하여 글 읽기에 좋음을 이르는 말
馬耳東風	5 5 8 6Ⅱ (마이동풍)	5	말의 귀에 동풍이 불어도 아랑곳하지 아니한다는 뜻으로, 남의 말을 귀담아 듣지 아니하고 지나쳐 흘려버림을 이르는 말
萬古不變	8 6 7Ⅱ5Ⅱ (만고불변)	5Ⅱ	오랜 세월 동안 변하지 아니함
萬國信號	8 8 6Ⅱ 6 (만국신호)	6	배와 배 사이 또는 배와 육지 사이의 연락을 위하여 국제적으로 쓰는 신호
萬里長天	8 7 8 7 (만리장천)	7	아득히 높고 먼 하늘
名山大川	7Ⅱ 8 8 7 (명산대천)	7	이름난 산과 큰 내
無男獨女	5 7Ⅱ5Ⅱ 8 (무남독녀)	5	아들이 없는 집안의 외동딸
無所不爲	5 7 7Ⅱ4Ⅱ (무소불위)	4Ⅱ	하지 못하는 일이 없음

文房四友	7 4Ⅱ 8 5Ⅱ (문방사우)	4Ⅱ	종이, 붓, 먹, 벼루의 네 가지 문방구
聞一知十	6Ⅱ 8 5Ⅱ 8 (문일지십)	5Ⅱ	하나를 듣고 열 가지를 미루어 안다는 뜻으로, 지극히 총명함을 이르는 말
門前成市	8 7Ⅱ 6 7Ⅱ (문전성시)	6Ⅱ	찾아오는 사람이 많아 집 문 앞이 시장을 이루다시피 함을 이르는 말
美風良俗	6 6Ⅱ 5Ⅱ 4Ⅱ (미풍양속)	4Ⅱ	아름답고 좋은 풍속이나 기풍
博學多識	4Ⅱ 8 6 5Ⅱ (박학다식)	4Ⅱ	학식이 넓고 아는 것이 많음
百年大計	7 8 8 6Ⅱ (백년대계)	6Ⅱ	먼 앞날까지 미리 내다보고 세우는 크고 중요한 계획
百年河清	7 8 5 6Ⅱ (백년하청)	5	아무리 오랜 시일이 지나도 어떤 일이 이루어지기 어려움을 이르는 말
百萬大軍	7 8 8 8 (백만대군)	7	아주 많은 병사로 조직된 군대를 이르는 말
百萬長者	7 8 8 6 (백만장자)	6	재산이 매우 많은 사람 또는 아주 큰 부자
白面書生	8 7 6Ⅱ 8 (백면서생)	6	한갓 글만 읽고 세상일에는 전혀 경험이 없는 사람
百發百中	7 6Ⅱ 7 8 (백발백중)	6Ⅱ	백 번 쏘아 백 번 맞힌다는 뜻으로, 총이나 활 따위를 쏠 때마다 겨눈 곳에 다 맞음을 이르는 말
白衣民族	8 6 8 6 (백의민족)	6Ⅱ	흰옷을 입은 민족이라는 뜻으로, '한민족'을 이르는 말
百戰老將	7 6Ⅱ 7 4Ⅱ (백전노장)	4Ⅱ	수많은 싸움을 치른 노련한 장수, 세상의 온갖 풍파를 다 겪은 사람을 비유
百戰百勝	7 6Ⅱ 7 6 (백전백승)	6	싸울 때마다 이김
百害無益	7 5Ⅱ 5 4Ⅱ (백해무익)	4Ⅱ	해롭기만 하고 조금도 이로울 것이 없음
別有天地	6 7 7 7 (별유천지)	6	별세계, 딴 세상
奉仕活動	5Ⅱ 5Ⅱ 7Ⅱ 7Ⅱ (봉사활동)	5Ⅱ	국가나 사회 또는 남을 위하여 자신을 돌보지 아니하고 힘을 바쳐 애씀
富貴在天	4Ⅱ 5 6 7 (부귀재천)	4Ⅱ	부귀는 하늘에 달려 있어서 인력으로는 어찌할 수 없다는 뜻
父母兄弟	8 8 8 8 (부모형제)	8	아버지·어머니·형·아우라는 뜻으로, 가족을 이르는 말
夫婦有別	7 4Ⅱ 7 6 (부부유별)	4Ⅱ	남편과 아내 사이의 도리는 서로 침범하지 않음에 있음
父子有親	8 7Ⅱ 7 6 (부자유친)	6	아버지와 아들 사이의 도리는 친애에 있음을 이름

父傳子傳	8 5Ⅱ7Ⅱ5Ⅱ (부전자전)	5Ⅱ	아버지가 아들에게 대대로 전함
北窓三友	8 6 8 5 (북창삼우)	5Ⅱ	거문고, 술, 시(詩)를 아울러 이르는 말
不老長生	7Ⅱ7 8 8 (불로장생)	7	늙지 아니하고 오래 삶
不立文字	7Ⅱ7Ⅱ7 7 (불립문자)	7	불도의 깨달음은 마음에서 마음으로 전하는 것이므로 말이나 글에 의지하지 않는다는 말
不問可知	7Ⅱ7 5 5Ⅱ (불문가지)	5	묻지 않아도 알 수 있음
不問曲直	7Ⅱ7 5 7Ⅱ (불문곡직)	5	옳고 그름을 따지지 아니함
不遠千里	7Ⅱ6 7 7 (불원천리)	6	천리를 멀다 여기지 아니함
非一非再	4Ⅱ8 4 5 (비일비재)	4Ⅱ	같은 현상이나 일이 한두 번이나 한둘이 아니고 많음
氷山一角	5 8 8 6Ⅱ (빙산일각)	5	아주 많은 것 중에 조그마한 부분
思考方式	5 5 7Ⅱ 6 (사고방식)	5	어떤 문제에 대해여 생각하고 궁리하는 방법이나 태도
士農工商	5Ⅱ7Ⅱ7Ⅱ5Ⅱ (사농공상)	5Ⅱ	예전에 백성을 나누던 네 가지 계급. 선비, 농부, 공장(工匠), 상인을 이르던 말
四面春風	8 7 7 6Ⅱ (사면춘풍)	6Ⅱ	누구에게나 좋게 대하는 일
四方八方	8 7Ⅱ 8 7Ⅱ (사방팔방)	7Ⅱ	여기 저기 모든 방향이나 방면
事事件件	7Ⅱ7Ⅱ5 5 (사사건건)	5	해당되는 모든 일 또는 온갖 사건
死生決斷	6 8 5Ⅱ4Ⅱ (사생결단)	4Ⅱ	죽음을 각오하고 대들어 끝장 냄
事實無根	7Ⅱ5Ⅱ 5 6 (사실무근)	5	근거가 없음. 또는 터무니없음
事親以孝	7Ⅱ 6 5Ⅱ7Ⅱ (사친이효)	5Ⅱ	어버이를 섬기기를 효도로써 함을 이름
四通五達	8 6 8 4Ⅱ (사통오달)	4Ⅱ	길이나 교통망 통신망 등이 사방으로 막힘없이 통함
四海兄弟	8 7Ⅱ 8 8 (사해형제)	7Ⅱ	온 세상 사람이 모두 형제와 같다는 뜻으로, 친밀함을 이르는 말
山戰水戰	8 6Ⅱ 8 6Ⅱ (산전수전)	6Ⅱ	세상의 온갖 고생과 어려움을 다 겪었음을 이르는 말
山川草木	8 7 7 8 (산천초목)	7	산과 내와 풀과 나무, 곧 자연을 이르는 말

한자성어	음	급수	뜻
三三五五	8 8 8 8 (삼삼오오)	8	서너 사람 또는 대여섯 사람이 떼를 지어 다니거나 무슨 일을 함
三十六計	8 8 8 6Ⅱ (삼십육계)	6Ⅱ	서른여섯 가지의 꾀. 많은 모계(謀計)를 이름
三位一體	8 5 8 6Ⅱ (삼위일체)	5	세 가지의 것이 하나의 목적을 위하여 통합되는 일
三寒四溫	8 5 8 6 (삼한사온)	5	7일을 주기로 사흘 동안 춥고 나흘 동안 따뜻함
上下左右	7Ⅱ7Ⅱ7Ⅱ7Ⅱ (상하좌우)	7Ⅱ	위·아래·왼쪽·오른쪽을 이르는 말로, 모든 방향을 이름
生年月日	8 8 8 8 (생년월일)	8	태어난 해와 달과 날
生老病死	8 7 6 6 (생로병사)	6	사람이 나고 늙고 병들고 죽는 네 가지 고통
生面不知	8 7 7Ⅱ5Ⅱ (생면부지)	5Ⅱ	서로 한 번도 만난 적이 없어서 전혀 알지 못하는 사람
生不如死	8 7Ⅱ4Ⅱ 6 (생불여사)	4Ⅱ	삶이 죽음만 같지 못하다는 매우 곤경에 처해 있음을 알리는 말
生死苦樂	8 6 6 6Ⅱ (생사고락)	6	삶과 죽음, 괴로움과 즐거움을 통틀어 이르는 말
善男善女	5 7Ⅱ 5 8 (선남선녀)	5	성품이 착한 남자와 여자란 뜻으로, 착하고 어진 사람들을 이르는 말
善因善果	5 5 5 6Ⅱ (선인선과)	5	선업을 쌓으면 반드시 좋은 과보가 따름
說往說來	5Ⅱ4Ⅱ5Ⅱ 7 (설왕설래)	4Ⅱ	서로 자신의 주장을 내세우며 옥신각신하는 것을 말함
世界平和	7Ⅱ6Ⅱ7Ⅱ6Ⅱ (세계평화)	6Ⅱ	전 세계가 평온하고 화목함
世上萬事	7Ⅱ7Ⅱ 8 7Ⅱ (세상만사)	7Ⅱ	세상에서 일어나는 온갖 일
歲時風俗	5Ⅱ7Ⅱ6Ⅱ4Ⅱ (세시풍속)	4Ⅱ	예로부터 해마다 관례로서 행하여지는 전승적 행사
速戰速決	6 6Ⅱ 6 5Ⅱ (속전속결)	5Ⅱ	싸움을 오래 끌지 아니하고 빨리 몰아쳐 이기고 짐을 결정함
時間問題	7Ⅱ7Ⅱ 7 6Ⅱ (시간문제)	6Ⅱ	이미 결과가 뻔하여 조만간 저절로 해결될 문제
市民社會	7Ⅱ 8 6Ⅱ6Ⅱ (시민사회)	6Ⅱ	신분적 구속에 지배되지 않으며, 자유롭고 평등한 개인의 이성적 결합으로 이루어진 사회
是是非非	4Ⅱ4Ⅱ4Ⅱ4Ⅱ (시시비비)	4Ⅱ	여러 가지의 잘잘못
始終如一	6Ⅱ 5 4Ⅱ 8 (시종여일)	4Ⅱ	처음부터 끝까지 한결같아서 변함없음

新聞記者	6Ⅱ6Ⅱ7Ⅱ 6 (신문기자)	6	신문에 실을 자료를 수집, 취재, 집필, 편집하는 사람
信賞必罰	6Ⅱ 5 5Ⅱ4Ⅱ (신상필벌)	4Ⅱ	상과 벌을 공정하고 엄중하게 하는 일을 이르는 말
實事求是	5Ⅱ7Ⅱ4Ⅱ4Ⅱ (실사구시)	4Ⅱ	사실에 토대를 두어 진리를 탐구하는 일
十年知己	8 8 5Ⅱ5Ⅱ (십년지기)	5Ⅱ	오래전부터 친히 사귀어 잘 아는 사람
十中八九	8 8 8 8 (십중팔구)	8	열 가운데 여덟이나 아홉 정도로 거의 대부분이거나 거의 틀림없음
安分知足	7Ⅱ6Ⅱ5Ⅱ7Ⅱ (안분지족)	5Ⅱ	편안한 마음으로 제 분수를 지키며 만족할 줄을 앎
安貧樂道	7Ⅱ4Ⅱ6Ⅱ7Ⅱ (안빈낙도)	4Ⅱ	가난한 생활을 하면서도 편안한 마음으로 도를 즐겨 지킴
安心立命	7Ⅱ 7 7Ⅱ 7 (안심입명)	7	하찮은 일에 흔들리지 않는 경지
眼下無人	4Ⅱ7Ⅱ 5 8 (안하무인)	4Ⅱ	눈 아래에 사람이 없다는 뜻으로, 방자하고 교만하여 다른 사람을 업신여김을 이르는 말
愛國愛族	6 8 6 6 (애국애족)	6	나라와 민족을 아낌
野生動物	6 8 7Ⅱ7Ⅱ (야생동물)	6	산이나 들에서 저절로 나서 자라는 동물
良藥苦口	5Ⅱ6Ⅱ 6 7 (양약고구)	5Ⅱ	좋은 약은 입에 쓰나 병에 이롭다는 뜻으로, 충언(忠言)은 귀에 거슬리나 자신에게 이로움을 이르는 말
弱肉強食	6Ⅱ4Ⅱ 6 7Ⅱ (약육강식)	4Ⅱ	약한 놈이 강한 놈에게 먹힘
魚東肉西	5 8 4Ⅱ 8 (어동육서)	4Ⅱ	제사음식을 차릴 때, 생선은 동쪽에 고기는 서쪽에 놓는 것
語不成說	7 7Ⅱ6Ⅱ5Ⅱ (어불성설)	5Ⅱ	말이 조금도 사리에 맞지 아니함
言文一致	6 7 8 5 (언문일치)	5	실제로 쓰는 말과 그 말을 적은 글이 일치함
言語道斷	6 7 7Ⅱ4Ⅱ (언어도단)	4Ⅱ	말할 길이 끊어졌다는 뜻으로, 어이가 없어서 말하려 해도 말할 수 없음을 이르는 말
言行一致	6 6 8 5 (언행일치)	5	말과 행동이 서로 같음
如出一口	4Ⅱ 7 8 7 (여출일구)	4Ⅱ	여러 사람의 말이 한결같이 같음
連戰連勝	4Ⅱ6Ⅱ4Ⅱ 6 (연전연승)	4Ⅱ	싸울 때마다 계속하여 이김
年中行事	8 8 6 7Ⅱ (연중행사)	6	해마다 일정한 시기를 정하여 놓고 하는 행사

英才教育	6 6Ⅱ 8 7 (영재교육)	6	천재아의 재능을 훌륭하게 발전시키기 위한 특수교육
溫故知新	6 4Ⅱ5Ⅰ6Ⅱ (온고지신)	4Ⅱ	옛것을 익히고 그것을 미루어서 새것을 앎
樂山樂水	6Ⅰ 8 6Ⅰ 8 (요산요수)	6Ⅱ	산수(山水)의 자연을 즐기고 좋아함
勇氣百倍	6Ⅱ7Ⅱ 7 5 (용기백배)	5	격려나 응원 따위에 자극을 받아 힘이나 용기를 더 냄
雨順風調	5Ⅱ5Ⅰ6Ⅱ5Ⅱ (우순풍조)	5Ⅰ	비가 오고 바람이 부는 것이 때와 분량이 알맞음
右往左往	7Ⅰ4Ⅱ7Ⅰ4Ⅱ (우왕좌왕)	4Ⅱ	이리저리 왔다 갔다 하며 일이 나아가는 방향을 종잡지 못함
牛耳讀經	5 5 6Ⅰ4Ⅱ (우이독경)	4Ⅱ	쇠귀에 경 읽기라는 뜻으로, 아무리 가르치고 일러 주어도 알아듣지 못함을 이르는 말
月態花容	8 4Ⅱ 7 4Ⅱ (월태화용)	4Ⅱ	아름다운 여인의 얼굴과 맵시를 이르는 말
月下老人	8 7Ⅱ 7 8 (월하노인)	7	부부의 인연을 맺어 준다는 전설상의 늙은이
有口無言	7 7 5 6 (유구무언)	5	입은 있으나 말이 없다는 뜻으로, 변명할 말이 없거나 변명을 하지 못함을 이르는 말
有名無實	7 7Ⅱ 5 5Ⅰ (유명무실)	5	이름만 그럴듯하고 실속은 없음
有備無患	7 4Ⅱ 5 5 (유비무환)	4Ⅱ	준비가 되어 있으면 걱정할 것이 없음
耳目口鼻	5 6 7 5 (이목구비)	5	귀·눈·입·코를 아울러 이르는 말
以實直告	5Ⅰ5Ⅰ7Ⅰ5Ⅱ (이실직고)	5Ⅰ	사실 그대로 고함
以心傳心	5Ⅰ 7 5Ⅰ 7 (이심전심)	5Ⅰ	마음과 마음으로 서로 뜻이 통함
以熱治熱	5Ⅰ 5 4Ⅱ 5 (이열치열)	4Ⅱ	열로써 열을 다스림
二律背反	8 4Ⅱ4Ⅱ6Ⅱ (이율배반)	4Ⅱ	서로 모순되어 양립할 수 없는 두 개의 명제
二八靑春	8 8 8 7 (이팔청춘)	7	16세 무렵의 꽃다운 청춘
因果應報	5 6Ⅱ4Ⅱ4Ⅱ (인과응보)	4Ⅱ	좋은 일에는 좋은 결과가, 나쁜 일에는 나쁜 결과가 따름
人命在天	8 7 6 7 (인명재천)	6	사람의 목숨은 하늘에 달려 있다는 말
人事不省	8 7Ⅱ7Ⅰ6Ⅱ (인사불성)	6Ⅱ	제 몸에 벌어지는 일을 모를 만큼 정신을 잃은 상태

人死留名	8 6 4Ⅱ7Ⅱ (인사유명)	4Ⅱ	사람은 죽어서 이름을 남긴다
人山人海	8 8 8 7Ⅱ (인산인해)	7Ⅱ	사람이 수없이 많이 모인 상태를 이르는 말
人相着衣	8 5Ⅱ5Ⅱ 6 (인상착의)	5Ⅱ	사람의 생김새와 옷차림
人生無常	8 8 5 4Ⅱ (인생무상)	4Ⅱ	인생이 덧없음
人海戰術	8 7Ⅱ6Ⅱ6Ⅱ (인해전술)	6	우수한 화기보다 다수의 병력을 투입하여 적을 압도하는 전술
一擧兩得	8 5 4Ⅱ4Ⅱ (일거양득)	4Ⅱ	한 가지 일을 하여 두 가지 이익을 얻음
一口二言	8 7 8 6 (일구이언)	6	한 가지 일에 대하여 말을 이랬다저랬다 함을 이르는 말
一脈相通	8 4Ⅱ5Ⅱ 6 (일맥상통)	4Ⅱ	하나의 맥락으로 서로 통한다는 데서 솜씨나 성격 등이 서로 비슷함을 말함
一問一答	8 7 8 7Ⅱ (일문일답)	7	한 번 물음에 대하여 한 번 대답함
一石二鳥	8 6 8 4Ⅱ (일석이조)	4Ⅱ	돌 한 개를 던져 새 두 마리를 잡는다는 뜻으로, 동시에 두 가지 이득을 봄을 이르는 말
一心同體	8 7 7 6Ⅱ (일심동체)	6Ⅱ	한마음 한 몸이라는 뜻으로, 서로 굳게 결합함을 이르는 말
一言半句	8 6 6 4Ⅱ (일언반구)	4Ⅱ	한 마디의 말과 한 구의 반. 아주 짧은 말이나 글귀
一衣帶水	8 6 4Ⅱ 8 (일의대수)	4Ⅱ	한 줄기 좁은 강물이나 바닷물
一日三省	8 8 8 6Ⅱ (일일삼성)	6Ⅱ	하루에 세 가지 일로 자신을 되돌아보고 살핌
一日三秋	8 8 8 7 (일일삼추)	7	하루가 삼 년 같다는 뜻으로, 몹시 애태우며 기다림을 이르는 말
一字無識	8 7 5 5Ⅱ (일자무식)	5	글자를 한 자도 모를 정도로 무식함
一長一短	8 8 8 6Ⅱ (일장일단)	6Ⅱ	일면의 장점과 다른 일면의 단점을 통틀어 이르는 말
一朝一夕	8 6 8 7 (일조일석)	6	하루 아침과 하루 저녁이란 뜻으로, 짧은 시일을 이르는 말
一波萬波	8 4Ⅱ 8 4Ⅱ (일파만파)	4Ⅱ	하나의 물결이 수많은 물결이 된다는 데서, 하나의 사건이 여러 가지로 자꾸 확대되는 것을 말함
自强不息	7Ⅱ 6 7Ⅱ4Ⅱ (자강불식)	4Ⅱ	스스로 힘써 몸과 마음을 가다듬어 쉬지 아니함
自古以來	7Ⅱ 6 5Ⅱ 7 (자고이래)	5Ⅱ	예로부터 지금까지의 동안

自給自足	7Ⅱ 5 7Ⅱ7Ⅱ (자급자족)	5	필요한 물자를 스스로 생산하여 충당함
自問自答	7Ⅱ 7 7Ⅱ7Ⅱ (자문자답)	7	스스로 묻고 스스로 대답함
自生植物	7Ⅱ 8 7 7Ⅱ (자생식물)	7	산이나 들, 강이나 바다에서 저절로 나는 식물
子孫萬代	7Ⅱ 6 8 6Ⅱ (자손만대)	6	오래도록 내려오는 여러 대
自手成家	7Ⅱ7Ⅱ6Ⅱ7Ⅱ (자수성가)	6Ⅱ	물려받은 재산이 없이 자기 혼자의 힘으로 집안을 일으키고 재산을 모음
自業自得	7Ⅱ6Ⅱ7Ⅱ4Ⅱ (자업자득)	4Ⅱ	자신이 저지른 일의 과보를 자기가 받음
自由自在	7Ⅱ 6 7Ⅱ 6 (자유자재)	6	거침없이 자기 마음대로 할 수 있음
自初至終	7Ⅱ 5 4Ⅱ 5 (자초지종)	4Ⅱ	처음부터 끝까지의 과정
作心三日	6Ⅱ 7 8 8 (작심삼일)	6Ⅱ	단단히 먹은 마음이 사흘을 가지 못한다는 뜻으로, 결심이 굳지 못함을 이르는 말
電光石火	7Ⅱ6Ⅱ 6 8 (전광석화)	6	번갯불이나 부싯돌의 불이 번쩍거리는 것과 같이 매우 짧은 시간이나 매우 재빠른 움직임 따위를 비유적으로 이르는 말
前代未聞	7Ⅱ6Ⅱ4Ⅱ6Ⅱ (전대미문)	4Ⅱ	이제까지 들어본 적이 없는 일
前無後無	7Ⅱ 5 7Ⅱ 5 (전무후무)	5	이전에도 없었고 앞으로도 없음
全心全力	7Ⅱ 7 7Ⅱ7Ⅱ (전심전력)	7	온 마음과 온 힘
戰爭英雄	6Ⅱ 5 6 5 (전쟁영웅)	5	전쟁에 뛰어나고 용맹하여 보통 사람이 하기 어려운 일을 해내는 사람
全知全能	7Ⅱ5Ⅱ7Ⅱ5Ⅱ (전지전능)	5Ⅱ	어떠한 사물이라도 잘 알고, 모든 일을 다 행할 수 있는 신불(神佛)의 능력
朝變夕改	6 5Ⅱ 7 5 (조변석개)	5	아침저녁으로 뜯어 고침 곧 일을 자주 뜯어고침
種豆得豆	5Ⅱ4Ⅱ4Ⅱ4Ⅱ (종두득두)	4Ⅱ	콩 심은데 콩 난다는 말
主客一體	7 5Ⅱ 8 6Ⅱ (주객일체)	5Ⅱ	주체와 객체가 하나가 됨
晝夜長川	6 6 8 7 (주야장천)	6	밤낮으로 쉬지 아니하고 연달아
竹馬故友	4Ⅱ 5 4Ⅱ5Ⅱ (죽마고우)	4Ⅱ	대말을 타고 놀던 벗이라는 뜻으로, 어릴 때부터 같이 놀며 자란 벗
衆口難防	4Ⅱ 7 4Ⅱ4Ⅱ (중구난방)	4Ⅱ	뭇사람의 말을 막기가 어렵다는 뜻으로, 막기 어려울 정도로 여럿이 마구 지껄임을 이르는 말

知過必改	5Ⅱ5Ⅱ5 5 (지과필개)	5	자신이 한 일의 잘못을 알면 반드시 고쳐야 함
地上天國	7 7Ⅱ7 8 (지상천국)	7	이 세상에서 이룩되는 다시없이 자유롭고 풍족하며 행복한 사회
至誠感天	4Ⅱ4Ⅱ6 7 (지성감천)	4Ⅱ	지극한 정성에 하늘이 감동함
知行合一	5Ⅱ6 6 8 (지행합일)	5Ⅱ	지식과 행동이 서로 맞음
進退兩難	4Ⅱ4Ⅱ4Ⅱ4Ⅱ (진퇴양난)	4Ⅱ	이러지도 저러지도 못하는 어려운 처지
千萬多幸	7 8 6 6Ⅱ (천만다행)	6	아주 다행함
天人共怒	7 8 6Ⅱ4Ⅱ (천인공노)	4Ⅱ	하늘과 사람이 함께 노한다는 뜻으로, 누구나 분노할 만큼 증오스럽거나 도저히 용납할 수 없음을 이르는 말
天災地變	7 5 7 5Ⅱ (천재지변)	5	지진, 홍수, 태풍 따위의 자연현상으로 인한 재앙
天下第一	7 7Ⅱ6Ⅱ8 (천하제일)	6Ⅱ	세상에 견줄 만한 것이 없이 최고임
靑山流水	8 8 5Ⅱ8 (청산유수)	5Ⅱ	푸른 산에 맑은 물이라는 뜻으로, 막힘없이 썩 잘하는 말을 비유적으로 이르는 말
靑天白日	8 7 8 8 (청천백일)	7	하늘이 맑게 갠 대낮
淸風明月	6Ⅱ6Ⅱ6Ⅱ8 (청풍명월)	6Ⅱ	맑은 바람과 밝은 달
草綠同色	7 6 7 7 (초록동색)	6	이름은 다르나 따지고 보면 한 가지 것이라는 말
草食動物	7 7Ⅱ7 7Ⅱ (초식동물)	7	풀을 주로 먹고 사는 동물
寸鐵殺人	8 5 4Ⅱ8 (촌철살인)	4Ⅱ	간단한 말로도 남을 감동시키거나 남의 약점을 찌를 수 있음을 이르는 말
秋風落葉	7 6Ⅱ5 5 (추풍낙엽)	5	가을바람에 떨어지는 나뭇잎
春夏秋冬	7 7 7 7 (춘하추동)	7	봄·여름·가을·겨울의 사계절
出將入相	7 4Ⅱ7 5Ⅱ (출장입상)	4Ⅱ	문무를 겸비하여 장상의 벼슬을 모두 지낸 사람
忠言逆耳	4Ⅱ6 4Ⅱ5 (충언역이)	4Ⅱ	충직한 말은 귀에 거슬림
卓上空論	5 7Ⅱ7Ⅱ4Ⅱ (탁상공론)	4Ⅱ	현실성이 없는 허황한 이론이나 논의
土木工事	8 8 7Ⅱ7Ⅱ (토목공사)	7Ⅱ	땅과 하천 따위를 고쳐 만드는 공사

漢字	讀音	級數	뜻
特別活動	6 6 7Ⅱ 7Ⅱ (특별활동)	6	학교 교육 과정에서 교과 학습 이외의 교육 활동
八道江山	8 7Ⅱ 7Ⅱ 8 (팔도강산)	7Ⅱ	팔도의 강산이라는 뜻으로, 우리나라 전체의 강산을 이르는 말
八方美人	8 7Ⅱ 6 8 (팔방미인)	6	어느 모로 보나 아름다운 사람
敗家亡身	5 7Ⅱ 5 6Ⅱ (패가망신)	5	집안의 재산을 다 써 없애고 몸을 망침
風前燈火	6Ⅱ 7Ⅱ 4Ⅱ 8 (풍전등화)	4Ⅱ	사물이 매우 위태로운 처지에 놓여 있음을 비유적으로 이르는 말
下等動物	7Ⅱ 6Ⅱ 7Ⅱ 7Ⅱ (하등동물)	6Ⅱ	진화 정도가 낮아 몸의 구조가 단순한 원시적인 동물
海水浴場	7Ⅱ 8 5 7Ⅱ (해수욕장)	5	해수욕을 할 수 있는 환경과 시설이 갖추어진 바닷가
行動擧止	6 7Ⅱ 5 5 (행동거지)	5	몸을 움직여 하는 모든 짓
行方不明	6 7Ⅱ 7Ⅱ 6Ⅱ (행방불명)	6	간 곳이나 방향을 모름
形形色色	6Ⅱ 6Ⅱ 7 7 (형형색색)	6Ⅱ	상과 빛깔 따위가 서로 다른 여러 가지
好衣好食	4Ⅱ 6 4Ⅱ 7Ⅱ (호의호식)	4Ⅱ	좋은 옷을 입고 좋은 음식을 먹는다는 뜻으로, 잘 입고 잘 먹는 것을 말함
呼兄呼弟	4Ⅱ 8 4Ⅱ 8 (호형호제)	4Ⅱ	서로 형이니 아우니 하고 부른다는 뜻으로, 매우 가까운 친구로 지냄을 이르는 말
花朝月夕	7 6 8 7 (화조월석)	6	꽃 피는 아침과 달 밝은 밤이라는 뜻으로, 경치가 좋은 시절을 이르는 말
訓民正音	6 8 7Ⅱ 6Ⅱ (훈민정음)	6	백성을 가르치는 바른 소리라는 뜻으로, 1443년에 세종이 창제한 우리나라 글자를 이르는 말
凶惡無道	5Ⅱ 5Ⅱ 5 7Ⅱ (흉악무도)	5	성질이 거칠고 사나우며 도의심이 없음

반의 (反義) 한자 결합어

加減	(가감)	5	↔	4Ⅱ		南北	(남북)	8	↔	8
加除	(가제)	5	↔	4Ⅱ		來去	(내거)	7	↔	5
江山	(강산)	7Ⅱ	↔	8		來往	(내왕)	7	↔	4Ⅱ
强弱	(강약)	6	↔	6Ⅱ		內外	(내외)	7Ⅱ	↔	8
去來	(거래)	5	↔	7		冷暖	(냉난)	5	↔	4Ⅱ
去留	(거류)	5	↔	4Ⅱ		冷熱	(냉열)	5	↔	5
輕重	(경중)	5	↔	7		冷溫	(냉온)	5	↔	6
京鄉	(경향)	6	↔	4Ⅱ		勞使	(노사)	5Ⅱ	↔	6
古今	(고금)	6	↔	6Ⅱ		老少	(노소)	7	↔	7
苦樂	(고락)	6	↔	6Ⅱ		多少	(다소)	6	↔	7
高落	(고락)	6Ⅱ	↔	5		斷續	(단속)	4Ⅱ	↔	4Ⅱ
高低	(고저)	6Ⅱ	↔	4Ⅱ		短長	(단장)	6Ⅱ	↔	8
高下	(고하)	6Ⅱ	↔	7Ⅱ		當落	(당락)	5Ⅱ	↔	5
曲直	(곡직)	5	↔	7Ⅱ		大小	(대소)	8	↔	8
功過	(공과)	6Ⅱ	↔	5Ⅱ		都農	(도농)	5	↔	7Ⅱ
空陸	(공륙)	7Ⅱ	↔	5Ⅱ		東西	(동서)	8	↔	8
功罪	(공죄)	6Ⅱ	↔	5		動止	(동지)	7Ⅱ	↔	5
官民	(관민)	4Ⅱ	↔	8		冬夏	(동하)	7	↔	7
教習	(교습)	8	↔	6		得失	(득실)	4Ⅱ	↔	6
教學	(교학)	8	↔	8		登落	(등락)	7	↔	5
今古	(금고)	6Ⅱ	↔	6		賣買	(매매)	5	↔	5
起結	(기결)	4Ⅱ	↔	5Ⅱ		明暗	(명암)	6Ⅱ	↔	4Ⅱ
吉凶	(길흉)	5	↔	5Ⅱ		母子	(모자)	8	↔	7Ⅱ
男女	(남녀)	7Ⅱ	↔	8		問答	(문답)	7	↔	7Ⅱ

文武	(문무)	7	↔	4Ⅱ	常班	(상반)	4Ⅱ	↔	6Ⅱ
物心	(물심)	7Ⅱ	↔	7	賞罰	(상벌)	5	↔	4Ⅱ
美惡	(미악)	6	↔	5Ⅱ	上下	(상하)	7Ⅱ	↔	7Ⅱ
民官	(민관)	8	↔	4Ⅱ	生死	(생사)	8	↔	6
班常	(반상)	6Ⅱ	↔	4Ⅱ	生殺	(생살)	8	↔	4Ⅱ
發着	(발착)	6Ⅱ	↔	5Ⅱ	善惡	(선악)	5	↔	5Ⅱ
方圓	(방원)	7Ⅱ	↔	4Ⅱ	先後	(선후)	8	↔	7Ⅱ
背向	(배향)	4Ⅱ	↔	6	成敗	(성패)	6Ⅱ	↔	5
白黑	(백흑)	8	↔	5	細大	(세대)	4Ⅱ	↔	8
本末	(본말)	6	↔	5	續斷	(속단)	4Ⅱ	↔	4Ⅱ
父母	(부모)	8	↔	8	送受	(송수)	4Ⅱ	↔	4Ⅱ
夫婦	(부부)	7	↔	4Ⅱ	受給	(수급)	4Ⅱ	↔	5
父子	(부자)	8	↔	7Ⅱ	收給	(수급)	4Ⅱ	↔	5
北南	(북남)	8	↔	8	水陸	(수륙)	8	↔	5Ⅱ
分合	(분합)	6Ⅱ	↔	6	授受	(수수)	4Ⅱ	↔	4Ⅱ
悲樂	(비락)	4Ⅱ	↔	6Ⅱ	手足	(수족)	7Ⅱ	↔	7Ⅱ
貧富	(빈부)	4Ⅱ	↔	4Ⅱ	收支	(수지)	4Ⅱ	↔	4Ⅱ
氷炭	(빙탄)	5	↔	5	水火	(수화)	8	↔	8
士民	(사민)	5Ⅱ	↔	8	順逆	(순역)	5Ⅱ	↔	4Ⅱ
死生	(사생)	6	↔	8	勝敗	(승패)	6	↔	5
師弟	(사제)	4Ⅱ	↔	8	始末	(시말)	6Ⅱ	↔	5
死活	(사활)	6	↔	7Ⅱ	是非	(시비)	4Ⅱ	↔	4Ⅱ
山海	(산해)	8	↔	7Ⅱ	始終	(시종)	6Ⅱ	↔	5
殺活	(살활)	4Ⅱ	↔	7Ⅱ	新古	(신고)	6Ⅱ	↔	6

新舊	(신구)	6Ⅱ	↔	5Ⅱ		入出	(입출)	7	↔	7
臣民	(신민)	5Ⅱ	↔	8		子女	(자녀)	7Ⅱ	↔	8
身心	(신심)	6Ⅱ	↔	7		子母	(자모)	7Ⅱ	↔	8
失得	(실득)	6	↔	4Ⅱ		自他	(자타)	7Ⅱ	↔	5
心身	(심신)	7	↔	6Ⅱ		昨今	(작금)	6Ⅱ	↔	6Ⅱ
心體	(심체)	7	↔	6Ⅱ		長短	(장단)	8	↔	6Ⅱ
愛惡	(애오)	6	↔	5Ⅱ		將兵	(장병)	4Ⅱ	↔	5Ⅱ
陽陰	(양음)	6	↔	4Ⅱ		將士	(장사)	4Ⅱ	↔	5Ⅱ
言文	(언문)	6	↔	7		將卒	(장졸)	4Ⅱ	↔	5Ⅱ
言行	(언행)	6	↔	6		前後	(전후)	7Ⅱ	↔	7Ⅱ
玉石	(옥석)	4Ⅱ	↔	6		正反	(정반)	7Ⅱ	↔	6Ⅱ
溫冷	(온랭)	6	↔	5		正副	(정부)	7Ⅱ	↔	4Ⅱ
往來	(왕래)	4Ⅱ	↔	7		正誤	(정오)	7Ⅱ	↔	4Ⅱ
往復	(왕복)	4Ⅱ	↔	4Ⅱ		弟兄	(제형)	8	↔	8
右左	(우좌)	7Ⅱ	↔	7Ⅱ		朝夕	(조석)	6	↔	7
遠近	(원근)	6	↔	6		祖孫	(조손)	7	↔	6
月日	(월일)	8	↔	8		朝野	(조야)	6	↔	6
有無	(유무)	7	↔	5		終始	(종시)	5	↔	6Ⅱ
陸海	(육해)	5Ⅱ	↔	7Ⅱ		左右	(좌우)	7Ⅱ	↔	7Ⅱ
陰陽	(음양)	4Ⅱ	↔	6		罪罰	(죄벌)	5	↔	4Ⅱ
利害	(이해)	6Ⅱ	↔	5Ⅱ		主客	(주객)	7	↔	5Ⅱ
因果	(인과)	5	↔	6Ⅱ		晝夜	(주야)	6	↔	6
日月	(일월)	8	↔	8		重輕	(중경)	7	↔	5
入落	(입락)	7	↔	5		中外	(중외)	8	↔	8

增減	(증감)	4Ⅱ	↔	4Ⅱ	寒溫	(한온)	5	↔	6
知行	(지행)	5Ⅱ	↔	6	海空	(해공)	7Ⅱ	↔	7Ⅱ
眞假	(진가)	4Ⅱ	↔	4Ⅱ	海陸	(해륙)	7Ⅱ	↔	5Ⅱ
進退	(진퇴)	4Ⅱ	↔	4Ⅱ	向背	(향배)	6	↔	4Ⅱ
集配	(집배)	6Ⅱ	↔	4Ⅱ	虛實	(허실)	4Ⅱ	↔	5Ⅱ
着發	(착발)	5Ⅱ	↔	6Ⅱ	兄弟	(형제)	8	↔	8
天地	(천지)	7	↔	7	好惡	(호오)	4Ⅱ	↔	5Ⅱ
春秋	(춘추)	7	↔	7	呼吸	(호흡)	4Ⅱ	↔	4Ⅱ
出缺	(출결)	7	↔	4Ⅱ	和戰	(화전)	6Ⅱ	↔	6Ⅱ
出入	(출입)	7	↔	7	活殺	(활살)	7Ⅱ	↔	4Ⅱ
忠逆	(충역)	4Ⅱ	↔	4Ⅱ	後先	(후선)	7Ⅱ	↔	8
炭氷	(탄빙)	5	↔	5	凶吉	(흉길)	5Ⅱ	↔	5
敗興	(패흥)	5	↔	4Ⅱ	凶豊	(흉풍)	5Ⅱ	↔	4Ⅱ
豊凶	(풍흉)	4Ⅱ	↔	5Ⅱ	黑白	(흑백)	5	↔	8
夏冬	(하동)	7	↔	7	興亡	(흥망)	4Ⅱ	↔	5
寒暖	(한란)	5	↔	4Ⅱ	興敗	(흥패)	4Ⅱ	↔	5
寒熱	(한열)	5	↔	5					

반대어(反對語) – 뜻이 반대되는 한자어(漢字語)

減少	(감소)	↔	增加	(증가)	4Ⅱ 7	↔	4Ⅱ 5
感情	(감정)	↔	理性	(이성)	6 5Ⅱ	↔	6Ⅱ 5Ⅱ
個別	(개별)	↔	全體	(전체)	4Ⅱ 6	↔	7Ⅱ 6Ⅱ
缺席	(결석)	↔	出席	(출석)	4Ⅱ 6	↔	7 6
輕減	(경감)	↔	加重	(가중)	5 4Ⅱ	↔	5 7
固定	(고정)	↔	流動	(유동)	5 6	↔	5Ⅱ 7Ⅱ
空想	(공상)	↔	現實	(현실)	7Ⅱ 4Ⅱ	↔	6Ⅱ 5Ⅱ
空虛	(공허)	↔	充實	(충실)	7Ⅱ 4Ⅱ	↔	5Ⅱ 5Ⅱ
過去	(과거)	↔	未來	(미래)	5Ⅱ 5	↔	4Ⅱ 7
光明	(광명)	↔	暗黑	(암흑)	6Ⅱ 6Ⅱ	↔	4Ⅱ 5
權利	(권리)	↔	義務	(의무)	4Ⅱ 6	↔	4Ⅱ 4Ⅱ
樂觀	(낙관)	↔	悲觀	(비관)	6Ⅱ 5Ⅱ	↔	4Ⅱ 5Ⅱ
內容	(내용)	↔	形式	(형식)	7Ⅱ 4Ⅱ	↔	6Ⅱ 6
能動	(능동)	↔	受動	(수동)	5Ⅱ 7Ⅱ	↔	4Ⅱ 7Ⅱ
多元	(다원)	↔	一元	(일원)	6 5Ⅱ	↔	8 5Ⅱ
斷絕	(단절)	↔	連結	(연결)	4Ⅱ 4Ⅱ	↔	4Ⅱ 5Ⅱ
對話	(대화)	↔	獨白	(독백)	6Ⅱ 7Ⅱ	↔	5Ⅱ 8
登場	(등장)	↔	退場	(퇴장)	7 7Ⅱ	↔	4Ⅱ 7Ⅱ
母音	(모음)	↔	子音	(자음)	8 6Ⅱ	↔	7Ⅱ 6Ⅱ
文語	(문어)	↔	口語	(구어)	7 7	↔	7 7
物質	(물질)	↔	精神	(정신)	7Ⅱ 5Ⅱ	↔	4Ⅱ 6Ⅱ
未備	(미비)	↔	完備	(완비)	4Ⅱ 4Ⅱ	↔	5 4Ⅱ
發達	(발달)	↔	退步	(퇴보)	6Ⅱ 4Ⅱ	↔	4Ⅱ 4Ⅱ
放心	(방심)	↔	操心	(조심)	6Ⅱ 7	↔	5 7

背恩	(배은)	↔	報恩	(보은)	4Ⅱ 4Ⅱ	↔	4Ⅱ 4Ⅱ
本業	(본업)	↔	副業	(부업)	6 6Ⅱ	↔	4Ⅱ 6Ⅱ
部分	(부분)	↔	全體	(전체)	6Ⅱ 6Ⅱ	↔	7Ⅱ 6Ⅱ
不實	(부실)	↔	充實	(충실)	7Ⅱ 5Ⅱ	↔	5Ⅱ 5Ⅱ
富者	(부자)	↔	貧者	(빈자)	4Ⅱ 6	↔	4Ⅱ 6
分斷	(분단)	↔	連結	(연결)	6Ⅱ 4Ⅱ	↔	4Ⅱ 5Ⅱ
不法	(불법)	↔	合法	(합법)	7Ⅱ 5Ⅱ	↔	6 5Ⅱ
不運	(불운)	↔	幸運	(행운)	7Ⅱ 6Ⅱ	↔	6Ⅱ 6Ⅱ
不幸	(불행)	↔	幸福	(행복)	7Ⅱ 6Ⅱ	↔	6Ⅱ 5Ⅱ
非番	(비번)	↔	當番	(당번)	4Ⅱ 6	↔	5Ⅱ 6
死後	(사후)	↔	生前	(생전)	6 7Ⅱ	↔	8 7Ⅱ
相對	(상대)	↔	絶對	(절대)	5Ⅱ 6Ⅱ	↔	4Ⅱ 6Ⅱ
生花	(생화)	↔	造花	(조화)	8 7	↔	4Ⅱ 7
成功	(성공)	↔	失敗	(실패)	6Ⅱ 6Ⅱ	↔	6 5
消費	(소비)	↔	生産	(생산)	6Ⅱ 5	↔	8 5Ⅱ
勝利	(승리)	↔	敗北	(패배)	6 6Ⅱ	↔	5 8
實質	(실질)	↔	形式	(형식)	5Ⅱ 5Ⅱ	↔	6Ⅱ 6
惡意	(악의)	↔	善意	(선의)	5Ⅱ 6Ⅱ	↔	5 6Ⅱ
溫情	(온정)	↔	冷情	(냉정)	6 5Ⅱ	↔	5 5Ⅱ
原因	(원인)	↔	結果	(결과)	5 5	↔	5Ⅱ 6Ⅱ
理想	(이상)	↔	現實	(현실)	6Ⅱ 4Ⅱ	↔	6Ⅱ 5Ⅱ
人爲	(인위)	↔	自然	(자연)	8 4Ⅱ	↔	7Ⅱ 7
入金	(입금)	↔	出金	(출금)	7 8	↔	7 8
立體	(입체)	↔	平面	(평면)	7Ⅱ 6Ⅱ	↔	7Ⅱ 7

自動	(자동)	↔	手動	(수동)	7Ⅱ7Ⅱ	↔	7Ⅱ7Ⅱ
敵對	(적대)	↔	友好	(우호)	4Ⅱ6Ⅱ	↔	5Ⅱ4Ⅱ
切斷	(절단)	↔	連結	(연결)	5Ⅱ4Ⅱ	↔	4Ⅱ5Ⅱ
正當	(정당)	↔	不當	(부당)	7Ⅱ5Ⅱ	↔	7Ⅱ5Ⅱ
正午	(정오)	↔	子正	(자정)	7Ⅱ7Ⅱ	↔	7Ⅱ7Ⅱ
增進	(증진)	↔	減退	(감퇴)	4Ⅱ4Ⅱ	↔	4Ⅱ4Ⅱ
直接	(직접)	↔	間接	(간접)	7Ⅱ4Ⅱ	↔	7Ⅱ4Ⅱ
退院	(퇴원)	↔	入院	(입원)	4Ⅱ5	↔	75
可變性	(가변성)	↔	不變性	(불변성)	55Ⅱ5Ⅱ	↔	7Ⅱ5Ⅱ5Ⅱ
感情的	(감정적)	↔	理性的	(이성적)	65Ⅱ5Ⅱ	↔	6Ⅱ5Ⅱ5Ⅱ
結氷期	(결빙기)	↔	解氷期	(해빙기)	5Ⅱ55	↔	4Ⅱ55
舊體制	(구체제)	↔	新體制	(신체제)	5Ⅱ6Ⅱ4Ⅱ	↔	6Ⅱ6Ⅱ4Ⅱ
樂觀論	(낙관론)	↔	悲觀論	(비관론)	6Ⅱ5Ⅱ4Ⅱ	↔	4Ⅱ5Ⅱ4Ⅱ
落選者	(낙선자)	↔	當選者	(당선자)	556	↔	5Ⅱ56
男學生	(남학생)	↔	女學生	(여학생)	7Ⅱ88	↔	888
內國人	(내국인)	↔	外國人	(외국인)	7Ⅱ88	↔	888
內在律	(내재율)	↔	外在律	(외재율)	7Ⅱ64Ⅱ	↔	864Ⅱ
老處女	(노처녀)	↔	老總角	(노총각)	74Ⅱ8	↔	74Ⅱ6Ⅱ
多數者	(다수자)	↔	少數者	(소수자)	676	↔	776
大家族	(대가족)	↔	小家族	(소가족)	87Ⅱ6	↔	87Ⅱ6
大凶年	(대흉년)	↔	大豊年	(대풍년)	85Ⅱ8	↔	84Ⅱ8
都給人	(도급인)	↔	受給人	(수급인)	558	↔	4Ⅱ58
同意語	(동의어)	↔	反意語	(반의어)	76Ⅱ7	↔	6Ⅱ6Ⅱ7
白眼視	(백안시)	↔	靑眼視	(청안시)	84Ⅱ4Ⅱ	↔	84Ⅱ4Ⅱ

本校生	(본교생)	↔	他校生	(타교생)	688	↔ 588
不文律	(불문율)	↔	成文律	(성문율)	7Ⅱ74Ⅱ	↔ 6Ⅱ74Ⅱ
上級生	(상급생)	↔	下級生	(하급생)	7Ⅱ68	↔ 7Ⅱ68
小區分	(소구분)	↔	大區分	(대구분)	866Ⅱ	↔ 866Ⅱ
送話器	(송화기)	↔	受話器	(수화기)	4Ⅱ7Ⅱ4Ⅱ	↔ 4Ⅱ7Ⅱ4Ⅱ
始務式	(시무식)	↔	終務式	(종무식)	6Ⅱ4Ⅱ6	↔ 54Ⅱ6
夜學生	(야학생)	↔	晝學生	(주학생)	688	↔ 688
女學校	(여학교)	↔	男學校	(남학교)	888	↔ 7Ⅱ88
午前班	(오전반)	↔	午後班	(오후반)	7Ⅱ7Ⅱ6Ⅱ	↔ 7Ⅱ7Ⅱ6Ⅱ
外三寸	(외삼촌)	↔	親三寸	(친삼촌)	888	↔ 688
願賣人	(원매인)	↔	願買人	(원매인)	558	↔ 558
有産者	(유산자)	↔	無産者	(무산자)	75Ⅱ6	↔ 55Ⅱ6
理性的	(이성적)	↔	感情的	(감정적)	6Ⅱ5Ⅱ5Ⅱ	↔ 65Ⅱ5Ⅱ
前半部	(전반부)	↔	後半部	(후반부)	7Ⅱ6Ⅱ6Ⅱ	↔ 7Ⅱ6Ⅱ6Ⅱ
出發地	(출발지)	↔	到着地	(도착지)	76Ⅱ7	↔ 5Ⅱ5Ⅱ7
親孫女	(친손녀)	↔	外孫女	(외손녀)	668	↔ 868
豊漁期	(풍어기)	↔	凶漁期	(흉어기)	4Ⅱ55	↔ 5Ⅱ55
下半身	(하반신)	↔	上半身	(상반신)	7Ⅱ6Ⅱ6Ⅱ	↔ 7Ⅱ6Ⅱ6Ⅱ
下限價	(하한가)	↔	上限價	(상한가)	7Ⅱ4Ⅱ5Ⅱ	↔ 7Ⅱ4Ⅱ5Ⅱ
合法化	(합법화)	↔	不法化	(불법화)	65Ⅱ5Ⅱ	↔ 7Ⅱ5Ⅱ5Ⅱ
後半戰	(후반전)	↔	前半戰	(전반전)	7Ⅱ6Ⅱ6Ⅱ	↔ 7Ⅱ6Ⅱ6Ⅱ
後任者	(후임자)	↔	前任者	(전임자)	7Ⅱ5Ⅱ6	↔ 7Ⅱ5Ⅱ6
強大國家	(강대국가)	↔	弱小國家	(약소국가)	6887Ⅱ	↔ 6Ⅱ887Ⅱ
景氣回復	(경기회복)	↔	景氣後退	(경기후퇴)	57Ⅱ4Ⅱ4Ⅱ	↔ 57Ⅱ7Ⅱ4Ⅱ

古今同然 (고금동연) ↔	古今不同	(고금부동)	6 6 II 7 7	↔ 6 6 II 7 II 7
吉則大凶 (길즉대흉) ↔	凶則大吉	(흉즉대길)	5 5 8 5 II	↔ 5 II 5 8 5
賣出操作 (매출조작) ↔	買入操作	(매입조작)	5 7 5 6 II	↔ 5 7 5 6 II
死亡申告 (사망신고) ↔	出生申告	(출생신고)	6 5 4 II 5 II	↔ 7 8 4 II 5 II
上意下達 (상의하달) ↔	下意上達	(하의상달) 7 II 6 II 7 II 4 II	↔ 7 II 6 II 7 II 4 II
生年月日 (생년월일) ↔	卒年月日	(졸년월일)	8 8 8 8	↔ 5 II 8 8 8
連戰連勝 (연전연승) ↔	連戰連敗	(연전연패) 4 II 6 II 4 II 6	↔ 4 II 6 II 4 II 5
一擧兩得 (일거양득) ↔	一擧兩失	(일거양실)	8 5 4 II 4 II	↔ 8 5 4 II 6
入金傳票 (입금전표) ↔	出金傳票	(출금전표)	7 8 5 II 4 II	↔ 7 8 5 II 4 II
晝短夜長 (주단야장) ↔	晝長夜短	(주장야단)	6 6 II 6 8	↔ 6 8 6 6 II
好衣好食 (호의호식) ↔	惡衣惡食	(악의악식) 4 II 6 4 II 7 II	↔ 5 II 6 5 II 7 II

유의(類義)한자 결합어

歌曲	(가곡)	7	–	5	檢察	(검찰)	4Ⅱ	–	4Ⅱ
街道	(가도)	4Ⅱ	–	7Ⅱ	格式	(격식)	5Ⅱ	–	6
街路	(가로)	4Ⅱ	–	6	決斷	(결단)	5Ⅱ	–	4Ⅱ
家室	(가실)	7Ⅱ	–	8	潔白	(결백)	4Ⅱ	–	8
歌樂	(가악)	7	–	6Ⅱ	結束	(결속)	5Ⅱ	–	5Ⅱ
家屋	(가옥)	7Ⅱ	–	5	結約	(결약)	5Ⅱ	–	5Ⅱ
歌謠	(가요)	7	–	4Ⅱ	境界	(경계)	4Ⅱ	–	6Ⅱ
加增	(가증)	5	–	4Ⅱ	經過	(경과)	4Ⅱ	–	5Ⅱ
歌唱	(가창)	7	–	5	景光	(경광)	5	–	6Ⅱ
家宅	(가택)	7Ⅱ	–	5Ⅱ	京都	(경도)	6	–	5
家戶	(가호)	7Ⅱ	–	4Ⅱ	經歷	(경력)	4Ⅱ	–	5Ⅱ
監觀	(감관)	4Ⅱ	–	5Ⅱ	經理	(경리)	4Ⅱ	–	6Ⅱ
減省	(감생)	4Ⅱ	–	6Ⅱ	慶福	(경복)	4Ⅱ	–	5Ⅱ
監視	(감시)	4Ⅱ	–	4Ⅱ	競爭	(경쟁)	5	–	5
監察	(감찰)	4Ⅱ	–	4Ⅱ	慶祝	(경축)	4Ⅱ	–	5
強健	(강건)	6	–	5	界境	(계경)	6Ⅱ	–	4Ⅱ
強固	(강고)	6	–	5	計算	(계산)	6Ⅱ	–	7
江河	(강하)	7Ⅱ	–	5	計數	(계수)	6Ⅱ	–	7
講解	(강해)	4Ⅱ	–	4Ⅱ	考究	(고구)	5	–	4Ⅱ
客旅	(객려)	5Ⅱ	–	5Ⅱ	苦難	(고난)	6	–	4Ⅱ
擧動	(거동)	5	–	7Ⅱ	告白	(고백)	5Ⅱ	–	8
建立	(건립)	5	–	7Ⅱ	告示	(고시)	5Ⅱ	–	5
檢督	(검독)	4Ⅱ	–	4Ⅱ	高卓	(고탁)	6Ⅱ	–	5
檢查	(검사)	4Ⅱ	–	5	共同	(공동)	6Ⅱ	–	7

工作	(공작)	7Ⅱ	–	6Ⅱ		規格	(규격)	5	–	5Ⅱ
工造	(공조)	7Ⅱ	–	4Ⅱ		規例	(규례)	5	–	6
空虛	(공허)	7Ⅱ	–	4Ⅱ		規式	(규식)	5	–	6
過去	(과거)	5Ⅱ	–	5		規律	(규율)	5	–	4Ⅱ
科目	(과목)	6Ⅱ	–	6		規則	(규칙)	5	–	5
果實	(과실)	6Ⅱ	–	5Ⅱ		規度	(규탁)	5	–	6
過失	(과실)	5Ⅱ	–	6		根本	(근본)	6	–	6
過誤	(과오)	5Ⅱ	–	4Ⅱ		金鐵	(금철)	8	–	5
觀視	(관시)	5Ⅱ	–	4Ⅱ		急速	(급속)	6Ⅱ	–	6
觀察	(관찰)	5Ⅱ	–	4Ⅱ		器具	(기구)	4Ⅱ	–	5Ⅱ
光明	(광명)	6Ⅱ	–	6Ⅱ		記錄	(기록)	7Ⅱ	–	4Ⅱ
廣博	(광박)	5Ⅱ	–	4Ⅱ		起立	(기립)	4Ⅱ	–	7Ⅱ
光色	(광색)	6Ⅱ	–	7		起發	(기발)	4Ⅱ	–	6Ⅱ
教訓	(교훈)	8	–	6		技術	(기술)	5	–	6Ⅱ
究考	(구고)	4Ⅱ	–	5		己身	(기신)	5Ⅱ	–	6Ⅱ
區別	(구별)	6	–	6		技藝	(기예)	5	–	4Ⅱ
區分	(구분)	6	–	6Ⅱ		記識	(기지)	7Ⅱ	–	5Ⅱ
具備	(구비)	5Ⅱ	–	4Ⅱ		羅列	(나열)	4Ⅱ	–	4Ⅱ
救濟	(구제)	5	–	4Ⅱ		難苦	(난고)	4Ⅱ	–	6
軍旅	(군려)	8	–	5Ⅱ		冷寒	(냉한)	5	–	5
軍兵	(군병)	8	–	5Ⅱ		努力	(노력)	4Ⅱ	–	7Ⅱ
軍士	(군사)	8	–	5Ⅱ		勞務	(노무)	5Ⅱ	–	4Ⅱ
郡邑	(군읍)	6	–	7		論議	(논의)	4Ⅱ	–	4Ⅱ
貴重	(귀중)	5	–	7		斷決	(단결)	4Ⅱ	–	5Ⅱ

單獨	(단독)	4Ⅱ	–	5Ⅱ		同一	(동일)	7	–	8
端末	(단말)	4Ⅱ	–	5		頭首	(두수)	6	–	5Ⅱ
團圓	(단원)	5Ⅱ	–	4Ⅱ		等級	(등급)	6Ⅱ	–	6
斷切	(단절)	4Ⅱ	–	5Ⅱ		末端	(말단)	5	–	4Ⅱ
斷絕	(단절)	4Ⅱ	–	4Ⅱ		每常	(매상)	7Ⅱ	–	4Ⅱ
端正	(단정)	4Ⅱ	–	7Ⅱ		面容	(면용)	7	–	4Ⅱ
達成	(달성)	4Ⅱ	–	6Ⅱ		明光	(명광)	6Ⅱ	–	6Ⅱ
達通	(달통)	4Ⅱ	–	6		明朗	(명랑)	6Ⅱ	–	5Ⅱ
談說	(담설)	5	–	5Ⅱ		命令	(명령)	7	–	5
談言	(담언)	5	–	6		明白	(명백)	6Ⅱ	–	8
擔任	(담임)	4Ⅱ	–	5Ⅱ		名號	(명호)	7Ⅱ	–	6
談話	(담화)	5	–	7Ⅱ		文書	(문서)	7	–	6Ⅱ
堂室	(당실)	6Ⅱ	–	8		文章	(문장)	7	–	6
到達	(도달)	5Ⅱ	–	4Ⅱ		門戶	(문호)	8	–	4Ⅱ
道路	(도로)	7Ⅱ	–	6		物件	(물건)	7Ⅱ	–	5
道理	(도리)	7Ⅱ	–	6Ⅱ		物品	(물품)	7Ⅱ	–	5Ⅱ
都市	(도시)	5	–	7Ⅱ		美麗	(미려)	6	–	4Ⅱ
都邑	(도읍)	5	–	7		朴素	(박소)	6	–	4Ⅱ
導引	(도인)	4Ⅱ	–	4Ⅱ		朴質	(박질)	6	–	5Ⅱ
到着	(도착)	5Ⅱ	–	5Ⅱ		發起	(발기)	6Ⅱ	–	4Ⅱ
圖畫	(도화)	6Ⅱ	–	6		發展	(발전)	6Ⅱ	–	5Ⅱ
導訓	(도훈)	4Ⅱ	–	6		方道	(방도)	7Ⅱ	–	7Ⅱ
同等	(동등)	7	–	6Ⅱ		方正	(방정)	7Ⅱ	–	7Ⅱ
洞里	(동리)	7	–	7		配分	(배분)	4Ⅱ	–	6Ⅱ

法規	(법규)	5Ⅱ	–	5	費用	(비용)	5	–	6Ⅱ
法度	(법도)	5Ⅱ	–	6	查檢	(사검)	5	–	4Ⅱ
法例	(법례)	5Ⅱ	–	6	思考	(사고)	5	–	5
法律	(법률)	5Ⅱ	–	4Ⅱ	思念	(사념)	5	–	5Ⅱ
法式	(법식)	5Ⅱ	–	6	使令	(사령)	6	–	5
法典	(법전)	5Ⅱ	–	5Ⅱ	事務	(사무)	7Ⅱ	–	4Ⅱ
法則	(법칙)	5Ⅱ	–	5	士兵	(사병)	5Ⅱ	–	5Ⅱ
變改	(변개)	5Ⅱ	–	5	思想	(사상)	5	–	4Ⅱ
變化	(변화)	5Ⅱ	–	5Ⅱ	事業	(사업)	7Ⅱ	–	6Ⅱ
兵士	(병사)	5Ⅱ	–	5Ⅱ	舍屋	(사옥)	4Ⅱ	–	5
兵卒	(병졸)	5Ⅱ	–	5Ⅱ	查察	(사찰)	5	–	4Ⅱ
病患	(병환)	6	–	5	舍宅	(사택)	4Ⅱ	–	5Ⅱ
報告	(보고)	4Ⅱ	–	5Ⅱ	社會	(사회)	6Ⅱ	–	6Ⅱ
報道	(보도)	4Ⅱ	–	7Ⅱ	産生	(산생)	5Ⅱ	–	8
保衛	(보위)	4Ⅱ	–	4Ⅱ	算數	(산수)	7	–	7
保護	(보호)	4Ⅱ	–	4Ⅱ	想念	(상념)	4Ⅱ	–	5Ⅱ
本根	(본근)	6	–	6	商量	(상량)	5Ⅱ	–	5
奉仕	(봉사)	5Ⅱ	–	5Ⅱ	想思	(상사)	4Ⅱ	–	5
奉承	(봉승)	5Ⅱ	–	4Ⅱ	狀態	(상태)	4Ⅱ	–	4Ⅱ
部隊	(부대)	6Ⅱ	–	4Ⅱ	省減	(생감)	6Ⅱ	–	4Ⅱ
部類	(부류)	6Ⅱ	–	5Ⅱ	生産	(생산)	8	–	5Ⅱ
副次	(부차)	4Ⅱ	–	4Ⅱ	生出	(생출)	8	–	7
分配	(분배)	6Ⅱ	–	4Ⅱ	生活	(생활)	8	–	7Ⅱ
分別	(분별)	6Ⅱ	–	6	善良	(선량)	5	–	5Ⅱ

鮮麗	(선려)	5Ⅱ	–	4Ⅱ	始創	(시창)	6Ⅱ	–	4Ⅱ
選別	(선별)	5	–	6	始初	(시초)	6Ⅱ	–	5
設施	(설시)	4Ⅱ	–	4Ⅱ	試驗	(시험)	4Ⅱ	–	4Ⅱ
說話	(설화)	5Ⅱ	–	7Ⅱ	式例	(식례)	6	–	6
性心	(성심)	5Ⅱ	–	7	式典	(식전)	6	–	5Ⅱ
聲音	(성음)	4Ⅱ	–	6Ⅱ	申告	(신고)	4Ⅱ	–	5Ⅱ
省察	(성찰)	6Ⅱ	–	4Ⅱ	身體	(신체)	6Ⅱ	–	6Ⅱ
世界	(세계)	7Ⅱ	–	6Ⅱ	室家	(실가)	8	–	7Ⅱ
世代	(세대)	7Ⅱ	–	6Ⅱ	實果	(실과)	5Ⅱ	–	6Ⅱ
素朴	(소박)	4Ⅱ	–	6	失敗	(실패)	6	–	5
素質	(소질)	4Ⅱ	–	5Ⅱ	心性	(심성)	7	–	5Ⅱ
首頭	(수두)	5Ⅱ	–	6	兒童	(아동)	5Ⅱ	–	6Ⅱ
受領	(수령)	4Ⅱ	–	5	樂歌	(악가)	6Ⅱ	–	7
樹林	(수림)	6	–	7	安康	(안강)	7Ⅱ	–	4Ⅱ
樹木	(수목)	6	–	8	眼目	(안목)	4Ⅱ	–	6
修習	(수습)	4Ⅱ	–	6	安全	(안전)	7Ⅱ	–	7Ⅱ
守衛	(수위)	4Ⅱ	–	4Ⅱ	安平	(안평)	7Ⅱ	–	7Ⅱ
純潔	(순결)	4Ⅱ	–	4Ⅱ	約結	(약결)	5Ⅱ	–	5Ⅱ
術藝	(술예)	6Ⅱ	–	4Ⅱ	約束	(약속)	5Ⅱ	–	5Ⅱ
習練	(습련)	6	–	5Ⅱ	良善	(양선)	5Ⅱ	–	5
習學	(습학)	6	–	8	養育	(양육)	5Ⅱ	–	7
承奉	(승봉)	4Ⅱ	–	5Ⅱ	良好	(양호)	5Ⅱ	–	4Ⅱ
時期	(시기)	7Ⅱ	–	5	言談	(언담)	6	–	5
施設	(시설)	4Ⅱ	–	4Ⅱ	言說	(언설)	6	–	5Ⅱ

言語	(언어)	6	–	7		料量	(요량)	5	–	5
業務	(업무)	6Ⅱ	–	4Ⅱ		料度	(요탁)	5	–	6
業事	(업사)	6Ⅱ	–	7Ⅱ		用費	(용비)	6Ⅱ	–	5
旅客	(여객)	5Ⅱ	–	5Ⅱ		運動	(운동)	6Ⅱ	–	7Ⅱ
麗美	(여미)	4Ⅱ	–	6		願望	(원망)	5	–	5Ⅱ
研究	(연구)	4Ⅱ	–	4Ⅱ		偉大	(위대)	5Ⅱ	–	8
年歲	(연세)	8	–	5Ⅱ		留住	(유주)	4Ⅱ	–	7
連續	(연속)	4Ⅱ	–	4Ⅱ		肉身	(육신)	4Ⅱ	–	6Ⅱ
研修	(연수)	4Ⅱ	–	4Ⅱ		育養	(육양)	7	–	5Ⅱ
練習	(연습)	5Ⅱ	–	6		陸地	(육지)	5Ⅱ	–	7
念想	(염상)	5Ⅱ	–	4Ⅱ		肉體	(육체)	4Ⅱ	–	6Ⅱ
領受	(영수)	5	–	4Ⅱ		律法	(율법)	4Ⅱ	–	5Ⅱ
永遠	(영원)	6	–	6		恩惠	(은혜)	4Ⅱ	–	4Ⅱ
領統	(영통)	5	–	4Ⅱ		音聲	(음성)	6Ⅱ	–	4Ⅱ
英特	(영특)	6	–	6		議論	(의논)	4Ⅱ	–	4Ⅱ
例規	(예규)	6	–	5		衣服	(의복)	6	–	6
例法	(예법)	6	–	5Ⅱ		意思	(의사)	6Ⅱ	–	5
藝術	(예술)	4Ⅱ	–	6Ⅱ		意義	(의의)	6Ⅱ	–	4Ⅱ
例式	(예식)	6	–	6		意志	(의지)	6Ⅱ	–	4Ⅱ
例典	(예전)	6	–	5Ⅱ		移運	(이운)	4Ⅱ	–	6Ⅱ
屋舍	(옥사)	5	–	4Ⅱ		利益	(이익)	6Ⅱ	–	4Ⅱ
溫暖	(온난)	6	–	4Ⅱ		引導	(인도)	4Ⅱ	–	4Ⅱ
完全	(완전)	5	–	7Ⅱ		認識	(인식)	4Ⅱ	–	5Ⅱ
要求	(요구)	5Ⅱ	–	4Ⅱ		認知	(인지)	4Ⅱ	–	5Ⅱ

一同	(일동)	8	–	7	製造	(제조)	4Ⅱ	–	4Ⅱ
自己	(자기)	7Ⅱ	–	5Ⅱ	第次	(제차)	6Ⅱ	–	4Ⅱ
才術	(재술)	6Ⅱ	–	6Ⅱ	第宅	(제택)	6Ⅱ	–	5Ⅱ
才藝	(재예)	6Ⅱ	–	4Ⅱ	早速	(조속)	4Ⅱ	–	6
財貨	(재화)	5Ⅱ	–	4Ⅱ	造作	(조작)	4Ⅱ	–	6Ⅱ
爭競	(쟁경)	5	–	5	調和	(조화)	5Ⅱ	–	6Ⅱ
貯蓄	(저축)	5	–	4Ⅱ	尊高	(존고)	4Ⅱ	–	6Ⅱ
典例	(전례)	5Ⅱ	–	6	尊貴	(존귀)	4Ⅱ	–	5
典法	(전법)	5Ⅱ	–	5Ⅱ	卒兵	(졸병)	5Ⅱ	–	5Ⅱ
典式	(전식)	5Ⅱ	–	6	終結	(종결)	5	–	5Ⅱ
全完	(전완)	7Ⅱ	–	5	終端	(종단)	5	–	4Ⅱ
典律	(전율)	5Ⅱ	–	4Ⅱ	終末	(종말)	5	–	5
戰爭	(전쟁)	6Ⅱ	–	5	終止	(종지)	5	–	5
切斷	(절단)	5Ⅱ	–	4Ⅱ	罪過	(죄과)	5	–	5Ⅱ
絕斷	(절단)	4Ⅱ	–	4Ⅱ	州郡	(주군)	5Ⅱ	–	6
接續	(접속)	4Ⅱ	–	4Ⅱ	增加	(증가)	4Ⅱ	–	5
停留	(정류)	5	–	4Ⅱ	知識	(지식)	5Ⅱ	–	5Ⅱ
情意	(정의)	5Ⅱ	–	6Ⅱ	志意	(지의)	4Ⅱ	–	6Ⅱ
停住	(정주)	5	–	7	眞實	(진실)	4Ⅱ	–	5Ⅱ
停止	(정지)	5	–	5	進出	(진출)	4Ⅱ	–	7
正直	(정직)	7Ⅱ	–	7Ⅱ	質朴	(질박)	5Ⅱ	–	6
除減	(제감)	4Ⅱ	–	4Ⅱ	質素	(질소)	5Ⅱ	–	4Ⅱ
題目	(제목)	6Ⅱ	–	6	集團	(집단)	6Ⅱ	–	5Ⅱ
製作	(제작)	4Ⅱ	–	6Ⅱ	集會	(집회)	6Ⅱ	–	6Ⅱ

次第	(차제)	4Ⅱ	–	6Ⅱ		統領	(통령)	4Ⅱ	–	5
察見	(찰견)	4Ⅱ	–	5Ⅱ		洞通	(통통)	7	–	6
察觀	(찰관)	4Ⅱ	–	5Ⅱ		統合	(통합)	4Ⅱ	–	6
唱歌	(창가)	5	–	7		敗亡	(패망)	5	–	5
創始	(창시)	4Ⅱ	–	6Ⅱ		敗北	(패배)	5	–	8
創作	(창작)	4Ⅱ	–	6Ⅱ		便安	(편안)	7	–	7Ⅱ
創初	(창초)	4Ⅱ	–	5		平等	(평등)	7Ⅱ	–	6Ⅱ
責任	(책임)	5Ⅱ	–	5Ⅱ		平安	(평안)	7Ⅱ	–	7Ⅱ
淸潔	(청결)	6Ⅱ	–	4Ⅱ		平和	(평화)	7Ⅱ	–	6Ⅱ
靑綠	(청록)	8	–	6		包容	(포용)	4Ⅱ	–	4Ⅱ
體身	(체신)	6Ⅱ	–	6Ⅱ		品件	(품건)	5Ⅱ	–	5
初創	(초창)	5	–	4Ⅱ		品物	(품물)	5Ⅱ	–	7Ⅱ
村落	(촌락)	7	–	5		豊足	(풍족)	4Ⅱ	–	7Ⅱ
村里	(촌리)	7	–	7		河川	(하천)	5	–	7
祝慶	(축경)	5	–	4Ⅱ		學習	(학습)	8	–	6
出生	(출생)	7	–	8		寒冷	(한랭)	5	–	5
充滿	(충만)	5Ⅱ	–	4Ⅱ		航船	(항선)	4Ⅱ	–	5
測度	(측탁)	4Ⅱ	–	6		害毒	(해독)	5Ⅱ	–	4Ⅱ
治理	(치리)	4Ⅱ	–	6Ⅱ		解放	(해방)	4Ⅱ	–	6Ⅱ
度量	(탁량)	6	–	5		解消	(해소)	4Ⅱ	–	6Ⅱ
宅舍	(택사)	5Ⅱ	–	4Ⅱ		海洋	(해양)	7Ⅱ	–	6
土地	(토지)	8	–	7		行動	(행동)	6	–	7Ⅱ
洞達	(통달)	7	–	4Ⅱ		行爲	(행위)	6	–	4Ⅱ
通達	(통달)	6	–	4Ⅱ		鄕村	(향촌)	4Ⅱ	–	7

許可	(허가)	5	–	5	和平	(화평)	6Ⅱ	–	7Ⅱ
虛空	(허공)	4Ⅱ	–	7Ⅱ	和協	(화협)	6Ⅱ	–	4Ⅱ
虛無	(허무)	4Ⅱ	–	5	確固	(확고)	4Ⅱ	–	5
賢良	(현량)	4Ⅱ	–	5Ⅱ	會社	(회사)	6Ⅱ	–	6Ⅱ
協和	(협화)	4Ⅱ	–	6Ⅱ	會集	(회집)	6Ⅱ	–	6Ⅱ
形式	(형식)	6Ⅱ	–	6	訓敎	(훈교)	6	–	8
形容	(형용)	6Ⅱ	–	4Ⅱ	訓導	(훈도)	6	–	4Ⅱ
形態	(형태)	6Ⅱ	–	4Ⅱ	休息	(휴식)	7	–	4Ⅱ
惠恩	(혜은)	4Ⅱ	–	4Ⅱ	凶惡	(흉악)	5Ⅱ	–	5Ⅱ
畫圖	(화도)	6	–	6Ⅱ	凶暴	(흉포)	5Ⅱ	–	4Ⅱ
化變	(화변)	5Ⅱ	–	5Ⅱ	吸飮	(흡음)	4Ⅱ	–	6Ⅱ
話說	(화설)	7Ⅱ	–	5Ⅱ	興起	(흥기)	4Ⅱ	–	4Ⅱ
話言	(화언)	7Ⅱ	–	6	希望	(희망)	4Ⅱ	–	5Ⅱ
貨財	(화재)	4Ⅱ	–	5Ⅱ	希願	(희원)	4Ⅱ	–	5

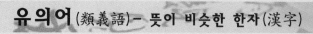

家産	(가산)	–	家財	(가재)	7Ⅱ5Ⅱ	–	7Ⅱ5Ⅱ
家長	(가장)	–	戶主	(호주)	7Ⅱ8	–	4Ⅱ7
家族	(가족)	–	食口	(식구)	7Ⅱ6	–	7Ⅱ7
家風	(가풍)	–	門風	(문풍)	7Ⅱ6Ⅱ	–	86Ⅱ
家訓	(가훈)	–	家敎	(가교)	7Ⅱ6	–	7Ⅱ8
各別	(각별)	–	特別	(특별)	6Ⅱ6	–	66
各地	(각지)	–	各所	(각소)	6Ⅱ7	–	6Ⅱ7
講士	(강사)	–	演士	(연사)	4Ⅱ5Ⅱ	–	4Ⅱ5Ⅱ
開國	(개국)	–	建國	(건국)	68	–	58
改良	(개량)	–	改善	(개선)	55Ⅱ	–	55
客地	(객지)	–	他鄕	(타향)	5Ⅱ7	–	54Ⅱ
擧國	(거국)	–	全國	(전국)	58	–	7Ⅱ8
故國	(고국)	–	祖國	(조국)	4Ⅱ8	–	78
曲解	(곡해)	–	誤解	(오해)	54Ⅱ	–	4Ⅱ4Ⅱ
共感	(공감)	–	同感	(동감)	6Ⅱ6	–	76
空白	(공백)	–	餘白	(여백)	7Ⅱ8	–	4Ⅱ8
校內	(교내)	–	學內	(학내)	87Ⅱ	–	87Ⅱ
權術	(권술)	–	權數	(권수)	4Ⅱ6Ⅱ	–	4Ⅱ7
暖風	(난풍)	–	溫風	(온풍)	4Ⅱ6Ⅱ	–	66Ⅱ
來歷	(내력)	–	由來	(유래)	75Ⅱ	–	67
內子	(내자)	–	室人	(실인)	7Ⅱ7Ⅱ	–	88
多識	(다식)	–	博識	(박식)	65Ⅱ	–	4Ⅱ5Ⅱ
答信	(답신)	–	回信	(회신)	7Ⅱ6Ⅱ	–	4Ⅱ6Ⅱ
大河	(대하)	–	長江	(장강)	85	–	87Ⅱ

童女	(동녀)	–	少女	(소녀)	6Ⅱ 8	–	7 8
同窓	(동창)	–	同門	(동문)	7 6Ⅱ	–	7 8
萬代	(만대)	–	萬世	(만세)	8 6Ⅱ	–	8 7Ⅱ
名目	(명목)	–	名色	(명색)	7Ⅱ 6	–	7Ⅱ 7
名勝	(명승)	–	景勝	(경승)	7Ⅱ 6	–	5 6
無事	(무사)	–	安全	(안전)	5 7Ⅱ	–	7Ⅱ 7Ⅱ
文面	(문면)	–	書面	(서면)	7 7	–	6Ⅱ 7
民心	(민심)	–	人心	(인심)	8 7	–	8 7
密語	(밀어)	–	密談	(밀담)	4Ⅱ 7	–	4Ⅱ 5
配布	(배포)	–	配達	(배달)	4Ⅱ 4Ⅱ	–	4Ⅱ 4Ⅱ
病席	(병석)	–	病床	(병상)	6 6	–	6 4Ⅱ
本國	(본국)	–	自國	(자국)	6 8	–	7Ⅱ 8
父母	(부모)	–	兩親	(양친)	8 8	–	4Ⅱ 6
部門	(부문)	–	分野	(분야)	6Ⅱ 8	–	6Ⅱ 6
不運	(불운)	–	悲運	(비운)	7Ⅱ 6Ⅱ	–	4Ⅱ 6Ⅱ
鼻祖	(비조)	–	始祖	(시조)	5 7	–	6Ⅱ 7
上古	(상고)	–	太古	(태고)	7Ⅱ 6	–	6 6
商品	(상품)	–	物件	(물건)	5Ⅱ 5Ⅱ	–	7Ⅱ 5
生育	(생육)	–	生長	(생장)	8 7	–	8 8
生長	(생장)	–	生育	(생육)	8 8	–	8 7
先主	(선주)	–	先王	(선왕)	8 7	–	8 8
性格	(성격)	–	氣質	(기질)	5Ⅱ 5Ⅱ	–	7Ⅱ 5Ⅱ
世界	(세계)	–	世上	(세상)	7Ⅱ 6Ⅱ	–	7Ⅱ 7Ⅱ
歲初	(세초)	–	年頭	(연두)	5Ⅱ 5	–	8 6

送信	(송신)	–	發信	(발신)	4Ⅱ 6Ⅱ	–	6Ⅱ 6Ⅱ
首領	(수령)	–	頭目	(두목)	5Ⅱ 5	–	6 6
水魚	(수어)	–	知己	(지기)	8 5	–	5Ⅱ 5Ⅱ
收支	(수지)	–	入出	(입출)	4Ⅱ 4Ⅱ	–	7 7
勝景	(승경)	–	名勝	(명승)	6 5	–	7Ⅱ 6
是非	(시비)	–	黑白	(흑백)	4Ⅱ 4Ⅱ	–	5 8
始終	(시종)	–	本末	(본말)	6Ⅱ 5	–	6 5
植木	(식목)	–	植樹	(식수)	7 8	–	7 6
失業	(실업)	–	失職	(실직)	6 6Ⅱ	–	6 4Ⅱ
安貧	(안빈)	–	樂貧	(낙빈)	7Ⅱ 4Ⅱ	–	6Ⅱ 4Ⅱ
野合	(야합)	–	內通	(내통)	6 6	–	7Ⅱ 6
念願	(염원)	–	所望	(소망)	5Ⅱ 5	–	7 5Ⅱ
留級	(유급)	–	落第	(낙제)	4Ⅱ 6	–	5 6Ⅱ
育成	(육성)	–	養成	(양성)	7 6Ⅱ	–	5Ⅱ 6Ⅱ
意圖	(의도)	–	意向	(의향)	6Ⅱ 6Ⅱ	–	6Ⅱ 6
認可	(인가)	–	許可	(허가)	4Ⅱ 5	–	5 5
人山	(인산)	–	人海	(인해)	8 8	–	8 7Ⅱ
一品	(일품)	–	絶品	(절품)	8 5Ⅱ	–	4Ⅱ 5Ⅱ
入選	(입선)	–	當選	(당선)	7 5	–	5Ⅱ 5
自然	(자연)	–	天然	(천연)	7Ⅱ 7	–	7 7
爭論	(쟁론)	–	爭議	(쟁의)	5 4Ⅱ	–	5 4Ⅱ
戰術	(전술)	–	兵法	(병법)	6Ⅱ 6Ⅱ	–	5Ⅱ 5Ⅱ
尊體	(존체)	–	玉體	(옥체)	4Ⅱ 6Ⅱ	–	4Ⅱ 6Ⅱ
知音	(지음)	–	心友	(심우)	5Ⅱ 6Ⅱ	–	7 5Ⅱ

着工	(착공)	–	起工	(기공)	5Ⅱ 7Ⅱ	–	4Ⅱ 7Ⅱ
草家	(초가)	–	草堂	(초당)	7 7Ⅱ	–	7 6Ⅱ
最高	(최고)	–	至上	(지상)	5 6Ⅱ	–	4Ⅱ 7Ⅱ
親筆	(친필)	–	自筆	(자필)	6 5Ⅱ	–	7Ⅱ 5Ⅱ
快調	(쾌조)	–	好調	(호조)	4Ⅱ 5Ⅱ	–	4Ⅱ 5Ⅱ
度地	(탁지)	–	測地	(측지)	6 7	–	4Ⅱ 7
通例	(통례)	–	常例	(상례)	6 6	–	4Ⅱ 6
特別	(특별)	–	各別	(각별)	6 6	–	6Ⅱ 6
平常	(평상)	–	平素	(평소)	7Ⅱ 4Ⅱ	–	7Ⅱ 4Ⅱ
暴落	(폭락)	–	急落	(급락)	4Ⅱ 5	–	6Ⅱ 5
品名	(품명)	–	物名	(물명)	5Ⅱ 7Ⅱ	–	7Ⅱ 7Ⅱ
品行	(품행)	–	素行	(소행)	5Ⅱ 6	–	4Ⅱ 6
學內	(학내)	–	校內	(교내)	8 7Ⅱ	–	8 7Ⅱ
合計	(합계)	–	合算	(합산)	6 6Ⅱ	–	6 7
護國	(호국)	–	衛國	(위국)	4Ⅱ 8	–	4Ⅱ 8
活用	(활용)	–	利用	(이용)	7Ⅱ 6Ⅱ	–	6Ⅱ 6Ⅱ
效力	(효력)	–	效驗	(효험)	5Ⅱ 7Ⅱ	–	5Ⅱ 4Ⅱ
希望	(희망)	–	所願	(소원)	4Ⅱ 5Ⅱ	–	7 5
經驗談	(경험담)	–	體驗談	(체험담)	4Ⅱ 4Ⅱ 5	–	6Ⅱ 4Ⅱ 5
教育家	(교육가)	–	教育者	(교육자)	8 7 7Ⅱ	–	8 7 6
今世上	(금세상)	–	今世界	(금세계)	6Ⅱ 7Ⅱ 7Ⅱ	–	6Ⅱ 7Ⅱ 6Ⅱ
到着順	(도착순)	–	先着順	(선착순)	5Ⅱ 5Ⅱ 5Ⅱ	–	8 5Ⅱ 5Ⅱ
同期生	(동기생)	–	同窓生	(동창생)	7 5 8	–	7 6Ⅱ 8
同鄉會	(동향회)	–	鄉友會	(향우회)	7 4Ⅱ 6Ⅱ	–	4Ⅱ 5Ⅱ 6Ⅱ

無所得	(무소득)	–	無收入	(무수입)	5 7 4 II	–	5 4 II 7
門下生	(문하생)	–	門下人	(문하인)	8 7 II 8	–	8 7 II 8
半休日	(반휴일)	–	半空日	(반공일)	6 II 7 8	–	6 II 7 II 8
發明家	(발명가)	–	發明者	(발명자)	6 II 6 7 II	–	6 II 6 6
別天地	(별천지)	–	別世界	(별세계)	6 7 7	–	6 7 II 6 II
別天地	(별천지)	–	理想鄕	(이상향)	6 7 7	–	6 II 4 II 4 II
本土種	(본토종)	–	在來種	(재래종)	6 8 5 II	–	6 7 5 II
不老草	(불로초)	–	不死藥	(불사약)	7 II 7 7	–	7 II 6 6 II
事業家	(사업가)	–	事業者	(사업자)	7 II 6 7 II	–	7 II 6 6
設計圖	(설계도)	–	靑寫眞	(청사진)	4 II 6 6 II	–	8 5 4 II
所有人	(소유인)	–	所有者	(소유자)	7 7 8	–	7 7 6
受領人	(수령인)	–	受取人	(수취인)	4 II 5 8	–	4 II 4 II 8
宿命觀	(숙명관)	–	運命觀	(운명관)	5 II 7 5 II	–	6 II 7 5 II
勝戰國	(승전국)	–	戰勝國	(전승국)	6 6 II 8	–	6 II 6 8
愛國心	(애국심)	–	祖國愛	(조국애)	6 8 7	–	7 8 6
地方色	(지방색)	–	鄕土色	(향토색)	7 7 II 7	–	4 II 8 7
集會所	(집회소)	–	集會場	(집회장)	6 II 6 II 7	–	6 II 6 II 7 II
千萬年	(천만년)	–	千萬代	(천만대)	7 8 8	–	7 8 6 II
最上品	(최상품)	–	極上品	(극상품)	5 7 II 5 II	–	4 II 7 II 5 II
最盛期	(최성기)	–	全盛期	(전성기)	5 4 II 5	–	7 II 4 II 5
通告文	(통고문)	–	通知書	(통지서)	6 5 II 7	–	6 5 II 6 II
通俗物	(통속물)	–	大衆物	(대중물)	6 4 II 7 II	–	8 4 II 7 II
回想記	(회상기)	–	回想錄	(회상록)	4 II 4 II 7 II	–	4 II 4 II 4 II
公益事業	(공익사업)	–	公共事業	(공공사업)	6 II 4 II 7 II 6 II	–	6 II 6 II 7 II 6 II

空前絕後 (공전절후)	–	前無後無 (전무후무)	7Ⅱ 7Ⅱ 4Ⅱ 7Ⅱ	–	7Ⅱ 5 7Ⅱ 5
九死一生 (구사일생)	–	十生九死 (십생구사)	8 6 8 8	–	8 8 8 6
代代孫孫 (대대손손)	–	子子孫孫 (자자손손)	6Ⅱ 6Ⅱ 66	–	7Ⅱ 7Ⅱ 66
東問西答 (동문서답)	–	問東答西 (문동답서)	8 7 8 7Ⅱ	–	7 8 7Ⅱ 8
馬耳東風 (마이동풍)	–	牛耳讀經 (우이독경)	5 5 8 6Ⅱ	–	5 5 6Ⅱ 4Ⅱ
不老長生 (불로장생)	–	長生不死 (장생불사)	7Ⅱ 7 8 8	–	8 8 7Ⅱ 6
西方國家 (서방국가)	–	西方世界 (서방세계)	8 7Ⅱ 8 7Ⅱ	–	8 7Ⅱ 7Ⅱ 6Ⅱ
屋內競技 (옥내경기)	–	室內競技 (실내경기)	5 7Ⅱ 5 5	–	8 7Ⅱ 5 5
一定不變 (일정불변)	–	固定不變 (고정불변)	8 6 7Ⅱ 5Ⅱ	–	5 6 7Ⅱ 5Ⅱ
通俗歌謠 (통속가요)	–	大衆歌謠 (대중가요)	6 4Ⅱ 7 4Ⅱ	–	8 4Ⅱ 7 4Ⅱ
虛名無實 (허명무실)	–	有名無實 (유명무실)	4Ⅱ 7 5 5Ⅱ	–	7 7Ⅱ 5 5Ⅱ
花朝月夕 (화조월석)	–	朝花月夕 (조화월석)	7 6 8 7	–	6 7 8 7
黃金萬能 (황금만능)	–	金權萬能 (금권만능)	6 8 8 5Ⅱ	–	8 4Ⅱ 8 5Ⅱ

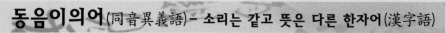

동음이의어(同音異義語) – 소리는 같고 뜻은 다른 한자어(漢字語)

※급수 표기 : 42(4급Ⅱ), 50(5급), 52(5급Ⅱ), 60(6급), 62(6급Ⅱ), 70(7급), 72(7급Ⅱ), 80(8급)

한자	음	급수	뜻
家教	(가교)	72 80	집안의 가르침.
假橋	(가교)	42 50	임시 다리.
家具	(가구)	72 52	집안 살림에 쓰는 기구.
家口	(가구)	72 70	주거를 같이하는 사람의 집단.
加擔	(가담)	50 42	같은 편이 되어 함께 일을 함.
街談	(가담)	42 50	거리에 떠도는 소문이나 이야기.
家領	(가령)	72 50	한 집안의 소유로 되어 있는 땅.
假令	(가령)	42 50	가정하여 말하여, 예를 들어.
加法	(가법)	50 52	덧셈법.
家法	(가법)	72 52	한 집안의 법도.
假死	(가사)	42 60	죽은 것처럼 보이는 상태.
家事	(가사)	72 72	살림살이에 관한 일.
家産	(가산)	72 52	한 집안의 재산.
加算	(가산)	50 70	더하여 셈함.
加設	(가설)	50 42	덧붙이거나 추가하여 설치함.
假設	(가설)	42 42	임시로 설치함.
假說	(가설)	42 52	어떤 사실을 설명하기 위하여 설정한 가정.
家臣	(가신)	72 52	권력자의 집에 딸려 있으면서 그들을 섬기던 사람.
可信	(가신)	50 62	믿을만함.
家信	(가신)	72 62	자기 집에서 온 편지나 소식.
家神	(가신)	72 62	집안의 운수를 좌우하는 신.
可用	(가용)	50 62	사용할 수 있음.
家用	(가용)	72 62	집안 살림에 드는 비용.
家庭	(가정)	72 62	한 가족이 생활하는 집.

假定	(가정)	42 6	사실인지 아닌지 분명하지 않은 것을 임시로 인정함.
家風	(가풍)	72 62	한집안에 대대로 이어 오는 범절.
歌風	(가풍)	70 62	시 또는 노래 따위에서 풍기는 분위기.
家戶	(가호)	72 42	집이나 가구 따위를 세는 단위.
加護	(가호)	50 42	보호하고 도와줌.
監査	(감사)	42 50	감독하고 검사함.
感謝	(감사)	6 42	고마움을 나타내는 인사.
監事	(감사)	42 72	재산이나 업무를 감사하는 사람.
減産	(감산)	42 52	생산을 줄임.
減算	(감산)	42 70	빼어 셈함.
感賞	(감상)	6 50	마음에 깊이 느끼어 칭찬함.
感想	(감상)	6 42	마음속에서 일어나는 느낌이나 생각.
感受	(감수)	6 42	외부의 영향을 수동적으로 받아들임.
監修	(감수)	42 42	책의 저술이나 편찬 따위를 감독함.
江口	(강구)	72 70	강물이 바다로 흘러가는 어귀.
講究	(강구)	42 42	좋은 방법을 궁리하여 찾아냄.
強手	(강수)	6 72	무리함을 무릅쓴 강력한 방법.
江水	(강수)	72 80	강물.
講話	(강화)	42 72	강의하듯이 쉽게 풀어서 이야기함.
講和	(강화)	42 62	싸우던 두 편이 싸움을 그치고 평화로운 상태가 됨.
強化	(강화)	60 52	세력이나 힘을 더 튼튼하게 함.
改敎	(개교)	50 80	믿는 종교를 바꿈.
開校	(개교)	6 80	학교를 세워 처음으로 운영을 시작함.
改量	(개량)	50 50	다시 측량함.

改良	(개량)	50 52	더 좋게 고침.
開明	(개명)	60 62	지혜가 계발되고 문화가 발달함.
改名	(개명)	50 72	이름을 고침.
個性	(개성)	42 52	다른 사람과 구별되는 고유의 특성.
改姓	(개성)	50 72	성을 바꿈.
改元	(개원)	50 52	연호를 바꿈, 왕조 또는 임금이 바뀌는 일.
開院	(개원)	60 50	병원이나 학원 따위를 세워 처음으로 일을 시작함.
開祖	(개조)	60 70	한 종파의 원조가 되는 사람.
改造	(개조)	50 42	고쳐 다시 만듦.
客舍	(객사)	52 42	나그네를 치거나 묵게 하는 집.
客死	(객사)	52 60	객지에서 죽음.
檢查	(검사)	42 50	사실이나 상태 또는 물질의 구성 성분 따위를 조사함.
檢事	(검사)	42 72	검찰권을 행사하는 국가 기관.
決死	(결사)	52 60	죽기를 각오하고 있는 힘을 다할 것을 결심함.
結社	(결사)	52 62	여러 사람이 공동의 목적을 이루기 위하여 조직한 단체.
警官	(경관)	42 42	경찰관.
景觀	(경관)	50 52	자연이나 지역의 풍경.
景氣	(경기)	50 72	호황이나 불황 따위의 경제 활동 상태.
競技	(경기)	50 50	일정한 규칙 아래 재주를 겨룸.
經路	(경로)	42 60	지나는 길.
敬老	(경로)	52 70	노인을 공경함.
經費	(경비)	42 50	사업을 경영하거나 운영하는 데 필요한 비용.
警備	(경비)	42 42	도난 따위를 염려하여 미리 살피고 지키는 일.
古家	(고가)	60 72	오래된 집.

高價	(고가)	62 52	비싼 가격.
考究	(고구)	50 42	자세히 살펴 연구함.
故舊	(고구)	42 52	사귄 지 오래된 친구.
苦待	(고대)	60 60	몹시 기다림.
古代	(고대)	60 62	옛 시대.
古道	(고도)	60 72	옛날에 다니던 길, 옛날의 도의(道義).
古都	(고도)	60 50	옛 도읍.
高度	(고도)	62 60	평균 해수면 따위를 0으로 하여 측정한 대상 물체의 높이.
考査	(고사)	50 50	자세히 생각하고 조사함, 시험함.
古史	(고사)	60 52	옛날 역사.
故事	(고사)	42 72	유래가 있는 옛날의 일.
高聲	(고성)	62 42	크고 높은 목소리.
古城	(고성)	60 42	오래된 성.
高手	(고수)	62 72	바둑이나 장기 따위에서 수가 높은 사람.
固守	(고수)	50 42	굳게 지킴.
考試	(고시)	50 42	공무원의 임용 자격을 결정하는 시험.
告示	(고시)	52 50	행정 기관이 일반 국민들에게 글로 써서 게시하여 널리 알림.
告由	(고유)	52 60	중대한 일을 치른 뒤에 그 내용을 사당이나 신명에게 고함.
固有	(고유)	50 70	본래부터 가지고 있는 특유한 것.
古典	(고전)	60 52	옛날의 의식(儀式). 오랫동안 널리 읽히고 모범이 될 만한 작품.
苦戰	(고전)	60 62	전쟁이나 운동 경기 따위에서, 몹시 어렵게 싸움.
告知	(고지)	52 52	게시나 글을 통하여 알림.
高地	(고지)	62 70	평지보다 아주 높은 땅.
空氣	(공기)	72 72	지구를 둘러싼 대기의 기체.

工期	(공기)	72 50	공사하는 기간.
空器	(공기)	72 42	빈 그릇.
共同	(공동)	62 70	둘 이상의 사람이나 단체가 함께 함.
空洞	(공동)	72 70	아무것도 없이 텅 비어 있는 굴.
公論	(공론)	62 42	여럿의 의논.
空論	(공론)	72 42	실속이 없는 논의.
功利	(공리)	62 62	공로와 이익.
公理	(공리)	62 62	사회에서 두루 통하는 진리.
空名	(공명)	72 72	실제에 맞지 않는 부풀린 명성.
功名	(공명)	62 72	공을 세워서 이름을 드러냄.
工事	(공사)	72 72	토목이나 건축 따위의 일.
公社	(공사)	62 62	국가적 사업을 수행하기 위하여 설립된 공공 기업체의 하나.
空想	(공상)	72 42	현실적이지 못하거나 실현될 가망이 없는 생각.
工商	(공상)	72 52	공업과 상업.
公席	(공석)	62 60	공적인 모임의 자리.
空席	(공석)	72 60	비어 있는 자리.
公約	(공약)	62 52	공개적 약속.
空約	(공약)	72 52	헛된 약속.
工業	(공업)	72 62	물자를 만드는 산업.
功業	(공업)	62 62	큰 공로가 있는 사업.
公正	(공정)	62 72	공평하고 올바름.
工程	(공정)	72 42	일이 진척되는 과정이나 정도.
公衆	(공중)	62 42	사회의 대부분의 사람들.
空中	(공중)	72 80	하늘과 땅 사이의 빈 곳.

空地	(공지)	72 70	비어 있는 땅.
公知	(공지)	62 52	세상에 널리 알림.
空砲	(공포)	72 42	실탄을 넣지 않고 소리만 나게 하는 총질.
公布	(공포)	62 42	일반에게 널리 알림.
過去	(과거)	52 50	지나간 때.
科擧	(과거)	62 50	옛날 관리를 뽑을 때 실시하던 시험.
果木	(과목)	62 80	과일나무.
科目	(과목)	62 60	지식 및 경험의 체계를 세분하여 계통을 세운 영역.
課稅	(과세)	52 42	세금을 매김.
過歲	(과세)	52 52	설을 쉼.
果樹	(과수)	62 60	과실나무.
過數	(과수)	52 70	일정한 수를 넘음.
果實	(과실)	62 52	과일.
過失	(과실)	52 60	잘못이나 허물.
過程	(과정)	52 42	일이 되어 가는 경로.
科程	(과정)	62 42	학과 과정.
課程	(과정)	52 42	해야 할 일의 정도. 학습하여야 할 과목의 내용과 분량.
關係	(관계)	52 42	서로 관련을 맺거나 관련이 있음.
官界	(관계)	42 62	국가 기관. 또는 그 관리들로 이루어지는 사회.
關門	(관문)	52 80	국경이나 요새의 성문.
官文	(관문)	42 70	관청의 공문서.
校監	(교감)	80 42	학교장을 도와서 학교의 일을 관리하는 직책.
交感	(교감)	60 60	서로 접촉하여 따라 움직이는 느낌.
教師	(교사)	80 42	학교 따위에서 일정한 자격을 가지고 학생을 가르치는 사람.

校舍	(교사)	80 42	학교의 건물.
敎示	(교시)	80 50	가르쳐서 보임.
校時	(교시)	80 72	학교의 수업 시간을 세는 단위.
校長	(교장)	80 80	학교의 으뜸 직위에 있는 사람.
敎場	(교장)	80 72	가르치는 곳.
校庭	(교정)	80 62	학교의 마당.
校正	(교정)	80 72	교정쇄와 원고를 대조하여 오자 따위를 바르게 고침.
舊都	(구도)	52 50	예전의 도읍.
求道	(구도)	42 72	진리나 종교적인 깨달음의 경지를 구함.
究明	(구명)	42 62	연구하여 밝힘.
救命	(구명)	50 70	사람의 목숨을 구함.
球速	(구속)	62 60	야구에서, 투수가 던지는 공의 속도.
舊俗	(구속)	52 42	낡은 풍속.
求賢	(구현)	42 42	현인(賢人)을 구함.
具現	(구현)	52 62	어떤 내용이 구체적인 사실로 나타나게 함.
國境	(국경)	80 42	나라와 나라의 영역을 가르는 경계.
國慶	(국경)	80 42	나라의 경사.
局部	(국부)	52 62	전체의 어느 한 부분.
國富	(국부)	80 42	나라가 지닌 경제력.
給仕	(급사)	50 52	잔심부름을 시키기 위하여 부리는 사람.
急死	(급사)	62 60	갑자기 죽음.
給水	(급수)	50 80	물을 공급함.
級數	(급수)	60 70	수준에 따라 매긴 등급.
急電	(급전)	62 72	급한 일을 알리는 전보나 전화.

給田	(급전)	50 42	논밭을 나누어 줌.
起工	(기공)	42 72	공사를 시작함.
氣功	(기공)	72 62	단전호흡.
器具	(기구)	42 52	세간, 도구, 기계 따위를 통틀어 이르는 말.
氣球	(기구)	72 62	공기보다 가벼운 기체를 넣어, 그 부양력으로 공중에 높이 올라가도록 만든 물건.
技師	(기사)	50 42	특별한 기술 업무를 맡아보는 사람.
記事	(기사)	72 72	사실을 적음. 또는 그런 글.
起筆	(기필)	42 52	붓을 들고 쓰기 시작함.
期必	(기필)	50 52	꼭 이루어지기를 기약함.
暖海	(난해)	42 72	따뜻한 바다.
難解	(난해)	42 42	이해하기 어려움.
內方	(내방)	72 72	안쪽.
來訪	(내방)	70 42	만나기 위하여 찾아옴.
內事	(내사)	72 72	내부에 관한 일.
內査	(내사)	72 50	조직체 내에서 자체적으로 하는 조사.
來朝	(내조)	70 60	신하가 조정에 와서 임금을 뵘.
內助	(내조)	72 42	아내가 남편을 도움.
勞使	(노사)	52 60	노동자와 사용자.
老師	(노사)	70 42	나이 많은 중, 나이 많은 스승.
錄音	(녹음)	42 62	테이프 따위에 소리를 기록함.
綠陰	(녹음)	60 42	푸른 잎이 우거진 나무나 수풀.
錄畫	(녹화)	42 60	사물의 모습 따위를 필름 따위에 저장함.
綠化	(녹화)	60 52	산이나 들 따위에 나무나 화초를 심어 푸르게 함.
單價	(단가)	42 52	물건 한 단위의 가격.

短歌	(단가)	62 70	시조(時調)를 달리 이르는 말.
團旗	(단기)	52 70	단체의 상징이 되는 기.
短期	(단기)	62 50	짧은 기간.
壇上	(단상)	50 72	교단이나 강단 따위의 위.
斷想	(단상)	42 42	생각나는 대로의 단편적인 생각.
單數	(단수)	42 70	홀수.
斷水	(단수)	42 80	물길이 막힘.
單身	(단신)	42 62	홀몸.
短信	(단신)	62 62	짧은 편지글, 짤막하게 전하는 뉴스.
短身	(단신)	62 62	작은 키.
單元	(단원)	42 52	어떤 주제나 내용을 중심으로 묶은 학습 단위.
團員	(단원)	52 42	어떤 단체에 속한 사람.
斷指	(단지)	42 42	손가락을 자름.
團地	(단지)	52 70	주택, 공장 따위가 집단을 이루고 있는 일정 구역.
當世	(당세)	52 72	그 시대, 이 시대.
黨勢	(당세)	42 42	정당이나 당파가 가진 세력.
代價	(대가)	62 52	일을 하고 그에 대한 값으로 받는 보수.
大家	(대가)	80 72	전문 분야에서 뛰어나 권위를 인정받는 사람.
代決	(대결)	62 52	남을 대신하여 결재함.
對決	(대결)	62 52	맞서서 겨룸.
對校	(대교)	62 80	대조하면서 교정(校正)을 봄.
大橋	(대교)	80 50	큰 다리.
大國	(대국)	80 80	국력이 강하고 땅이 넓은 나라.
對局	(대국)	62 52	바둑이나 장기를 마주 대하여 둠.

大路	(대로)	80 60	큰길.
大怒	(대로)	80 42	크게 화를 냄.
大利	(대리)	80 62	큰 이익.
代理	(대리)	62 62	남을 대신하여 일을 처리함.
大便	(대변)	80 70	똥.
大變	(대변)	80 52	큰 변고.
大富	(대부)	80 42	큰 부자.
代父	(대부)	62 80	신앙의 증인으로 세우는 남자 후견인.
大悲	(대비)	80 42	부처의 큰 자비.
對備	(대비)	62 42	어떠한 일에 대응하기 위하여 미리 준비함.
對比	(대비)	62 50	서로 맞대어 비교함.
代身	(대신)	62 62	어떤 대상이 하게 될 구실을 바꾸어서 하게 됨.
大臣	(대신)	80 52	군주 국가의 장관(長官).
隊長	(대장)	42 80	한 대(隊)의 우두머리.
大將	(대장)	80 42	한 무리의 우두머리, 군대 계급의 하나.
大田	(대전)	80 42	충청남도에 있는 광역시.
對戰	(대전)	62 62	서로 맞서서 싸움.
度量	(도량)	60 50	넓은 마음과 깊은 생각.
道場	(도량)	72 72	도를 얻으려고 수행하는 곳.
圖示	(도시)	62 50	그림이나 도표로 그려 보임.
都市	(도시)	50 72	중심이 되는, 사람이 많이 사는 지역.
都是	(도시)	50 42	도무지.
道場	(도장)	72 72	무예를 닦는 곳.
圖章	(도장)	62 60	이름을 새겨 문서에 찍도록 만든 물건.

獨自	(독자)	52 72	자기 혼자.	
讀者	(독자)	62 60	신문 따위의 글을 읽는 사람.	
冬期	(동기)	70 50	겨울철.	
同期	(동기)	70 50	같은 시기.	
同氣	(동기)	70 72	형제와 자매, 남매를 통틀어 이르는 말.	
銅器	(동기)	42 42	구리로 만든 그릇.	
同房	(동방)	70 42	같은 방.	
東方	(동방)	80 72	동쪽.	
同時	(동시)	70 72	같은 때.	
童詩	(동시)	62 42	어린이의 정서를 읊은 시 또는 어린이가 지은 시.	
動議	(동의)	72 42	회의 중에 토의할 안건을 제기함.	
同意	(동의)	70 62	같은 의미.	
動因	(동인)	72 50	어떤 사태를 일으킨 원인.	
同人	(동인)	70 80	같은 사람.	
冬鳥	(동조)	70 42	철새. 겨울새.	
同調	(동조)	70 52	같은 가락. 남의 주장에 의견을 같이함.	
冬至	(동지)	70 42	이십사 절기의 하나.	
同志	(동지)	70 42	뜻이 서로 같은 사람.	
動向	(동향)	72 60	일의 형세 따위가 움직여 가는 방향.	
同鄕	(동향)	70 42	고향이 같음.	
滿花	(만화)	42 70	가득 핀 온갖 꽃.	
萬貨	(만화)	80 42	온갖 물품이나 재화.	
買氣	(매기)	50 72	상품을 사려는 분위기.	
每期	(매기)	72 50	일정하게 정해진 하나하나의 시기.	

賣上	(매상)	50 72	상품을 파는 일.
每常	(매상)	72 42	평상시에 언제나.
名器	(명기)	72 42	진귀한 그릇.
明記	(명기)	62 72	분명히 밝히어 적음.
名利	(명리)	72 62	명예와 이익.
命理	(명리)	70 62	하늘이 내린 목숨과 자연의 이치.
名詩	(명시)	72 42	이름난 시.
明示	(명시)	62 50	분명하게 드러내 보임.
無關	(무관)	50 52	관계 없음.
武官	(무관)	42 42	군사 일을 맡아보는 관리.
武臣	(무신)	42 52	신하 가운데 무관인 사람.
無信	(무신)	50 62	신의가 없음.
武勇	(무용)	42 62	무예와 용맹.
無用	(무용)	50 62	쓸모가 없음.
未明	(미명)	42 62	날이 채 밝지 않음.
美名	(미명)	60 72	그럴듯한 명목.
班家	(반가)	62 72	양반의 집안.
半價	(반가)	62 52	반값.
半減	(반감)	62 42	절반으로 줆.
反感	(반감)	62 60	반항하는 감정.
半牧	(반목)	62 42	다른 일을 하면서 목축업을 함.
反目	(반목)	62 60	서로 미워함.
訪問	(방문)	42 70	찾아가서 만나거나 봄.
房門	(방문)	42 80	방으로 드나드는 문.

方位	(방위)	72 50	방향을 나타내는 위치.
防衛	(방위)	42 42	적의 공격이나 침략을 막아서 지킴.
防寒	(방한)	42 50	추위를 막음.
訪韓	(방한)	42 80	한국을 방문함.
放火	(방화)	62 80	불을 지름.
防火	(방화)	42 80	불이 나는 것을 막음.
配水	(배수)	42 80	급수관을 통하여 물을 나누어 보냄.
倍數	(배수)	50 70	어떤 수의 갑절이 되는 수.
白米	(백미)	80 60	흰쌀.
百味	(백미)	70 42	온갖 맛있는 음식물.
富商	(부상)	42 52	부유한 상인.
副賞	(부상)	42 50	상장 외에 덧붙여 주는 상품.
父子	(부자)	80 72	아버지와 아들.
富者	(부자)	42 60	재물이 많은 사람.
不可	(불가)	72 50	옳지 않음. 가능하지 않음.
佛家	(불가)	42 72	불교를 믿는 사람들의 사회.
比例	(비례)	50 60	한쪽의 양이나 수가 증가하는 만큼 다른 쪽도 그만큼 증가함.
非禮	(비례)	42 60	예의에 어긋남.
非常	(비상)	42 42	평상시와 다른 뜻밖의 사태.
飛上	(비상)	42 72	날아오름.
飛鳥	(비조)	42 42	날아다니는 새.
鼻祖	(비조)	50 70	시조(始祖).
悲話	(비화)	42 72	슬픈 이야기.
飛火	(비화)	42 80	어떤 일의 영향이 다른 데까지 번짐.

思考	(사고)	50 50	생각하고 궁리함.	
社告	(사고)	62 52	회사에서 내는 광고.	
事故	(사고)	72 42	뜻밖에 일어난 불행한 일.	
社團	(사단)	62 52	특정한 목적을 위하여 두 사람 이상이 결합하여 설립한 단체.	
事端	(사단)	72 42	일의 실마리.	
事理	(사리)	72 62	사물의 이치.	
舍利	(사리)	42 62	부처나 성자의 유골.	
思想	(사상)	50 42	사회, 인생 따위에 관한 인식이나 견해.	
史上	(사상)	52 72	역사상.	
使臣	(사신)	60 52	임금의 명령으로 외국에 사절로 가는 신하.	
四神	(사신)	80 62	네 방향을 맡은 신. 청룡, 백호, 주작, 현무.	
事案	(사안)	72 50	법률적으로 문제가 되어 있는 일의 안건.	
史眼	(사안)	52 42	역사를 이해하는 안목.	
寺院	(사원)	42 50	종교의 교당. 절.	
社員	(사원)	62 42	회사원.	
使節	(사절)	60 52	나라를 대표하여 외국에 파견되는 사람.	
謝絶	(사절)	42 42	제의 따위를 사양하여 받아들이지 않고 물리침.	
師表	(사표)	42 62	학식과 덕행이 높아 남의 모범이 될 만한 인물.	
死票	(사표)	60 42	선거 때에, 낙선한 후보자에게 던져진 표.	
算經	(산경)	70 42	예전에, 수학 책을 이르던 말.	
山景	(산경)	80 50	산의 경치.	
相關	(상관)	52 52	서로 관련을 가짐.	
上官	(상관)	72 42	직책상 자기보다 더 높은 자리에 있는 사람.	
想起	(상기)	42 42	지난 일을 돌이켜 생각하여 냄.	

上氣	(상기)	72 72	흥분이나 부끄러움으로 얼굴이 붉어짐.
商利	(상리)	52 62	장사하여 얻는 이익.
常理	(상리)	42 62	떳떳한 도리.
常事	(상사)	42 72	늘 있는 일.
相思	(상사)	52 50	서로 생각하고 그리워함.
上衣	(상의)	72 60	윗옷.
相議	(상의)	52 42	어떤 일을 서로 의논함.
常情	(상정)	42 52	사람에게 있는 보통의 인정.
上程	(상정)	72 42	토의할 안건을 내어 놓음.
鮮度	(선도)	52 60	생선이나 야채 따위의 신선한 정도.
先導	(선도)	80 42	앞장서서 이끌거나 안내함.
雪景	(설경)	62 50	눈이 내리거나 눈이 쌓인 경치.
說經	(설경)	52 42	경전을 해설하는 일.
聲價	(성가)	42 52	세상에 드러난 좋은 평판이나 소문.
成家	(성가)	62 72	가정을 이룸. 집안을 일으켜 세움.
星團	(성단)	42 52	항성의 집단.
聖壇	(성단)	42 50	신을 모신 제단.
聲明	(성명)	42 62	입장 따위를 공개적으로 발표함.
姓名	(성명)	72 72	성과 이름.
成市	(성시)	62 72	시장(市場)을 이룸.
盛時	(성시)	42 72	세력 따위가 한창인 때.
歲首	(세수)	52 52	한 해의 처음.
洗手	(세수)	52 72	손이나 얼굴을 씻음.
所關	(소관)	70 52	관계되는 바.

小官	(소관)	80 42	지위가 낮은 관리.
小器	(소기)	80 42	작은 그릇.
所期	(소기)	70 50	기대한 바.
消印	(소인)	62 42	지우는 표시로 인장을 찍음. 우표 따위에 도장을 찍음.
小人	(소인)	80 80	도량이 좁고 간사한 사람.
所在	(소재)	70 60	있는 곳.
素材	(소재)	42 52	어떤 것을 만드는 데 바탕이 되는 재료.
掃地	(소지)	42 70	땅을 쓺.
素地	(소지)	42 70	본래의 바탕.
守舊	(수구)	42 52	옛 제도나 풍습을 그대로 지키고 따름.
水球	(수구)	80 62	수영 경기의 하나. 헤엄을 치며 공을 상대편의 골에 넣어 득점을 겨루는 경기.
首級	(수급)	52 60	전쟁에서 베어 얻은 적군의 머리.
收給	(수급)	42 50	수입과 지급을 아울러 이르는 말.
手記	(수기)	72 72	체험을 직접 쓴 기록.
手旗	(수기)	72 70	손에 쥐는 작은 기.
修己	(수기)	42 52	자신의 몸과 마음을 닦음.
首都	(수도)	52 50	한 나라의 중앙 정부가 있는 도시.
修道	(수도)	42 72	도를 닦음.
首領	(수령)	52 50	당파나 무리의 우두머리.
守令	(수령)	42 50	옛날 고을을 다스리던 지방관.
受領	(수령)	42 50	돈이나 물품을 받아들임.
受理	(수리)	42 62	서류를 받아서 처리함.
數理	(수리)	70 62	수학의 이론.
水利	(수리)	80 62	물을 이용하는 일.

首相	(수상)	52 52	내각의 우두머리.
受賞	(수상)	42 50	상을 받음.
水性	(수성)	80 52	물의 성질.
守城	(수성)	42 42	적의 공격을 막기 위하여 성을 지킴.
水星	(수성)	80 42	태양에서 첫 번째로 가까운 행성.
收稅	(수세)	42 42	세금을 거두어들이는 일.
守勢	(수세)	42 42	적의 공격을 맞아 지키는 형세.
受信	(수신)	42 62	통신이나 신호를 받음.
水神	(수신)	80 62	물을 맡아 다스리는 신.
修身	(수신)	42 62	마음과 행실을 바르게 닦아 수양함.
首位	(수위)	52 50	첫째가는 자리.
守衛	(수위)	42 42	지킴, 경비를 맡아보는 사람.
水位	(수위)	80 50	물의 높이.
受精	(수정)	42 42	암수의 생식 세포가 서로 하나로 합치는 현상.
修正	(수정)	42 72	바로잡아 고침.
水害	(수해)	80 52	장마나 홍수로 인한 피해.
樹海	(수해)	6 72	울창하고 광대한 삼림.
修好	(수호)	42 42	나라와 나라가 서로 사이좋게 지냄.
守護	(수호)	42 42	지키고 보호함.
純利	(순리)	42 62	순이익.
順理	(순리)	52 62	순한 이치나 도리 또는 그에 따름.
承認	(승인)	42 42	어떤 사실을 마땅하다고 받아들임. 인정함.
勝因	(승인)	60 50	승리의 원인.
時價	(시가)	72 52	일정한 시기의 물건 값.

市街	(시가)	72 42	도시의 큰 길거리.
詩歌	(시가)	42 70	가사를 포함한 시문학을 통틀어 이르는 말.
施工	(시공)	42 72	공사를 시행함.
時空	(시공)	72 72	시간과 공간.
始球	(시구)	62 62	경기의 시작을 상징하는 것으로 처음으로 공을 던지거나 치는 일.
詩句	(시구)	42 42	시의 구절.
市道	(시도)	72 72	시내 도로. 행정 구역으로 나눈 시와 도.
試圖	(시도)	42 62	어떤 것을 이루어 보려고 계획함.
試寫	(시사)	42 50	영화 따위를 비평가 등에게 시험적으로 보이는 일.
時事	(시사)	72 72	그 당시에 일어난 여러 가지 사회적 사건.
詩想	(시상)	42 42	시를 짓기 위한 착상. 시적인 생각이나 상념.
施賞	(시상)	42 50	상장이나 상품, 상금 따위를 줌.
詩選	(시선)	42 50	시를 뽑아 모은 책.
視線	(시선)	42 62	눈이 가는 길. 눈의 방향.
是認	(시인)	42 42	어떤 내용이나 사실이 옳다고 인정함.
詩人	(시인)	42 80	시를 전문적으로 짓는 사람.
是正	(시정)	42 72	잘못된 것을 바로잡음.
時政	(시정)	72 42	그 당시의 정치.
始祖	(시조)	62 70	한 겨레나 가계의 맨 처음이 되는 조상.
時調	(시조)	72 52	우리나라 고유의 정형시.
新黨	(신당)	62 42	새로 조직한 당.
神堂	(신당)	62 62	신령을 모셔 놓는 집.
神父	(신부)	62 80	주교 다음가는 성직자.
新婦	(신부)	62 42	갓 결혼하였거나 결혼하는 여자.

新式	(신식)	62 60	새로운 방식이나 형식.
信息	(신식)	62 42	소식.
信義	(신의)	62 42	믿음과 의리.
神醫	(신의)	62 6	의술이 뛰어난 의원.
失政	(실정)	60 42	정치를 잘못함.
實情	(실정)	52 52	실제의 사정.
深化	(심화)	42 52	정도나 경지가 점점 깊어짐.
心火	(심화)	70 80	마음속에서 북받쳐 나는 화.
安息	(안식)	72 42	편히 쉼.
眼識	(안식)	42 52	안목과 식견.
夜警	(야경)	60 42	밤사이에 범죄 따위가 없도록 살피고 지킴.
野景	(야경)	60 50	들의 경치.
夜深	(야심)	60 42	밤이 깊음.
野心	(야심)	60 70	무엇을 이루어 보겠다고 마음속에 품고 있는 욕망.
陽性	(양성)	60 52	양(陽)의 성질.
養成	(양성)	52 62	가르쳐서 유능한 사람을 길러 냄.
羊肉	(양육)	42 42	양고기.
養育	(양육)	52 70	아이를 기름.
洋醫	(양의)	60 60	서양의 의술을 베푸는 사람.
良醫	(양의)	52 60	의술이 뛰어난 의사.
養子	(양자)	52 72	대를 잇기 위하여 데려다 기르는 남자 아이.
兩者	(양자)	42 60	두 사람이나 두 개의 사물.
女警	(여경)	80 42	여자 경찰관.
餘慶	(여경)	42 42	남에게 좋은 일을 많이 한 보답으로 뒷날 그 자손이 받는 경사.

旅程	(여정)	52 42	여행의 일정.
餘情	(여정)	42 52	남아 있는 정이나 생각.
演技	(연기)	42 50	배우가 배역의 성격, 행동 따위를 표현해 내는 일.
煙氣	(연기)	42 72	무엇이 불에 탈 때에 생겨나는 기운.
連帶	(연대)	42 42	여럿이 함께 일을 하거나 책임을 짐.
年代	(연대)	80 62	지나간 시간을 일정한 햇수로 나눈 것.
研修	(연수)	42 42	학문 따위를 갈고 닦음.
年收	(연수)	80 42	한 해 동안의 수입.
年初	(연초)	80 50	새해의 첫머리.
煙草	(연초)	42 70	담배.
列強	(열강)	42 60	여러 강한 나라.
熱講	(열강)	50 42	열정적 강의.
熱誠	(열성)	50 42	열렬한 정성.
列聖	(열성)	42 42	대대의 여러 임금.
熱戰	(열전)	50 62	무력을 사용하는 전쟁. 맹렬한 싸움.
列傳	(열전)	42 52	여러 사람의 전기(傳記)를 차례로 기록한 책.
英圖	(영도)	60 62	뛰어난 계획이나 책략.
領導	(영도)	50 42	앞장서서 이끌고 지도함.
領收	(영수)	50 42	돈이나 물품 따위를 받아들임.
英數	(영수)	60 70	영어와 수학.
誤解	(오해)	42 42	그릇 해석하거나 뜻을 잘못 앎.
五害	(오해)	80 52	흉년이 들 다섯 가지 피해.
王使	(왕사)	80 60	임금의 사신.
往事	(왕사)	42 72	지나간 일.

容器	(용기)	42 42	물건을 담는 그릇.
勇氣	(용기)	62 72	씩씩하고 굳센 기운.
遠路	(원로)	60 60	먼 길.
元老	(원로)	52 70	한 가지 일에 오래 종사하여 경험과 공로가 많은 사람.
原始	(원시)	50 62	시작하는 처음.
遠視	(원시)	60 42	멀리 바라봄.
遠祖	(원조)	60 70	고조(高祖) 이전의 먼 조상.
元祖	(원조)	52 70	첫 대의 조상.
留級	(유급)	42 60	진급하지 못하고 그대로 남음.
有給	(유급)	70 50	급료가 있음.
肉聲	(육성)	42 42	사람의 입에서 직접 나오는 소리.
育成	(육성)	70 62	길러 자라게 함.
飮器	(음기)	62 42	술잔 따위와 같이 술을 마시는 데 쓰는 그릇.
陰記	(음기)	42 72	비석의 뒷면에 새긴 글.
陰氣	(음기)	42 72	어둡고 침침하거나 쌀쌀한 기운.
陰性	(음성)	42 52	음의 성질.
音聲	(음성)	62 42	사람의 목소리나 말소리.
醫師	(의사)	60 42	의술로 병을 치료하는 사람.
義士	(의사)	42 52	의로운 뜻을 지니고 행동하는 사람.
意思	(의사)	62 50	무엇을 하고자 하는 생각.
議事	(의사)	42 72	회의에서 어떤 일을 의논함.
意識	(의식)	62 52	깨어 있는 상태의 인식 작용.
衣食	(의식)	60 72	의복과 음식.
醫院	(의원)	60 50	진료 시설을 갖추고 의료 행위를 하는 곳.

議員	(의원)	42 42	국회 등의 의결권을 가진 사람.
移記	(이기)	42 72	옮겨 적음.
利器	(이기)	62 42	날카로운 병기. 편리한 기기.
利己	(이기)	62 52	자신의 이익을 꾀함.
理氣	(이기)	62 72	우주 만물의 근원인 이(理)와 기(氣).
移動	(이동)	42 72	움직여 옮김.
以東	(이동)	52 80	기준점으로부터 그 동쪽.
以上	(이상)	52 72	기준보다 더 많거나 나음.
理想	(이상)	62 42	생각해 볼 때 가장 완전하다고 여겨지는 상태.
二姓	(이성)	80 72	서로 다른 두 가지 성.
理性	(이성)	62 52	사유하는 능력.
移植	(이식)	42 70	옮겨서 심음.
利息	(이식)	62 42	이자(利子).
理容	(이용)	62 42	이발과 미용.
利用	(이용)	62 62	이롭게 씀.
理解	(이해)	62 42	사리를 분별하여 해석함.
利害	(이해)	62 52	이익과 손해.
人家	(인가)	80 72	사람이 사는 집.
認可	(인가)	42 50	인정하여 허가함.
人道	(인도)	80 72	사람으로서 마땅히 지켜야 할 도리.
引導	(인도)	42 42	이끌어 지도함.
人世	(인세)	80 72	사람이 사는 세상.
印稅	(인세)	42 42	저작권을 지닌 저작자에게 지급하는 돈.
引受	(인수)	42 42	물건이나 권리를 넘겨받음.

因數	(인수)	50 70	정수 또는 정식을 몇 개의 곱의 꼴로 하였을 때에, 그것의 각 구성 요소.
人情	(인정)	80 52	사람이 지닌 감정이나 심정.
認定	(인정)	42 60	확실히 그렇다고 여김.
印紙	(인지)	42 70	수수료 따위를 낸 것을 증명하기 위하여 서류에 붙이는 종이 표.
認知	(인지)	42 52	어떤 사실을 인정하여 앎.
字數	(자수)	70 70	글자의 수효.
自修	(자수)	72 42	남의 가르침을 직접 받지 않고 자기의 힘으로 학문을 닦음.
字義	(자의)	70 42	표의 문자에서 글자의 뜻.
自意	(자의)	72 62	자기의 생각.
子弟	(자제)	72 80	남을 높여 그의 아들을 이르는 말.
自制	(자제)	72 42	감정이나 욕망을 스스로 억제함.
自害	(자해)	72 52	자기 몸을 스스로 다치게 함.
字解	(자해)	70 42	글자에 대한 풀이.
長成	(장성)	80 62	자라서 어른이 됨.
將星	(장성)	42 42	군대의 장군(將軍).
財經	(재경)	52 42	재정과 경제.
在京	(재경)	60 60	서울에 있음.
才氣	(재기)	62 72	재주가 있는 기질.
再起	(재기)	50 42	다시 일어섬.
再修	(재수)	50 42	한 번 배웠던 학과 과정을 다시 배움.
財數	(재수)	52 70	재물이 생기거나 좋은 일이 있을 운수.
赤手	(적수)	50 72	맨손.
敵手	(적수)	42 72	재주나 힘이 서로 비슷해서 상대가 되는 사람.
前景	(전경)	72 50	앞쪽에 보이는 경치.

戰警	(전경)	62 42	전투 경찰을 줄여 이르는 말.
前期	(전기)	72 50	일정 기간을 몇 개로 나눈 첫 시기.
電氣	(전기)	72 72	전자의 움직임 때문에 생기는 에너지의 한 형태.
傳記	(전기)	52 72	한 사람의 일생 동안의 행적을 적은 기록.
戰端	(전단)	62 42	전쟁을 벌이게 된 실마리.
傳單	(전단)	52 42	선전이나 선동 따위의 글이 담긴 종이쪽.
全圖	(전도)	72 62	전체를 그린 그림이나 지도.
傳導	(전도)	52 42	열 또는 전기가 물체 속을 이동하는 일.
電力	(전력)	72 72	단위 시간에 사용되는 전기 에너지의 양.
全力	(전력)	72 72	모든 힘.
前歷	(전력)	72 52	과거의 경력.
戰歷	(전력)	62 52	전쟁이나 전투에 참가한 경력.
戰力	(전력)	62 72	전투나 경기 따위를 할 수 있는 능력.
傳聞	(전문)	52 62	다른 사람을 통하여 전하여 들음.
前文	(전문)	72 70	한 편의 글에서 앞부분에 해당하는 글.
全史	(전사)	72 52	모든 분야를 다 포괄하는 전체의 역사.
戰死	(전사)	62 60	싸움터에서 싸우다가 죽음.
電線	(전선)	72 62	전류가 흐르는 선.
戰線	(전선)	62 62	전투가 벌어지는 지역이나 그런 지역을 가상적으로 연결한 선.
戰船	(전선)	62 50	전투에 쓰는 배.
戰勢	(전세)	62 42	전쟁, 경기 따위의 형세나 형편.
前世	(전세)	72 72	이전 시대.
田稅	(전세)	42 42	논밭에 부과되는 조세.
戰勝	(전승)	62 60	전쟁이나 경기 따위에서 싸워 이김.

傳承	(전승)	52 42	문화, 풍속, 제도 따위를 이어받아 계승함.
全野	(전야)	72 60	모든 분야. 온 들판.
前夜	(전야)	72 60	어젯밤.
田野	(전야)	42 60	논밭으로 이루어진 들.
前列	(전열)	72 42	앞에 있는 줄이나 대열.
電熱	(전열)	72 50	전기 에너지를 열에너지로 변환시켰을 때 발생하는 열.
全員	(전원)	72 42	소속된 인원의 전체.
田園	(전원)	42 60	도시에서 떨어진 시골이나 교외.
前衛	(전위)	72 42	전방의 호위.
傳位	(전위)	52 50	임금 자리를 후계자에게 전하여 줌.
節氣	(절기)	52 72	한 해를 스물넷으로 나눈, 계절의 표준이 되는 것.
絕技	(절기)	42 50	매우 뛰어난 재주.
節制	(절제)	52 42	정도에 넘지 아니하도록 알맞게 조절하여 제한함.
切除	(절제)	52 42	잘라 냄.
情景	(정경)	52 50	정서를 자아내는 흥취와 경치.
政經	(정경)	42 42	정치와 경제.
正氣	(정기)	72 72	바른 기운. 바른 기풍. 생명의 원기.
精氣	(정기)	42 72	천지 만물을 생성하는 원천이 되는 기운. 민족 따위의 정신과 기운.
定期	(정기)	60 50	기한이나 기간이 일정하게 정하여져 있는 것.
政黨	(정당)	42 42	정치적인 이상이 같은 사람들이 조직한 단체.
正當	(정당)	72 52	올바르고 마땅함.
程度	(정도)	42 60	분량이나 수준.
正道	(정도)	72 72	올바른 길.
定都	(정도)	60 50	도읍을 정함.

正副	(정부)	72 42	으뜸과 버금.	
政府	(정부)	42 42	입법, 사법, 행정의 삼권을 포함하는 통치 기구.	
情事	(정사)	52 72	남녀 사이의 사랑에 관한 일.	
政事	(정사)	42 72	정치 또는 행정상의 일.	
正史	(정사)	72 52	정확한 사실의 역사. 기전체로 서술한 역사.	
情狀	(정상)	52 42	있는 그대로의 사정과 형편.	
正常	(정상)	72 42	특별한 변동이나 탈이 없이 제대로인 상태.	
政商	(정상)	42 52	정치권력과 결탁하여 이익을 꾀하는 상인.	
停船	(정선)	50 50	배가 멈춤.	
精選	(정선)	42 50	정밀하게 골라 뽑음.	
精子	(정자)	42 72	생물의 수컷의 생식 세포.	
正字	(정자)	72 70	서체가 바르고 또박또박 쓴 글자. 약자(略字) 따위가 아닌 본디의 글자.	
正直	(정직)	72 72	마음에 거짓이나 꾸밈이 없이 바르고 곧음.	
停職	(정직)	50 42	일정 기간 직무에 종사하지 못하도록 하는 처분, 직무 정지.	
政治	(정치)	42 42	나라를 다스리는 일.	
情致	(정치)	52 50	좋은 감정을 자아내는 흥치.	
提起	(제기)	42 42	의견이나 문제를 내어 놓음.	
祭器	(제기)	42 42	제사에 쓰는 그릇.	
制度	(제도)	42 60	한 사회의 관습이나 규범 따위의 체계.	
製圖	(제도)	42 62	기계, 건축물, 공작물 따위의 도면이나 도안을 그림.	
濟度	(제도)	42 60	고해의 세상에서 중생을 건져 내어 열반에 이르게 함.	
提督	(제독)	42 42	해군 함대의 사령관.	
除毒	(제독)	42 42	독을 없애 버림.	
製藥	(제약)	42 62	약을 만듦.	

制約	(제약)	42 52	조건을 붙여 내용을 제한함.
祭政	(제정)	42 42	제사와 정치.
制定	(제정)	42 60	제도나 법률 따위를 만들어서 정함.
制止	(제지)	42 50	말려서 못하게 함.
製紙	(제지)	42 70	종이를 만듦.
早死	(조사)	42 60	일찍 죽음.
調査	(조사)	52 50	자세히 살펴봄.
祖師	(조사)	70 42	어떤 학파나 종파를 처음 세운 사람.
朝鮮	(조선)	60 52	나라 이름.
造船	(조선)	42 50	배를 설계하여 만듦.
造化	(조화)	42 52	만물을 창조하고 변화시키는 자연의 이치. 신통한 일.
造花	(조화)	42 70	인공적으로 만든 꽃.
調和	(조화)	52 62	서로 잘 어울림.
宗團	(종단)	42 52	종교나 종파의 단체.
終端	(종단)	50 42	맨 끝.
宗臣	(종신)	42 52	왕족으로 벼슬자리에 있는 사람.
終身	(종신)	50 62	목숨을 다하기까지의 동안.
主力	(주력)	70 72	중심이 되는 힘.
走力	(주력)	42 72	달리는 힘.
注力	(주력)	62 72	어떤 일에 온 힘을 기울임.
注意	(주의)	62 62	마음에 새겨 두고 조심함.
主義	(주의)	70 42	굳게 지키는 주장이나 방침.
中隊	(중대)	80 42	대대보다 작고 소대보다 큰 단위 부대.
重大	(중대)	70 80	매우 중요하고 큼.

重稅	(중세)	70 42	부담하기에 무거운 세금.
中世	(중세)	80 72	고대와 근대 사이의 시기.
支給	(지급)	42 50	돈이나 물품 따위를 정하여진 몫만큼 내줌.
至急	(지급)	42 62	매우 급함.
地氣	(지기)	70 72	땅의 정기. 땅의 기운.
知己	(지기)	52 52	자기를 알아주는 벗. 매우 친한 벗.
地圖	(지도)	70 62	지구를 평면에 나타낸 그림.
指導	(지도)	42 42	남을 가르쳐 이끎.
支流	(지류)	42 52	강의 원줄기로 흘러들거나 원줄기에서 갈려 나온 물줄기.
紙類	(지류)	70 52	종이 종류.
志士	(지사)	42 52	나라와 민족을 위하여 몸 바쳐 일하려는 뜻을 가진 사람.
支社	(지사)	42 62	본사에서 갈려 나가 일정한 지역에서 본사의 일을 대신 맡아 하는 곳.
至誠	(지성)	42 42	지극한 정성.
知性	(지성)	52 52	지적인 사고를 하는 사람으로서의 성질.
眞相	(진상)	42 52	참된 모습.
進上	(진상)	42 72	진귀한 토산물 따위를 임금이나 권력자에게 바침.
次週	(차주)	42 52	다음 주.
車主	(차주)	72 70	차의 주인.
唱義	(창의)	50 42	앞장서서 정의를 부르짖음.
創意	(창의)	42 62	새로운 의견을 생각하여 냄.
千變	(천변)	70 52	여러 가지로 변함.
天變	(천변)	70 52	하늘에서 생기는 자연의 큰 변동.
川邊	(천변)	70 42	냇물의 주변.
銃器	(총기)	42 42	권총, 소총 따위의 무기를 통틀어 이르는 말.

總記	(총기)	42 72	책 내용의 전체를 총괄하는 기술.
豊盛	(풍성)	42 42	넉넉하고 많음.
風聲	(풍성)	62 42	바람 소리.
必死	(필사)	52 60	반드시 죽음.
筆寫	(필사)	52 50	베끼어 씀.
下計	(하계)	72 62	일을 풀어 나가는 데 가장 수가 낮은 방법.
下界	(하계)	72 62	천상계에 상대되는 말로 사람이 사는 이 세상.
河東	(하동)	50 80	강의 동쪽.
夏冬	(하동)	70 70	여름과 겨울.
限滿	(한만)	42 42	기한이 다 참.
韓滿	(한만)	80 42	한반도와 만주를 아울러 이르는 말.
寒食	(한식)	50 72	우리나라 명절의 하나.
韓式	(한식)	80 60	우리나라 고유의 양식(樣式).
寒地	(한지)	50 70	추운 지방.
韓紙	(한지)	80 70	우리나라 고유의 제조법으로 만든 종이.
害毒	(해독)	52 42	좋고 바른 것을 망치거나 손해를 끼침.
解讀	(해독)	42 62	어려운 문구 따위를 읽어 이해하거나 해석함.
害意	(해의)	52 62	해치려는 마음.
解義	(해의)	42 42	글자나 글의 뜻을 풀어서 밝힘.
許約	(허약)	50 52	허락하여 약속함.
虛弱	(허약)	42 62	힘이나 기운이 없고 약함.
現在	(현재)	62 60	지금의 시간.
賢材	(현재)	42 52	재주와 지혜가 뛰어난 인물.
好男	(호남)	42 72	사내답고 풍채가 좋은 남자.

湖南	(호남)	50 80	전라남도와 전라북도를 아울러 이르는 말.
湖水	(호수)	50 80	땅이 우묵하게 들어가 물이 괴어 있는 곳.
戶數	(호수)	42 70	집의 수효.
火氣	(화기)	80 72	불기운.
火器	(화기)	80 42	화약의 힘으로 탄알을 쏘는 병기.
和氣	(화기)	62 72	따스한 기온 또는 화목한 분위기.
和約	(화약)	62 52	화목하게 지내자는 약속.
火藥	(화약)	80 62	파괴, 추진 따위의 작용을 행하는 화합물.
畫材	(화재)	60 52	그림으로 그릴 만한 대상이나 소재.
火災	(화재)	80 50	불로 인한 재난.

약자

基本字	級	略字	基本字	級	略字	基本字	級	略字
假	4Ⅱ	仮	當	5Ⅱ	当	邊	4Ⅱ	辺, 边
價	5Ⅱ	価	黨	4Ⅱ	党	寶	4Ⅱ	宝
減	4Ⅱ	减	對	6Ⅱ	対	富	4Ⅱ	冨
監	4Ⅱ	监	德	5Ⅱ	徳	佛	4Ⅱ	仏
擧	5	挙, 舉	圖	6Ⅱ	図	寫	5	写, 写, 寫
檢	4Ⅱ	検	獨	5Ⅱ	独	師	4Ⅱ	师
缺	4Ⅱ	欠	讀	6Ⅱ	読	殺	4Ⅱ	殺
經	4Ⅱ	経	毒	4Ⅱ	毒	狀	4Ⅱ	状
輕	5	軽	燈	4Ⅱ	灯	船	5	舩
觀	5Ⅱ	覌, 观, 観	樂	6Ⅱ	楽	聲	4Ⅱ	声
關	5Ⅱ	関	來	7	来	歲	5Ⅱ	岁, 歳
廣	5Ⅱ	広	兩	4Ⅱ	両	續	4Ⅱ	続
句	4Ⅱ	勾	麗	4Ⅱ	麗	收	4Ⅱ	収
區	6	区	禮	6	礼	數	7	数
舊	5Ⅱ	旧	練	5Ⅱ	練	實	5Ⅱ	実
國	8	国	勞	5Ⅱ	労	兒	5Ⅱ	児
權	4Ⅱ	权, 権	錄	4Ⅱ	录	惡	5Ⅱ	悪
氣	7Ⅱ	気	滿	4Ⅱ	満	壓	4Ⅱ	圧
器	4Ⅱ	器	萬	8	万	藥	6Ⅱ	薬
單	4Ⅱ	単	賣	5	売	餘	4Ⅱ	余
團	5Ⅱ	団	發	6Ⅱ	発	硏	4Ⅱ	研
斷	4Ⅱ	断	拜	4Ⅱ	拝	榮	4Ⅱ	栄
擔	4Ⅱ	担	變	5Ⅱ	変	藝	4Ⅱ	芸, 藝

基本字	級	略字	基本字	級	略字	基本字	級	略字
溫	6	温	濟	4Ⅱ	済	鄕	4Ⅱ	郷
謠	4Ⅱ	謡	卒	5Ⅱ	卆	解	4Ⅱ	觧
員	4Ⅱ	貟	晝	6	昼	虛	4Ⅱ	虚
爲	4Ⅱ	為	準	4Ⅱ	準	驗	4Ⅱ	験
陰	4Ⅱ	陰	增	4Ⅱ	増	賢	4Ⅱ	賢
應	4Ⅱ	応	質	5Ⅱ	質	惠	4Ⅱ	恵
醫	6	医	參	5Ⅱ	参	號	6	号
者	6	者	處	4Ⅱ	処	畫	6	画
將	4Ⅱ	将	鐵	5	鉄	會	6Ⅱ	会
爭	5	争	體	6Ⅱ	体	效	5Ⅱ	効
傳	5Ⅱ	伝	總	4Ⅱ	総, 緫	黑	5	黒
戰	6Ⅱ	战, 戦	蟲	4Ⅱ	虫	興	4Ⅱ	兴
節	5Ⅱ	節	齒	4Ⅱ	歯			
定	6	之	學	8	学			

得意滿面

득의만면

일이 뜻대로 이루어져 기쁜 표정이 얼굴에 가득함

漢字

(사) 한국어문회 주관 / 한국한자능력검정회 시행

부록 II

최근 기출 & 실전문제

최근 기출 & 실전문제 정답

제100회 4급Ⅱ 기출문제 (2023. 02. 25 시행)

㈜한국어문회 주관 · 한국한자능력검정회 시행

➡ 다음 밑줄 친 漢字語의 讀音을 쓰시오. (1~35)

○ 성공한 사람들은 문제를 (1)創造적으로 해결하는 경우가 많다.

○ 세계 역사를 보면 갑작스러운 한 발의 (2)銃聲이 전쟁으로 확산되는 경우도 있다.

○ 나는 졸업식 때 선생님께서 그동안 베풀어주신 (3)恩惠에 감사하다는 인사를 드렸다.

○ 그 나라는 전쟁 위험이 커지자 군량미 (4)備蓄을 위해 (5)極端적인 방법을 동원하였다.

○ 국가대표 선수들은 (6)最善을 다해 훈련해서 마침내 세계 대회에서 금메달을 (7)爭取하였다.

○ 정부는 부조리를 (8)退治하고, 경제적인 (9)難局을 (10)打破하기 위해 정책 마련에 고심했다.

○ 우리 회사는 생활 폐목재 고체연료를 재활용하여 (11)炭素 중립에 앞장서고 있다.

○ (12)港口에는 짐을 가득 채운 컨테이너들이 매우 많았다.

○ 실속 없이 (13)虛勢를 부리다가는 더 궁핍한 (14)處地가 되고 만다.

○ 그 회사는 (15)失敗를 교훈삼아 다시 공장을 (16)增築하고, 여러 대학교와 함께 산학 (17)協約도 체결했다.

○ 그 외교관은 경찰의 (18)護衛를 받으며 국회로 이동했다.

○ 붉은색 구리를 (19)加熱하면 검은색 산화구리로 변한다.

○ 상인들은 (20)淸潔하고 쾌적한 (21)傳統시장을 만들기 위하여 정기적으로 소독을 실시하고 있다.

○ 이번에 전시된 작품들은 (22)興味는 있으나 주제에 대한 통일성이 (23)缺如되어 있다.

○ 직원 채용에 대한 (24)權限은 전적으로 심사위원들에게 있다.

○ 기부금이 제대로 사용되지 않았다는 문제가 (25)提起되자, (26)監察이 시작되었다.

○ 그는 국제무역에 대한 공부를 계속하여 마침내 (27)講壇에 섰다.

○ 오랜만에 만나 식사를 함께하면서 (28)談笑를 나누었다.

○ 입구에서 (29)登錄 절차를 마친 후, (30)位置가 (31)羅列된 이름표에서 내 것을 찾아 식장으로 들어갔다.

○ (32)園藝에 대한 (33)正確한 기사를 쓰기 위해 전문가와 일정을 (34)調律해서 만나기로 했다.

○ 새로 나온 지폐를 위조 수표로 (35)誤認하는 사례가 있었다.

◐ 다음 漢字의 訓과 音을 쓰시오. (36~57)

(36)	擧	(37)	移	(38)	尊
(39)	除	(40)	態	(41)	貨
(42)	吸	(43)	領	(44)	務
(45)	防	(46)	拜	(47)	停
(48)	減	(49)	橋	(50)	設
(51)	擔	(52)	賣	(53)	費
(54)	葉	(55)	益	(56)	努
(57)	伐				

▶ 다음 漢字의 部首를 쓰시오. (58~60)

(58) 舊

(59) 罪

(60) 飛

▶ 다음 漢字의 略字(약자; 획수를 줄인 漢字)를 쓰시오. (61~63)

(61) 團

(62) 醫

(63) 價

▶ 다음 밑줄 친 漢字와 뜻이 반대(또는 상대)되는 漢字를 ( ) 속에 적어 문장을 완성하시오. (64~66)

(64) 사람의 吉( )은 스스로의 노력과 의지에 따라 결정된다.

(65) 열악한 노동환경 때문에 일어난 ( )亡의 사태에 경악을 금할 수 없었다.

(66) 동양 철학에서는 陰( ) 원리로 우주 만물을 설명한다.

▶ 다음 밑줄 친 漢字와 뜻이 같거나 비슷한 漢字를 ( ) 속에 적어 문장을 완성하시오. (67~69)

(67) 가뭄의 피해가 急( )히 확산되었다.

(68) 친한 친구들끼리는 ( )式을 잘 차리지 않는다.

(69) 1945년 8월 15일, 우리나라는 마침내 解( )을 맞이했다.

◑ 다음 제시한 漢字語와 뜻에 맞는 同音語를 漢字로 쓰시오. (70~72)

(70) 固守 − 高( ) : 바둑이나 장기 따위에서 수가 높은 사람.

(71) 道場 − ( )章 : 이름을 새겨 문서에 찍도록 만든 물건.

(72) 謝絶 − ( )節 : 나라를 대표하여 외국에 파견되는 사람.

◑ 다음 漢字語의 뜻을 〈보기〉에서 찾아 그 번호를 쓰시오. (73~75)

① 짧은 염주.   ② 거짓없는 참된 마음.   ③ 미련없이 잊어버림.
④ 나라의 경계가 되는 지역의 땅.   ⑤ 다르게 바꾸어 새롭게 고침.
⑥ 남을 너그럽게 감싸거나 받아들임.

(73) 斷念

(74) 邊境

(75) 包容

◑ 다음 ( ) 안에 알맞은 漢字를 적어 성어를 완성하시오. (76~80)

(76) (결)死反對 : 죽기를 각오하고 있는 힘을 다하여 반대함.

(77) 得意滿(면) : 일이 뜻대로 이루어져 기쁜 표정이 얼굴에 가득함.

(78) (실)事求是 : 사실에 토대를 두어 진리를 탐구하는 일.

(79) 前(대)未聞 : 이제까지 들어본 적이 없는 일.

(80) 弱肉(강)食 : 약한 것이 강한 것에게 먹힘.

◆ 다음 각 문장의 밑줄 친 漢字語를 漢字로 쓰시오. (81~100)

(81) 한국 축구 국가대표 선수단은 16강 진출에 성공했다.

(82) 부모님은 어떤 순간에도 자기 자신을 믿으라고 말씀하셨다.

(83) 어떤 분야이든 미래를 위해서 한 걸음이라도 앞으로 발전해 나가야 한다.

(84) 공부할 때 중요한 부분은 반드시 밑줄을 쳐 두었다.

(85) 국방부는 적의 공격에 대비한 작전을 짰다.

(86) 정부는 파업한 노조에 즉각 업무를 개시하라고 명령했다.

(87) 지난달에 떠난 원양 어선이 참치를 가득 싣고 돌아왔다.

(88) 우리 부서에는 온순한 성격을 가진 사람들이 많다.

(89) 도매시장에서 원래의 가격보다 훨씬 싸게 샀다.

(90) 그는 컴퓨터 보안 프로그램을 만드는데 재질이 있다.

(91) 코로나 위기로 경제 악화가 될 것이라는 전문가의 예상은 적중했다.

(92) 올해는 농작물의 각종 병해로 수확이 급격히 줄었다.

(93) 불황으로 관광 산업이 큰 타격을 입었다.

(94) 정부는 복지 사회의 구현을 위해 지속적으로 노력해야 한다.

(95) 다양한 스트레스로 음식 소화에 어려움을 겪는 현대인들이 많다.

(96) 연습은 실전처럼, 실전은 연습처럼 하자.

(97) 분주한 회의장에서는 간단한 목례로 인사를 나누기도 한다.

(98) 그는 차기 대표팀 감독 후보의 물망에 올랐다.

(99) 비행기는 목적지에 무사히 착륙하였다.

(100) 감독은 명랑한 성격의 캐릭터를 찾기 위해 그 배역을 공개 모집했다.

제101회 4급Ⅱ 기출문제 (2023. 06. 03 시행)

㈜한국어문회 주관 · 한국한자능력검정회 시행

▶ 다음 밑줄 친 漢字語의 讀音을 쓰시오. (1~35)

(1) 불법 주차는 사람들의 步行을 방해한다.

(2) 권력으로 弱者를 괴롭히는 것은 비열한 짓이다.

(3) 측우기는 비가 내린 양을 재는 器具이다.

(4) 변방의 傳令이 오랑캐의 침입을 알려왔다.

(5) 그녀는 큰 소리로 發聲 연습을 하고 있었다.

(6) 태양의 흑점은 肉眼으로는 볼 수 없다.

(7) 새로 산 난방기는 放熱 효과가 뛰어나다.

(8) 칭기즈 칸은 세계정복에 대한 野心을 품었다.

(9) 불꽃놀이가 祝祭의 시작을 알렸다.

(10) 삼촌은 純白의 와이셔츠를 즐겨 입는다.

(11) 아버지는 30년 동안 다니던 직장을 退職하셨다.

(12) 열 살 터울이지만 자매간의 우애는 各別했다.

(13) 모처럼 만난 두 친구가 오손도손 談話를 나누었다.

(14) 그는 폐품을 再生하여 조각 작품에 활용했다.

(15) 인류는 식량을 增産하기 위해 부단한 노력을 기울였다.

(16) 우리 동네 당산 꼭대기에는 神壇이 차려져 있다.

(17) 휴대 전화기는 이제 日常 용품이라고 할 수 있다.

(18) 여기서 광화문까지는 往復 두 시간이 걸린다.

(19) 비가 적절하게 내려 올해는 豊年이 들 것 같다.

(20) 언론들은 이번 판결을 솔로몬의 지혜에 對比시켰다.

(21) 감독은 수상의 <u>榮光</u>을 함께한 스텝들에게 돌렸다.

(22) 왕이 베푼 <u>善政</u>은 역사에 길이 남았다.

(23) 최근에는 인터넷으로 지원서를 <u>接受</u>한다.

(24) 신문사는 대부분 광고료 <u>收入</u>에 의존한다.

(25) 좌중의 <u>視線</u>이 일제히 그에게로 쏠렸다.

(26) 죄를 지으면 벌을 받는 것은 당연한 <u>理致</u>이다.

(27) 암도 초기에 발견하면 <u>完治</u>가 가능하다.

(28) 영희가 주말에 연극을 보러 가자고 <u>提案</u>했다.

(29) 그의 날카로운 눈빛이 <u>例事</u>롭지 않았다.

(30) 어디선가 귀에 익은 <u>曲調</u>가 흘러나왔다.

(31) 주인공의 <u>英雄的</u>인 활약에 관객들이 박수를 쳤다.

(32) 형으 외국에서 학위를 <u>取得</u>했다.

(33) 예전에는 신분이나 직업에 따라 <u>服色</u>이 달랐다.

(34) 친일 매국 행위는 철저히 <u>斷罪</u>되어야 한다.

(35) 충치가 생겨서 <u>齒科</u>에 갔다.

▶ 다음 漢字의 訓과 音을 쓰시오. (36~57)

(36) 逆		(37) 送		(38) 布	
(39) 府		(40) 災		(41) 承	
(42) 連		(43) 固		(44) 最	
(45) 笑		(46) 助		(47) 起	
(48) 砲		(49) 志		(50) 量	
(51) 際		(52) 保		(53) 協	
(54) 論		(55) 障		(56) 勢	
(57) 件					

◗ 다음 漢字의 部首를 쓰시오. (58~60)

(58) 市

(59) 初

(60) 寸

◗ 다음 漢字의 略字(약자; 획수를 줄인 漢字)를 쓰시오. (61~63)

(61) 實

(62) 團

(63) 兒

◗ 다음 밑줄 친 漢字와 뜻이 반대(또는 상대)되는 漢字를 (   ) 속에 적어 문장을 완성하시오. (64~66)

(64) 요즘 젊은 (   )婦들은 대부분 맞벌이를 한다.

(65) 옛사람들은 혜성을 보고 농사의 吉(   )을 점쳤다고 한다.

(66) 이 영화는 新(   ) 세대가 모두 공감할 수 있는 내용을 다루었다.

◗ 다음 밑줄 친 漢字와 뜻이 같거나 비슷한 漢字를 (   ) 속에 적어 문장을 완성하시오. (67~69)

(67) 베토벤은 역경을 극복한 偉(   )한 음악가이다.

(68) 충분한 (   )息과 적당한 운동은 생활에 활력을 갖게 한다.

(69) 철수는 자신감이 (   )滿하여 매사에 적극적이다.

▶ 다음 제시한 漢字語의 同音語가 되도록 ( ) 안에 알맞은 漢字를 쓰시오. (70~72)

(70) 空路 – 功( ) : 일을 마치거나 목적을 이루는 데 들인 노력과 수고.

(71) 絶技 – ( )氣 : 계절의 표준이 되는 것.

(72) 戶田 – 好( ) : 싸우기를 좋아함.

▶ 다음 漢字語의 뜻을 〈보기〉에서 찾아 그 번호를 쓰시오. (73~75)

① 매우 심한 더위.　② 갑자기 닥치는 몹시 심한 추위.
③ 변방에 있는 성곽.　④ 성질이 변함.　⑤ 머릿속으로 수를 헤아림.
⑥ 잘못 셈함.

(73) 變性

(74) 誤算

(75) 暴寒

▶ 다음 ( ) 안에 알맞은 漢字를 적어 四字成語를 완성하시오. (76~80)

(76) (풍)前燈火 : 바람 앞의 등불.

(77) (문)一知十 : 하나를 듣고 열 가지를 미루어 앎.

(78) 百(해)無益 : 해롭기만 하고 하나도 이로운 바가 없음.

(79) 落花(유)水 : 떨어지는 꽃과 흐르는 물. 가는 봄의 경치.

(80) 衆(구)難防 : 막기 어려울 정도로 여럿이 마구 지껄임.

다음 각 문장의 밑줄 친 漢字語를 漢字로 쓰시오. (81~100)

(81) 환경보전은 <u>후대</u>를 위해 가장 주력해야 할 문제이다.

(82) 과식을 했더니 <u>소화</u>가 잘 안된다.

(83) 그 식당의 <u>음식</u>들은 언제나 정갈했다.

(84) 바다에는 많은 <u>종류</u>의 동식물이 서식한다.

(85) 해발 <u>고도</u>가 높을수록 산소가 희박하다.

(86) 그 경기에서 우리 팀이 <u>승리</u>를 했다.

(87) 가는 <u>세월</u>은 그 어떤 것으로도 막을 수는 없다.

(88) 이번 정책은 국민들의 <u>공감</u>을 얻지 못했다.

(89) 소음 때문에 공부에 <u>집중</u>하기가 어렵다.

(90) 코스를 완주한 마라토너들이 속속 <u>도착</u>했다.

(91) 중동은 세계적인 <u>석유</u> 생산 지역이다.

(92) 이 책은 우리 민족의 <u>역사</u>를 자세하게 다루고 있다.

(93) 영희는 나를 보자 토끼같이 놀란 <u>표정</u>을 지었다.

(94) 일회용품을 지나치게 사용하면 환경을 망친다.

(95) 특수 효과를 이용해 <u>입체</u> 영상이 제작되기도 한다.

(96) 농부들이 <u>농악</u>을 울리며 신명 풀이를 했다.

(97) 세 번 만에 그 시험에 <u>합격</u>했다.

(98) 선생님은 <u>결과</u>보다는 과정을 중요시한다.

(99) 강물에 붉은 <u>석양</u>이 내려앉고 있었다.

(100) 가위바위보로 술래를 <u>결정</u>했다.

제102회 4급Ⅱ 기출문제 (2023. 08. 26 시행)

㈜한국어문회 주관 · 한국한자능력검정회 시행

▶ 다음 밑줄 친 漢字語의 讀音을 쓰시오. (1~35)

(1) 영철이가 하는 말의 절반은 거의 虛風에 가깝다.

(2) 허리를 다친 환자가 起動을 못하고 침상에 누워만 있다.

(3) 그는 글을 시작하는 첫 문장에 名句를 사용한다.

(4) 영희는 자신의 생각을 늘 정확하게 傳達한다.

(5) 우리는 남녀 평등에 대한 문제를 深度 있게 논의하였다.

(6) 김 선수가 홈런 부문 單獨 선두에 올랐다.

(7) 영수는 조종사가 되고 싶다는 熱望이 간절했다.

(8) 긴 머리는 우리 학교의 規律에 어긋난다.

(9) 우리나라 鄕土 음식 중에는 추어두부라는 것이 있다.

(10) 마침내 所期의 목적을 달성해냈다.

(11) 이모는 놀이방에서 保育 교사로 일하고 있다.

(12) 산속에서 느끼는 밤중의 寒氣는 소름이 돋을 정도였다.

(13) 종이를 오리는 과정에서 破紙가 많이 생겼다.

(14) 대학생들이 민속 예술인 탈춤의 復興에 앞장서고 있다.

(15) 이 등산복은 防水 처리가 되어 우비 역할을 겸한다.

(16) 나는 동생의 말이 미덥지 않아서 再次 되물었다.

(17) 의사는 그에게 당분간 禁食을 하는 게 좋겠다고 일러주었다.

(18) 교통순경들이 도로에서 차량을 統制하고 있었다.

(19) 철수는 想念에 잠긴 듯 먼 산만 바라보았다.

(20) 폭정을 일삼던 왕은 결국 비참한 最後를 맞이했다.

(21) 그들은 外勢의 침략에 의연히 맞서 싸울 것이다.

(22) 캐나다로 移民 간 사촌 형이 편지를 보내왔다.

(23) 보건복지부가 나서서 의료계의 분쟁을 調停했다.

(24) 그는 정부의 指令을 받고 적국으로 밀파되었다.

(25) 장군은 적의 보급로를 차단하여 <u>戰局</u>을 유리하게 이끌었다.

(26) 이 사업은 총회에서 <u>承認</u>을 얻어야만 시행될 수 있다.

(27) 전문 의약품은 의사의 <u>處方</u>이 있어야 살 수 있다.

(28) 기독교 신자들이 난민을 <u>救護</u>하기 위해 식량을 마련했다.

(29) 타조 고기는 선명한 <u>赤色</u>을 띤다.

(30) 그는 자연의 <u>順理</u>를 통해 지혜를 얻고자 했다.

(31) 그녀는 <u>發聲</u>이 좋아서 장차 훌륭한 성악가가 될 자질이 있다.

(32) 김 선달은 <u>江湖</u>에서 안빈낙도를 하며 살고 있었다.

(33) 이전부터 전해 내려오던 <u>因習</u>을 하루 아침에 바꾸기란 쉽지 않다.

(34) 박 선비는 학문에만 <u>精進</u>할 뿐 벼슬에는 뜻이 없었다.

(35) 인천 국제공항은 세계로 통하는 <u>關門</u>이다.

⭕ 다음 漢字의 訓과 音을 쓰시오. (36~57)

(36)	費	(37)	貨	(38)	擔
(39)	官	(40)	謝	(41)	斗
(42)	羊	(43)	貴	(44)	鳥
(45)	波	(46)	板	(47)	施
(48)	亡	(49)	富	(50)	假
(51)	島	(52)	絶	(53)	檀
(54)	副	(55)	寺	(56)	銅
(57)	細				

⭕ 다음 漢字의 部首를 쓰시오. (58~60)

(58)	玉	(59)	求	(60)	液

⭕ 다음 漢字의 略字(약자; 획수를 줄인 漢字)를 쓰시오. (61~63)

(61)	觀	(62)	變	(63)	惡

⬥ 다음 밑줄 친 漢字와 뜻이 반대(또는 상대)되는 漢字를 ( ) 속에 적어 문장을 완성하시오. (64~66)

(64) 이 대회의 결승전은 師( ) 간의 대결이 펼쳐진다.

(65) 따뜻한 물에 몸을 담그면 ( )身을 안정시키는 데 도움이 된다.

(66) 이곳 지형은 ( )低가 심해 사람들의 접근이 어렵다.

⬥ 다음 밑줄 친 漢字와 뜻이 같거나 비슷한 漢字를 ( ) 속에 적어 문장을 완성하시오. (67~69)

(67) 주민들은 자신들이 모은 기금으로 마을 도서관을 建( )하였다.

(68) 연휴를 맞아 전국의 道( )에는 나들이 차량들이 줄을 이었다.

(69) 농부는 굵고 좋은 사과를 選( )하여 따로 포장하였다.

⬥ 다음 제시한 漢字語의 同音語가 되도록 ( ) 안에 알맞은 漢字를 쓰시오. (70~72)

(70) 神堂 – ( )黨 : 새로 조직한 당.

(71) 火藥 – 和( ) : 화목하게 지내자는 약속.

(72) 義齒 – ( )治 : 의술로 병을 고침.

⬥ 다음 漢字語의 뜻을 〈보기〉에서 찾아 그 번호를 쓰시오. (73~75)

> ① 영원히 계속함. ② 수량이나 무게를 줄임. ③ 어둠침침한 등불.
> ④ 어둠 속에서 나는 소리. ⑤ 양을 측정하는 도구.
> ⑥ 참된 용기.

(73) 減量   (74) 暗燈   (75) 眞勇

◗ 다음 ( ) 안에 알맞은 漢字를 적어 四字成語를 완성하시오. (76~80)

(76) 前代未(문) : 이제까지 들어본 적이 없는 일.

(77) 結(초)報恩 : 죽은 뒤에라도 은혜를 잊지 않고 갚음.

(78) 如(출)一口 : 여러 사람의 말이 한 입에서 나온 것과 같음.

(79) 百(해)無益 : 해롭기만 하고 하나도 이로운 바가 없음.

(80) 論(공)行賞 : 공적의 크고 작음 따위를 논의하여 그에 알맞은 상을 줌.

◗ 다음 각 문장의 밑줄 친 漢字語를 漢字로 쓰시오. (81~100)

(81) 그는 무뚝뚝한 인상과는 달리 마음이 아주 따뜻하다.

(82) 아무리 많은 재산도 건강을 잃으면 소용이 없다.

(83) 둘은 오래전부터 친분을 맺어 온 사이다.

(84) 노래와 춤에 재능이 있던 그녀는 가수가 되었다.

(85) 세계적으로 위험 신호를 표시할 때는 빨간색을 사용한다.

(86) 동생은 생선 중에서도 특히 갈치를 좋아한다.

(87) 이곳에서는 속도위반을 엄하게 단속한다.

(88) 도서관은 누구에게나 늘 개방되어 있다.

(89) 그의 독창적인 학설은 많은 학자에게 자극을 주었다.

(90) 이상과 현실 사이에는 거리가 있기 마련이다.

(91) 모든 동물은 종족을 보전하려는 본능을 가지고 있다.

(92) 영희가 불평을 할 때는 그만한 이유가 있을 것이다.

(93) 살충제의 과다 사용은 생태계를 교란시킨다.

(94) 장관은 이번 사태에 대한 책임을 지고 사직하였다.

(95) 맹자는 인간의 본성이 선하다고 주장하였다.

(96) 눈을 감고 새소리와 바람 소리를 들으며 자연과 교감하였다.

(97) 자동차에서는 반드시 안전띠를 착용해야 한다.

(98) 서로 간의 오해가 대화를 통해 풀리기 시작했다.

(99) 두 나라는 서로 군사 정보를 공유하기로 협약을 맺었다.

(100) 나를 보자 그녀는 깜짝 놀란 표정을 지었다.

(社)한국어문회 주관 · 한국한자능력검정회 시행

▶ 다음 밑줄 친 漢字語의 讀音을 쓰시오. (1~35)

(1) 새 컴퓨터는 데이터 處理 속도가 무척 빨랐다.

(2) 환절기에는 특히 健康 관리를 잘해야 한다.

(3) 그는 우리 회사의 要職을 두루 거친 유능한 인재이다.

(4) 지하자원은 매장량이 制限되어 있다.

(5) 나는 이 문제에 대하여 몇몇 친구들에게 助言을 구했다.

(6) 이온 음료는 체내에 빠르게 吸收된다고 한다.

(7) 배는 남서풍을 맞으며 순탄한 航海를 시작했다.

(8) 정보의 대량 생산으로 현대 사회가 급속히 變化하고 있다.

(9) 시청은 落後한 전통 시장을 관광지로 재개발할 계획이다.

(10) 그는 어려서부터 節約하는 습관이 몸에 배었다.

(11) 토성의 표면에는 赤道와 나란한 줄무늬가 보인다.

(12) 이 왕대추의 크기는 卓球공만큼이나 크다.

(13) 사또가 죄인의 잘못을 조목조목 羅列하였다.

(14) 이곳은 토질이 좋아서 連作을 해도 농사가 잘된다.

(15) 거센 暴雨로 한 치 앞이 안 보일 지경이다.

(16) 새벽의 寒氣가 오싹한 걸 보니 이제 가을로 접어드는 모양이다.

(17) 한 어린이가 불우이웃 돕기 모금 운동을 提案하였다.

(18) 그는 위대한 정치가가 되겠다는 野望을 품고 있었다.

(19) 그녀가 보낸 葉書에는 단풍 든 호수의 절경이 인쇄되어 있었다.

(20) 이 잡지는 컴퓨터와 관련된 最新 정보를 소개한다.

(21) 근래에는 농촌에서 도시로 移住하는 주민이 많다.

(22) 헬리콥터는 좁은 장소에도 着陸할 수 있는 이점이 있다.

(23) 그 가게는 주로 주방 器具들을 판다.

(24) 여자 축구 결승전에서 우리 대표팀이 일본 팀을 敗北시켰다.

(25) 이번 대회에서 우리 대표팀이 거둔 성적은 期待 이상이었다.

(26) 삼국 시대의 문화는 불교의 <u>導入</u>과 함께 발전하였다.
(27) 말을 탄 무사들이 임금의 행차를 <u>護衛</u>하였다.
(28) 이 건물은 <u>警備</u>가 치밀해서 침입하기가 쉽지 않다.
(29) 이 제품은 조립식이라서 <u>設置</u>가 간편하다.
(30) 소득이 높아지자 외식비가 차지하는 <u>比重</u>이 증가했다.
(31) 환경의 변화가 동식물의 <u>生態</u>에 큰 영향을 끼쳤다.
(32) 산속의 풍경은 말로 <u>形容</u>할 수 없을 정도로 아름다웠다.
(33) 그녀는 이 연극에서 70대 노인을 <u>演技</u>했다.
(34) 30년 전에 입사했던 박 부장이 벌써 <u>停年</u>을 맞았다.
(35) 나는 은행 창구에서 대기표를 뽑고 <u>順番</u>을 기다렸다.

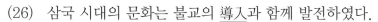 다음 漢字의 訓과 音을 쓰시오. (36~57)

(36) 常   (37) 素   (38) 波

(39) 怒   (40) 牧   (41) 謝

(42) 引   (43) 退   (44) 次

(45) 至   (46) 謠   (47) 斷

(48) 邊   (49) 婦   (50) 衆

(51) 起   (52) 銅   (53) 進

(54) 殺   (55) 創   (56) 貨

(57) 息

다음 漢字의 部首를 쓰시오. (58~60)

(58) 走   (59) 背   (60) 星

다음 漢字의 略字(약자; 획수를 줄인 漢字)를 쓰시오. (61~63)

(61) 廣   (62) 勞   (63) 實

⊙ 다음 밑줄 친 漢字와 뜻이 반대(또는 상대)되는 漢字를 ( ) 속에 적어 문장을 완성하시오. (64~66)

(64) 이곳에서 나는 농산물은 재래 시장을 통해 去( )된다.

(65) 많은 시민들이 昨( )의 정치 상황을 염려하고 있다.

(66) 혈액 순환을 원활히 하는 데는 冷( )찜질이 효과가 있다.

⊙ 다음 밑줄 친 漢字와 뜻이 같거나 비슷한 漢字를 ( ) 속에 적어 문장을 완성하시오. (67~69)

(67) 표현 방법은 달라도 藝( )은 서로 통하는 면이 있다.

(68) 정전이 되자 모든 부서의 전산 ( )務가 마비되었다.

(69) 정찰병이 적군의 동태를 살핀 후 장군에게 報( )하였다.

⊙ 다음 제시한 漢字語와 뜻에 맞는 同音語가 되도록 ( ) 안에 알맞은 漢字를 쓰시오. (70~72)

(70) 定員 － ( )園 : 집 안에 있는 뜰이나 꽃밭.

(71) 行雲 － ( )運 : 좋은 운수.

(72) 戶田 － 好( ) : 싸우기 좋아함.

⊙ 다음 漢字語의 뜻을 〈보기〉에서 찾아 그 번호를 쓰시오. (73~75)

> ① 마음속에 정해 놓은 길.   ② 시골로 귀향함.
> ③ 어둡고 캄캄한 길.   ④ 깨끗하고 순수함.
> ⑤ 고향 친구.   ⑥ 날씨가 매우 화창함.

(73) 暗路   (74) 清純   (75) 鄕友

⊙ 다음 ( ) 안에 알맞은 漢字를 적어 성어를 완성하시오. (76~80)

(76) (이)熱治熱 : 열로써 열을 다스림.

(77) (독)不將軍 : 혼자서는 장군이 될 수 없음.

(78) 燈火可(친) : 등불을 가까이할 만함.

(79) (각)者無齒 : 뿔이 있는 짐승은 이가 없음.

(80) 多聞博(식) : 보고 들은 것이 많고 아는 것이 많음.

⊙ 다음 각 문장의 밑줄 친 漢字語를 漢字로 쓰시오. (81~100)

(81) 그 선수는 네 개 종목에서 금메달을 획득했다.

(82) 이 지역은 산악이 험해 통신 상태가 불량하다.

(83) 개구쟁이 동생도 쌩글쌩글 웃을 때는 꼭 천사 같다.

(84) 담 너머로 오래된 고택 한 채가 서있다.

(85) 한글은 세종 대왕의 애민 정신이 담겨있다.

(86) 과거도 미래도 아닌 지금 현재에 충실할 필요가 있다.

(87) 그는 음악에 대한 재능이 특출했다.

(88) 허난설헌은 조선 중기의 대표적인 여류 시인으로 꼽힌다.

(89) 영수는 입이 커서 하마라는 별명을 갖고 있다.

(90) 서울의 물가가 지나치게 비싸다는 데에 모두가 공감했다.

(91) 도서관 건물은 서향을 바라보고 있었다.

(92) 사람들은 세계 경제가 곧 좋아질 것이라고 낙관하였다.

(93) 그 영화는 우리의 기대감을 충족시키고도 남았다.

(94) 이곳이 유명해진 것은 바로 특출나게 아름다운 경치 때문이다.

(95) 그 소설은 발표 당시에 대단한 인기를 얻었다.

(96) 말을 빙빙 돌리는 그의 본심을 도무지 알 수가 없다.

(97) 김 의원은 국가의 균형발전을 역설하였다.

(98) 노조는 회사 측에 선결 조건을 제시했다.

(99) 양팀이 시합 날짜를 이 주간 연기하기로 합의했다.

(100) 그는 의논할 상대가 없어 혼자 속앓이를 했다.

漢字能力檢定試驗

㈜한국어문회 주관 · 한국한자능력검정회 시행

◎ 다음 밑줄 친 漢字語의 讀音을 쓰시오. (1~35)

○ 사람들은 새로운 (1)希望을 안고 새해를 맞이한다.

○ 흔히 섣부른 판단과 (2)感情에 치우쳐 (3)失手를 저지른다.

○ 말은 대화의 기본이며, 대화는 (4)關係의 기본이다.

○ (5)技術의 발전에 따라 많은 (6)職業이 없어지기도 하고 생겨나기도 한다.

○ (7)呼吸은 신체를 (8)健康하게 유지하는 첫 번째 활동이다.

○ 세계화가 진행됨에 따라 기업들의 (9)競爭이 (10)深化되었다.

○ 도서관은 취업 (11)準備를 하는 학생들로 항상 (12)滿員이다.

○ 중간고사 수학 시험에 (13)難解한 문제가 많이 출제되었다.

○ 우리 반 친구들은 (14)擔任 선생님을 (15)尊敬하고 따라 다른 반의 모범이 되었다.

○ 작품의 두 주인공 사이는 갈등이 커지면서 결국 (16)破局을 맞이하게 된다.

○ (17)指導者는 여러 사람의 의견을 (18)參考하여 신중하게 결정을 내려야 한다.

○ 우리 아빠는 늘 (19)原則을 고집하신다.

○ 피로 (20)回復에는 사탕이나 과일을 먹거나 목욕을 하는 것도 도움이 되지만 (21)充分히 잠을 자는 것이 가장 좋다.

○ 다른 사람의 도움을 받았으면 그에 (22)報答하는 것이 도리이다.

○ (23)常識은 일반인이 공통으로 가지고 있는 보통의 지식을 말한다.

○ 자동차 브레이크의 (24)壓力이 적당하지 않으면 사고의 위험이 높아진다.

○ 복지 정책의 기본은 (25)<u>所得</u>이 많은 사람들에게 (26)<u>稅金</u>을 거두어 가난한 사람들에게 고루 혜택이 돌아가게 하는 것다.

○ (27)<u>會期</u>가 끝날 즈음에 지금까지 (28)<u>保留</u>되었던 안건들을 무더기로 처리하였다.

○ 탈춤 같은 무형 문화재의 (29)<u>傳承</u>을 위하여 (30)<u>政府</u>가 노력을 기울이고 있다.

○ 아리스토텔레스는 철학자로 알려져 있지만 생물에 관해 많은 양의 (31)<u>觀察</u> (32)<u>研究</u>를 진행한 (33)<u>最初</u>의 생물학자이기도 하다.

○ 창의적인 사람들은 떠오르는 생각을 (34)<u>記錄</u>하는 습관을 공통적으로 가지고 있다.

○ 조선시대에는 적의 침입과 같은 국경의 급한 상황을 (35)<u>煙氣</u>를 피워 중앙에 알렸다.

◘ 다음 漢字의 訓과 音을 쓰시오. (36~57)

(36) 潔	(37) 權	(38) 宮
(39) 暖	(40) 怒	(41) 端
(42) 隊	(43) 兩	(44) 羅
(45) 房	(46) 拜	(47) 悲
(48) 脈	(49) 師	(50) 笑
(51) 收	(52) 臣	(53) 液
(54) 逆	(55) 益	(56) 災
(57) 治		

○ 다음 漢字의 部首를 쓰시오. (58~60)

(58) 好

(59) 侵

(60) 耳

○ 다음 漢字의 略字(약자; 획수를 줄인 漢字)를 쓰시오. (61~63)

(61) 廣

(62) 勞

(63) 惡

○ 다음 밑줄 친 漢字와 뜻이 반대(또는 상대)되는 漢字를 ( ) 속에 적어 문장을 완성하시오. (64~66)

(64) 그 사건에 대한 여론의 ( )背가 어디로 향할지 모르겠다.

(65) 主( )이 전도되어 혼란한 상황이 계속되고 있다.

(66) 경기는 ( )終일관 유리하게 진행되었으나 무승부로 끝났다.

○ 다음 밑줄 친 漢字와 뜻이 같거나 비슷한 漢字를 (   ) 속에 적어 문장을 완성하시오. (67~69)

(67) 그 영화는 ( )容하기 어려운 감동을 준다.

(68) 최근에 기업들이 광고에 많은 費( )을 지출하고 있다.

(69) 경찰은 善( )한 시민들을 보호하는 임무가 있다.

◯ 다음 제시한 漢字語와 뜻에 맞는 同音語를 漢字로 쓰시오. (70~72)

(70) 短歌 – 單( ) : 물건 한 단위의 가격.

(71) 同時 – ( )詩 : 어린이의 정서를 읊은 시.

(72) 謝絶 – ( )節 : 나라를 대표하여 외국에 파견되는 사람.

◯ 다음 漢字語의 뜻을 〈보기〉에서 찾아 그 번호를 쓰시오. (73~75)

> ① 앞쪽에 보이는 경치. ② 사물의 이치. ③ 앞에 일어난 일.
> ④ 종이를 만듦. ⑤ 말려서 못 하게 함.

(73) 事理

(74) 前景

(75) 製紙

◯ 다음 ( ) 안에 알맞은 漢字를 적어 성어를 완성하시오. (76~80)

(76) (독)不將軍 : 남의 의견을 무시하고 저 혼자 모든 일을 처리함.

(77) 燈火可(친) : 가을은 등불을 가까이 하여 글 읽기에 좋음을 이르는 말.

(78) 富貴(재)天 : 부귀는 하늘에 달려 있어서 인력으로는 어찌할 수 없음.

(79) 安貧(낙)道 : 가난한 생활을 하면서도 편안한 마음으로 도를 즐겨 지킴.

(80) 溫故知(신) : 옛것을 익히고 그것을 미루어서 새것을 앎.

◯ 다음 각 문장의 밑줄 친 漢字語를 漢字로 쓰시오. (81~100)

○ 최근에 섬은 도시에 사는 사람들에게 일상 탈출의 특별한 (81)여행지로
떠올랐다.

○ 이웃을 내 (82)가족과 같이 대하는 것이 사랑의 시작이다.

○ 소수의 (83)의견을 존중하는 사회가 건전한 사회이다.

○ 기업은 한 해 동안의 수입과 지출을 계산하여 (84)결산 처리한다.

○ 지방의 발전을 위해 (85)공공 기관들을 지방으로 이전하는 것이 좋다.

○ 모든 분야에서 그것을 잘하기 위해서는 (86)기본에 충실해야 한다.

○ (87)능동적이며 적극적인 사람이 어려운 환경을 극복해 나갈 수 있다.

○ 교무회의에서는 (88)학습에 도움이 되는 영화를 (89)단체 관람하기로 결정했다.

○ 자신의 (90)역사를 잊은 민족은 미래가 없다.

○ 건강을 위해 (91)음식물의 (92)유통 기한을 엄격하게 정한다.

○ 우리나라 국가 (93)정원에는 순천만과 울산 태화강 등이 있다.

○ 일이 (94)순조롭게 진행될 때 더욱 잘 살펴야 한다.

○ 그는 일생을 아프리카 (95)대륙에서 (96)봉사하며 지냈다.

○ 감독님은 연습을 (97)실전처럼 실전을 연습처럼 하라고 강조하신다.

○ (98)약속을 잘 지키는 사람은 믿을 수 있다.

○ 발명은 (99)필요에 의해서 이루어지는 경우가 많다.

○ 이 물건은 (100)품질도 좋고 가격도 싸다.

제105회 4급Ⅱ 기출문제 (2024. 05. 25 시행)

㈜한국어문회 주관 · 한국한자능력검정회 시행

⬭ 다음 밑줄 친 漢字語의 讀音을 쓰시오. (1~35)

(1) 주문진은 영동 지방의 손꼽히는 漁港이다.

(2) 서로 정반대가 되어 용납하지 못하는 관계를 氷炭이라고 한다.

(3) 시에서는 도로 확장을 위해서 도로변 땅을 收用하기로 했다.

(4) 이미 결정된 일을 다시 擧論한다는 것은 시간 낭비이다.

(5) 벽에는 노랗게 退色한 옛날 사진이 걸려 있었다.

(6) 영수는 이번 선거에서 회장에 選出되었다.

(7) 이 단체는 소비자 權益 보호를 위한 상담 센터를 운영한다.

(8) 방송에서는 외래어 사용을 規制하고 있다.

(9) 산 정상에 올라선 우리는 深呼吸으로 맑은 공기를 한껏 들이켰다.

(10) 이 영화는 아카데미상 후보로 指名될 만한 작품이다.

(11) 학교 근처 공사장 소음 때문에 수업에 支障을 받고 있다.

(12) 나는 호흡을 잠시 停止하고 과녁을 겨누었다.

(13) 사소한 표 차이가 當落을 결정하는 큰 변수가 되었다.

(14) 기상이 악화되자 방금 떠났던 여객선이 항구로 回航하였다.

(15) 그의 병은 유전 因子의 영향이 가장 크다.

(16) 오늘 아침 한남대교 北端에서 교통 사고가 있었다.

(17) 할아버지는 옛 英雄의 이야기를 많이 해 주셨다.

(18) 건강한 신체에 健全한 정신이 깃든다.

(19) 사무실에서 쓸 비품을 都買로 싸게 구입하였다.

(20) 그는 새로 지을 건물을 <u>圖案</u>하는 중이다.

(21) 이곳에 서 있으니 이순신 장군이 수군을 <u>號令</u>했던 소리가 들리는 듯하다.

(22) 그의 피아노 연주는 가히 <u>神技</u>에 가까울 정도였다.

(23) 개개인의 <u>貯蓄</u>이 국가 경제에 미치는 영향은 참으로 크다.

(24) 최근 대중가요계에는 랩의 <u>熱風</u>이 불고 있다.

(25) 밤이 되니 모기가 앵앵거리며 <u>極盛</u>을 부린다.

(26) 건물 입구에는 여러 장의 <u>壁報</u>가 붙어 있었다.

(27) 키 큰 선수가 <u>守備</u>를 뚫고 골밑슛을 넣었다.

(28) 그 연구소는 독창적인 아이디어로 여러 개의 <u>特許</u>를 따냈다.

(29) 어머니는 외출 시 가스 밸브가 잘 잠겼는지 꼭 <u>確認</u>하신다.

(30) 자식에 대한 어머니의 사랑은 고귀하고 <u>純潔</u>한 것이다.

(31) 발견된 유물은 보존 <u>狀態</u>가 꽤 양호했다.

(32) 삼촌은 <u>職場</u>으로 출퇴근하기 위해 전철을 이용한다.

(33) <u>對比</u>되는 두 색을 이용하면 시각적인 효과를 극대화할 수 있다.

(34) 몽골 초원에서 가축을 <u>放牧</u>하는 유목민들을 만났다.

(35) 탐관오리가 백성들로부터 <u>血稅</u>를 거두어들였다.

⭕ 다음 漢字의 訓과 音을 쓰시오. (36~57)

(36) 密	(37) 背	(38) 斗
(39) 惠	(40) 飛	(41) 黨
(42) 設	(43) 濟	(44) 賢
(45) 香	(46) 總	(47) 餘

(48) 是   (49) 婦   (50) 達

(51) 絶   (52) 努   (53) 康

(54) 戶   (55) 伐   (56) 配

(57) 除

○ 다음 漢字의 部首를 쓰시오. (58~60)

(58) 留

(59) 警

(60) 博

○ 다음 漢字의 略字(약자; 획수를 줄인 漢字)를 쓰시오. (61~63)

(61) 變

(62) 兒

(63) 卒

○ 다음 밑줄 친 漢字와 뜻이 반대(또는 상대)되는 漢字를 (   ) 속에 적어 문장을
완성하시오. (64~66)

(64) 시골 농부들이 대도시의 소비자와 직접 去( )하였다.

(65) 병원 응급실에는 ( )夜를 가리지 않고 구급차가 대기하고 있다.

(66) 임금은 ( )武를 겸비한 신하들을 신임하였다.

⊙ 다음 밑줄 친 漢字와 뜻이 같거나 비슷한 漢字를 ( ) 속에 적어 문장을 완성하시오. (67~69)

(67) 수사에 착수한 지 한 달 만에 사건이 終( )되었다.

(68) 청중은 연사의 해박한 知( )에 감탄하였다.

(69) 그는 각종 국제 대회에서 수상한 經( )이 있다.

⊙ 다음 제시한 漢字語와 뜻에 맞는 同音語를 漢字로 쓰시오. (70~72)

(70) 上價 – ( )街 : 상점들이 죽 늘어서 있는 거리.

(71) 中帶 – ( )大 : 매우 중요하고 큼.

(72) 球速 – ( )俗 : 옛 풍속.

⊙ 다음 漢字語의 뜻을 〈보기〉에서 찾아 그 번호를 쓰시오. (73~75)

① 둥근 탁자.　② 차가운 것과 따뜻한 것.
③ 배운 것을 다시 익히어 공부함.　④ 기량이 뛰어남.
⑤ 차갑고 어두움.　⑥ 앞으로 배울 것을 미리 익힘.

(73) 圓卓

(74) 冷暗

(75) 復習

⊙ 다음 ( ) 안에 알맞은 漢字를 적어 성어를 완성하시오. (76~80)

(76) 死生(결)斷 : 죽고 삶을 돌보지 않고 끝장을 내려고 함.

(77) (각)者無齒 : 뿔이 있는 짐승은 이가 없음. 한 사람이 여러 가지 재주나
　　　　　　　　　복을 다 가질 수 없음.

(78) 多情多(감) : 정이 많고 감정이 풍부함.

(79) 一脈相(통) : 하나의 맥락으로 서로 통함, 상태나 성질 따위가 서로 통하거나 비슷해짐.

(80) 衆(구)難防 : 막기 어려울 정도로 여럿이 마구 지껄임.

다음 각 문장의 밑줄 친 漢字語를 漢字로 쓰시오. (81~100)

(81) 아카시아꽃이 만개하자 원근에서 찾아온 벌들이 윙윙거렸다.

(82) 그는 사진에 비해서 실물이 훨씬 더 좋은 인상을 풍겼다.

(83) 행복과 불행은 자기가 판단하기 나름이다.

(84) 산 위에서 내려다보는 바닷가의 전망이 너무도 아름다웠다.

(85) 지도자는 강한 리더십이 필요하다.

(86) 새로 개업한 저 식당은 실내 분위기가 고급스럽다.

(87) 이 영화는 주연 배우보다 조연 배우들이 주목받았다.

(88) 사자와 멧돼지는 각각 육식 동물과 초식 동물로 분류된다.

(89) 탐사대가 바다 밑에서 보물선을 발견했다.

(90) 통영에는 육지와 섬을 연결하는 해저 터널이 있다.

(91) 봄이 되면 그들은 야외로 소풍을 간다.

(92) 정치의 근본은 국민을 주인으로 생각하는 것이다.

(93) 자라와 거북을 잘 구별하지 못하는 사람들이 많다.

(94) 이번 연휴에 제주도 여행을 다녀왔다.

(95) 이 약은 통증을 없애는 데 탁월한 효력이 있다.

(96) 최근 들어 환경 운동에 대한 관심이 부쩍 늘어나고 있다.

(97) 선사 시대란 문자가 없었던 역사 이전 시대를 이른다.

(98) 두 사람은 내년에 결혼하기로 언약하였다.

(99) 의욕이 지나치면 실수를 저지르기 쉽다.

(100) 철수는 하루종일 밀린 방학 숙제를 했다.

제1회 4급Ⅱ 실전문제

漢字能力檢定試驗

㈜한국어문회 주관 · 한국한자능력검정회 시행

📌 다음 밑줄 친 漢字語의 讀音을 쓰시오. (1~35)

(1) 수영대회 우승의 朗報가 전해졌다.
(2) 위험 구간에서 減速하였다.
(3) 은행원이 傳票에 도장을 찍었다.
(4) 삼촌은 공사 현장 監督으로 발령받았다.
(5) 왕실의 血脈이 끊어졌다.
(6) 소설을 쓰기 위해 材料를 수집했다.
(7) 그는 改過하여 착한 사람이 되었다.
(8) 어머니는 수시로 聖經을 읽으셨다.
(9) 열 량 客車가 관광객으로 모두 찼다.
(10) 주정꾼이라 마을에서 擧頭하지 못했다.
(11) 이 아파트는 暖房비가 많이 나온다.
(12) 格調 높은 말씨를 사용해야 한다.
(13) 공공의 이익을 위한 集團행동을 하였다.
(14) 그녀는 純潔한 마음씨의 소유자이다.
(15) 제자는 스승을 극진히 尊敬하였다.
(16) 그의 음악은 個性이 뚜렷하다.
(17) 그는 係長의 임무를 수행했다.
(18) 그는 故障난 컴퓨터를 수리하였다.
(19) 병원에서 시력을 檢査하였다.
(20) 할아버지는 怒氣를 띤 어조로 훈계하였다.
(21) 이는 객관성이 缺如되어 있는 주장이다.
(22) 그의 무지함에서 사건이 發端되었다.
(23) 물품을 집으로 配達해 줄 것을 요청하였다.
(24) 두 사람은 정겹게 談話를 나누었다.
(25) 돌아가며 교실 청소를 擔當하였다.
(26) 수상 후보의 이름을 羅列하였다.
(27) 산기슭을 따라 村落이 형성되어 있다.

(28) 10년간 物價가 많이 올랐다.

(29) 어머니는 旅費를 마련하여 주셨다.

(30) 통일 문제에 대한 공개講演회가 있었다.

(31) 그녀의 앞날에 행복이 充滿하기를 빌었다.

(32) 몸이 健康해야 무엇이든 할 수 있다.

(33) 자유를 갈망하고 希求했다.

(34) 배는 파도를 헤치고 앞으로 航進했다.

(35) 여러 角度에서 문제를 분석하였다.

⊙ 다음 문장에서 밑줄 친 漢字語를 漢字로 쓰시오. (36～55)

(36) 그는 조상 대대로 내려온 가업을 이어 받았다.

(37) 프로야구 개막식에서 대통령께서 시구를 하셨다.

(38) 영철이는 감정 표현을 재미있게 한다.

(39) 나는 미술 과목에 흥미가 있다.

(40) 나는 지난 방학 때 봉사 활동을 했다.

(41) 그는 사장이 연설할 원고를 대필해 주었다.

(42) 지난해는 붉은 셔츠가 유행했다.

(43) 약은 정확하게 복용해야 효과가 있다.

(44) 일부 부유층은 값비싼 명품만을 고집한다.

(45) 그는 고심 끝에 어려운 결단을 내렸다.

(46) 그는 단신임에도 불구하고 농구를 잘한다.

(47) 겨울에 농촌에서는 농지 정리를 시행한다.

(48) 건전한 관광은 사람들의 마음을 새롭게 한다.

(49) 초록은 동색이라는 말이 있다.

(50) 비행기가 활주로에 무사히 착륙했다.

(51) 때때로 종족 사이의 갈등이 평화를 위협한다.

(52) 시청 앞 광장은 붉은 물결로 뒤덮였다.

(53) 그는 가끔 독특한 생각을 제시한다.

(54) 어떤 종교는 내세가 있다고 믿고 있다.

(55) 해가 지는 석양은 한 폭의 그림이었다.

⊙ 다음 漢字의 訓과 흡을 쓰시오. (56～78)

(56) 器   (57) 去

(58) 景	(59) 橋
(60) 官	(61) 難
(62) 堂	(63) 帶
(64) 童	(65) 兩
(66) 領	(67) 末
(68) 務	(69) 博
(70) 放	(71) 佛
(72) 寺	(73) 思
(74) 愛	(75) 餘
(76) 葉	(77) 雲
(78) 惠	

◎ 다음 漢字語의 ( ) 속에 알맞은 漢字를 쓰시오. (79~83)

(79) ( )者解之 : 자기가 저지른 일은 자기가 해결한다.

(80) 權( )十年 : 권세는 십 년을 못 간다.

(81) 百年河( ) : 아무리 오래되어도 일이 이루어지기가 어렵다.

(82) 實( )求是 : 사실을 토대로 진리를 탐구한다.

(83) 卓上( )論 : 실천성이 없는 허황한 이론.

◎ 다음 漢字와 뜻이 반대 또는 상대되는 漢字語를 쓰시오. (84~86)

(84) 前方 - ( )

(85) 同居 - ( )

(86) 善人 - ( )

▶ 다음 漢字와 비슷한 뜻의 漢字를 ( ) 속에 넣어 漢字語를 만드시오. (87~89)

(87) 敎(   )   (88) 街(   )

(89) 文(   )

▶ 다음 漢字語와 음은 같되 뜻이 다른 漢字語(아래 뜻이 제시 됨)를 漢字로 쓰시오.
(90~92)

(90) 士氣 – 역사를 기록한 책(   )

(91) 自制 – 남의 아들의 존칭(   )

(92) 肉聲 – 길러냄(   )

▶ 다음 漢字의 略字(약자)를 쓰시오. (93~95)

(93) 關   (94) 國

(95) 團

▶ 다음 漢字의 部首를 쓰시오. (96~97)

(96) 戰   (97) 屋

▶ 다음 漢字語의 뜻을 쓰시오. (98~100)

(98) 求職

(99) 朗讀

(100) 築城

제2회 4급 Ⅱ 실전문제

漢字能力檢定試驗

㈜한국어문회 주관 · 한국한자능력검정회 시행

⇨ 다음 밑줄 친 漢字語의 讀音을 쓰시오. (1~27)

(1) 어머니께서는 친환경 家具를 구입하셨다.

(2) 부품 價格이 많이 올랐다.

(3) 강당에서 男女 혼성 합창단의 공연이 있었다.

(4) 올해는 돌이켜 보면 多難한 해였습니다.

(5) 물건 대금을 請求하였다.

(6) 드디어 정상에 到達하였다.

(7) 서당에서 禮節 교육을 받았다.

(8) 명절이라 도심 道路가 한산하다.

(9) 그들은 首領의 지시를 받았다.

(10) 이 기업 직원은 給料를 많이 받는다.

(11) 사무소에서 面長과의 대화 시간이 있었다.

(12) 나그네는 門前 박대를 경험했다.

(13) 올해의 發明왕으로 선발되었다.

(14) 새로운 商品을 구비하고 있다.

(15) 그녀는 精誠껏 편지를 썼다.

(16) 그 반은 授業 분위기가 좋았다.

(17) 공정한 選擧를 당부하였다.

(18) 방과 후 교실 淸掃를 하였다.

(19) 울창한 樹木이 시야를 가렸다.

(20) 저녁 시간에 宿所에 도착했다.

(21) 衆論을 모아 결정을 했다.

(22) 평생을 갚아도 모자랄 恩惠입니다.

(23) 우리 동네에 銀行이 문을 열었다.

(24) 회의에서 議事 진행이 순조로웠다.

(25) 유망 학과의 志願자가 많았다.

(26) 자연과 조화를 이룬 建築물 이었다.

(27) 30일 만에 무사히 航海를 마쳤다.

※ 다음 대화(글)를 읽고 물음에 답하시오.

- 많은 사람들이 한자의 사용(36)과 한자의 교육(37)을 혼동해 말하는 경향이 있습니다. 교열 기자(38)들은 대부분 한자의 필요(39)성에 공감(40)하는 것으로 알고 있는데, 저 역시 마찬가지입니다. 일반인들도 실생활(41)에서 한자를 거의 쓰지는 않더라도 한자 교육은 필요하다고 생각합니다.
- 맞습니다. 글자는 기본(42)적으로 문자로서의 기능, 즉 의사소통의 기능 외에도 더 내려가면 문화 擔當(28) 기능이 있습니다. 그런 점에서 한글만 가지는 문화 담당력이 부족(43)합니다.
- 중등(44) 교과 課程(29)의 자연(45) 등 과학 과목(46)에 전문 용어들이 한글로 나오는데 그것으론 도무지 이해가 가질 않습니다. 한자로 가르치면 개념 習得(30)이 훨씬 빠릅니다. 또 새로운 단어가 파생되어 나올 때 뜻을 유추해 내기도 쉽습니다. 그런 점에서 교육용 한자를 습득시켜 언어 사용을 높여야 합니다.
- 학문의 기초가 되고 講義(31) 자료로 필요한 단어가 6만 개 정도인데 實際(32)로는 적어도 1,800자 정도는 해야 할 것입니다.
- 한자를 보면 뜻을 받아들이기 쉽다는 것은 누구나 認定(33)할 겁니다. 더욱이나 교육용 한자 1,800자 정도는 어려운 게 아닙니다. 영어에 쏟는 時間(34)과 努力(35)의 3분의 1만 투자해도 가르칠 수 있습니다. 옛날 우리 조상(47)들은 어려서 천자문을 몇 달이면 뗐다고 합니다.

「말글사랑방」 『말과 글』 제93호,(2002년 겨울호), 한국어문교열기자협회, pp.13~17.

⏩ 윗 글에서 밑줄 친 28~35의 漢字語의 讀音을 쓰시오. (28~35)

(28)	擔當	(29)	課程	(30)	習得
(31)	講義	(32)	實際	(33)	認定
(34)	時間	(35)	努力

⏩ 윗 글에서 밑줄 친 36~47의 漢字語를 漢字로 쓰시오. (36~47)

(36)	사용	(37)	교육	(38)	기자
(39)	필요	(40)	공감	(41)	생활
(42)	기본	(43)	부족	(44)	중등
(45)	자연	(46)	과목	(47)	조상

◑ 윗 글에서 밑줄 친 漢字語를 漢字로 쓰시오. (48~55)

(48) 이 전구는 참 밝습니다.

(49) 우리나라 어린이는 모두 행복합니다.

(50) 친구와 사귀는 일을 교우라고 합니다.

(51) 사람은 새로운 지식에 밝아야 합니다.

(52) 우리 민족은 우수합니다.

(53) 저는 날마다 신문을 읽습니다.

(54) 사람은 양심대로 살아야 합니다.

(55) 빨리 집합합시다.

◑ 다음 漢字의 訓과 音을 쓰시오. (56~77)

(56) 街   (57) 係   (58) 官

(59) 器   (60) 邊   (61) 舍

(62) 想   (63) 星   (64) 續

(65) 守   (66) 深   (67) 餘

(68) 煙   (69) 送   (70) 盛

(71) 圓   (72) 容   (73) 陰

(74) 移   (75) 除   (76) 絕

(77) 走

◑ 다음 漢字語의 (   )속에 알맞은 漢字를 쓰시오. (78~82)

(78) 怒發(   )發 : 대단히 성을 냄

(79) 東問西(   ) : 묻는 말에 당치도 는 대답을 함

(80) 見(   )生心 : 실물을 보고 욕심이 생김

(81) 說往(   )來 : 서로 변론하여 말로 옥신각신함

(82) (   )風落葉 : 가을바람에 흩어져 떨어지는 낙엽

⬢ 다음 漢字語와 讀音은 같으나 뜻이 다른 漢字語의 漢字를 쓰시오. (83~85)

(83) 加刑 – 남에게 자기 형을 일컫는 말 (　　　)

(84) 定期 – 바른 기풍 (　　　)

(85) 船貨 – 색칠을 아니하고 선만으로써 그린 그림 (　　　)

⬢ 다음 漢字와 뜻이 반대 또는 상대되는 漢字를 (　)에 넣어 漢字語를 만드시오.
(86~88)

(86) 長(　　　)　　　　　　　　(87) 黑(　　　)

(88) 晝(　　　)

⬢ 다음 漢字와 같은 뜻의 漢字를 (　)에 넣어 漢字語를 만드시오. (89~91)

(89) (　　　)綠　　　　　　　　(90) 感(　　　)

(91) (　　　)園

⬢ 다음 漢字의 略字(약자)를 쓰시오. (92~94)

(92) 廣　　　　　　(93) 區　　　　　　(94) 發

⬢ 다음 漢字의 部首를 쓰시오. (95~97)

(95) 善　　　　　　(96) 息　　　　　　(97) 則

⬢ 다음 漢字語의 뜻을 쓰시오. (98~100)

(98) 素質　　　　　　　　　　(99) 報復

(100) 衣服

제100회 4급Ⅱ 기출문제 답안지

■ 사단법인 한국어문회 • 한국한자능력검정회　　　　2023. 02. 25. (토)　　　4 2 1 ■

수험번호 □□□-□□-□□□□　　　　　　성명 □□□□□

생년월일 □□□□□□　　※ 유성 싸인펜, 붉은색 필기구 사용 불가.

※ 답안지는 컴퓨터로 처리되므로 구기거나 더럽히지 마시고, 정답 칸 안에만 쓰십시오.
　글씨가 채점란으로 들어오면 오답처리가 됩니다.

제100회 전국한자능력검정시험 4급Ⅱ 답안지(1)

번호	정답	1검	2검	번호	정답	1검	2검	번호	정답	1검	2검
1	창조			17	협약			33	정확		
2	총성			18	호위			34	조율		
3	은혜			19	가열			35	오인		
4	비축			20	청결			36	들 거		
5	극단			21	전통			37	옮길 이		
6	최선			22	흥미			38	높을 존		
7	쟁취			23	결여			39	덜 제		
8	퇴치			24	권한			40	모습 태		
9	난국			25	제기			41	재화 화		
10	타파			26	감찰			42	마실 흡		
11	탄소			27	강단			43	거느릴 령		
12	항구			28	담소			44	힘쓸 무		
13	허세			29	등록			45	막을 방		
14	처지			30	위치			46	절 배		
15	실패			31	나열			47	머무를 정		
16	증축			32	원예			48	덜 감		

감독위원	채점위원(1)		채점위원(2)		채점위원(3)	
(서명)	(득점)	(서명)	(득점)	(서명)	(득점)	(서명)

※ 본 답안지는 컴퓨터로 처리되므로 구겨지거나 더럽혀지지 않도록 조심하시고 글씨를 칸 안에 또박또박 쓰십시오.

제100회 전국한자능력검정시험 4급 II 답안지(2)

번호	정답	1검	2검	번호	정답	1검	2검	번호	정답	1검	2검
49	다리 교			67	速			85	作戰		
50	베풀 설			68	格			86	開始		
51	멜 담			69	放			87	遠洋		
52	팔 매			70	手			88	溫順		
53	쓸 비			71	圖			89	元(原)來		
54	잎 엽			72	使			90	才質		
55	더할 익			73	③			91	的中		
56	힘쓸 노			74	④			92	病害		
57	칠 벌			75	⑥			93	觀光		
58	臼			76	決			94	具現		
59	网(罒)			77	面			95	消化		
60	飛			78	實			96	練習		
61	団			79	代			97	目禮		
62	医			80	強			98	物望		
63	価			81	成功			99	着陸		
64	凶			82	自身			100	明朗		
65	昨			83	發展						
66	陽			84	重要						

제101회 4급Ⅱ 기출문제 답안지

■ 사단법인 한국어문회 • 한국한자능력검정회　　　　2023. 06. 03. (토)　　　4 2 1 ■

수험번호 □□□-□□-□□□□　　　성명 □□□□□
생년월일 □□□□□□□　　※ 유성 싸인펜, 붉은색 필기구 사용 불가.

※ 답안지는 컴퓨터로 처리되므로 구기거나 더럽히지 마시고, 정답 칸 안에만 쓰십시오.
　글씨가 채점란으로 들어오면 오답처리가 됩니다.

제101회 전국한자능력검정시험 4급Ⅱ 답안지(1)

번호	정답	1검	2검	번호	정답	1검	2검	번호	정답	1검	2검
1	보행			17	일상			33	복색		
2	약자			18	왕복			34	단죄		
3	기구			19	풍년			35	치과		
4	전령			20	대비			36	거스릴 역		
5	발성			21	영광			37	보낼 송		
6	육안			22	선정			38	베/펼 포 | 보시 보		
7	방열			23	접수			39	마을[官廳] 부		
8	야심			24	수입			40	재앙 재		
9	축제			25	시선			41	이을 승		
10	순백			26	이치			42	이을 련		
11	퇴직			27	완치			43	굳을 고		
12	각별			28	제안			44	가장 최		
13	담화			29	예사			45	웃음 소		
14	재생			30	곡조			46	도울 조		
15	증산			31	영웅적			47	일어날 기		
16	신단			32	취득			48	대포 포		

감독위원	채점위원(1)		채점위원(2)		채점위원(3)	
(서명)	(득점)	(서명)	(득점)	(서명)	(득점)	(서명)

※ 본 답안지는 컴퓨터로 처리되므로 구겨지거나 더렵혀지지 않도록 조심하시고 글씨를 칸 안에 또박또박 쓰십시오.

제101회 전국한자능력검정시험 4급Ⅱ 답안지(2)

번호	정답	1검	2검	번호	정답	1검	2검	번호	정답	1검	2검
	답안란	채점란			답안란	채점란			답안란	채점란	
49	뜻 지			67	大			85	高度		
50	헤아릴 량			68	休			86	勝利		
51	즈음/가[邊] 제			69	充			87	歲月		
52	지킬 보			70	勞			88	共感		
53	화할 협			71	節			89	集中		
54	논할 론			72	戰			90	到着		
55	막을 장			73	④			91	石油		
56	형세 세			74	⑥			92	歷史		
57	물건 건			75	②			93	表情		
58	巾			76	風			94	用品		
59	刀			77	聞			95	立體		
60	寸			78	害			96	農樂		
61	実			79	流			97	合格		
62	団/团			80	口			98	結果		
63	児			81	後代			99	夕陽		
64	夫			82	消化			100	決定		
65	凶			83	飮食						
66	舊			84	種類						

제102회 4급Ⅱ 기출문제 답안지

■ 사단법인 한국어문회 • 한국한자능력검정회   2023. 08. 26. (토)   4 2 1 ■

수험번호 □□□-□□-□□□□   성명 □□□□□

생년월일 □□□□□□ ※ 유성 싸인펜, 붉은색 필기구 사용 불가.

※ 답안지는 컴퓨터로 처리되므로 구기거나 더럽히지 마시고, 정답 칸 안에만 쓰십시오.
  글씨가 채점란으로 들어오면 오답처리가 됩니다.

제102회 전국한자능력검정시험 4급Ⅱ 답안지(1)

번호	정답	1검	2검	번호	정답	1검	2검	번호	정답	1검	2검
1	허풍			17	금식			33	인습		
2	기동			18	통제			34	정진		
3	명구			19	상념			35	관문		
4	전달			20	최후			36	쓸 비		
5	심도			21	외세			37	재물 화		
6	단독			22	이민			38	멜 담		
7	열망			23	조정			39	벼슬 관		
8	규율			24	지령			40	사례할 사		
9	향토			25	전국			41	말 두		
10	소기			26	승인			42	양 양		
11	보육			27	처방			43	귀할 귀		
12	한기			28	구호			44	새 조		
13	파지			29	적색			45	물결 파		
14	부흥			30	순리			46	널 판		
15	방수			31	발성			47	베풀 시		
16	재차			32	강호			48	망할 망		

감독위원	채점위원(1)		채점위원(2)		채점위원(3)	
(서명)	(득점)	(서명)	(득점)	(서명)	(득점)	(서명)

※ 본 답안지는 컴퓨터로 처리되므로 구겨지거나 더럽혀지지 않도록 조심하시고 글씨를 칸 안에 또박또박 쓰십시오.

제102회 전국한자능력검정시험 4급 II 답안지(2)

번호	정답	1검	2검	번호	정답	1검	2검	번호	정답	1검	2검
49	부자 부			67	立			85	信號		
50	거짓 가			68	路			86	生鮮		
51	섬 도			69	別			87	團束		
52	끊을 절			70	新			88	開放		
53	박달나무 단			71	約			89	學說		
54	버금 부			72	醫			90	現實		
55	절 사			73	②			91	種族		
56	구리 동			74	③			92	不平		
57	가늘 세			75	⑥			93	過多		
58	玉			76	聞			94	責任		
59	水(氺)			77	草			95	本性		
60	水(氵)			78	出			96	交感		
61	观/覌/観			79	害			97	着用		
62	変			80	功			98	對話		
63	悪			81	人相			99	共有		
64	弟			82	財産			100	表情		
65	心			83	親分						
66	高			84	才能						

제103회 4급Ⅱ 기출문제 답안지

■ 사단법인 한국어문회 · 한국한자능력검정회 · 2023. 11. 11. (토) · 4 2 1 ■

수험번호 □□□-□□-□□□□   성명 □□□□□

생년월일 □□□□□□   ※ 유성 싸인펜, 붉은색 필기구 사용 불가.

※ 답안지는 컴퓨터로 처리되므로 구기거나 더럽히지 마시고, 정답 칸 안에만 쓰십시오.
글씨가 채점란으로 들어오면 오답처리가 됩니다.

제103회 전국한자능력검정시험 4급Ⅱ 답안지(1)

번호	정답	1검	2검	번호	정답	1검	2검	번호	정답	1검	2검
1	처리			17	제안			33	연기		
2	건강			18	야망			34	정년		
3	요직			19	엽서			35	순번		
4	제한			20	최신			36	떳떳할 상		
5	조언			21	이주			37	본디/흴[白] 소		
6	흡수			22	착륙			38	물결 파		
7	항해			23	기구			39	성낼 노		
8	변화			24	패배			40	칠[養] 목		
9	낙후			25	기대			41	사례할 사		
10	절약			26	도입			42	끌 인		
11	적도			27	호위			43	물러날 퇴		
12	탁구			28	경비			44	버금 차		
13	나열			29	설치			45	이를 지		
14	연작			30	비중			46	노래 요		
15	폭우			31	생태			47	끊을 단		
16	한기			32	형용			48	가[側] 변		

감독위원	채점위원(1)		채점위원(2)		채점위원(3)	
(서명)	(득점)	(서명)	(득점)	(서명)	(득점)	(서명)

※ 본 답안지는 컴퓨터로 처리되므로 구겨지거나 더럽혀지지 않도록 조심하시고 글씨를 칸 안에 또박또박 쓰십시오.

제103회 전국한자능력검정시험 4급 Ⅱ 답안지(2)

번호	정답	1검	2검	번호	정답	1검	2검	번호	정답	1검	2검
49	며느리 부			67	術			85	愛民		
50	무리 중			68	業/事			86	現在		
51	일어날 기			69	告			87	才能		
52	구리 동			70	庭			88	女流		
53	나아갈 진			71	幸			89	別名		
54	죽일 살 | 감할/빠를 쇄			72	戰			90	共感		
55	비롯할 창			73	③			91	西向		
56	재물 화			74	④			92	樂觀		
57	쉴 식			75	⑤			93	充足		
58	走			76	以			94	特出		
59	肉(月)			77	獨			95	當時		
60	日			78	親			96	本心		
61	広			79	角			97	力說		
62	労			80	識			98	先決		
63	実			81	種目			99	合意		
64	來			82	通信			100	相對		
65	今			83	天使						
66	溫			84	古宅						

제104회 4급Ⅱ 기출문제 답안지

■ 사단법인 한국어문회 • 한국한자능력검정회　　　2024. 02. 24. (토)　　　4 2 1 ■

수험번호 □□□-□□-□□□□　　　성명 □□□□□

생년월일 □□□□□□　※ 유성 싸인펜, 붉은색 필기구 사용 불가.

※ 답안지는 컴퓨터로 처리되므로 구기거나 더럽히지 마시고, 정답 칸 안에만 쓰십시오.
　 글씨가 채점란으로 들어오면 오답처리가 됩니다.

제104회 전국한자능력검정시험 4급Ⅱ 답안지(1)

번호	정답	1검	2검	번호	정답	1검	2검	번호	정답	1검	2검
1	희망			17	지도자			33	최초		
2	감정			18	참고			34	기록		
3	실수			19	원칙			35	연기		
4	관계			20	회복			36	깨끗할 결		
5	기술			21	충분			37	권세 권		
6	직업			22	보답			38	집 궁		
7	호흡			23	상식			39	따뜻할 난		
8	건강			24	압력			40	성낼 노		
9	경쟁			25	소득			41	끝 단		
10	심화			26	세금			42	무리 대		
11	준비			27	회기			43	두 량		
12	만원			28	보류			44	벌릴 라		
13	난해			29	전승			45	방 방		
14	담임			30	정부			46	절 배		
15	존경			31	관찰			47	슬플 비		
16	파국			32	연구			48	줄기 맥		

감독위원	채점위원(1)		채점위원(2)		채점위원(3)	
(서명)	(득점)	(서명)	(득점)	(서명)	(득점)	(서명)

※ 본 답안지는 컴퓨터로 처리되므로 구겨지거나 더렵혀지지 않도록 조심하시고 글씨를 칸 안에 또박또박 쓰십시오.

제104회 전국한자능력검정시험 4급Ⅱ 답안지(2)

번호	정답	1검	2검	번호	정답	1검	2검	번호	정답	1검	2검
49	스승 사			67	形			85	公共		
50	웃음 소			68	用			86	基本		
51	거둘 수			69	良			87	能動的		
52	신하 신			70	價			88	學習		
53	진 액			71	童			89	團體		
54	거스를 역			72	使			90	歷史		
55	더할 익			73	②			91	飮食物		
56	재앙 재			74	①			92	流通		
57	다스릴 치			75	④			93	庭園		
58	女			76	獨			94	順調		
59	人(亻)			77	親			95	大陸		
60	耳			78	在			96	奉仕		
61	広			79	樂			97	實戰		
62	労			80	新			98	約束		
63	悪			81	旅行地			99	必要		
64	向			82	家族			100	品質		
65	客			83	意見						
66	始			84	決算						

부록
Ⅱ

제105회 4급Ⅱ 기출문제 답안지

■ 사단법인 한국어문회 · 한국한자능력검정회　　　2024. 05. 25. (토)　　　4 2 1 ■

수험번호 □□□-□□-□□□□　　　　성명 □□□□□
생년월일 □□□□□□　※ 유성 싸인펜, 붉은색 필기구 사용 불가.

※ 답안지는 컴퓨터로 처리되므로 구기거나 더럽히지 마시고, 정답 칸 안에만 쓰십시오.
　 글씨가 채점란으로 들어오면 오답처리가 됩니다.

제105회 전국한자능력검정시험 4급Ⅱ 답안지(1)

번호	정답	1검	2검	번호	정답	1검	2검	번호	정답	1검	2검
1	어항			17	영웅			33	대비		
2	빙탄			18	건전			34	방목		
3	수용			19	도매			35	혈세		
4	거론			20	도안			36	빽빽할 밀		
5	퇴색			21	호령			37	등 배		
6	선출			22	신기			38	말 두		
7	권익			23	저축			39	은혜 혜		
8	규제			24	열풍			40	날 비		
9	심호흡			25	극성			41	무리 당		
10	지명			26	벽보			42	베풀 설		
11	지장			27	수비			43	건널 제		
12	정지			28	특허			44	어질 현		
13	당락			29	확인			45	향기 향		
14	회항			30	순결			46	다[皆] 총		
15	인자			31	상태			47	남을 여		
16	북단			32	직장			48	이[斯]/옳을 시		

감독위원	채점위원(1)		채점위원(2)		채점위원(3)	
(서명)	(득점)	(서명)	(득점)	(서명)	(득점)	(서명)

※ 본 답안지는 컴퓨터로 처리되므로 구겨지거나 더럽혀지지 않도록 조심하시고 글씨를 칸 안에 또박또박 쓰십시오.

제105회 전국한자능력검정시험 4급Ⅱ 답안지(2)

번호	정답	1검	2검	번호	정답	1검	2검	번호	정답	1검	2검
49	며느리 부			67	結			85	必要		
50	통달할 달			68	識			86	開業		
51	끊을 절			69	歷			87	注目		
52	힘쓸 노			70	商			88	分類		
53	편안 강			71	重			89	發見		
54	집 호			72	舊			90	陸地		
55	칠[討] 벌			73	①			91	野外		
56	나눌/짝 배			74	⑤			92	根本		
57	덜 제			75	③			93	區別		
58	田			76	決			94	旅行		
59	言			77	角			95	效力		
60	十			78	感			96	關心		
61	変			79	通			97	以前		
62	児			80	口			98	言約		
63	卆			81	遠近			99	失手		
64	來			82	實物			100	宿題		
65	晝			83	幸福						
66	文			84	展望						

제1회 4급 II 실전문제 답안지

■ 사단법인 한국어문회 • 한국한자능력검정회　　　　4 2 1 ■

수험번호 □□□-□□-□□□□　　　　성명 □□□□□

생년월일 □□□□□□　※ 유성 싸인펜, 붉은색 필기구 사용 불가.

※ 답안지는 컴퓨터로 처리되므로 구기거나 더럽히지 마시고, 정답 칸 안에만 쓰십시오.
　글씨가 채점란으로 들어오면 오답처리가 됩니다.

제1회 전국한자능력검정시험 4급 II 실전문제 답안지(1)

번호	정답	1검	2검	번호	정답	1검	2검	번호	정답	1검	2검
1	낭보			17	계장			33	희구		
2	감속			18	고장			34	항진		
3	전표			19	검사			35	각도		
4	감독			20	노기			36	家業		
5	혈맥			21	결여			37	始球		
6	재료			22	발단			38	感情		
7	개과			23	배달			39	美術		
8	성경			24	담화			40	奉仕		
9	객차			25	담당			41	代筆		
10	거두			26	나열			42	流行		
11	난방			27	촌락			43	服用		
12	격조			28	물가			44	名品		
13	집단			29	여비			45	苦心		
14	순결			30	강연			46	短身		
15	존경			31	충만			47	農地		
16	개성			32	건강			48	觀光		

감독위원	채점위원(1)		채점위원(2)		채점위원(3)	
(서명)	(득점)	(서명)	(득점)	(서명)	(득점)	(서명)

※ 본 답안지는 컴퓨터로 처리되므로 구겨지거나 더렵혀지지 않도록 조심하시고 글씨를 칸 안에 또박또박 쓰십시오.

제1회 전국한자능력검정시험 4급Ⅱ 실전문제 답안지(2)

번호	정답	1검	2검	번호	정답	1검	2검	번호	정답	1검	2검
49	草綠			67	끝 말			85	別居		
50	着陸			68	힘쓸 무			86	惡人		
51	種族			69	넓을 박			87	訓		
52	廣場			70	놓을 방			88	路		
53	獨特			71	부처 불			89	章		
54	來世			72	절 사			90	史記		
55	夕陽			73	생각 사			91	子弟		
56	그릇 기			74	사랑 애			92	育成		
57	갈 거			75	남을 여			93	関		
58	볕 경			76	잎 엽			94	国		
59	다리 교			77	구름 운			95	団		
60	벼슬 관			78	은혜 혜			96	戈		
61	어려울 난			79	結			97	尸		
62	집 당			80	不			98	직업을 구함		
63	띠 대			81	淸			99	소리 내어 읽음		
64	아이 동			82	事			100	성을 쌓음		
65	두 량			83	空						
66	거느릴 령			84	後方						

제2회 4급 Ⅱ 실전문제 답안지

■ 사단법인 한국어문회 · 한국한자능력검정회 　　　　　　　　　　　4 2 1 ■

수험번호 □□□-□□-□□□□　　　　성명 □□□□□

생년월일 □□□□□□　　※ 유성 싸인펜, 붉은색 필기구 사용 불가.

※ 답안지는 컴퓨터로 처리되므로 구기거나 더럽히지 마시고, 정답 칸 안에만 쓰십시오.
　글씨가 채점란으로 들어오면 오답처리가 됩니다.

제2회 전국한자능력검정시험 4급Ⅱ 실전문제 답안지(1)

번호	정답	1검	2검	번호	정답	1검	2검	번호	정답	1검	2검
1	가구			17	선거			33	인정		
2	가격			18	청소			34	시간		
3	남녀			19	수목			35	노력		
4	다난			20	숙소			36	使用		
5	청구			21	중론			37	教育		
6	도달			22	은혜			38	記者		
7	예절			23	은행			39	必要		
8	도로			24	의사			40	共感		
9	수령			25	지원			41	生活		
10	급료			26	건축			42	基本		
11	면장			27	항해			43	不足		
12	문전			28	담당			44	中等		
13	발명			29	과정			45	自然		
14	상품			30	습득			46	科目		
15	정성			31	강의			47	祖上		
16	수업			32	실제			48	電球		

감독위원	채점위원(1)	채점위원(2)	채점위원(3)
(서명)	(득점) (서명)	(득점) (서명)	(득점) (서명)

※ 본 답안지는 컴퓨터로 처리되므로 구겨지거나 더렵혀지지 않도록 조심하시고 글씨를 칸 안에 또박또박 쓰십시오.

제2회 전국한자능력검정시험 4급Ⅱ 실전문제 답안지(2)

번호	정답	1검	2검	번호	정답	1검	2검	번호	정답	1검	2검
49	幸福			67	남을 여			85	線畫		
50	交友			68	연기 연			86	短		
51	知識			69	보낼 송			87	白		
52	民族			70	성할 성			88	夜		
53	新聞			71	둥글 원			89	靑		
54	良心			72	얼굴 용			90	情		
55	集合			73	그늘 음			91	庭		
56	거리 가			74	옮길 이			92	広		
57	맬 계			75	덜 제			93	区		
58	벼슬 관			76	끊을 절			94	発		
59	그릇 기			77	달릴 주			95	口		
60	가 변			78	大			96	心		
61	집 사			79	答			97	刀		
62	생각 상			80	物			98	본디부터 갖추고 있는 성질		
63	별 성			81	說			99	앙갚음		
64	이을 속			82	秋			100	옷		
65	지킬 수			83	家兄						
66	깊을 심			84	正氣						

見利思義 견리사의

눈 앞에 이익이 보일 때 의리를 먼저 생각함

MEMO

結草報恩 결초보은

죽은 뒤에라도 은혜를 잊지 않고 갚음을 이르는 말

MEMO

一 脈 相 通

일맥상통

하나의 맥락으로 서로 통한다는 데서
솜씨나 성격 등이 서로 비슷함을 말함

저자 남기탁(南基卓)

약력 한국어문교육연구회 편찬위원장
사단법인 한국어문회 이사
한국한자능력검정회 회장
강원대학교 인문대학 국어국문학과 교수

한자능력검정시험 4급 II

초판발행 2011년 1월 10일
11판발행 2025년 2월 10일

발행인 한국어문교육연구회
발행처 한국어문교육연구회
주소 서울시 서초구 사임당로 64, 401호(서초동, 교대벤처타워)
전화 1566-1400
등록번호 제22-1555호
ISBN 979-11-91238-70-9   13700

정가 22,000원

공|급|처  T.02-332-1275, 1276 | F.02-332-1274
푸른하늘 www.skymiru.co.kr